지역사회복지론 개정판

개정판

지역사회 복지론

Community
+
Welfare

김용환, 박선태, 신미애,
이덕희, 오승환 공저

동문사

머리말

지방자치제도가 궁극적으로 기대하는 바는 주민들이 살기 좋은 지역사회를 만들어 나가는 것이데, 이는 법이나 제도만으로 쉽게 이루어지는 것은 아니다. 그것은 지역 주민들이 정부의 의사결정과정에 관여하여 주민들의 욕구를 정책이나 계획에 반영하기 위해 적극적으로 노력하는 과정에서 이루어진다. 이를 위해서 지역 주민들 스스로 지역사회 문제와 욕구를 발견하고 해결해 나가기 위해서 직접 참여하는 활동이 요구된다.

그러나 현재의 지방자치제도는 내용면에서 아직도 지방자치의 원리인 주민참여가 활성화되지 못하고 있다. 지방자치제도의 정착을 가로막는 몇 가지 요인은 다음과 같다.

첫째, 지방의회 의원들의 자질문제이다. 주민들이 '우리의 민의를 대표해 살기 좋은 지역사회를 만들어 달라'고 의회로 보냈지만, 이들은 지역 주민들의 의사를 대변하기보다는 자신이 속한 정당의 노선을 추종하거나 정치적 신분상승 기회만 쫓을 뿐 지역 주민들의 요구와 입장을 대변해야 한다는 의식이 빈약하다. 그 구체적인 근거로 지방의회 의원들의 의정활동을 살펴보면, 지역 주민들이 직면하고 있는 문제해결과 삶의 질 향상을 위한 방안 가운데 하나인 조례 제정조차 제대로 하지 않고 있는 실정이다. 이런 상황에서 지역사회가 지닌 문제를 해결하기 위해서 시민단체들이 더 적극적으로 활동하고 있다. 그리고 지역에 따라서 특정 정당의 공천을 받은 사람들만이 의회에 진출하게 되는 기현상이 나타나므로 다양한 정치적 신념을 지닌 의원들이 의회에 진출하지 못해서 지역사회 내의 각 계층의 의사를 대변할 수 없다는 점이 큰 문제라고 할 수 있다.

둘째, 중앙정부의 권한이 너무 강한 데 비해서 지방자치단체의 역할이 약하다는 점이다. 지방분권촉진에 관한 특별법을 제정, 지방의 자율성을 인정하였으나 여전히 지방 주민들에게 중요한 영향을 미치는 사안의 의사결정에 있어서 중앙정부의 일방적인 결정을 지방이 따르도록 강요하고 있다. 예를 들어, 이명박 정부에서 4대강 개발 사업이나 박근혜 정부의 제주도 강정마을 해군기지 건설, 밀양의 송전탑 건설문제, 전국적으로 신도시개발과정에서 LH공사의 일방적인 토지수용 등의 경우처럼, 중앙정부 및 공공기업이 사업 초기단계에 해당 지역 주민들의 의사를 묻지 않고 관료들이 밀실에서 계획을 입안해 밀어붙이는 식으로 이루어지고 있으므로 갈등이 증폭되고 있다.

셋째, 지방자치에 역행하는 지자체 간 통합이 이루어지고 있는 문제이다. 이는 지역 주민들의 이해와 무관하게 정치인들이 세력 강화 목적으로 지역 단위를 광역화하는 행태인데, 통합 후 갈등이 첨예화되고 있으며, 지역 고유의 공동체의식을 소멸시키는 결과를 낳고 있다. 마산·창원·진해를 한 단위로 묶어 통합한 창원시(특례시)의 경우를 예로 들 수 있다.

넷째, 지역사회보장계획 수립과 관련된 문제이다. 지방자치단체는 4년마다 지역사회보장계획을 수립하도록 되어 있는데, 그 내용이 지역마다 고유의 문화나 주민들의 절실한 욕구 및 공동체적 가치를 반영하지 못하고, 무슨 공약집처럼 화려한 수사(修辭)와 통계치 나열, 지자체장의 임기 내에 달성할 수 없는 성장 목표들을 담고 있다.

진정한 지역사회복지 실현을 위해서는 성장, 발전을 강조하기보다 지역사회의 지속 가능한 발전 및 지역 주민들의 삶의 질 향상을 위해 내실을 기해야 할 것이다.

사회복지사들은 그동안 정부의 복지정책을 수행하는 전달체계의 일원으로서 사회통제 기능을 수행해 왔는데, 앞으로는 사회적 약자계층을 위한 옹호 및 현실개선을 위한 사회복지운동에 적극적으로 참여해야 할 것이다. 이 책에서는 지역사회 현장을 중심으로 소외된 지역 주민인 농촌, 빈곤계층, 노인, 아동, 정신장애인들을 돕는 데 필요한 사회복지사의 역할 및 실천기술을 중요하게 다루고 있다.

앞으로 사회복지사들은 바람직하지 않은 정부정책에 무비판적으로 순응하는 태도를 탈피하여 지역 주민들의 권한 주체화와 세력화를 위해서 적극적으로 활동해야 할 것이다. 지역사회복지 현장에서 활동하기를 희망하는 사회복지사들은 Negri와 Hardt가 저술한 『제국(Empire)』과 『공동체(commonwealth)』를 읽어보기 바란다. 네그리(Negri)는 지역 주민들의 기대에 반하는 정치권력의 정책을 변화시킬 수 있는 방법으로 다중(多衆)들이 개개인의 차이를 자유롭고 대등하게 표현할 수 있는 발전적 네트워크 형성을 통해서 지역 주민들 모두가 공통된 목적 성취를 위해서 힘을 모을 수 있는 방법을 제시하고 있다. 즉, 살기 좋은 지역사회를 만들기 위해서는 특정 이념 및 정치성향을 탈피하여 '공통적인 것의 생산'과 그것을 생산하는 '다중의 역량' 강화방법에 대해서 제시하고 있는데, 이런 점은 지역사회에서 활동하는 사회복지사들에게 많은 도움이 될 것이다.

또한 오구마 에이지의 『사회를 바꾸려면』을 읽어보기 바란다. 오구마는 세상은 저절로 좋아지지 않으므로 민의(民意)를 보여줄 수 있는 다중의 사회적 참여를 중요시한다. 그는 '바꿔야 한다'는 생각이 시작이라면서 '행동하라'고 말한다. 즉, 피플 파워(people power)를 보여주라는 말이다. 따라서 대의제 민주주의를 보완하기 위해 지역 주민들이 자치회와 공청회, 집회 등 직접 민주주의의 활력을 통해 사람들의 참여를 유도해 나가야 한다. 왜냐하면 세상은 쉽게 바뀌지 않고 권력을 지닌 사람들은 쉽게 자신의 입장을 변화시키지 않기 때문이다.

사회복지사들은 사람 중심의 지역사회를 만들어 나가기 위해 지역사회의 역사나 문화, 주민들의 욕구를 이해하기 위해서 노력해야 하며, 주민들의 공동체적 연대를 통하여 이상적인 사회를 건설하도록 의식개선과 권한주체화를 강화시켜 나가도록 도와야 한다.

이 책의 구성은 다음과 같다. 1장에서는 지역사회 개념과 유형에 대한 이해로서 지역사회의 개념, 다양한 유형구분, 지역사회를 바라보는 관점, 지역사회를 설명하는 이론과 이념을 다루었고, 2장은 지역사회복지와 지역사회복지실천의 이해를 위해서 지역사회복지의 등장배경 및 개념과 접근방법, 지역사회복지실천의 개념과 목적, 지역사회복지실천의 구성체계, 지역사회복지와 관련된 기타 개념을 다루었다. 3장은 지역사회복지의 역사적 발달과정을 살펴보기 위해서 영국, 미국 그리고 한국의 지역사회복지 발달과정을 연도순으로 다루었다. 4장은 지역사회복지실천의 이론적 기초 확립을 위해서 사회체계이론과 생태학이론, 기능주의이론과 권력(힘)이론, 교환이론과 사회구성론, 다원주의와 엘리트주의 이론을 다루었다.

5장에서는 올바른 지역사회복지실천을 위한 실천원칙, 가치, 윤리를 다루었다. 6장에서는 지역사회복지실천의 중요한 모델 이해를 위해서 실천모델 개요와 전통적인 실천모델, 실천모델의 최근 변화내용을 다루었다. 7장에서는 지역사회복지실천의 과정 이해를 위해서 단계별로 문제확인, 욕구사정, 계획 및 개입, 평가 및 종결 순으로 다루었다. 8장은 지역사회복지실천에서 모델별 사회복지사의 역할을 다루었다. 9장은 지역사회복지실천에서 사회복지사의 기술개발을 위한 옹호·대변기술, 연계기술, 조직화기술, 지역사회 교육기술, 자원개발·동원기술, 협상·갈등조정기술, 임파워먼트기술을 다루었다. 10장은 지방자치제도와 지역사회복지의 관계를 이해하기 위해서 지방자치제도의 개념과 발전과정, 지방자치와 주민참여, 지방자치와 사회복지전달체계의 관계를 살펴보았다.

11장에서는 지역사회보장계획 수립의 목적과 방법을 살펴보았다. 12장은 지역 주민들의 복지향상을 위해 활동하는 대표적인 지역사회복지 추진체계인 지역사회복지관, 사회복지협의회, 사회복지공동모금회, 자원봉사센터, 지역자활센터의 역할을 다루었다. 13장은 지역사회복지운동의 개념과 흐름 및 유형을 알아보고 구체적인 사례를 제시하였다. 14장에서는 지역사회복지실천의 특수 분야인 농촌과 빈곤지역사회, 노인, 아동, 정신질환자 분야에서의 실천방법을 다루었다. 15장은 지역사회복지에 영향을 미치는 새로운 환경변화와 지역사회복지실천의 쟁점 및 향후 실천과제를 살펴보았다.

이 책에서 드러난 흠이나 부족한 부분에 대해서 독자 여러분들이 조언과 애정 어린 비판을 주신다면 지속적으로 수정, 보완할 것을 약속드린다. 이 책의 출판을 위해서 많은 도움을 주신 동문사 사장님과 유재영 상무님 그리고 편집 담당자들의 수고에 깊은 감사를 드린다.

2022년

저자 일동

차 례

CHAPTER 01

지역사회 개념과 유형에 대한 이해

지역사회의 욕구와 지역사회 자원 간에 효과적인 조정을 유도하는 지역사회복지실천은 지역사회를 기반으로 이루어지는 활동이므로 지역사회가 무엇인가를 제대로 이해하는 것은 사회복지사들에게 중요한 과제라고 할 수 있다. 따라서 이 장에서는 지역사회복지에 대한 기초이론을 확립하기 위해서 지역사회의 정의와 기능, 지역사회복지와 관련된 유사개념과 지역사회의 유형, 지역사회를 바라보는 관점, 그리고 지역사회를 설명하는 이론과 지역사회복지의 이념 등을 자세하게 살펴볼 것이다.

1 지역사회의 개념

1. 지역사회 개념 정의

지역사회라는 말은 'community'를 우리말로 옮긴 것이다. 이 말은 라틴어 'communis'에서 유래한 것으로, '친목이나 인간관계, 정서적 지역사회'를 의미한다. 중세시대에는 적을 방어하기 위해 성(城)을 쌓았는데, 'community'란 성곽(城郭) 내에 거주하는 사람들을 일컫는 의미로 쓰였으며, 근자에는 '공동체'란 말로 쓰이기도 한다. 구분하자면 '지역사회'는 일정한 지역에 근거를 두고 있다면, '공동체'는 공통의 이해관계나 특성을 기반으로 한다는 점에서 차이가 있다.

지역사회란 용어는 여러 가지 요인들이 복합되어 있고 나라마다 사회 · 문화, 역사적 발전에 따라 다양하게 접근해야 하기 때문에 간단하게 표현하기가 쉽지 않다. 그리고 지역사회는 일반 대중사회의 변동에 따라서 변화하고 있으므로 그 변화에 의해서 개념이 달라지고 있다. 특히 오늘날처럼 교통 · 통신이 고도로 발달하여 주민 간에 교류와 이동이 증가하고 생활권의 범위가 확대되는 상황에서 지역사회의 개념은 지리적이고 공간적인 지역사회의 강조요인보다는 사회관계적인 인간 공동체 요인이 강조되고 있다(최재원, 1991).

지역사회란 사람과 지역 또는 지리적 집합체를 말하므로 지역사회를 이해하기 위해서는 지역사회의 특수한 인구집단을 구성하는 요소가 무엇이며, 그 구성요소가 공통된 생활조건, 공동이익, 공동시설, 정치적 혹은 사회조직 등에 어떤 영향을 미치는가에 대해서 연구해야 한다(Dunham, 1970).

미국 사회복지사협회(NASW, 1999)에서는 지역사회를 구조적인 관점과 사회심리적인 관점으로 나누어 제시하고 있다. 구조적인 관점에서 지역사회는 개인과 국가를 매개하는 구조로 언급하고 있고, 사회심리적인 관점에서의 지역사회는 의미, 정체성, 비소외적인 관계, 소속감을 강조하고 있는데, 이는 사람들의 상호관계가 상호부조, 공동운명, 유대감, 개별보상과 의무 등을 통해 이루어지는 지역사회의 심리사회적인 요소를 반영한 것이다.

McMillen과 Ross는 지역사회를 지리적 지역사회와 기능적 지역사회로 나누어 제시하고 있다. 지리적 지역사회는 어떤 단일성 또는 분리성을 지적하는 물리적 · 지리적 · 지방적 경계선으로 형성된 지역집단으로 간주하려는 것이다. 예로 지리적 조건으로 형성된 지역사회는 리, 동, 읍, 면, 시, 군, 구, 도와 같은 행정구역 집단과 마을, 부락, 학교권, 시장권과 같이 자연스럽게 형성된 사회적 지역집단이 있다. 반면 기능적 지역사회는 사회 · 문화적 동질성, 합의 등 공통된 이해와 관심으로 형성된 집단으로 교회, 회사, 조합, 정당 등과 같은 이익집단을 말한다(McMillen, 1943; Ross, 1967; Harper & Dunham, 1959).

그 외에도 지역사회는 다양한 의미를 지니고 있는데, 첫째로 지역, 지리를 중심으로 하는 지역사회, 둘째로 각종 구성원들의 모임으로 의식과 뜻을 함께 하는 지역사회, 셋째로 각종 기관과 시설, 단체를 하나의 지역사회로 구분하는 방법, 넷째로는 정보사회시대에 새롭게 등장한 사이버상의 가상공동체 등이 있다(김범수 외, 2006). 위에서 말한 지역사회의 의미 중에 첫째를 제외한 나머지는 모두 기능적 의미의 지역사회에 해당한다.

전통적으로 지리적인 특성에 근거한 지역사회는 최근에 와서 교통수단과 정보통신의 발달로 지역적으로 제한된 경계가 약해지고 있다. 따라서 지역성을 강조하는 지리적 의미의 지역사회는 점차 약화되면서 기능적 특성을 강조하는 쪽으로 옮겨가고 있다. 기능적 지역사회는 민족, 특정한 특성이나 종교체계, 이념, 사회계층, 직업유형, 관심사나 취미활동을 중심으로 구성된 동질성을 지닌 공동체로서 구성원들 간의 이익을 중심으로 형성된 이익공동체의 성격을 지닌다. 최근에는 인터넷이 발달하면서 관심사나 이해관계에 따라서 시공(時空)을 넘나드는 다양한 형태의 사이버공동체, 가상공동체(virtual community)와 같은 새로운 개념의 지역사회가 활성화되고 있다.

2. 지역사회와 관련된 유사개념

지역사회 개념과 관련된 유사한 개념으로는 Tönies가 제시한 공동사회(gemeinschaft)와 이익사회(gesellschaft)가 있고, 21세기에 접어들면서 정보화로 인해서 새로운 커뮤니티 개념들이 대두되고 있는데, 그 내용을 살펴보면 다음과 같다(오정수 외, 2006: 31-33; 고수현, 2012: 16-17).

1) 공동사회와 이익사회

독일의 사회학자 Tönies는 사회적 관계를 소규모의 대면적 관계와 대규모의 비대면적 관계로 구분하여 지역사회를 공동사회(gemeinschaft)와 이익사회(gesellschaft) 구분하고 있다. 사회적 보호와 관련하여 이러한 구분의 중요성은 공동사회가 정서적이고 전통적인 관계에 기초한 반면, 이익사회는 개인주의와 계약, 합리적인 이익추구에 기초하고 있다는 점이다. 퇴니스는 소규모의 대면적 사회관계를 연합체(union), 대규모의 비대면적 사회관계를 협의체(association)라고 보았다. 그리고 공동사회와 이익사회, 연합체와 협의체라는 두 가지 형태의 구분을 상호 결합시키면, 네 가지 유형의 사회형태가 형성된다.

퇴니스는 서구사회의 역사적 발전이 공동사회의 연합체(unions of gemeinschaft), 공동사회의 협의체(association of gemeinschaft), 이익사회의 협의체(association of gesellschaft), 이익사회의 연합체(unions of gesellschaft)의 순으로 발전해 왔다고 주장하였다. 이러한 네 가지 유형의 사회형태는 사회적 보호와 관련성을 맺고 있다.

첫째 형태인 공동사회 연합체의 전형은 가족이다. 인간은 출생으로 이 관계에 들어가게 되며, 가족관계 자체의 존재는 개인의 합리적인 의지와 관계가 없다. 공동사회의 세 가지 축은 혈연, 장소, 마음인데, 이를 사회적 관계로 표현하면 혈연관계, 이웃관계, 친구관계가 된다.

둘째 형태는 공동사회의 협의체인데, 이것은 공동의 노동이나 직업적 소명에 기초하고 있다. 이러한 관계는 순수한 개인적 연대를 넘어 길드, 동료조직,

교회와 같은 조직으로 나아가게 한다. 이런 관계 속에서 비공식적 · 사회적 보호를 조직화하려는 노력이 있었는데, 이는 공동사회의 협의체를 창출하려는 시도였다.

셋째 형태인 이익사회의 협의체는 합리성과 이해타산에 기초하여 정해진 목적과 수단에 의하여 활동한다. 대기업 조직이나 국가의 관료조직이 대표적인 예이다. 여기에서는 개인적인 연대에 기초하여 행동이 이루어지지 않으며, 각 개인들은 고립되고 개인들 간에는 긴장관계가 형성된다.

넷째 형태는 이익사회의 연합체이다. 이익사회의 협의체가 개인주의화, 비인간화, 경쟁사회화의 방향으로 나아간 반면, 이익사회 연합체는 현대사회의 관료조직에 인간관계의 회복 또는 사회적 연대성을 통하여 공동사회의 특성을 다시 도입하려는 노력을 반영한다. 사회복지에 관한 국가의 책임은 이러한 관점에서 해석될 수 있다.

이러한 공동사회와 이익사회의 변천과정은 사회변화에 관한 사회학적 분석의 산물이며, 퇴니스는 사회복지학적 측면에서 분석을 하지는 않았다. 그러나 공동사회와 이익사회는 사회복지학 측면에서 매우 중요한 함의를 갖고 있다.

2) 새로운 커뮤니티 개념들

지역사회라는 용어는 영어의 '커뮤니티(community)'에 해당하는 용어이다. 그런데 커뮤니티의 개념에는 지리적 · 공간적 차원의 의미만 있는 것이 아니라 같은 이해관계에 있는 사람들의 집합체란 개념도 있다. 즉, 지역성과 정신성이라는 개념으로 구분된다. 지역성은 도시, 농촌, 경상도, 충청도라는 일정한 구획을 포함하는 개념으로 구성되고, 정신성은 동호인 집단, 동성애자 집단, 소수 그룹, 다수 그룹 등의 정신적으로 유사한 맥락을 유지하는 구성개념이다.

그런데 21세기에 접어들면서 새로운 커뮤니티 개념인 가상공동체(virtual community)나 소셜네트워크(social network) 등의 컴퓨터 네트워크 공동체가 사이버공간에서 구성됨으로써 공동체의 개념이 모호해지고 있다. 즉, 구글(google), 네이버(naver),

네이트(nate), 다음(daum) 등의 포털사이트에서 다양한 커뮤니티가 만들어지고 있는 것이 그 사례이다.

그 외에도 '로컬리티(locality)'와 '네이버후드(neighborhood)' 개념도 있다. 로컬리티는 중앙과 지방이라는 구분에서 주로 사용되지만 때로는 커뮤니티와 혼용되는 용어이기도 한데, 실제로 Rothman도 지역사회개발을 'community development' 그 외에도 'locality development'로 표현하기도 하였다. 그러나 우리나라에서는 지방정부와 지방단체를 'local government'로 표현하는 사례가 많으므로 사회복지분야에서는 구분해서 사용하는 것이 좋을 것이다.

3. 지역사회의 기능

지역사회는 특정 지역에 거주하는 지역 주민들이 함께 살아가면서 서로 관계를 맺기 때문에 상호 간의 생활과 행동양식에 영향을 미치는 과정에서 사회적 구조와 기능을 발전시키게 된다. 따라서 지역사회는 구성원들을 위해서 생산과 분배, 소비, 사회화, 사회통제, 사회통합, 상부상조(相扶相助)의 기능을 수행한다. 지역사회의 기능에 대해서 학자들이 제시한 내용을 자세하게 살펴보면 다음과 같다(Warren, 1978; Gillbert & Specht, 1984; Pantoja & Parry, 1992).

1) 생산 · 분배 · 소비기능

지역 주민들이 의식주(衣食住)와 같이 일상생활을 영위하는 데 필요한 재화와 서비스를 생산 · 분배 · 소비하는 과정과 연관된 기능을 말한다. 전통적인 사회에서는 생활에 필요한 모든 것들을 가내(家內)에서 생산했으나, 오늘날 산업이 발달하고 사회기능이 분화되면서 재화와 서비스를 생산 · 분배하는 기능을 기업과 함께 정부를 비롯한 다양한 전문기관, 종교단체, 교육기관에서 담당하고 있다. 이 같은 제도는 가족의 욕구충족에 영향을 미치며, 지역사회 주민들의 의식주와 보건의료서비스, 운송서비스 및 여가생활 등 기본적인 욕구충족은 물론 삶의 질에 큰 영향을 미치고 있다.

2) 사회화 기능

한 인간의 사회화는 어린 시절 가정환경을 통해서 이루어지지만, 그가 살고 있는 지역사회의 특성이나 가치규범의 영향을 많이 받으면서 형성된다. 사회화는 지역사회가 공유하는 일반적인 지식, 사회적 가치, 행동양식 등을 지역 주민들에게 전달하여 일반적인 방향으로 사회화하는 것을 의미한다. 사람들이 성장하고 살아가는 사회적 · 경제적 · 환경적인 면이 각기 다르기 때문에, 한 사회의 주류적인 가치를 내면화하는 수준도 각기 다르므로 사회화 과정을 통해서 지역 주민들은 다른 지역 주민들과 구별되는 생활양식을 터득하게 된다. 사회화는 지역사회 성원들을 좀 더 발전된 방향으로 안내하며, 이러한 가치와 태도는 사람들이 스스로나 타인에게 또한 사람과 사람 사이의 권리와 책임에 대해 바라볼 수 있는 방법에 긍정적인 영향을 미치게 된다. 특정한 지역에 살고 있는 개인이나 지역 주민들의 특성을 이해하기 위해서는 지역사회가 공유하고 있는 전통이나 가치기준을 살펴보는 것이 중요하다.

3) 사회통제 기능

사회통제 기능은 지역사회가 주민들에게 바람직하다고 여겨지는 사회규범에 순응하도록 이끄는 것을 의미한다. 모든 지역사회는 오랜 역사와 전통을 통해서 구성원들이 준수해야 할 법, 도덕, 규칙을 가지고 있다. 이러한 규범을 내면화하여 준수하도록 하는 강제력이 결여된다면 지역사회의 질서가 붕괴되어 비행이나 범죄가 만연되는 사회해체 현상이 나타나게 된다.

사회통제 기능을 담당하는 일차기관은 정부(政府)인데, 사법권과 경찰력을 동원하여 강제력을 발휘한다. 그리고 가정, 학교, 종교기관, 사회기관 등도 부분적으로 사회통제 기능을 수행하고 있다. 특별히 사회복지사는 사회적응이 어려운 지역 주민들을 대상으로 사회복지서비스 제공을 통해서 문제해결과 사회적응력 향상을 돕는 전문가로서 사회통제 매개인 역할을 하게 되는데, 이때 중요한 것은 자원을 제공하는 행정당국이나 복지기관의 입장과 자신을 동일시하기보다는 서비스이용자의 성장과 발전을 촉진하는 쪽으로 기능하는 것이 중요하다.

4) 사회통합 기능

사회통합 기능은 지역 주민 스스로 규범을 준수하여 바람직한 행동을 하도록 만드는 것이다. 사회통합이 잘 이루어지기 위해서는 지역사회가 제공하는 제반 활동에 주민들이 자발적으로 참여하며, 서로 협력할 수 있어야 한다. 사회통합에 필요한 사회적 가치와 규범을 만드는 사회조직에는 가정, 학교, 사회단체가 있으며, 그 가운데 대표적인 제도는 종교이다.

사회통합 기능은 정치, 사회, 경제적으로 급격한 변화를 경험하고 있는 시대적 상황과 사회환경에서 특별히 강조되어야 할 기능이다. 현재 우리 사회는 정치적으로 진보와 보수 간 이념 차이로 소모적인 논쟁이 끊이지 않고 있으며, 경제적으로 빈곤층과 부유층 간 양극화 현상이 심하며, 노인과 장애인, 비정규직 근로자 등의 수가 증가하면서 사회적인 갈등이 심해지고 있는 상황이다. 그리고 국토개발이나 공기업의 지방이전 문제로 지역 간 갈등이 심화되어 정책결정이나 시행과정에서 어려움을 겪고 있으므로 사회통합 기능은 매우 중요하다고 볼 수 있다(김용환 외, 2011).

5) 상호부조 기능

상호부조 기능은 지역 주민들이 개인적으로 질병, 실업, 사고, 사망 등 위기에 처했거나 제도적 사회복지체계가 부족해 사회안전망이 미흡해서 개인이나 주민들이 공적인 사회제도를 통해서 기본적인 욕구를 충족할 수 없는 경우 강조되는 사회적 기능이다. 전통사회에서 상호부조 기능은 가족, 친지, 마을사람들, 자선단체 등과 같은 일차집단에 의해 이루어졌으나, 현대사회에서는 정부, 민간사회복지단체, 종교기관에서 이루어지고 있다.

상호부조 기능이 가족이나 친지, 이웃관계 등 비공식적인 돌봄관계에서 정부 주도의 공적 복지제도나 원조전문직종과 같은 전문영역으로 이전되면서 발생하는 문제점은 개인에게 복지 의존감을 심어주고 가족이나 이웃, 지역 주민 사이에 돌봄이나 문제해결 능력을 약화시킬 수 있다는 점이다.

6) 방어 기능

방어(defense) 기능은 지역사회의 구성원들을 안전하게 보호하고 지키는 것으로 안전하지 못한 지역사회에서 주요한 기능이다. 방어 기능은 공간적 지역사회뿐만 아니라, 비공간적 지역사회에서도 중요한 기능이다. 예를 들어, 동성연애자 집단의 경우 방어적 기능은 더욱 중요할 수 있는데, 이는 그들에게 피해를 줄 수 있는 집단이 있기 때문이다. 또한 외국에서 생활하는 이민자들의 경우에도 그 사회의 주류집단으로부터 자신들을 보호하기 위해서 방어 기능을 가지게 된다(박태영, 2003). 우리나라의 경우에는 가정폭력이나 성폭력 등으로부터 여성을 보호하기 위한 각종 예방센터 설치 등도 방어 기능의 하나라고 볼 수 있다.

7) 의사소통 기능

의사소통은 생각을 표현하는 공통의 언어 및 상징을 활용하는 것을 말한다. 의사소통은 Warren이 제시한 다섯 가지 기능, 즉 생산·분배·소비, 사회화, 사회통제, 사회참여, 상부상조 기능 등의 역할로 볼 수도 있지만, 여기에서는 현대사회에 있어서 하나의 독립된 기능으로 간주한다는 것은 매우 의미 있는 일로 보인다. 의사소통은 그것이 언어나 문자, 그림, 소리를 통한 표현이든지 간에 사람들을 결속시키는 접착제 역할을 하는 기능을 수행한다(박태영, 2008).

2 지역사회의 유형: 다양한 유형구분 시각 검토

전통적인 사회에서는 지역사회의 유형을 명확하게 구분할 수 있었으나, 현대에 와서는 지역사회의 특성이 다양화되면서 지역사회에 대한 구분이 그리 단순하지 않다. 지역사회를 유형화하는 것은 경험하는 현상이나 대상에 질서를 부여해서 그 현상이나 대상을 보다 더 잘 이해하고 파악하기 위해서이다. 지역사회를 유형화하는 방법은 학자들마다 다양하게 제시하고 있지만, Dunham이 구분한 기준에 의하면, 인구의 크기, 경제적 기반, 정부와 행정구역, 인구구성의 사회적 특수성을 기준으로 구분하는 것이 좋을 것이다.

1. 인구의 크기에 따른 기준

지역 내에 거주하는 인구의 규모에 따라 지역사회를 구분하는 형태로 인구 100만 이상의 대도시, 인구 30만~100만 명 이하인 중소도시, 인구 30만 이하인 소도시로 구분할 수 있다. 현대에 와서 인구가 천만 명이 넘는 대도시와 광역자치단체, 신도시개발 등으로 인한 인구 집중현상이 나타나면서 인구 규모에 따른 지역사회 분류는 큰 의미가 없어졌다고 볼 수 있다.

2. 경제적 기반에 따른 분류

주민들의 경제활동뿐만 아니라 사회·문화적인 특성을 파악하고자 하는 인류학적 조사·연구에서 사용되는 기준으로 경제적 기반에 따른 분류는 1차 산업, 2차 산업, 3차 산업으로 분류된다. 이 같은 산업구조에 따른 사회 내의 직업구조는 지역사회의 구성원들 각각의 경제활동을 나타낸다. 전통적으로는 농촌, 어촌, 광산촌, 산촌, 경제특구 등으로 분류했으나, 최근에 형성된 경제특구는 주민들의 경제적 기반이 외국인들과의 교역이나 통상, 관광 등에 있는 구역을 말한다.

3. 행정구역에 따른 분류

정부의 행정구역을 기준으로 지역사회를 특별시, 광역시, 도(道) · 시(市) · 군(郡) · 구(區) · 읍(邑) · 면(面) · 동(洞)으로 구획하는 형태를 말한다. 정부의 행정구역은 인구의 크기에 따라 분류하는 것이 일반적이지만, 정치적 배경에 따라 나누기도 하며, 특별자치구역 등의 새로운 형태가 나타나기도 한다.

4. 인구구성의 사회적 특성에 따른 분류

도시 저소득층지역, 외국인촌(이태원 일대), 노인이나 장애인 밀집지역, 미국 할렘가나 LA지역의 코리안타운 및 차이나타운 등과 같이 지역사회구성원 대다수의 사회적 · 경제적 · 인종적 특성을 중심으로 지역을 유형화하는 형태를 말한다.

그 외에도 Lindeman은 사회복지의 목적에 부합하는 지역사회를 열한 개로 유형화하여 구분하고 있다(최일섭 외, 2007).

① 대도시지역: 인구 50만 이상으로 산업, 상업, 문화의 중심지이다.

② 산업지역: 어떤 지역은 다양한 산업을 갖기도 하고, 어떤 지역은 광업, 목재, 재철, 자동차 공업, 조선 같은 한 산업이 집중된 지역으로 우리나라의 경우 울산, 창원, 포항, 거제 등이 이에 해당한다.

③ 상업지역: 중심상업지는 경기를 주도하고 고도의 산업집중화가 일어나며, 핵심 상업지역만 허용되는 지역이다.

④ 정부행정중심지역: 정부의 행정관서가 집중되어 있는 연방과 주, 지방정부의 수도를 말한다. 우리나라의 경우에는 과천, 세종시가 이에 해당한다.

⑤ 교육중심지역: 대학교, 연수원, 기타 학교시설이 중심이 되어 있는 지역사회이다.

⑥ 기관 및 시설중심지역: 주민의 생활중심이 병원, 메디컬센터, 보건소 등과 같이 하나의 기관, 혹은 그 이상의 기관을 통해 영위되는 지역사회로 대부분의 경우 이 시설 자체가 한 도시 내에 지역사회를 형성한다.

⑦ 교외(suburban)지역: 교외는 도시 근교에 있는 거주지역으로 일반적으로 주거용 주택가가 많고, 도시로 출퇴근하는 주민이 많아서 베드타운 성격을 지닌 지역이다.

⑧ 유락(resort)지역: 해변이나 산간의 관광지, 국립공원이나 자연명소에 인접해 있는 지역사회이다.

⑨ 농업중심지역: 농산물이 거래되고 농촌주민의 사교가 이루어지는 지역이다.

⑩ 일반고객 유치를 목적으로 형성된 지역: 학교, 교회, 백화점, 주유소 혹은 이 같은 시설들이 합해져서 형성된다.

⑪ 이념(ideological)중심지역: 종교, 이데올로기, 예술에 뜻이 맞는 사람들이 집단적으로 모여서 의도적·협력적으로 형성되며, 특정한 생활문화나 종교 전통을 공유하며 생활한다. 예로, 퀘어커교(펜실베이니아 주), 몰몬교(유타 주), 에미쉬공동체(펜실베이니아 주)와 같은 종교적인 지역과 협동농장을 들 수 있다.

3 지역사회를 바라보는 관점

지역사회를 어떤 관점에서 이해하고 분석할 것인가는 분석시각에 따라 지역사회조직사업 모델, 지역사회 문제분석과 지역사회 문제해결의 과정, 사회복지사의 역할 등에서도 큰 차이를 보이므로 중요한 의미를 지니고 있다. 지역사회를 바라보는 관점에는 기능주의, 갈등주의, 상호작용주의, 교환주의 관점이 있다.

1. 기능주의 관점

기능주의는 사회가 여러 부분으로 구성되어 있고, 각 부분은 합의된 가치와 규범에 따라 변화한다고 보며, 균형과 안정을 강조한다. 지역사회는 다양한 사회제도로 구성된 하나의 체계인데, 체계 내에는 또 다른 하위체계가 형성되며, 하위체계들 사이에는 상호 연관성이 있고, 각각의 하위체계들은 다양한 사회적 또는 결사체적 집단으로 구성된다. 즉, 지역사회는 다수의 상호 연관적이고 의존적인 부분들, 즉 경제, 종교, 가족 등으로 구성되면서 동시에 각 부분들은 전체가 성공적인 기능을 발휘할 수 있도록 기여한다고 본다.

기능주의 관점은 지역사회를 하나의 사회체계로 바라보며, 지역사회 기능을 생산 · 분배 · 소비 기능, 사회화 기능, 사회통제 기능, 사회통합 기능, 상부상조 기능으로 구분하는 것도 이러한 관점에 근거한다. 따라서 지역사회에 적용되는 기능주의 관점은 다음과 같이 정리할 수 있다.

- 지역사회는 다양한 사회적 제도로 구성되어 있는 하나의 체계로 파악할 수 있는데, 중요한 제도적 하위체계들은 정부, 경제, 사회, 종교, 가족 등이다.
- 지역사회를 포함한 모든 사회체계는 상호 간에 영향을 미치며 균형유지를 향해 움직이는 경향이 있다. 사회체계의 다양한 부분들 간에는 조절, 조정, 통합이 이루어지면서 균형상태를 유지하려는 속성이 있다.
- 하위체계들 간에 상호관련성이 있더라도 각각의 하위체계들 역시 하나의 분리된 실체를 이루고 있고, 모든 사회체계의 구성원들은 의식적, 무의식적으로 다양한 경계유지 활동에 종사하게 된다. 그 결과 사회체계는 심리사회적 · 지리적 경계를 지닌다.

이상과 같은 기능주의 관점은 지역사회의 유지와 균형에 주로 관심을 갖고 있기 때문에, 지역사회의 변화나 지역사회에서의 자원, 권력을 둘러싼 집단 간 갈등을 설명하기가 어려운 면이 있다.

2. 갈등주의 관점

기능주의는 지역사회의 질서와 안정유지만을 강조할 뿐 지역사회 내에 존재하는 갈등을 소홀히 한다는 비판과 함께 갈등주의 관점이 대두되었다. 갈등주의는 지역사회 주민들이 경제자원, 권력, 권위, 영향력 등의 불평등한 분배로 인해서 갈등과 투쟁이 일어나고, 이러한 갈등관계를 통해 지역사회의 변동이 초래된다고 본다.

따라서 지역사회 문제나 주민들의 욕구를 해결하기 위해서는 지역사회 갈등의 주요 소재인 권력, 경제적 자원, 권위 등의 재분배를 요구하게 되고 이러한 결과로 사회행동이 표출된다고 본다.

3. 상호작용주의 관점

상호작용주의는 개인 간의 상호작용 과정과 상호작용이 개인과 사회에 미치는 결과에 초점을 두는 이론적 시각이다. 지역사회는 그 원인이 되는 특정 행위나 현상을 진단하는 권위 있는 전문가나 대표자의 판단에 따라 특정 개인이나 집단의 상호작용에서 어떤 현상, 행동에 대해서 동의할 수 없다고 판단될 때, 그것이 사회문제가 될 수 있다고 본다. 또한 사회나 지역사회의 구성원인 개인 간의 상호작용이 지역사회 변화에 미치는 영향에 관심을 두고 접근하는 관점이다.

4. 교환주의 관점

교환주의 관점은 사회행동을 개인들 간의 교환자원, 즉 금전, 물품, 칭찬, 존경 등을 주고받는 반복적인 행위가 이루어지는 것으로 본다. 즉, 교환자원을 매개로 사회적 행동을 함으로써 관계가 유지된다고 보는데, 교환관계에 있는 당사자는 가능하면 비용에 비해 보상이 크도록 행동하려고 하고 권력적으로 대등한 입장에서 교환관계를 유지하고자 한다. 이 관점은 사람들 사이에 교환관계가 단절되거나 불균형 또는 교환자원의 부족, 고갈, 가치저하 상태를 사회문제로 본다.

4 지역사회를 설명하는 이론

오늘날 전통적인 지역사회가 존재하는가를 다루는 이론에는 지역사회를 어떤 관점에서 보는가에 따라서 상실이론, 보존이론, 개방이론이 있다.

1. 지역사회 상실이론

일차집단의 해체, 공동체 쇠퇴, 산업화 · 도시화로 인해서 복잡한 도시에서의 비인간적인 사회관계의 발전 등으로 이상적으로 생각하는 전통적인 지역사회가 상실되었다고 보는 이론이다. 따라서 상실된 지역사회 기능을 대체할 수 있는 새로운 제도적 장치가 필요하다고 본다.

2. 지역사회 보존이론

지역사회 상실이론에 대한 반론으로 등장한 것이 지역사회 보존이론이다. 도시인들도 전통사회와 비슷한 혈연, 이웃, 친구들에 의한 사회적인 지지망(social network)을 가지고 있다고 보며, 현대사회에서도 사회적 관계망을 지지하고 강화해서 전통사회가 지니고 있었던 지역사회의 사회적 기능을 보존할 수 있다고 생각한다. 복지국가의 제도적 역할을 축소하고 가족, 지역사회가 갖고 있는 상부상조 기능을 강조한다.

3. 지역사회 개방이론

지역사회 상실이론과 보존이론에 대한 제3의 대안으로 등장한 이론이다. 이 이론은 순수하게 지역성에 기초한 개념에서 벗어나 사회적 지지망의 관점에서 비공식적인 연계를 강조하고, 지역성에 기초한 개념과 공통의 이해와 관심에 기초한 개념을 결합하고 있다. 이 이론이 갖고 있는 의의는 현대사회의 지역사회가 지리적 의미와 기능적 의미를 포괄적으로 함축하게 된 사회발전의 현상을 비교적 잘 반영하고 있는 점이다.

5 지역사회복지의 이념

우리나라의 사회복지는 1980년까지는 주로 빈곤해소를 위한 전략에 집중하였으나, 1980년대 후반부터는 복지대상자가 요보호대상자에서 국민 전체로 전환되어 사회복지의 성격이 변화되기 시작하였다. 특별히 정상화이론(normalization)을 근간으로 탈시설화와 사회통합 이념의 영향으로 노인, 장애인 등 서비스이용자들에 대한 시설보호에서 지역사회보호로 복지정책이 전환되기 시작하면서 지역사회복지실천이 더욱 중요시되기 시작하였다.

지역사회복지 서비스분야의 질적인 변화에 영향을 미친 이념들인 정상화, 사회통합, 주민참여, 네트워크 등을 살펴보면 다음과 같다.

1. 정상화

정상화 이념은 1960년대 스웨덴의 Nirge가 지적장애인의 삶의 질 향상을 위해서 시설보호가 아니라 지역사회에서 정상적인 생활에 가까운 처우를 해야 한다는 운동에서 시작되었다. 정상생활이란, 특별한 장애나 욕구를 가진 사람들도 지역사회와 분리된 시설이 아니라, 일반 사람들처럼 지역사회 안에서 생활하도록 해야 한다고 하여 지역사회에 통합된 삶을 강조하므로 시설보호에 반대하며 탈시설화 및 사회통합과 밀접한 관련이 있다.

다시 말해서 요보호대상자들을 시설에 분리 보호하는 것이 아니라 가족이나, 지역사회 내에서 함께 생활하면서 생애주기에 대응하는 정상의 발달과제로 인간적인 욕구를 충족시키며, 이웃관계, 교육, 고용, 문화 등을 포함한 그 이외의 사회적 교류의 기회가 정상적으로 확보될 수 있는 지역사회의 체계를 만들어 내는 것을 목적으로 하는 것과 공생사회 실현을 목적으로 하고, 반차별의 가치에 근거한 사회를 만드는 것을 목적으로 하며, 사회복지 및 관련자 시설의 유기적 연계와 통합화의 촉진을 목적으로 하고 있다(이춘기, 1987; 정현태, 2009 재인용).

2. 사회통합

사회통합은 계층 간의 격차를 줄이고, 사회의 전반적인 불평등을 감소시킴으로써 삶의 질을 제고해 나가는 것을 의미한다. 또한 지역 간의 차이에서 발생하는 갈등의 가능성을 줄여 나간다는 의미도 포함된다. 지역사회에서 사회통합을 촉진하기 위해서는 장애인, 노인 등 보호대상자가 일반 주민들과 함께 생활할 수 있는 조건을 조성 및 제공해 주어야 한다. 역사적으로 볼 때, 보호대상자들이 지역사회에서 격리된 수용시설에서 보호하는 것이 일반적이었으나, 최근에는 인권보호 입장에서 복지처우 제공을 격리된 보호에서 통합적 처우를 중시하는 방향인 재가복지와 지역사회복지를 중시하는 방향으로 전환하고 있다.

3. 주민참여

주민참여는 지방자치제도의 정착으로 그 중요성이 강조되는 원리로서, 주민들의 욕구와 문제를 정부나 사회복지전문가가 일방적으로 해결해 주는 것이 아니라, 주민들의 주체적인 참여원리를 통해서 해결해 나갈 수 있는 가능성을 보여준다. 주민참여방식은 주민의 일상의 삶에 중요한 영향을 미치는 의사결정에 참여하여 정책결정과 집행, 실시하는 데 자신들의 의견을 반영할 수 있으며, 지역사회가 안고 있는 현안문제들을 주민운동을 통해서 해결해 나갈 수 있다. 또한 적극적인 주민참여는 지역사회복지실천에 필요한 자원봉사를 확보하는 데 중요한 역할을 할 수 있다.

지역사회복지실천에서 주민참여는 매우 중요한지만 순기능과 함께 역기능이 따를 수도 있다. 주민참여의 순기능으로는 주민참여를 통해 개인의 권리와 자유를 신장시켜 주며, 지역 주민의 공동체의식을 자극시켜 사회문제 발생이 자신들의 생활에 영향을 미치는 문제라는 인식을 갖게 하여 적극 참여를 유도할 수 있으며, 상호 간에 정보교환을 통한 의견수렴 과정을 거쳐서 합리적인 의사결정을 할 수 있게 만들 수 있다. 또한 주민참여는 정책비판, 평가, 감시기능을 통해서 지방공무원들에게 자주성, 창의성을 발휘하도록 촉구하고 주민들의 활발한 의견투입과 비판, 평가를 통한 감시활동은 공무원들의 의식과 정책수행 과정에 변화를 가져올 수 있도록 할 수 있다.

주민참여의 역기능으로는, 주민참여로 인한 관료와 주민들 간의 기존 관계 변화와 관료만의 편의성을 제한함으로써 참여에 대한 관료제의 저항이 있을 수 있고, 행정 관료들이 문제를 적극적으로 해결하지 않고 지역 주민에게 전가할 수 있으며, 주민들이 다른 지역이야 어찌되든 자신들이 살고 있는 지역만 잘되면 그만이라는 지역이기주의가 심화될 수 있다. 지역이기주의는 공익차원의 국가적으로 균형 잡힌 발전을 어렵게 만들 수 있으며, 주민참여를 위한 정보제공이나 공청회 개최, 위원회 구성 등에 추가적인 비용이 소요될 뿐만 아니라 사회 전체의 이익보다 자신들의 이익만을 고려하여 집단적 반발이 생길 때, 사업 추진이 되지 않고 장기간 표류할 수 있으므로 막대한 비용이 낭비될 소지가 있다.

4. 네트워크

산업사회의 특징이 전문화, 분업화, 제 영역별 분화에 있었다면, 후기 산업사회에서는 사회의 제 영역들과 전문분야들 간의 연결, 통합이 강조되고 있다. 네트워크의 확산은 정보교환, 자원공유, 가상공간의 실현을 통해 정치, 경제, 문화, 의료, 교육 등 사회 전반에 걸쳐 생활행태의 변화를 일으키고 있다.

네트워크는 국가, 기업, 개인 간의 장벽을 허무는 동시에 새로운 관계망을 형성하는 쪽으로 변화해 가고 있다. 이로 인해서 세계와 지역사회의 시공간적 구분은 더 이상 의미가 없어졌다. 지구상 어느 공간에 위치해 있든지 같은 공간과 동시성을 갖게 된 것이다. 따라서 현대사회는 "사고는 세계적으로, 행동은 지역적으로" 하는 시대가 되고 있다. 세계의 네트워크 현상은 지역사회복지에도 큰 영향을 미치고 있다.

최근 사회복지의 큰 흐름 가운데 하나는 공급자중심 서비스 제공에서 이용자중심의 서비스 제공으로의 변화이다. 다양한 욕구를 지닌 서비스이용자들이 원하는 서비스를 제공하기 위해서는 서비스 공급체계의 네트워크, 이용자의 조직화, 복지서비스 제공기관이나 시설들을 총망라한 네트워크 구축이 필요하다. 지역사회복지에서 네트워크의 원리는 지역사회 주민의 욕구에 적합한 서비스를 제공하기 위해서 지역 주민의 조직화, 보건의료, 복지의 연계, 사회복지기관·시설의 연계 등을 포함한 포괄적 원리를 의미한다.

지역사회복지실천을 위한 네트워크의 활성화를 위해서는 인터넷을 활용한 가상공간에서의 활동이 매우 효과적이라고 할 수 있다. 사회복지기관들의 행정전산화와 홈페이지 구축을 통한 네트워크의 중요성이 강조되고 있다. 웹을 통한 네트워크 구축은 사회복지기관의 교육, 홍보, 모금, 자원봉사자 모집 등 다양한 부문의 네트워크로 활용되고 있다. 인터넷을 통한 네트워크 구축은 사회복지기관들이 사업의 효율성과 경쟁력을 높일 뿐만 아니라, 사회복지서비스 이용자나 일반 주민들의 접근성을 높이는 데 기여하고 있다.

연습문제

1 지역사회의 다양한 유형구분에 비추어 자신이 살고 있는 지역사회의 특성을 살펴보자.

2 『오래된 미래 – 라다크로부터 배운다』란 책이나 동영상을 감상하고, 개발과 성장이라는 미명하에 지역공동체가 어떻게 파괴되는지를 생각해보자.

CHAPTER 02

지역사회복지와 지역사회복지실천에 대한 이해

이 장에서는 지역사회복지와 지역사회복지실천에 대한 전반적인 이해를 위해서 먼저 지역사회복지의 등장배경을 살펴보고 지역사회복지의 개념과 특징, 지역사회복지의 접근방법을 다룰 것이다. 그리고 지역사회복지실천의 개념, 목적과 목표, 지역사회복지실천의 원칙과 기능 및 내용과 방법, 지역사회복지의 구성체계를 알아보고 끝으로 지역사회복지와 관련된 유사한 개념들을 소개하고자 한다.

1 지역사회복지의 등장배경 및 개념과 접근방법

1. 지역사회복지의 등장배경

최근에 사회복지 영역에서 지역사회복지가 중요시된 등장배경은 무엇일까? 그 내용을 살펴보자면 다음과 같다(전해황 외, 2009).

1) 지역사회 구조의 변화

지역사회가 정적(靜的)인 공동사회에서 동적(動的)인 이익사회로의 구조적 변화에서 찾아볼 수 있다. 과학기술이 발달하고 교통·통신수단의 발달로 인해서 지역적 범위가 확대됨으로써 혈연과 인연을 중심으로 형성된 공동체의식이나 지역구성원 간 연대감이 약화되었다. 급속한 산업화·도시화로 인해서 치열한 경쟁사회가 형성되었고, 다양한 지역사회문제가 야기되어 지역사회 해체 또는 공동체가 붕괴될 위기상황에서 사회적 안전망 구축이 절실히 요구됨으로써 지역사회복지의 필요성이 대두되었다.

2) 인구사회학적 변화

사회적 기능상 중요한 장애나 부적응 문제를 지닌 사람들의 구성비가 상대적으로 증가하고 있기 때문이다. 즉, 지적장애, 정신장애, 신체장애, 심각한 의료문제를 지닌 요보호인구가 증가하면서 이들의 문제해결이 한 기관에 의한 단일한 서비스체계로는 접근하지 못하고, 지역사회 차원에서 통합적으로 접근해야 할 필요성 때문이다.

3) 급속한 가족구조의 변화

가족구조가 대가족제도에서 산업화와 도시화를 거치면서 소규모와 핵가족화로 변화하고 있다. 1인 세대 단독가구가 급속하게 증가하였고 가족의 유형도 한부모가구, 고령자가구, 노인단독가구, 비혈연가구 등 다양한 유형이 나타나고 있으므로 급속한 가족구조의 변화에 대응할 수 있는 사회적 지원체계가 필요하다.

4) 고령화 사회의 도래

보건의료 기술의 발전으로 인간의 수명이 연장되어 고령화 사회로 진입하여 고령인구가 증가하였으므로, 노인부양 문제를 개인이나 가족의 문제에서 지역사회중심으로 요보호대상 노인뿐만 아니라 전체 노인의 삶의 질을 향상시키는 정책적 전환이 필요하다.

5) 사회복지 서비스 전달체계의 변화

그동안 중앙정부가 일률적으로 공급해 오던 복지서비스 전달체계가 지방자치제도의 정착과 함께 지역으로 이전되면서 지역사회복지 서비스체계가 시설중심에서 재가(在家) 및 지역사회 중심으로, 공급자 중심에서 수요자 중심으로 변화하고 있으므로 지역사회복지의 역할이 중요시되고 있다.

2. 지역사회복지의 개념

지역사회복지란 '지역사회'와 '사회복지'의 합성어로서 지역사회 수준에서 이루어지는 사회복지실천으로, 지역사회 내에서의 사회복지실천과 지역사회를 대상으로 한 사회복지실천이 동시에 포함된 개념이다. 즉, 지역사회복지는 지역사회가 안고 있는 해결해야 할 공통된 사회문제와 구성원들의 욕구를 충족하는 데 있어 지역사회의 사회적 자원을 동원하여 개인 · 민간 · 공공부문이 상호 협력하며, 구성원의 자발적 참여를 통해서 문제를 해결하고 욕구를 충족시킴으로써 좀 더 나은 환경을 조성하는 것이다. 이러한 지역사회복지 개념의 속성은 다음과 같은 내용을 포함하고 있다(오정수 외, 2008: 33-34).

첫째, 지역사회복지는 지역성과 기능성을 포함하는 일정한 지역사회 내에서 이루어진다.

둘째, 지역사회복지는 지역 주민의 삶의 질 향상이라는 목표를 가지고 있다.

셋째, 지역사회복지는 지역사회의 문제를 해결하고 주민의 복지욕구를 충족시키는 기능을 가지고 있다.

넷째, 지역사회복지는 정부와 민간기관이 공동주체가 되어 공공과 민간의 협력이 강화되는 추세로 발전하고 있다.

다섯째, 지역사회복지는 조직적 활동을 강조하는 전문적 서비스와 방법을 사용한다.

송정부(1985)는 지역사회복지란 지역사회 주민의 생존을 위하여 공적 · 사적인 기관이 협동하고 조직화하여 생활환경을 개선하는 사회적 시책 및 방법의 체계라고 정의하고 있다.

김종일은 지역사회복지를 두 가지 의미를 갖는 개념으로 이해하는데, 첫째로는 지역사회라는 구체적인 영역 안에서 지역사회를 대상으로 하는 사회복지를 가리키는 개념이며, 둘째로는 사회복지를 실현하는 수단이나 방법이 지역사회임을 가리키는 개념이라고 하였다.

따라서 지역사회복지란, 재가복지서비스를 중심으로 환경개선서비스, 지역주민의 조직화 활동, 지역사회를 중심으로 지역 주민에 대한 생활문제의 전반적인 것을 도모하는 포괄적 개념으로 정의할 수 있다.

지역사회복지가 궁극적으로 추구하는 것은 '살기 좋은 이상적인 지역사회'를 건설하는 데 있다고 하겠다. 그렇다면 지역 주민들이 살기 좋은 이상적인 지역사회란 어떤 상태의 지역사회를 의미하는 것일까? Lindeman은 그의 저서

『지역사회』에서 이상적인 지역사회는 주민들에게 다음과 같은 조건을 제공해야 한다고 제시하고 있다(Lindeman, 1921; 영정하 외, 2008: 28-29 재인용).

① 지역사회는 효율적인 정부라는 매개체를 통해 질서, 즉 생명과 재산의 안전을 도모해야 한다.

② 지역사회는 효율적인 생산체계를 통해 경제적 안녕, 즉 소득을 보장해 주어야 한다.

③ 지역사회는 공공 보건기관을 통해서 육체적 안녕, 즉 보건과 위생을 보장해야한다.

④ 지역사회는 조직적이고 잘 마련된 놀이를 통해서 여가시간을 건설적으로 활용하게 해야 한다.

⑤ 조직화된 지역사회에 의해 지지를 받을 수 있는 윤리적 기준, 즉 도덕체계를 제공해야 한다.

⑥ 지역사회는 모든 사람이 쉽게 접근할 수 있는 공공기관을 통해서 지식의 보급, 즉 교육을 제공해야 한다.

⑦ 지역사회는 자유롭게 의사를 표현할 수 있는 수단을 제공해야 한다.

⑧ 지역사회는 모든 주민이 자기네들의 의사가 표현되고 반영된다고 느낄 수 있는 민주적 형태의 조직을 제공해야 한다.

⑨ 지역사회는 신앙적 동기를 제공해야 한다.

이런 의미에서 지역사회복지란 개인복지나 가정복지보다 넓은 차원의 개념이며, 지역성에 기반을 둔다. 지역사회복지는 개인, 가정, 집단 등 낮은 수준의 사회체계의 복지와 대립하는 것이 아니라 사회복지라는 연속선상에서 상호보완적인 관계를 유지하는 것이다. 즉, 지역사회복지는 사회복지의 전문분야에 국한하는 것이 아니므로 지역사회의 각 분야에서 활동하고 있는 전문가들과 각종 단체의 자원봉사자들의 협력에 의해 지역사회의 주요 제도가 맡은바 사회적 기능을 온전히 수행할 수 있도록 하는 노력이라고 볼 수 있다.

3. 지역사회복지의 특징

지역사회복지는 사회복지의 특성을 바탕으로 하면서도 지역사회라는 독특한 체계를 기반으로 하므로 그 나름의 특성을 갖게 되는데, 그 내용은 다음과 같다(신대순, 1991: 54-55; 박태영, 2008: 45-47).

1) 지역성

지역사회복지는 중앙정부에서 일률적이며, 통합적으로 실시하는 사회복지가 아니라 지역사회 단위에서 주민의 생활권역을 기초로 하여 전개된다. 주민들의 생활권역은 주민의 생활의 장(場)과 동시에 사회참여의 장이므로 지역적 특성을 중요하게 고려해야 한다. 주민들의 기초적인 생활권역을 구분하는 기준은 다양한데, 물리적인 거리뿐만 아니라 심리적인 거리까지 포함해서 지역성을 파악해야 한다.

사회복지서비스 이용 측면으로만 한정해서 보자면, 지역적 생활권은 소규모일수록 좋다. 그러나 서비스 제공체계의 효율성을 고려해야 하므로 이용과 공급의 적절한 체계를 고려한 지역적 생활권을 설정해야 한다. 지역적 특성이 적절하게 살아날 때, 자신들의 복지욕구 표현과 이익 충족은 물론이고 지역사회 주민의 일원으로 사회참여가 용이해지며, 이러한 사회참여를 통해서 행정과 동등한 파트너십을 형성하게 되고, 주민자치를 체험할 수 있게 되어 실질적인 주민주체를 형성하고 실천할 수 있게 된다.

2) 예방성

지역사회복지의 예방성이란 지역사회 내의 사회복지욕구나 해결되지 못한 생활문제를 주민참가라는 구조를 통해서 이를 조기에 발견, 대응할 수 있으므로 예방적 효과를 거둘 수 있다는 의미이다.

예방적 특성에는 클라이언트의 인격파탄이나 생활파탄의 방지라는 소극적인 예방에서부터 삶의 질 향상이나 생활구조의 안정 · 강화 등의 복지증진이라는 적극적인 예방까지 포함한다.

복지욕구나 생활문제의 조기발견과 대응에는 주민참가와 네트워크 구축이 핵심이다. 주민 자신이 생활상의 복지욕구를 개인적인 욕구로만 생각하지 않고, 지역사회 내의 유사한 복지욕구를 지닌 주민들과 집단적, 혹은 조직적인 활동을 통해 지역사회복지 욕구를 형성하고 이를 해결 및 예방하기 위한 노력에 참가하는 실질적인 주민참가가 필요하다. 아울러 생활문제의 심각화를 예방하기 위해서는 상담, 신청, 조치의 정보망과 기관의 연계, 제도의 체계화를 빼놓을 수 없다. 이런 의미에서 네트워크 형성은 지역사회복지의 예방적 특성을 살리는 데 있어서 중요한 부분이다.

3) 종합성 · 전체성

종합성 · 전체성은 지역사회의 모든 활동을 포함하는 특성을 말한다. 주민들의 생활은 분리할 수 없는 것이다. 공급자 중심에서 공급의 효율성을 내세워 서비스를 분리해서 제공하고 있지만, 이용자 측면에서 보면 이는 부적절하게 여길 수 있다. 지역사회복지에서는 분절된 서비스를 통합적으로 제공하고 이를 이용하는 구조, 즉 서비스 공급자 측면에서는 종합성의 특징을, 서비스 이용자 측면에서는 전체성의 특성을 지니고 있다.

공급자 측면의 종합성은 서비스제공 기관 사이의 연락 · 조정 · 협의 등의 네트워크 구축과 이의 실질적인 운용을 통하여 종합성을 확보할 수 있다. 이런 일련의 노력들을 one-stop service, 서비스의 패키지화 등으로 표현하고 있다.

이용자 측면의 전체성은 주민생활에 밀접하게 관련을 맺고 있는 다양한 분야를 포괄적으로 다루어야 함을 의미하는 것이다. 여기에는 보건 · 의료, 고용, 교육, 문화, 교통, 안전 등 사회환경 개선사업, 생산기반 조성사업 등의 시설 또는 활동사업 면에서의 사회복지와 사회적 약자를 보호하기 위한 재가복지서비스 등의 대인중심의 사회복지를 포함한 전반적인 영역을 포괄하여 모든 부문이 지역사회복지의 대상이 된다.

또한 지역사회복지는 민간부문과 공공부문의 협력관계로서 지역 주민들의 자발적인 참여로 이루어지는 것을 본질로 하나 사회복지의 전문적 지식과 기술을 필요로 하며, 지역사회적인 자원이 뒷받침되어야 하므로 행정조직에서 지도 · 지원이 이루어질 때, 더 큰 효과를 거둘 수 있다.

4) 연대성 · 공동성(共同性)

인간은 공동의 관심사에 따라 연대를 형성하고 공동으로 이를 확대시켜 나가는 특성을 갖고 있다. 지역사회복지에서는 주민 개인의 사적 활동으로는 해결이 어려운 생활상의 과제를 주민들이 연대를 형성하고, 공동의 행동을 통해서 해결하는 특성을 가지고 있다. 연대성과 공동행동은 밖으로는 주민운동으로 나타나며, 안으로는 상호부조활동으로 나타난다. 주민운동은 지역사회의 생활상의 문제해결이나 예방을 위해 필요한 제도의 마련이나 시설설치 등으로 나타나게 된다.

또한 주민들의 상호부조활동은 주민들 상호 간의 친목활동뿐만 아니라 클라이언트의 고립화를 방지하고, 대인관계의 왜곡화를 시정하는 등의 인간미 넘치는 정겨운 공동체를 조성하는 것이다.

5) 주민 전체의 편의성 제공과 소외계층 복지중점

지역사회복지에서는 지역 주민의 건강을 증진하고 쾌적한 생활을 보장하기 위한 주택, 도로, 공공이용시설 등 주민 전체와 관련된 사업을 추진하면서, 장애인, 부모 없는 아동, 실업자, 노인 등과 같이 보호와 지원이 없이는 생활하기 어려운 사람들을 위한 시설관리와 원조를 한다.

6) 주민주체의 원칙으로 운영

지역 주민의 자율성을 최대한 보장하고 기획과 예산, 그 집행에 관한 사항은 지역사회가 담당하며, 주민책임하에 운영된다. 행정기관에서는 기술적 · 재정적 · 행정적인 면에서 협조한다.

4. 지역사회복지 접근방법

지역사회복지는 목적, 주체, 활동의 성격 등에 따라서 다양한 방법으로 접근할 수 있다. 여기서는 감정기 등(2007)이 제시한 접근방법에 근거하여 서술하고자 한다.

1) 정책 및 제도적 접근

정책 및 제도적 접근은 거시적인 접근방법으로 공공부조 및 사회복지서비스 관련제도 및 그것들이 지방자치단체의 사회복지전달체계를 통해 집행되는 구조와 절차를 말한다. 제도의 내용은 물론, 중앙정부와 지방자치단체의 기능분담, 지방자치행정의 체계, 지방자치단체와 지방 민간부분 간의 기능분담 및 역학관계 등이 주요 관심사가 된다.

2) 전문적 접근

전문적 사회복지실천 또는 사회사업으로서 지역사회를 단위로 하는 접근에 해당하는 지역사회조직이나 지역사회복지실천 등의 용어도 유사한 의미를 가진 실천으로 일컬어지고 있다.

3) 사회운동적 접근

사회운동이란 사회변화 또는 사회문제를 해결하기 위해서 사회구성원들의 참여로 이루어지는 집합적이며, 지속적인 행동을 말한다. 이것은 사회문제에 대해 지역사회 구성원들이 집합적으로 대응하는 과정에서 이루어지며, 그 구체적인 형태와 성격은 사회문제와 운동 주체에 따라 다양한데, 주민운동이나 지역운동 등으로 불리기도 한다.

4) 상조(相助)적 접근

지역사회 구성원들이 활동의 주체가 된다는 점에서는 사회운동적 접근과 비슷하지만 목적을 추구하는 방법으로 구성원 상호 간의 자조, 혹은 상부상조 활동을 활용한다는 점에서 차이가 있다. 우리나라의 전통적인 두레, 계, 품앗이 등이 이 유형에 속하며, 해외에서 시작되어 국내에 전파된 가상화폐운동도 이 유형에 속한다.

5) 지지적 접근

위의 접근들을 보조, 지원하거나 이들과 연계하는 성격을 갖는 접근으로, 사회봉사활동 및 모금 등을 조직하거나 이에 참여하는 활동과 협의회 또는 연합회 결성을 통한 활동이 이에 속한다. 사회봉사단체, 공동모금회, 사회복지협의회, 사회복지서비스 영역별 협의기구 등을 통한 활동을 예로 들 수 있다.

2 지역사회복지실천의 개념과 목적

1. 지역사회복지실천의 개념

지역사회복지실천은 지역사회집단, 조직과 제도 그리고 지역사회 구성원 간에 관계 및 상호작용의 행동양식을 변화시키는 실천기술의 적용으로서 지역사회를 단위로 한 전문적 사회복지실천의 방법을 말한다. 이 같은 지역사회복지실천 개념의 의미를 개념구성 요소를 중심으로 살펴보면 다음과 같다(감정기, 2007).

첫째, 지역사회를 접근 단위로 한다. 여기서 지역사회란 지리적 의미의 지역사회와 기능적 의미의 지역사회를 모두 포함한다.

둘째, 구체적인 관심의 대상인 사회단위는 하나의 지역사회 전체가 될 수도 있고, 그것을 구성하는 내부의 개인, 집단, 조직, 제도 등이 될 수도 있다.

셋째, 개입의 목표는 한마디로 지역사회 구성원들이 당면하고 있는 문제와 욕구를 해결하기 위한 지역사회의 변화이다.

지역사회복지실천은 조직과 지역사회에서 사회변화를 위한 전문적이고 직접적인 개입을 의미하는 거시적 사회복지실천 활동의 일부라고 볼 수도 있으나, 이 거시적 실천활동은 불가분하게 지역 주민에 대한 상담, 임상치료 등과 같은 미시적 차원의 실천적 개입과도 유기적으로 연결된다. 따라서 지역사회조직가, 계획가, 사회행동가 등의 거시적 사회복지뿐만 아니라, 직접적인 서비스 제공자 혹은 임상사회복지사도 지역사회복지실천과 관련된 지식과 기술을 필요로 한다.

2. 지역사회복지실천의 목적과 목표

1) 지역사회복지실천의 목적

지역사회복지실천 사업과 계획이 추구하는 중요한 목적은 무엇인가? Dunham에 의하면, 지역사회복지실천은 지역사회 구성요소 간의 상호작용에 의식적인 변화를 추구하는 과정으로서 세 가지 목적을 달성하는 데 있다고 말하고 있다(Dunham, 1970: 4; 최일섭, 1996: 41 재인용).

첫째, 지역사회의 광범위한 욕구를 충족하고, 욕구와 자원 간의 조정과 균형을 도모한다. 둘째, 지역 주민들의 참여, 자조, 협동능력을 개발하고 강화하며 유지하도록 도와 그들이 문제에 보다 효과적으로 대처할 수 있도록 한다. 셋째, 지역사회와 집단들 간의 관계와 의사결정권의 분배에서 변화를 초래하려고 한다.

지역사회복지실천의 주요 목적은 가장 중요한 사회적 욕구와 그 욕구의 우선순위를 결정하고, 주민들의 욕구를 해결하기 위해서 세심한 계획을 수립하며, 이러한 목표를 달성하기 위해 지역사회의 자원을 효과적으로 조정 · 동원하고, 사회복지서비스의 수혜자와 지역사회조직의 목적과 발달을 추구하며, 주민의 적극적 참여를 권장하는 것이다(Friedlander & Apte, 1974).

여러 학자들이 제시한 지역사회복지의 목적을 두 가지로 정리하면 다음과 같다(정현태, 2009).

첫째, 지역사회 문제를 경감하거나 예방하고, 과업을 성취하며 자원을 활용하도록 개인, 가족, 집단, 조직, 지역을 도움으로써 그들의 사회적 기능을 고취, 증진, 유지, 보존시킨다.

둘째, 사회복지 재화와 서비스의 개발과 확대를 통해서 지역 주민들의 삶의 질을 향상시키고, 지역의 힘과 자원의 평등하고 공평하며 효율적인 분배의 조화를 통해서 사회정의를 실현하는 데 있다고 하겠다.

2) 지역사회복지의 실천 목표

Dunham은 지역사회복지실천의 목표를 관계중심 목표와 과정중심 목표로 구분하여 제시하고 있다.

관계중심 목표란, 구체적인 사업을 완성하거나 지역사회의 기능과 관련한 문제를 해결하는 데 관심을 두는 것으로서, 서비스제공이나 새로운 서비스를 개발하거나 특수한 사회입법을 통과시키는 것을 말한다.

과정중심 목표(process goals or maintenance goals)란 체제의 유지와 기능을 강화하려는 것으로서, 구체적인 목표는 다음과 같다.

① 지역사회에 있는 여러 집단 간의 협동적인 관계를 수립한다.
② 지역사회 문제를 해결하기 위해 자치적인 구조를 창조한다.
③ 지역사회 문제를 해결하는데 필요한 역량기반을 향상시킨다.
④ 지역사회 주민들로 하여금 지역사회의 일에 대해 관심을 갖고 참여하도록 자극한다.
⑤ 지역사회의 공동사업에 협력적인 태도와 작업을 북돋아 준다.
⑥ 토착적인 지도력을 증대한다.

과정중심 목표가 지역사회가 장기간에 걸쳐 제 기능을 하도록 일반적인 능력향상에 관심을 갖는다고 한다면, 과업중심 목표는 지역사회개발사업은 과정중심의 목표에, 사회계획은 과업중심의 목표에 그리고 사회행동은 양 목표의 어느 쪽에도 역점을 두고 있는 것이다.

Perlman과 Gurin이 제시한 지역사회복지실천 사업과 계획이 추구하는 중요한 목적에 대해서 살펴보자면 다음과 같다(Perlman & Gurin, 1972; 표갑수, 2003: 68-70).

(1) 지역사회 참여와 통합의 강화

지역사회에 있는 모든 집단들이 자신들의 의사를 표현하도록 격려하고 효과적인 상호작용을 통해 자신들의 사회환경을 개선하는 방안에 대해 협력하도록 하는 것인데, 여기서 중요한 목적은 집단들과 조직들 간의 적응과 협동적 관계를 갖게 하는 것이다. 대표적인 학자는 Ross이다.

(2) 문제대처 능력의 향상

지역사회 혹은 지역사회의 일부가 환경과 변화에 대처할 수 있는 능력을 갖도록 하기 위해서 의사소통과 상호작용의 수단을 향상시키는 데 역점을 둔다. 대표적인 학자는 Lippit이다.

(3) 사회조건과 서비스의 향상

지역사회의 욕구와 결함을 찾아내고, 사회문제를 해결하거나 예방하기 위한 효과적인 서비스와 방법을 개발하고자 하는 것이다. 여기서는 특정 목표의 설정과 이들 목표를 달성하기 위한 자원동원이 포함된다. 이런 활동을 강조하는 학자로는 Morris와 Binstock을 들 수 있는데, 이들은 대부분의 사회문제를 해결하고자 하는 노력은 공공기관의 정책, 업무, 자원할당을 변화시키는 데 역점을 둔다고 본다(Morris & Binstock, 1966).

(4) 불이익 집단의 이익증대

지역사회 내의 불이익을 받는 집단이나 취약계층 및 특수집단인 하위계층, 소수자 집단, 도시빈곤지역 주민의 물질적 재화와 서비스의 몫을 증대시키며, 지역사회의 중요결정에서 그들의 역량과 참여를 증대시킴으로써 그들의 이익을 증대시키는 것이다.

그 외에도 Weil과 Gamble은 지역사회조직사업의 중요한 목적을 ① 지역사회 주민의 삶의 질 향상, ② 지역사회의 이익대변, ③ 인간적인 사회·경제적 개발, ④ 서비스와 프로그램 계획, ⑤ 서비스의 통합, ⑥ 사회행동, ⑦ 사회정의 실현 등을 언급하고 있다.

3. 지역사회복지실천의 원칙

지역사회복지의 구체적 실천이 이루어지기 위해서 지역사회를 대상으로 활동하는 사회복지사는 지역사회복지실천의 원칙을 체득하고 있어야 하며, 이를 바탕으로 구체적인 실천과정에 임해야 한다. 지역사회복지실천의 원칙이란, 지역사회복지사업을 수행하는 데 있어서 올바른 행동에 관한 규칙을 의미한다.

많은 학자들이 지역사회복지사업을 수행하는 데 지침이 되는 원칙들을 정립하기 위해 노력해 왔는데, McNeil과 Ross가 제시한 내용을 살펴보면 다음과 같다.

1) McNeil의 견해

McNeil은 지역사회복지실천의 원칙에 대해서 일곱 가지로 제시하고 있다 (McNeil, 1954: 123; 최일섭 외, 2004: 154-156 재인용).

① 지역사회복지 활동은 사람들과 그들의 욕구에 관심을 가져야 한다. 지역복지활동의 목표는 사회복지 자원과 욕구 간의 효과적인 적응을 창조하고 유지하여 인간생활을 풍요롭게 하는 데 있다.

② 지역복지활동에 있어서 일차적인 클라이언트는 지역사회가 되어야 한다.

③ 지역사회는 있는 그대로 이해, 수용해야 한다. 지역복지활동 과정이 전개되는 환경을 이해해야만 그 과정이 성과를 거둘 수 있다.

④ 지역사회 각 계층과 그들의 이익을 대표하는 사람들의 적극적인 참여를 위해서 노력해야 한다.

⑤ 지역복지활동에서 욕구의 가변성에 따른 사회과정의 변화에 대해 이해해야 한다. 즉, 인간의 욕구는 계속 변화한다는 사실과 사람들과 집단들 사이의 관계도 계속 변한다는 현실을 인식해야 한다.

⑥ 기관들이 서로 협력, 기능을 분담하도록 해야 한다. 모든 사회복지기관·단체는 상호의존적으로 맡은 바 기능을 수행하는 것이다.

⑦ 과정으로서의 지역복지활동이 사회복지실천의 한 분야임을 인식한다.

2) Ross의 지역사회복지실천 원칙

지역사회복지실천 활동을 전개하는 데 가장 일반적으로 적용할 수 있는 원칙은 Ross가 제시한 실천원칙이라고 할 수 있다. Ross는 지역사회복지실천을 전개하는 주체로 사회조직체인 추진회(association)와 연결하고 있으며, 추진회를 중심으로 전개되는 지역사회복지의 실천원칙을 다음과 같이 제시하고 있다 (Ross, 1967).

① 현재 지역사회의 조건에 대한 불만으로부터 추진조직의 결성이 이루어진다.
② 불만족에 초점을 맞춰서 문제해결을 위한 구체적 계획과 실천방안이 수립되어야 한다.
③ 문제상황에 대한 인식이 지역사회 전체에 공유되어야 한다.
④ 문제해결을 위한 추진조직에는 지역의 유력한 사람들을 참여시켜야 한다.
⑤ 문제해결 추진조직은 지역 주민들로부터 지지를 받을 수 있는 목표와 운영방법을 가져야 한다.
⑥ 문제해결을 위한 추진조직의 활동에는 정서적이고 문화적인 내용들이 포함되어야 한다.
⑦ 지역사회 내의 지지와 관심을 활용해야 한다.
⑧ 문제해결을 위한 추진조직은 회원 상호 간과 또한 지역사회의 활발하고 효과적인 대화통로를 가지고 있어야 한다.
⑨ 문제해결을 위한 추진조직의 다양한 성원에 대한 지속적 지지활동의 강화와 관계유지가 중요하다.
⑩ 추진조직은 조직운영에 있어 정상적 업무상의 결정과정을 해치지 않는 범위 안에서 융통성이 있어야 한다.
⑪ 추진조직은 지역사회의 현재 상태를 이해하고 접근해야 한다.
⑫ 조직과 지역을 위한 지도자를 배출해야 한다.

⑬ 지역의 문제를 위한 추진조직의 권위화와 네트워크가 필요하다.

지역사회복지실천 원칙에 대한 다양한 견해들을 종합하면, 네 가지로 요약할 수 있다(강준렬, 1997: 56-57).

첫째, 지역사회조직은 지역사회주민의 욕구를 충족시키려는 사회사업의 한 과정으로 욕구는 주민들 스스로의 욕구여야 하며, 사회복지기관의 이익을 위해 조작되거나 강요하지 않아야 한다.

둘째, 지역사회의 문제해결을 위해서는 주민들의 광범위한 참여가 있어야 한다. 참여는 자발적으로 이루어져야 하며, 주민 개개인이 아니라 각계각층의 대표들을 통해서 이루어져야 한다.

셋째, 사회복지조직은 개별사회사업, 집단사회사업과 동일하게 지역사회를 이해하고 있는 그대로를 수용하며, 그 특성을 개별화해야 한다.

넷째, 지역사회복지를 증진시키기 위해 결성된 복지기관들의 협의체는 서비스 조정을 통해서 제한된 복지자원을 효과적, 효율적으로 활용해야 한다.

4. 지역사회복지실천의 기능

지역사회복지실천이 강조하는 중요한 기능은 지역사회의 변화를 추구하는 것으로 지역사회계획과 프로그램 개발, 지역사회개발의 접근방법, 주민자립과 지역사회의 통합, 지역사회 행동 등이 요구된다. Dunham은 사회복지기관에서 사회복지사가 행하는 지역사회복지실천의 기능을 다음과 같이 제시하고 있다(Dunham, 1970; 박용순, 2006: 25 재인용).

1) 지역사회계획

지역사회계획의 범위를 정하고, 프로그램을 개발하며, 지역수준의 복지향상과 조정을 목표로 하는 계획활동을 수행한다.

2) 프로그램 운영

지역사회의 변화를 위해서 지역사회복지기관을 통하여 적절한 프로그램을 운영한다.

3) 사실발견과 조사

지역사회조직의 계획과 프로그램 계발에 관련된 사실을 발견하고 조사한다.

4) 공적인 관계형성

지역 주민들의 욕구에 따른 프로그램과 서비스를 제공하고 공적인 관계를 통해서 지역사회의 이익을 위해 노력한다.

5) 기금확보와 배당

대내외적으로 기금확보의 노력과 연합 캠페인을 통해서 지역사회기관과 단체에 기금의 예산을 편성하고 배당을 한다.

6) 근린집단사업

저소득층 지역과 도시 근린지역의 주민집단과 함께 자립사업을 추진한다.

7) 지역사회개발

지역사회가 지닌 문제해결에 있어서 자기결정, 자립과 협동에 대한 태도를 개선하며, 지역 주민의 조직화를 실시한다.

8) 지역사회행동

불이익집단이나 사회적 약자를 위해 법률분석과 참여를 촉진하고, 절차상 지역사회행동이나 직접적인 행동을 유도한다.

9) 기타활동

지역사회조직과 지역사회개발을 위해서 활동을 교육하고 자문을 실시하여 지역복지를 실현하도록 한다.

5. 지역사회복지의 내용

지역사회의 복지증진을 목적으로 하는 지역사회복지는 지역사회에 개입하여 지역사회에 존재하는 각종 문제와 제도 및 조직에 영향을 준다. 나가타 미키오(永田幹夫, 1988)는 지역사회복지의 구성요소로 재가복지서비스, 환경개선서비스, 조직화 활동을 들고 있다. 여기서 재가복지서비스는 예방적 서비스, 전문적 케어, 재택케어, 복지증진서비스를 포함한 대인복지서비스를 말하며, 환경개선서비스는 물적 · 제도적 시책을 포함하는 생활, 가구조건의 개선정비를, 조직화 활동은 지역조직화 및 서비스의 조직화, 관리의 통합적 운용에 의한 지역사업의 방법, 기술을 말한다. 이 구성요소를 바탕으로 지역사회복지의 내용을 살펴보면 표 2-1과 같다(이양훈 외, 2007).

재가복지서비스 분야의 예방적 서비스 및 전문적 케어, 재가케어서비스, 복지증진서비스는 지역사회복지계획에 있어서 중요하게 다루어지는 영역으로 볼 수 있다. 특히 지역사회복지는 사회여건의 변화와 함께 시설보호에 대한 복지적 효과성과 경제적 효율성에 대한 비판론이 제기되면서 재가복지를 특별히 강조하고 있다. 이런 현상은 우리나라에도 영향을 미쳐, 현재 노인장기요양보험제도를 실시함으로써 기존 가족이 담당해 온 노인돌봄이 지역사회복지의 주요 서비스의 내용이 되었다.

표 2-1 지역사회복지의 내용

구성요소		내용	세부내용
재가복지 서비스	예방적 서비스	요보호상태의 예방을 위한 활동, 지역 주민 전체나 특정 계층집단을 대상으로 실시	• 정보제공, 교육, 상담활동 - 욕구의 조기발견 - 사고발생을 예방하기 위한 지역점검활동
	전문적 케어 서비스	요보호자의 욕구에서 종래 사회복지시설, 의료기관의 일부에서 실시해 온 전문적 서비스를 지역에서 재편성, 특징은 전문서비스 주축	• 의료, 간호방문 - 재활, 교육, 상담 - 긴밀한 신변간호서비스(시설의 사회화, 중간시설 참여, 서비스 네트워크)
	재택 케어	가족 내에서 충족되어 온 일상생활 케어, 보호, 양육 등의 욕구가 가족기능 변화로 사회화된 것을 지역에서 재현한 것. 전문서비스와 함께 비전문적 서비스의 자원봉사, 지역 주민의 참가요구	• 가사원조서비스 - 급식, 배식, 입욕, 세척, 장보기, 보행, 포장건조, 외출, 잡용 등
	복지증진 서비스	• 요보호자뿐 아니라 일반 주민을 포함한 복지증진을 꾀함 • 노인 사회참여, 삶의 보람 대책	
환경개선서비스		• 요보호자의 생활, 활동을 저해하는 물적 조건 개선·정비 도모 • 요보호자의 사회참여 촉진을 위해 필요한 제도적 조건의 개선, 정비	
조직화 활동		• 지역조직화: 주민의 복지참가, 협력, 태도변화를 도모, 복지사회 조성추진 • 복지조직화, 서비스: 조직화, 조정, 서비스 공급체계 정비, 효과적 운영	

출처: 永田幹夫(1988); 이영철(2007) 재인용.

6. 지역사회복지의 방법

지역사회복지의 방법은 지역사회복지의 형태나 목적에 따라 다양한 실천방법들이 필요하며, 이러한 방법들을 활용하여 실천할 분야가 필요하다. 지역사회복지를 효과적으로 실시하려면, 먼저 기존의 사회기관을 활용하거나 새로운 기관을 만들어 추진할 수 있지만 중요한 것은 지역사회 내에 지역사회복지협의회와 같은 중간집단이 조직되어야 한다. 중간집단이 조직되면 지역사회의 공통된 욕구와 관심 및 문제가 무엇인지 토의되어야 하고, 이러한 것들을 해결하기 위해서 지역사회가 지니고 있는 인적·물적 자원이 있는지 파악해야 한다. 만약 지역사회자원이 불충분하거나 없다면, 사실조사 등을 통해서 대책이 마련되어야 한다. 이 같은 단계를 거치게 되면, 다음으로 프로그램에 대한 교육 및 홍보가 필요하다.

지역사회복지계획은 일반 시민이나 지역사회 주민들이 주체가 되어 추진되기 때문에 지역사회조직가는 대중매체를 이용하거나 여러 모임을 통해서 지역사회복지의 필요성, 목적, 방법 등을 지역사회 주민들에게 널려 알려야 한다. 다음으로 고려할 사항은 주민들의 적극적인 협력과 참여를 통해서 지역사회복지 활동에 필요한 인적 · 물적 자원을 가능한 한 완전히 동원해야 한다(김영모, 1967).

Dunham과 Murphysms는 지역사회복지실천을 위한 다양한 단계를 추진하는 데 있어서 지역사회복지사가 지녀야 하는 기술에 대해서 표 2-2와 같이 제시하고 있다.

표 2-2 지역사회조직가의 기술

학자의 견해	내용		
Dunham	1. 프로그램 형성: 사실발견 – 분석 – 평가 – 계획 2. 조정과 통합: 회의 – 상담 – 타협 – 조직 3. 교육과 추진: 교육 – 입법추진 – 비입법적 사회행동 4. 재정: 기금형성 – 연방재정캠페인 – 공동예산		
Murphy	1. 동원 4. 상담 7. 조사	2. 위원회 활동 5. 타협 8. 행정	3. 집단활동 6. 해설 9. 기록

출처: 김영모 편(2001).

그 외에도 박태영(2008)이 제시한 지역사회복지의 방법을 살펴보면 다음과 같다.

① 지역 주민들의 개별적인 욕구를 충족하기 위해 개별적 상담을 활용한다.
② 유사한 생활과제를 지닌 주민들의 자조집단 형성을 활용하여 자조집단의 내적 역동성의 활용과 외적인 대변 · 옹호활동을 한다.
③ 소지역 네트워크 구축을 통해서 주민들의 협동 활동을 활성화한다.
④ 주민들에게 정보제공을 통해서 주민참여를 조장한다.
⑤ 복지교육을 통해서 주민의 의식개발 및 지도력을 개발한다.
⑥ 자원 및 서비스개발을 통해서 부족한 지역사회 자원을 확보하고, 필요한 서비스를 공급할 수 있는 체계를 갖춘다.

⑦ 서비스 조정을 통해서 지역사회 내에 있는 기존의 서비스를 효과적으로 활용한다.
⑧ 관리운영을 통해서 필요한 서비스를 제공하는 기관이나 조직의 합리적인 운영과 관리를 한다.
⑨ 지역사회복지계획을 통해서 지역사회의 전체적인 서비스체계를 구축하고 이를 실천한다.
⑩ 사회행동으로 정책이나 제도의 변화나 개혁을 추구한다.

이상의 열 가지 방법은 실천주체, 즉 당사자나 서비스이용자, 지역 주민이나 지역사회의 리더계층, 전문가 등에 따라 주로 활용하는 방법이 달라진다. 또한 방법의 접근수준, 즉 중간수준 혹은 거시적인 수준에 따라서 활용하는 방법이 달라진다.

3 지역사회복지실천의 구성체계

지역사회복지의 구성체계는 사회복지의 구성체계와 같이 주체와 대상 및 기능으로 구성되어 있다. 이 같은 구성요인들은 서로 밀접하게 관계를 맺고 있다. 따라서 지역사회복지를 효율적으로 운영하기 위해서는 지역사회의 주체는 누구이며, 무엇이 지역사회복지의 대상인지를 이해할 필요가 있다.

1. 주체의 유형

지역사회복지의 운영기관은 가족, 종교기관, 민간법인을 비롯해서 정부에 이르기까지 다양한 형태의 사회기관이 있다. 그러나 여기서는 지역사회 내에 복지서비스를 공급하는 유형으로 공공주체와 민간주체, 개인주체로 분류하여 살펴보고자 한다(이룡 외, 2004).

1) 공공주체

중앙정부를 비롯하여 특별시, 광역시, 도 · 시 · 군 · 구 · 읍 · 면 · 동 등 지방자치단체의 사회복지사업 관련부서, 공공에서 운영하는 종합사회복지관, 아동상담소, 보건소 등 공공기관 및 시설 등이 있다.

2) 민간주체

각종 민간 사회복지단체 및 복지시설이 주체가 된다. 일반적으로 지역사회복지를 추진하기 위한 사회기관은 그 내용이나 형태에 따라 각종 협회, 위원회, 연합회, 연맹과 같은 중간집단이 주체가 되며, 추진효과도 클 수 있다. 이들 조직주체가 주민의 욕구와 지역사회복지사업에 많은 이해와 열의를 가지고 적극적인 계획을 입안, 이를 수행하는 데 필요한 예산을 확보하여 종사하는 전문인력이 능력을 발휘할 수 있도록 배려하고 또 그들에게 필요한 지식과 기능훈련에 노력한다면, 지역사회복지는 효과적인 활동을 할 수 있게 될 것이다.

3) 개인주체

개인은 지역사회복지사업의 전문인력이며, 이들은 전문 조직체에 소속되어 필요한 지식과 기능을 닦은 숙련된 전문인력으로서 그 능력을 발휘하게 한다면 지역사회복지실천은 성과를 거둘 수 있을 것이다. 그 외에도 개인으로서 지역사회복지실천을 위해 일하는 사람들이 있다. 예를 들면, 적십자사의 봉사단원, YMCA나 YWCA요원, 지역사회부녀회원, 청년회원, 장애인부모회나 자원봉사요원 등 많은 인력들이 소속단체에서 집단을 형성하여 활동하고 있다. 이들은 전문 사회복지사의 협력자로서 활동하고 있으며, 그 체험을 통해서 지역사회복지실천에 대한 이해를 깊이 하고 사회복지사업 추진에 많은 역할을 하는 사람들이다. 이들은 지역사회복지의 주체라고 하기보다는 중요한 지역사회 자원이라고 볼 수 있다.

2. 대상

지역사회복지의 대상은 일반적으로 지역사회주민의 공통된 욕구(common needs)를 말한다. 다시 말해서, 지역사회주민의 결핍된 욕구를 충족시키기 위한 노력을 지역사회복지라고 할 수 있으며, 이런 욕구 외에도 지역복지 대상은 지역사회의 사회문제가 그 대상이 될 수 있다.

예를 들면, 비행청소년들은 결핍된 욕구와 관련이 많지만 불평등, 지역사회 해체 등은 그와 관련이 거의 없을 것이다. 지역사회복지의 대상은 지역사회복지의 형태에 따라 그 대상이 달라질 수 있다. 그 대상이 달라지는 것은 지역사회복지의 목적이 다르기 때문이다.

지역사회복지의 대상은 지역사회조직의 경우 주로 이익집단의 성원이 될 수 있겠지만, 나머지의 경우는 지역집단의 성원이 될 수 있다. 그리고 지역사회복지의 모든 형태가 집단성원의 욕구해결이 가장 주요한 대상이 되고 그 다음이 문제해결이며, 나머지는 자원의 효율적 활용이라고 볼 수 있다.

4 지역사회복지와 관련된 기타 개념

지역사회복지와 관련해서 다양한 개념들이 사용되고 있는데, 주로 지역사회조직, 지역사회사업, 지역사회보호, 지역사회만들기, 지역사회개발, 지역사회실천이란 용어들이며, 이런 개념들은 지역사회에서 살고 있는 주민들의 복지수준 향상을 위한 활동이라는 점에서 유사한 개념이지만 그 내용이 조금씩 다르기 때문에 잘 정리해 둘 필요가 있다.

1. 지역사회조직

지역사회조직은 사회사업의 전통적인 분류인 개별지도사업, 집단지도사업,

지역사회조직이이라는 3대 방법 가운데 하나로서 지역사회를 구성하는 개인, 집단, 이웃의 사회복지를 향상시키기 위해 지역사회 수준에서 전개하는 일련의 활동을 말한다. 지역사회조직 활동은 공공과 민간 사회복지기관의 전문 사회복지사에 의해 보다 조직적, 의도적, 계획적이며, 과학적인 지식과 기술을 활용한다는 점에서 다른 지역사회복지 활동과 구별된다.

Perlman과 Gurin은 지역사회조직사업과 계획이 추구하는 중요한 목적에 따라 지역사회조직사업의 실천에 관해서 네 가지로 분류하고 있다.

첫째, 지역사회 참여와 통합의 강화이다. 이는 지역사회에 있는 모든 집단들이 자신들의 의사를 표현하도록 격려하고 효과적인 상호작용을 통해 자신들의 사회환경을 개선하는 방안에 대해 합의하도록 하는 것이다. 여기에서는 집단들과 조직들 간의 적응과 협동적인 관계가 중요한 목적이 된다.

둘째, 문제대처 능력의 고양이다. 이는 지역사회 혹은 지역사회의 일부가 환경과 변화에 대처할 수 있는 능력을 갖도록 하기 위해서 소통과 상호작용의 수단을 향상시키는 데 역점을 둔다.

셋째, 사회조건과 서비스 향상이다. 이 실천의 중심목표는 지역사회의 욕구와 결함을 찾아내고, 사회문제를 해결하거나 예방하기 위한 효과적인 서비스와 방법을 개발하는 것이다. 여기서는 특정목표의 설정과 이들 목표달성을 위한 자원의 동원이 포함된다.

넷째, 불이익집단의 이익증대이다. 이것의 중요목적은 특수집단이 받아야 할 물질적 재화와 서비스의 몫을 증대시킴으로써, 또 지역사회의 주요 결정에 있어서 그들의 역량과 참여를 증대시킴으로써 그들의 이익을 증대시키는 것이다 (김경우 외, 2009).

그 외에도 Weil과 Gamble은 지역사회조직 사업의 중요한 목적을 지역사회 주민의 삶의 질 향상, 지역사회의 이익대변, 인간적인 사회 · 경제적 개발, 서비스와 프로그램계획, 서비스의 통합, 사회행동, 사회정의 실현 등으로 제시하고 있다.

2. 지역사회보호

지역사회보호(community care)는 시설보호의 문제점을 해결하기 위한 대안으로 제시된 개념으로서, 돌봄이 필요한 사람들을 지역사회로부터 격리된 시설에서 보호하는 것이 아니라 지역사회 안에서 일정한 삶을 유지하면서 살아갈 수 있도록 가정 혹은 가정과 유사한 지역사회 환경에서 사회복지서비스를 제공하는 사회적 보호형태를 중시한다. 지역사회보호는 정상화원리(normalization)와 탈시설화운동과 밀접한 연관이 있다.

지역사회보호의 특징은 첫째, 가정이나 가정과 유사한 환경, 즉 통원치료기관, 공동생활가정 같은 보호의 장이 필요하다. 둘째, 서비스제공을 위해 상주하는 직업이 없으며, 직원이나 자원봉사자가 서비스이용자의 집으로 찾아가서 서비스를 제공한다. 셋째, 서비스이용자의 생활상의 자기결정권을 중시한다. 넷째, 재가보호나 주간보호, 외부로부터 서비스를 제공받는 형태이다.

최근 우리나라에서는 지역사회보호를 촉진하기 위해서 바우처(boucher)를 활용하여 지역사회에 거주하는 중증장애인들을 위한 활동보조인서비스, 노인들을 위한 방문요양서비스, 정신장애인을 위한 정신장애인 토탈케어서비스 사업이 이루어지고 있다.

3. 지역사회만들기

지역사회만들기(community building)는 지역사회가 직면한 문제해결에 초점을 맞춰서 공동체의식을 형성하는 활동이며, 지역공동체의 사회적 자본을 동원하기 위한 건전한 공동체 구축을 목표로 삼는다. 다양한 문제가 상존하는 지역사회의 문제를 해결하기 위해서는 단편적인 노력이나 활동만으로는 부족하기 때문에, 지역사회 내에 잠재되어 있는 자원을 응집할 수 있는 다원적인 전략과 활동이 필요하다. 특별히 지역사회만들기는 고령 노인, 저소득층 주민들의 생산적인 경제적 자립을 위해 조직화된 노력이 필요하다.

지역사회만들기는 지역사회를 서비스이용자로 보며, 경쟁과 개인주의보다는 협동과 연대에 기반을 둔 가치를 지향하며, 근린집단, 공공조직, 종교단체, 사회복지, 보건, 주택 등 지역사회복지 관련 조직 간에 체계적인 연계를 중요시한다(오정수 외, 2006).

4. 지역사회개발

지역사회개발은 지역 주민들과 정부가 함께 지역사회의 사회문화나 경제를 개선하고 이를 전체 국민생활에 통합해서 국가발전에 기여하도록 하려는 과정으로, 특정 지역 내의 주민들이 생활개선과 향상을 위해 개별적, 집단적으로 계획을 수립, 실천하는 사회개선사업이다.

지역사회개발의 특성에 대해서 Denham이 언급한 내용을 살펴보자면, 지역사회의 변동과 전체 지역사회의 욕구와 사회생활 및 주민에게 관심을 가지고 문제해결을 위해 관심을 갖고 외부로부터 지원을 받으며, 활동은 지속적으로 이루어져야 한다. 또한 교육과정을 포함하며, 프로그램은 지역 주민의 욕구에 기초하되 지역사회개발의 철학은 민주적이어야 하고 모든 결정은 동의와 합의에 기초하되 주민들 모두에게 참여기회를 제공해야 한다. 따라서 지역사회개발은 지역사회 주민들의 협동적 노력으로 인적·물적 자원을 개발해 주민 개개인이나 전체집단이 고르게 한층 높은 수준에서 인간다운 삶을 누리며, 지역사회가 사회문화적·경제적 활동의 공동체적 기본단위를 형성할 수 있도록 조성해 나가는 과정을 말한다.

5. 지역사회실천

지역사회실천은 지역사회를 사회복지실천의 서비스이용자로 보며, 지역사회의 욕구나 문제를 예방, 해결하기 위해서 사회복지사가 지역사회 내의 제반이다. 자원과 실천 관련 기술을 활용하여 개입하는 사회복지실천의 한 분야이다. 사회복지사의 개입목표는 지역사회가 지닌 욕구나 문제예방, 해결에 있으며,

지역사회실천은 사회복지실천의 전문지식과 기술을 토대로 이루어지지만 필요한 타 분야의 지식과 기술을 응용하여 활용하게 된다.

연습문제

1 자신이 살고 있는 지역사회 내에 불이익을 당하고 있는 집단을 살펴보고 그들의 이익증대를 위한 방안에 대해서 토의해 보자.

2 지역 방송국 DJ가 지역 주민의 소소한 일상생활을 다루어 주민들 호응을 얻게 되고, 주민들은 지역에 살고 있는 사람들에 대해서 관심을 갖게 되는 내용을 다룬 영화 '라디오 스타'(이준익 감독)를 감상하고 좋은 지역사회를 만들기 위한 방안을 모색해 보자.

CHAPTER 03

지역사회복지의 역사 개관

지역사회복지는 전통적으로 국가 주도의 사회복지제도에서 발생하는 다양한 문제점들로 인한 사회복지의 사각지대를 보충하기 위해서 발전되어 왔다. 이러한 성격으로 인해서 지역사회복지는 공적인 부문보다는 민간부문의 자발적 참여가 강조되어 초기에는 자선조직협회운동과 인보관운동을 중심으로 전개되어 왔다. 오래전부터 지방자치제도가 발달한 영국과 미국은 주민의 자발적이고 적극적인 참여를 기반으로 지역사회복지가 정착되었으며, 영국과 미국, 일본의 지역사회복지실천은 우리나라에도 많은 영향을 미쳤다. 따라서 이 장에서는 영국과 미국, 일본의 지역사회복지의 발전과정과 역사적 배경을 살펴보고, 우리나라의 지역사회복지 발달과정을 다루고자 한다.

1 영국 지역사회복지 역사

1. 자선조직가협회와 인보관운동

영국의 지역사회복지실천의 기원은 19세기 후반에 시작되어 자원봉사의 한 흐름을 형성하였고, 미국으로 전파되어 전문적 사회복지실천의 등장과 발달에 중요한 영향을 미친 자선조직가협회(charity organization society)와 인보관운동(settlement movement)을 중심으로 전개되어 왔다.

20세기에 들어와서 지역사회복지는 지역사회사업(community work)의 등장 및 지역사회보호와 연관되어 발전되어 왔다. 지역사회보호는 지역 주민에 의해 이루어지는 노인 · 장애인 · 아동들에 대한 돌봄, 지지, 보호를 포괄하는 개념으로 지역사회에 의해서 제공되는 사회복지서비스를 의미한다. 따라서 지역사회복지는 다양한 지역사회보호서비스의 확충과 질적 향상에 초점을 두고 발전되어 왔다(전해황 외, 2009).

1) 자선조직가협회

영국은 산업혁명 이후 급속한 도시화로 노동자들의 빈곤문제가 심화되었다. 이러한 문제해결을 위해서 자연발생적으로 부유층 여성들이 주축이 되어 민간자선단체가 구제활동을 전개하였다. 초기에는 자선단체가 난립하여 구호대상자들이 중복 혹은 누락되는 경우가 많았고, 전문적인 사회복지실천 지식이 없었으므로 효과적인 자선활동이 이루어지지 못했다. 따라서 자선단체 난립과 서비스 대상자들의 중복이나 누락을 방지하여 한정된 인력과 재원을 효율적으로 활용하기 위해서 자선활동을 지역사회 단위로 조직하여, 체계적이고 효율적으로 활동하기 위해서 1869년 런던에서 자선조직가협회를 설립하게 되었다.

사회진화론 사상에 입각하여 빈곤의 원인을 나태와 같은 개인의 도덕성 결핍 때문이라고 생각했던 자선조직가협회원들은 자선대상을 선정하는 기준으로 근로능력이 있는 빈민들은 도덕적 결함이 있다고 여겨 자선대상에서 제외시키되 도덕적 교화의 대상으로 삼았으며, 빈곤아동이나 장애인들은 자격이 있는 빈민으로 구분하여 구제를 하였다.

자선조직가협회는 여성 자원봉사자인 우애방문원(friendly visitors)들을 지역사회의 빈곤가정에 파견하여 구호를 신청한 본인과 가족은 물론 이웃까지 만나서 신청자의 생활환경을 파악하는 활동을 하였으며, 자선단체들 간의 상호조정 및 연락을 통해서 효율적이며 공정하게 문제를 해결하기 위해 노력하였다. 런던에만 40개 이상의 협회 지회가 있었고, 지방에도 상호 연락할 수 있는 조직이 75개에 달할 정도로 활성화되었다.

영국에서 시작된 자선조직가협회 활동은 미국으로 전파되어 지역사회 단위의 조직화와 전문적 사회사업가의 출현을 가져오게 한 씨앗으로 작용하였다는 점에서 역사적 의미를 평가받고 있다(감정기 외, 2007: 40).

2) 인보관운동

인보관운동에 참가한 사람들은 지식인 계층과 대학생들로, 이들은 빈곤을 개인적인 문제가 아니라 산업화 · 도시화로 인한 사회의 구조적인 문제로 인식하였으며, 빈곤한 주민들이 거주하는 지역에 인보관을 설립하고, 그곳에서 함께 생활하면서 빈민들과의 우정과 동료애를 강조하면서 사회개혁적 의식을 가지고 활동하였다.

이들은 빈곤한 주민들을 대상으로 교육과 상담서비스를 제공했으며, 문화 · 체육활동, 보건위생문제, 그리고 빈곤자문제에 대한 지역 주민의 관심과 참여를 이끌어냈다. 또한 지역 주민들에게 빈곤문제에 대한 의식을 환기시킴으로써 빈곤문제를 지역사회 맥락에서 접근하려고 하였으며, 사회입법운동을 전개하였다.

최초의 인보관은 Barnett이 1884년 런던의 유대인 빈민가에 설립한 토인비홀(toynbee hall)이다. Barnett은 대학생들에게 현실인식과 사회개혁 의식을 심어주기 위해서 현장참여가 중요하다는 생각에 옥스퍼드와 케임브리지대학의 학생들과 함께 빈민지역에서 생활하면서 빈곤의 사회적 원인과 빈부격차의 메커니즘 등을 깨닫게 하여 사회개혁운동에 참여하도록 하였다. 이러한 활동들은 후일 영국의 사회정책 발전과 미국의 전문적 사회사업의 발전에 중요한 영향을 미쳤다. Addams는 이곳을 방문한 후 감명을 받고 미국으로 돌아가 시카고에 헐하우스(hull house)를 세워 인보관운동을 펼쳐 나갔다.

2. 지역사회복지의 전개과정

영국의 지역사회복지 전개과정을 지역사회보호의 태동기, 형성기, 발전기로 구분하여 살펴보면 다음과 같다(김범수 외, 2007: 72-76; 전해황 외, 2009: 48-50).

1) 지역사회복지의 태동기

지역사회복지는 장애인, 부랑인, 빈민 등 요보호계층을 시설에 수용하여 보호하던 형태가 한계에 봉착하게 되면서 시작되었다. 시설의 폐쇄성에 따라 인권문제가 제기되었고, 지방정부의 재정부담이 가중되면서 시설이 아닌 지역사회가 새로운 보호의 장으로 대두되면서 지역사회실천이 시도되기 시작하였다. 1950년대에 접어들면서 '정신병과 정신장애에 관한 왕립위원회 보고서' 제출과 1959년 정신위생법 제정으로 지역사회보호가 법으로 규정되어, 형식적이나마 재가(在家)복지서비스 중심의 지역사회보호정책이 전개되기 시작했다.

1963년과 1966년, '보건과 복지, 재가복지서비스 개발'에 관한 정책이 제기되어 재가복지서비스정책이 본격화되면서 정신병원의 수가 감소하게 되었고, 정신병과 정신장애를 지닌 사람들이 지역사회가 제공하는 적절한 서비스와 훈련을 통해 지역사회 안에서 자립생활을 영위할 수 있는 기반을 제공받게 되었다.

시설에 수용되었던 사람들이 지역사회로 분산·재배치되면서 지역사회가 사회문제와 관련하여 개인과 분리되어 있는 것이 아니라, 서로 밀접하게 관계가 있는 지역으로 인식되어 지역사회에 대한 인식의 전환이 이뤄지게 되었다.

2) 지역사회복지의 형성기

영국의 지역사회보호의 형성기의 특징은 지역사회를 기반으로 한 서비스 통합과 비공식적 서비스의 중요성을 강조하고 있는데, 그 내용은 세 가지 보고서를 통해서 살펴볼 수 있다.

첫째, 1960년대 후반에 발표된, 시봄보고서(seebohm report, 1968)는 지역사회보호의 실질적인 전환이 일어난 계기가 되었다. 시봄위원회는 보고서에서 지역사회를 기반으로 한 사회서비스 제공에 초점을 둔 행정개편으로 여러 부서에 산재되어 있던 서비스를 통합하여, 지역에 서비스 전담사무소 설치와 가족의 총체적 욕구의 측면에서 각각의 문제를 인식하는 가족지향적 서비스 제공을 주장하였다. 그리고 공공과 민간의 다양한 조직에 의한 공식서비스뿐만 아니라 가족, 이웃에 의한 비공식적 서비스 및 지역사회주민의 참여를 통한 지역사회보호 실현을 강조하였다.

시봄보고서는 주택재정법에 영향을 미쳐 노인주택건설을 촉진하였고, 1975년 이후에는 노인주택 다양화 정책에 의해 보건 · 복지 · 주택을 통합한 재가복지서비스가 구체적으로 실시되게 하였다.

둘째, '지역사회에 기초한 사회적 보호(Community-Based social care)'라는 이름으로 출판된 하버트보고서(harbert report, 1971)가 지역사회복지에 영향을 미쳤다. 이 보고서는 공공서비스와 민간서비스 외에 가족체계와 지역사회의 비공식적 서비스의 중요성을 강조하였다. 즉, 지역사회의 다양하고 복잡한 주민의 모든 욕구를 공공 및 민간서비스만으로 충족시키는 데 한계가 있기 때문에 비공식적 서비스를 통해 서비스를 제공해야 한다고 주장하였다.

셋째, 바클레이보고서(barclay report, 1982)는 대부분의 지역사회보호가 공공 및 민간의 공식 서비스에 의해서 제공되는 것이 아니라, 지역사회주민들의 인간관계에서 비롯된 돌봄 네트워크에 의해 제공된다는 점을 인식하여 비공식 보호서비스와 공식 보호서비스 간의 파트너십 개발을 강조하였다. 즉, 공공과 민간서비스의 주요한 과업은 친구 및 친척들에 의해서 제공되는 비공식보호를 지원함으로써 서비스이용자들의 긴급한 욕구를 충족시켜 주는 역할이라고 보고 있다.

3) 지역사회복지의 발전기

1980년대에 복지재정의 압박으로 지역사회보호에 소요되는 공공재정에 대한 재검토가 이루어졌는데, 그 결과 보수당정부는 그린피스보고서(griffiths report, 1988)로 알려진 '지역사회보호행동지침'을 발표하였는데, 이로써 지역사회보호와 서비스 분야에 있어서 복지국가 개혁에 대한 내용이 마련되었다. 이는 신보수주의 경향 하에서 돌봄의 혼합경제(mixed economy of care), 혹은 복지다원주의 논리를 따랐으며, 이후 1990년 '국민보건서비스 및 지역사회보호법'으로 제정, 공포되었다.

그린피스보고서의 내용을 살펴보면, 첫째, 지역사회보호의 일차 책임은 지방정부에 있다는 점, 둘째, 지방정부는 대인서비스의 직접적 제공자가 아닌 계획·조정·구매자로서의 역할을 수행한다는 점, 셋째, 주거보호에 대한 욕구는 지방정부에 의해 사정된다는 점 등이다. 이 보고서는 지역사회보호를 위한 권한과 재정을 국가에서 지방정부로 이양할 것을 제안하고 있다.

그린피스보고서의 영향으로 이후 재정된 법안의 주요 내용은 다음과 같다.

① 정부 및 지방당국 외에 민간부문, 자원부문(voluntary sector)의 역할 강조
② 서비스 소비자의 선택권 증진
③ 사례관리 도입으로 돌봄 계획 수립, 욕구판단, 민간서비스 간의 경쟁유도, 서비스에 대한 감독 강화 등
④ 정부는 서비스의 공급자가 아닌 서비스의 구매·조정자로서 그 역할에 변화가 일어남
⑤ 지방정부로의 권한과 재정의 이양으로 지방정부의 재량권 강화

그 외에도 장기실업 문제해결을 위해서 지역사회 수준에서 다양한 시도가 이루어지고 있다. 이러한 시도는 복지국가 재편과정과 체계적으로 연결되어 있으며, 장기 실업자들의 복지의존을 끊고 이들을 노동시장에 다시 편입시키려는 의도가 깔려 있다고 볼 수 있다. 이 과정에서 지역사회가 중심역할을 하

게 하거나 터전을 제공하도록 하는 것이 정부의 의도다. 1982년에 시작된 지역사회 프로그램이 최초의 그 같은 시도라고 할 수 있다. 사실상 영국 최초의 근로연계복지 프로그램인 CP(community program)는 미국의 지역사회 근로경험 프로그램과 비슷하다. 복지급여는 프로그램의 참여와 연결되어 있었고, 프로그램 운영은 자원봉사조직이나 지역당국에 맡겼다. CP는 1990년대 초반에 '지역사회행동'이라는 이름의 프로그램으로 바뀌게 된다.

1997년에 출범한 블레어 총리의 노동당 정부는 New Deal이라는 대규모의 근로연계복지정책을 시작했는데, 핵심대상은 청소년 실업자이다. 이들은 복지급여를 받기 위해서 의무적으로 뉴딜 프로그램에 참여해야 하며, 이들에게는 네 가지 옵션인 일반취업, 환경근로, 자원봉사, 전일제 교육과 훈련이 주어진다. 뉴딜정책은 빈곤과 사회적 배제를 겪고 있는 지역사회에 자원이 유입되고 동기유발이 이루어지며, 장기실업자들을 지역사회에 투입하여 지역사회의 시설과 환경을 개선하는 동시에 근로경험과 노동윤리를 심어줄 수 있다는 점에서 긍정적으로 평가할 수 있다(김종일, 2005: 46-47; 양정하 외, 2008: 53-54).

2 미국 지역사회복지 역사

미국은 국가형성 측면에서 짧은 역사에 비해서 많은 사회문제를 겪었으며, 이에 대처하기 위해 다양한 노력을 기울여 왔다. 미국의 지역사회복지는 영국에서 시작된 자선조직가협회와 인보관운동의 영향으로 시작되었다. 미국의 지역사회복지는 다인종, 다민족 중심의 지역적 특성과 문화적 배경으로 사회복지기관의 설립과 재정지원을 위한 모금활동이 활발하게 전개되었다. 미국 지역사회복지의 역사를 세 단계로 구분하여 살펴보면 다음과 같다(오정수 외, 2004: 58-65, 전혜황 외, 2009: 51-54; 양정하 외, 2008: 54-65).

1. 지역사회복지의 태동기

19세기 초반, 미국은 산업화에 따른 인구의 도시집중과 이민자들로 인한 도시빈곤, 남북전쟁으로 인한 흑인문제, 주택문제, 질병 등 다양한 사회문제를 개선하기 위해서 지역단위의 노력이 필요한 상황이었다. 당시 사회를 지배하던 이념으로는 사회진화론, 급진주의, 실용주의, 자유주의 등의 영향이 크게 작용했고, 국가의 역할은 국민의 재산권보호와 자유수호, 인권보장에 한정되어야 한다는 주장이 제기되었으며, 동시에 사회적으로 불이익을 당하는 계층들에 대한 권익보호와 옹호를 위한 급진주의적 사상도 영향을 주었다. 사회적 문제해결을 위한 활동으로 영국의 영향을 받아 자선조직가협회와 인보관운동 등이 지역사회조직사업에 영향을 미쳤다.

1) 자선조직가협회

미국 최초의 자선조직가협회는 1877년 Gurteen 목사가 뉴욕 버펄로 시에서 창설하였다. 미국의 자선조직가협회가 영국의 협회와 다른 점은 기관 간의 업무조정뿐만 아니라 특정 개인 및 가족에게 제공하는 원조활동을 논의하기 위해 사례회의를 조직하였고, 직접 구호와 서비스를 제공한 점이다. 다양한 사회문의 해결과정에도 적극적으로 개입하여 결핵퇴치사업, 청소년 전담 법원설치, 아동보육프로그램 제공, 임대주택에 관한 법과 제도개혁 등과 같은 실질적 성과를 얻어냈다.

자선조직가협회의 프로그램에 대해서 Murphy는 세 가지로 요약하여 제시하고 있다. 첫째, 참여기관들로 부터 구호를 받고 있는 개인이나 사례들의 명단을 작성하고, 둘째, 사례분석회의(case conference)를 통해 동일한 사례나 같은 가정에 관심을 가진 수많은 기관들인 인보관, 구빈기관, 아동수용기관, 아동학대예방 서비스기관, 방문간호사협회, 기타 기관들의 직원들이 모여 사례에 대한 원조방안을 모색했으며, 셋째, 사회경제적 문제에 관한 광범위한 연구 · 분석을 하여 특정 조치를 건의하기도 했다(Murphy, 1954: 35; 양정하, 2008: 55).

자선조직가협회는 활성화되어 미국 전역에 55개소로 증가했으며, 명칭도 '미국가족사회사업조직협회'라 하여 지역사회 내의 복지서비스를 조직화하였고 지역문제해결을 위해 공동모금 능력을 강화하기 위해 사회복지기관협의회로 발전하였다.

2) 인보관운동

19세기 말, 민간 사회복지분야에서는 자선조직가협회와 더불어 지역사회사업의 대표적인 운동이라 할 수 있는 인보관운동이 시작되었다. 이 운동 역시 영국의 영향을 받아서 시작되었는데, 미국 최초의 인보관운동은 1886년 Stanton Coit가 영국의 토인비홀을 방문한 후 뉴욕에 설립한 Neighborhood Guild로서 교육받은 사람들이 빈곤한 새로운 이주자들과 삶을 함께 하면서 건전한 시민을 양성하려는 데 있었다. 그 후에 Adams가 시카고에 Hull House를 설립하였다.

Hull House 인보관에서는 높은 시민의식과 사회생활을 하도록 시민의식 고취, 사회교육을 실시하였고 자선계획수립 및 추진을 통해 사회문제 조사와 개선, 사업추진 등을 목적으로 활동하였다. 그리고 Adams가 제시한 원칙에 따라 사회, 교육, 인도주의, 시민생활 분야에 서비스를 제공하였다. 헐하우스에서는 대학공개 강좌, 문맹퇴치 활동, 민속축제, 공중목욕탕, 여름캠프, 유치원 운영 등 현대의 지역사회복지관이 제공하고 있는 서비스들이 대부분 포함되어 있다. 또한 노동조합의 활동공간 제공, 각종 사회문제에 대한 토론의 장으로 이용되어 사회개혁의 의지를 보여주었다.

인보관운동의 궁극적 목적은 미국 사회에 만연된 계급갈등과 노사갈등을 지역사회 수준에서 조정, 해결하여 사회적 조화를 이루는 것이었다. 일부 진보적인 활동가들은 사회개혁운동의 일환으로 빈민지역 임대주택문제 개선, 연소아동 노동금지, 노동자 권리증진을 위해 노력하였다.

이상에서 살펴본 미국의 지역사회복지 태동기에 주도적으로 활동했던 자선조직가협회와 인보관운동의 특징과 차이점을 정리해보자면 표 3-1과 같다.

표 3-1 자선조직가협회와 인보관운동의 특징과 차이점

구분	자선조직가협회	인보관운동
문제의 근원	• 개인적인 속성(도덕적 결핍)	• 사회환경 요인
참여자	• 상류층, 부유층	• 지식인 및 중산층
활동목적	• 자선, 빈민층 구호단체 간 업무조정 • 빈민층의 구호의존 근절	• 계급 및 노사갈등을 지역사회에서 조정, 사회적 갈등해소
이념	• 사회진화론, 적자생존의 원리	• 자유주의, 기독교사회복음, 급진주의, 계몽주의
사회문제 접근방법	• 빈곤층 개조 • 상황의 역기능적인 면 수정	• 빈곤층과 함께 생활 • 환경개선, 사회질서 비판
활동내용	• 우애방문원이 가정방문 • 자선기관 간 협력	• 주민과 함께 생활하며 환경과 제도개혁 추구, 입법 · 행정혁신에 관심 • 주민참여와 민주주의 강조 • 유치원, 청소년체육, 야간 성인학교, 공중목욕탕 서비스제공
초점관점	• 빈곤을 개인관점에서 접근 • 빈곤층은 수혜자, 선도의 대상	• 빈곤해결에 관심, 지역사회 맥락에서 접근 • 빈곤의 사회적 책임강조, 이웃과 동료애로 접근
미친 영향	• 개별사회사업, 전문적 접근 • 지역사회조직, 사회조사 기술발전 • 사례관리 활용 • 지역사회 계획, 사회복지전문직 출현 · 사회조사 기술발전	• 집단사회사업 • 지역사회운동 • 지역사회복지관의 효시
한계점	• 도덕적 우월감으로 관계형성에 실패 • 빈민에 대한 냉소적 태도 • 관료화 문제 야기	• 근본적인 빈곤문제해결에 소극적 • 주민참여 극대화보다 서비스제공에 중점

2. 지역사회복지 형성기

1920~1950년대는 제1차 세계대전 종식과 산업화와 도시화, 인종 간의 대립과 갈등이 더욱 심화되었으며, 경제 대공황으로 인해서 도시빈민들을 원조하는 사회복지기관들에 실업자가 증가했다. 또한 지역사회복지 시스템의 한계를 절감하게 되어 1935년 사회보장법이 제정되었으며, 사회복지 영역에 대한 연방정부의 개입이 확대되었다. 이로 인해서 그동안 민간부문에서 이루어졌던 빈민구제와 관련된 활동이 국가와 공공기관으로 이양되었으며, 지역중심 사회활동이 국가차원으로 확대되었다.

지역사회복지 형성기에 주요한 점은 공동모금회와 지역사회복지관 간의 효과적인 업무조정의 필요성에 따라 지역복지협의회 등이 형성되었고 지역사회 조직화의 움직임이 있었으며, 다양한 공공 복지사업이 마련되기 시작하였다는 점이다.

1) 지역사회복지협의회

연방정부 차원에서 사회복지에 대한 계획과 조정의 필요성을 인식하여 국가계획위원회가 활동하면서 공공과 민간부분 간의 상호협력이 시작되었으며, 사회문제와 관련된 서비스에 관심이 집중되면서 지역사회복지협의회가 등장하였다. 1939년에는 지역사회복지발전에 영향을 미친 레인위원회의 '지역사회조직의 실천분야'라는 보고서가 발표되었는데, 여기서는 지역사회조직을 사회사업실천 방법으로 공식화하여 전통적 사회사업실천 방법의 하나로 자리매김을 하게 되었다. 1940년대 이후로는 보건과 복지협의회의 발전, 지역사회계획, 풀뿌리조직의 개발 등 지역사회복지실천이 강조되었고, 1946년 '지역사회조직에 관한 연구협회'가 설립되었고 이는 1955년 '전국사회복지사협회'로 통합되었다.

2) 지역사회조직화

다양한 사회문제와 빈곤문제해결을 위한 방법으로 개인이 아닌 지역사회조직화사업을 추구했는데, 이는 인보관운동에서 영향을 받았다고 볼 수 있다. 지역사회조직화를 모색하는 데 빠질 수 없는 것이 Alinsky의 기여이다. 알린스키는 1930년대 말부터 시카고의 노동자 주거지역에서 지역사회복지사업을 전개해 나갔는데, 지역사회주민 조직에 초점을 맞춘 지역사회조직을 형성했고, 지역사회 구성원 스스로의 조직을 통한 문제해결에 초점을 맞춰서 활동했으며, 기존 조직들과 지도자들을 중심으로 지역사회를 조직해 나가는 방식을 취하였다.

알린스키는 지역사회조직화를 위한 핵심전략으로 첫째, 조직체는 민주적 의사결정과 토착적 지도력을 소중히 여길 것, 둘째, 조직체가 모든 구성원들에게 개방될 것, 셋째, 조직가는 그 지역의 전통적 지도자와 조직체들로부터 지지를 확보할 것, 넷째, 싸우지 않고는 권력층을 움직일 수 없고, 갈등전략을 사용할 때 가장 큰 것을 취할 수 있다. 다섯째, 가시적인 승리를 위해 싸울 것 등을 강조하였다. 1939년부터 지역사회조직이 사회복지실천의 방법으로 공식화되기에 이르렀다.

3) 지역공동모금제도

제1차 세계대전은 공동모금제도의 발전에 촉진제 역할을 하였다. 해외에서 구호와 전쟁으로 인해 야기된 복지수요는 400여 개가 넘는 '전시모금회(war chests)를 만들게 했다. 1920년대에 지역공동모금제도를 가진 지역사회의 수는 353개에 달했다(최일섭 외, 1997: 91-94). 다양한 사회복지활동을 수행하면서 각종 모금활동이 활발하게 진행되는 과정에서 모금창구의 단일화와 회계의 투명성 문제가 제기되었다.

기업가들과 거액 기부자들이 지역공동모금기관을 만드는 데 중요한 역할을 하였다. 이들은 기부를 요청하는 기관들을 조사하기 위해 지역의 상공회의소가 자선승인기관을 만들게 하였다. 자선승인기관은 일정한 기준을 세워 개별 기관을 평가한 다음에 평가에 통과한 기관을 지원하도록 권고했다. 그러나 자선승인기관의 역할은 사회복지기관의 자율성을 침해할 수 있었기 때문에 많은 비판이 제기되었으므로 새롭게 제도를 개선한 것이 지역공동모금기관이다. 이 제도는 기부자들의 영향력 하에 있었기 때문에 지역조직화사업과 같은 사회개혁 프로그램보다는 서비스제공사업 위주로 지원하여 보수적이라는 비판을 받았는데, 오늘날 사회복지공동모금회의 출발점이라는 데 그 의의가 있다.

4) 공공 복지사업의 발전

세계 대공황과 제2차 세계대전으로 인해서 사회사업분야뿐만 아니라 모든 사회제도에서 큰 변화를 경험하게 되었다. 이 시기에 지역사회복지사업에 영향을 미친 사회적 상황을 살펴보면 다음과 같다(최일섭 외, 2007: 80-81).

첫째, 대공황의 여파로 실업의 급증 및 금융계가 도산하고 집과 농장 및 영세사업체 등을 잃은 국민들이 대폭 증가하게 되었다.

둘째, 대공황을 타계하기 위해서 경제와 사회분야에 대한 정부의 개입이 확대되었다. 정부에 의해서 착수된 사업의 종류와 규모, 예산이 확대되었으며, 경제활동 전반에 걸쳐서 정부의 통제가 증가되었다. 사회복지 분야에 있어서도 정부의 역할이 증대되어, 미국 역사상 처음으로 연방정부가 사회보장법(Social Security Act, 1935)과 최저임금법을 제정하고 공적부조사업을 포함한 여러 가지 사회복지프로그램을 계획, 시행하게 되었다.

셋째, 대공황은 노동조합운동을 활성화시켰다. 1935년에 노사관계법(National Labor Relations Act)이 제정되고 정부가 노동조합의 활동을 용이하게 함으로써 정부가 기업의 이익을 보호한다는 종래의 비난이 완화되었다.

넷째, 뉴딜(New Deal)정책으로 인해서 흑인들에 대한 취업기회와 복지혜택이 상당히 신장되었고 과거 백인들이 점유했던 정부 요직에 흑인들이 진출할 수 있는 기회가 늘어났다. 1941년, 방위산업분야의 취업기회를 개선하기 위해 루즈벨트 대통령에 의해 설치된 '공평고용위원회'는 흑인의 취업기회를 증대시키는 계기가 되었다. 1948년에 트루먼 대통령은 법무성에 민권담당과를 신설했다.

이념적인 면에서도 변화가 있었는데, 과거 인간의 운명에 대한 책임이 개인에 있다는 생각은 1930년대의 대량실업과 빈곤상황에서는 정당화될 수 없었다. 따라서 사회질서가 개인생활에 미치는 영향을 강조했고, 미국인들이 겪는 정신적 · 사회적인 문제를 해결하기 위해서는 사회질서를 수정해야 한다는 주장이 대두되었다.

그 시기는 국가 주도의 공공복지의 성장이 진행되면서 전문적인 지역사회조직사업이 발달하였는데, 미국 사회사업학교협회가 전문교육을 대학원 과정에서 실시하도록 결정하였으며, 1946년에는 '지역사회조직사업연구협회'가 결성되기도 하였다. 따라서 이 시기는 민간주도를 대신한 국가 주도적 사업의 강화가 이루어지면서도 지역사회복지에 대한 민간과 정부 간 상호협력의 필요성이 대두되었으며, 전문적 지식과 기술, 그리고 전략적 측면에서도 상당히 체계적인 이론화 작업이 수행된 시기라고 할 수 있다.

3. 지역사회복지의 정착

1960년대의 미국 사회는 민권운동과 학생운동, 흑인들의 반차별운동과 함께 소수인종운동과 다양한 사회운동이 일어났고 사회개혁을 위한 연방정부사업이 크게 증가되었다.

흑인단체들의 민권운동이 강화되면서 흑인들이 점차 자부심과 자신들의 능력에 대한 확신을 얻게 되자 교육과 경제에 대한 자치성을 요구하게 되었으며, 그 결과로 흑인단체들이 대거 생겨났는데, 예로 흑인에 의한 학교운영, 흑인기업과 전문가협회, 전국복지권단체, 흑인노조 같은 막강한 조직들이 결성되었다. 학생운동의 경우에는 민권운동에 참여했던 학생들의 활동에 자극받아 대학생들이 정치활동에 가담했다. 학생운동가들 중에는 사회사업 분야와 지역사회복지 분야에서 자기가 세운 목표에 맞는 일을 하려는 사람들이 많았다. 1960년대 중반에 사회사업대학원에 입학한 학생들은 민주사회학생회(students for democratic society)가 실시한 지역사회조직사업 프로젝트에 영향을 받은 사람들이 많았다. 학생들 중에는 평화봉사단이나 미국 내 봉사단(VISTA: Volunteers in Service to America)에 참여해서 지역사회조직사업 활동에 적합한 경험을 지닌 사람들도 많았다(최일섭 외, 2007: 86-87).

그 시기는 빈곤의 재발견으로 특징되는 시기이다. 빈곤문제가 인종문제와 결합되어 사회적 쟁점으로 부각되어 '빈곤과의 전쟁(war on poverty)'이라는 정책을 통해서 사회복지 문제에 대한 연방정부의 책임이 더욱 확대되었다. 특히 빈곤문제해결을 위한 각종 프로그램은 많은 지역사회복지사들의 관심을 불러 일으켰는데, 구체적인 사업내용으로는 Head Start Program, 직업훈련, 성인교육, 농촌주민에 대한 부조, 법률구조, 보건 · 주택 · 소비자 교육 등에서 지역사회의 자치적 활동을 권장하는 지역사회행동프로그램 등을 들 수 있다. 이 정책의 특징은 대규모의 재정과 인력이 투입된 주민참여를 강조하는 지역사회 프로그램이라는 데 있다.

지역사회행동프로그램(CAP: Community Action Program)은 가능한 최대한의 참여를 이끌어 내려는 사업으로서, 과거 연방정부의 프로그램과는 달리 지역 주민을 조직화하여 자신들의 당면한 문제를 직접 해결하도록 유도하는 방식을 사용하였다.

지역사회행동프로그램은 흑인과 빈민지역에서 활발하게 진행되어 흑인 인권 운동가들과 지역사회행동프로그램 활동가들은 지방정부나 지역의 기득권 세력에 대항하여 풀뿌리 대중을 조직하는 수단으로 사용하여, 서비스 전달보다는 지역사회를 대변하고 조직하는 일에 초점을 맞춰 일종의 정치적 세력화를 도모하고자 하였다.

미국의 지역사회의 복지문제를 해결하고자 하는 지역사회조직사업은 19세기 말의 자선조직가협회와 인보관운동을 기점으로 발전해 왔고, 이론적인 측면에서는 1960년대에 들어와서야 사회사업의 전문분야로서의 위치를 확고히 했다고 볼 수 있다. 또한 지역사회복지의 내용도 기존의 지역사회조직사업을 근간으로 하는 구제 및 부조(扶助)라는 전통적인 범위를 넘어서 보건, 지역사회 정신건강, 교육, 주택 등에 관심이 확대되고, 지역사회 내의 복지서비스 대상자 중심으로 활동범위를 넓혀 가고 있다(Taylor & Roberts, 1985; 최일섭 외, 2007: 91 재인용).

4. 지역사회복지의 최근 경향

1970년대 초반에 발생한 세계적인 석유파동과 심한 인플레이션의 여파로 경제성장이 위축되면서, 신자유주의와 신보수주의의 등장으로 사회복지에 대한 정부의 지원이 축소되기 시작하였다.

정치적으로 '작은 정부'를 지향하면서 반복지적인 경향의 강화로 복지에 대한 연방정부의 책임이 지방, 민간기업, 가족에 중심을 두는 방향으로 변화해 가고 있다. 이로 인해서 사회개혁과 지역사회 개입을 위한 전문 사회복지방법이 위축되기 시작하였다.

그 시기의 특성을 살펴보자면, 지역중심의 지역복지에 있어서 평가 및 외부의 영향력이 커졌고 사회계획과 사회행동을 위한 센터들이 증가했으며, 지역사회복지실천모델의 접근방법, 프로그램, 목표 등이 다양화·세분화되기 시작하였으며, 민간 비영리기관이 활성화되었다.

1980년대에 들어와 지역사회복지 분야의 가장 큰 변화는 지역사회복지기관에 대한 연방정부의 재정지원이 대폭 삭감되었고 지역사회 중심의 연방정부 프로그램이 종결된 점이다. 이런 결과로 주정부와 지방정부의 책임이 증대되었다. 이러한 이유로 자원봉사 조직 등 민간 자조조직이 대거 활동하게 되었다. 자원(자조)조직들은 연방정부의 재정지원에서 벗어나 재정적 지원의 통로를 다변화하고 있다. 즉, 주정부와 지방정부가 제공하는 보조금은 물론 자발적인 성금, 모금활동, 노조, 교회, 기업 등 다양한 지원자들에게 의존하게 되었다. 이런 자원조직들의 역점 사업으로는 주택, 협동조합 설립, 지역사회 건강보호, 소비자보호와 같은 특정 이슈와 관련된 것으로, 거의 모든 인종 밀집지역과 사회·경제적인 집단에 존재하고 있다(최일섭 외, 2007: 95).

1990년대부터는 포괄적 지역사회변화운동(comprehensive community initiative)이라고 하는 새로운 형태의 합의중심모델이 주목을 받고 있다. 이 운동이 지역 주민을 조직하는 과정에서 강조하는 것은 포괄성과 지역사회 건설이라는 두 가지 원칙이다. 포괄성의 원칙은 지역사회문제는 복합적인 성격을 지니고 있으므로 특정한 측면에서의 접근보다는 모든 측면에서 접근해야 한다는 원칙이고, 지역사회 건설은 리더십과 사회자본(social capital) 그리고 인적 네트워크를 강화하는 차원에서의 주민참여를 중시하는 원칙으로, 지역사회 건설의 궁극적인 목표는 지역사회의 문제해결 역량을 키우는 것이다(양정하, 2008: 5).

3 한국 지역사회복지 역사

우리나라의 전통적인 지역사회복지 활동은 촌락 단위의 지역공동체 안에서 상호부조 형태로 이루어져 왔는데, 대표적인 것이 두레, 계, 품앗이, 향약, 오가작통법 등이다.

1. 일제강점기의 지역사회복지

사회복지기관의 모체라 할 수 있는 인보관은 20세기에 들어와 서양 선교사들에 의해 설립되었다. 최초의 인보관은 미국의 감리교 선교사인 Knowles가 선교의 방편으로 원산에 세운 반열방(班列房, 1906)으로 여성을 위한 교육이나 보건사업을 실시하였다. 순수한 목적으로 최초로 설립된 인보관은 선교사 Myers가 세운 태화사회복지관(1921)이다. 한일강제합병 이후, 조선총독부는 1927년 일본의 사회사업제도였던 방면위원제도를 경성부에 설치하였고, 방면위원제도를 보다 효과적으로 수행하기 위해서 여러 곳에 인보관을 설립하여 운영하였으나 1954년 이후 폐쇄하였다. 방면위원제도는 1941년 전면 개편되어 경성부 내 8개의 방면을 두고 총 250명의 위원을 위촉하여 지역사회 내의 요보호자에 대한 보호, 구제, 직업알선 등 구체적인 지역사회복지 업무를 수행하였다. 일본이 우리나라에 인보관을 설립한 동기는 빈민대책사업을 수행하기 위한 것도 있지만, 한편으로는 질서유지나 지배강화를 도모하기 위한 통치적 목적에서였다. 그 밖에도 지역사회복지에 대한 조사연구기관인 조선사회사업연구회(1921)가 조직되었다가 1927년 조선사회사업협회로 개칭되었고, 「지역사회구호법」(1929)을 제정하여 「생활보호법」(1961)이 제정되기 전까지 공공부조의 기본법 역할을 담당하였다(전해황 외, 2009: 55-56).

2. 지역사회복지의 형성기

우리나라의 사회복지사업은 해방 이후, 한국전쟁을 거치면서 빈곤과 사회혼란 등으로 수용시설 위주의 복지사업이 주류를 이루었다. 1950년에서 1960년대는 지역사회복지의 형성기로서 외국 민간원조기관들이 전쟁고아들을 위한 시설보호와 빈민구호 활동에 주력하면서 지역사회복지의 기틀이 마련되었다.

1) 외국 민간원조단체의 활동과 지역사회복지

6·25전쟁 중인 1952년 부산에서 일곱 개의 외원기관이 모여 기관 간에 협력을 통한 효과적인 구호사업을 전개하기 위해서는 연합조직이 필요하다는 인식에서 외국 민간원조단체 한국협의회(KAVA: Korean Association of Voluntary Agencies)를 결성하였다. 연합회는 각 기관들이 한국인에 대한 기여와 봉사를 증대·강화하기 위해 회원 간의 상호협의에 의한 보건사업, 교육, 구호 및 지역사회개발 등의 분야에서 정부기관과 유대를 갖고 효과적으로 협력, 통합된 단체로서 사회복지활동에 대한 교량적 역할을 하였으며, 전문적인 사회복지사업을 전개하였다. 1964년까지 70여 개의 기관으로 늘어나다가 1970년대에 접어들어 경제성장 등을 계기로 대부분의 외원기관들이 철수했으며, 그들이 하던 사업들은 한국인들에게 이전되었다.

연합회(KAVA)가 우리나라의 사회복지사업에 미친 영향으로는, 상호 정보교환을 통해서 원조의 중복을 피했으며, 서로 전문지식을 공유할 수 있는 기회를 제공하였고 미국식 전문사회사업의 실천방법과 관련된 이론들을 국내에 소개하는 데 큰 역할을 하였으며, 지역사회조직 등 지역사회복지를 위한 활동에 많은 영향을 미쳤다. 그러나 단점으로는 우리나라의 사회복지가 정책보다는 시설 위주로 구형화되는 계기가 되었으며, 국민들로 하여금 사회복지가 구호나 도움을 제공하는 활동으로 인식하도록 만들었다는 점이다.

그 시기에 국내에서 인보관활동이 전개되었는데, 1956년 이화여자대학교에서 복지관을 설립하면서 우리나라 대학이 인보관 활동에 최초로 참여하게 되었다. 1956년 아현인보관, 1962년 목포사회복지관이 설립되어 지역사회복지 활동을 전개하기 시작하였다.

2) 지역사회개발사업과 새마을운동

지역사회개발사업은 1970년대 새마을운동사업으로 전환되어 지역사회복지 실천을 위한 기반이 되었다. '근면, 자조, 협동'을 기본이념으로 한 새마을운동은 농한기 농촌마을 가꾸기 시범사업 형태로 시작하였으며, 농촌의 생활환경 개선사업에서 시작해 소득증대사업으로 확대, 도시에서는 의식개선운동으로 전개되기도 하였다.

새마을운동은 농촌의 지역사회 변화에 큰 영향을 미쳤지만, 민간의 자주적인 협동노력이 아니라 관주도의 반강제적인 운동이라는 점에서 지역사회복지를 위한 노력의 일환으로서 분명한 한계를 갖는다고 볼 수 있다.

1970년대의 지역사회복지실천모델은 새마을운동으로 대표되며, 지역사회개발모델로부터 지역사회행동모델로 점차 확대되는 경향을 띠기 시작하였다. 새마을운동은 1970년 4월 22일 박정희 대통령이 전국 지방장관회의에서 제시한 정책으로, 우리 스스로가 우리 마을을 우리 손으로 가꾸어 나간다는 자조·자립정신을 불러일으킨 지역사회개발사업이다.

이에 따라 1970년 10월부터 전국 33,000여 개의 자연부락에서 새마을운동을 시작하여 1980년대까지 꾸준히 전개하여 각 지역의 발전에 기여하였으나 1980년대에 접어들어 쇠퇴하기 시작하였으며, 전두환 대통령이 새마을운동은 정권의 차원을 떠나 국민운동 차원에서 지속적으로 발전시켜 나가고 사회정화운동과 연계하여 추진할 것을 강조함에 따라 1981년 재도약의 구호를 내걸고 국민화합을 강조하였다.

1986년에는 도시 새마을운동의 활성화를 중심시책으로 설정하고, 자율참여를 통한 복지기반의 확충과 아시아경기대회의 성공적 완수에 초점을 두었다. 1987년에는 새마을운동을 통한 국민적 화합과 서울올림픽의 성공적 개최의 지원을 강조한 것이 특징이다. 그러나 1988년 제6공화국이 들어서면서부터 새마을운동은 원래 추구했던 이념 및 목표와는 달리, 정치적 목적으로 오용되거나 관변운동이라는 비판과 함께 위축되었다.

3. 지역사회복지의 정착기

1980년대에 들어서 지역사회복지는 큰 전환점을 맞게 되었다. 이 시기는 제5공화국의 국정지표인 '복지사회건설'을 추진하기 위해 「생활보호법」을 전면 개정하여 강력한 복지정책을 추진하기 시작한 시기로 지역사회복지관 설립, 재가복지서비스의 도입, 사회복지전담요원제도 실시, 지역사회행동모델의 확대 등 보다 구체적인 복지시책을 실시하였다.

사회복지관은 「사회복지사업법」 개정(1983)에 따라 종합사회복지관 가형과 나형, 사회복지관으로 구분하면서 공식적으로 국가의 지원을 받게 되었다. 저소득층을 위해 영구임대아파트단지 내에 사회복지관 건립을 법제화하였고, 민간에 의한 사회복지관 건립으로 사회복지관이 수적으로 증가하였으며, 1989년 사회복지관 설치·운영·건립 및 국고보조사업지침을 제정하여 사회복지관을 본격적인 궤도로 올려놓았다.

1980년대에 장애인복지 분야에서는 장애인재활협회, 서울장애인종합복지관 등을 중심으로 지역사회중심재활사업이 실시되었다. 이로써 지역사회중심의 복지서비스로서 재가복지서비스 제도가 도입되어, 돌봄서비스가 필요한 노인이나 장애인들의 가정으로 찾아가는 서비스시대를 맞이하게 되었다.

노인복지분야에서는 1980년대 초에 한국노인복지회에서 노인결연사업, 상담사업 등을 추진해 오다가, 1987년에 국제노인복지회의 지원과 국고보조금으로 재가 노인들에게 가정봉사원을 파견하는 시범사업을 시작하였다. 가정봉사원 파견 사업은 종전의 구호방식에서 자원봉사자를 활용, 정기적 서비스 제공, 서비스 내용의 변화 등 대인 사회복지서비스 제공이라는 특징을 가지고 있다. 장애인복지 분야에서는 지역사회중심의 재활사업이 실시되어 장애인가정방문을 통한 상담, 진단치료, 교육프로그램 등 재가서비스가 실시되었다.

또한 1987년부터 사회복지전담요원제도를 도입해 전국 읍·면·동사무소에 배치하여 생활보호대상자(현재 국민기초생활보장수급자)를 중심으로 공공부조업무에 종사하도록 하였다. 이 제도는 공공부조 업무의 성과뿐만 아니라 지역사회중심의 공공사회복지전달체계의 새로운 전기를 만들었다.

1980년대 중반 이후 정치, 경제, 사회적인 변화는 1970년대 새마을운동의 퇴조를 불어왔고, 지역사회조직사업의 유형도 지역사회개발모델에서 지역사회행동모델인 지역사회복지운동으로 점차 확대되는 경향을 띠기 시작하였다. 지역사회행동은 민주화운동과 더불어 생활권보장 차원에서 각 민간단체를 중심으로 다양한 지역사회 행동들이 전개되기 시작했는데, 그 예로는 YMCA의 '바른 삶 실천운동', '공해추방운동', '경제정의실천운동', 참여연대의 '복지권실천운동' 등의 복지 현안과 관련된 사회운동이 이루어졌으나 이슈중심적인 접근으로 지역사회와 구체적으로 연결된 측면은 약하다고 볼 수 있다. 그러나 저소득층 지역사회의 재개발 반대운동, 핵발전소설치 반대운동, 쓰레기매립장설치 반대운동 등은 지역 주민들의 이익과 직접적으로 관련이 있는 문제이므로 주민들이 적극적으로 참여했다는 점에서 지역적 근거를 배경으로 한 사회행동으로 볼 수 있다. 그리고 장애인, 노인 등 민간차원에서 사회복지수급대상자 중심의 다양한 자조집단들이 출현하여 상호 정보교환과 권익옹호 활동을 적극적으로 펼쳐 나가기 시작하였다.

4. 지역사회복지 발전기

1990년대 이후, 지역사회복지는 지역중심성 강조와 전문성의 강화 등을 기초로 하여 질적인 변화를 맞고 있다. 특별히 재가복지서비스의 확대, 지역사회복지실천 주체의 전문화 및 다양화, 지역사회중심의 자활사업 전개, 지방자치제 실시 및 지역분권운동의 전개에 따른 지역사회복지의 내실화 요구 등 지역사회복지의 질적 전환이 이루어진 시기이다.

사회복지관은 1990년대 이후 급속한 양적 확대를 보이고 있다.

국고 및 지방비와 법인의 부담이라는 재정구조를 갖고 있는 사회복지관은 민간법인의 운영과 정부의 지도 · 감독 등으로 정부와 민간의 협력형태를 갖고 있다. 1997년 「사회복지사업법」 개정에 따른 사회복지관 평가제 도입으로 인해서 사회복지관의 운명 및 프로그램의 효율성 및 전문성을 강화하였으며, 지역사회중심의 자원동원과 서비스 전달체계의 확립 및 지역 주민의 조직화사업 강화 등 지역사회의 실천영역을 확대시켰다.

1990년대 들어 재가복지는 정부차원의 지원을 받아 종합적 프로그램으로 발전하였으며, 가족 부양기능이 취약한 계층을 중심으로 지역사회 내 재가복지 서비스를 제공하기 위해 1992년부터 재가복지봉사센터를 사회복지관의 부설 형태로 설치 · 운영하고 있다.

지역사회복지실천모델과 관련하여 사회의 삶의 질 향상과 복지욕구 해결을 공식적으로 표방하는 자주적인 지역사회복지조직의 활동이 구체화되면서, 지역사회개발 및 사회행동모델의 실험과 적용이 이루어졌다. 1990년대 중반 이후 지역사회주민의 삶의 질 향상과 복지욕구 해결을 공식적으로 표방하는 지역사회복지조직들의 활동이 주목을 받기 시작하였다.

또한 2000년 10월에 「국민기초생활보장법」의 시행으로 지역사회중심의 자활지원사업이 본격적으로 전개되었다. 자활사업의 전개는 과거와는 다르게 지역사회 차원에서 빈곤문제해결을 위한 보다 구체적이고 전문적인 실천활동이 요구되고 있으며, 지역사회복지 발전에 기여하고 있다.

연습문제 ?

1 자선조직가협회와 인보관운동을 실천한 인물들에 대해서 조사해 보고 발표하는 시간을 가져 본다.

2 19세기 영국사회의 빈곤상황을 묘사한 영화 「올리버 트위스트(Oliver Twist, 2005)」 감상을 통해서 당시 빈곤층의 현실과 연결해서 자선조직가협회와 인보관운동이 태동될 수밖에 없었던 상황을 이해해 보자. 이 영화는 중산층이 가난한 빈곤층에 대해 져야 할 도덕적 책임을 다루고 있다.

CHAPTER 04

지역사회복지실천의 이론적 기초에 대한 이해

지역사회복지실천은 지역사회가 지닌 문제를 효과적으로 해결하기 위해서 다양한 이론, 관점, 모델이나 접근방법을 활용한다. 지역사회 수준에서 활동하는 사회복지사는 클라이언트가 직면한 사회문제 이해와 해결을 위한 행동이나 변화를 모색하기 위해서 지침 및 개입의 결과를 예측할 수 있어야 한다. 따라서 사회복지사는 다양한 이론적 지식체계를 이해하고 적용할 수 있는 역량을 갖추어야 한다. 지역사회복지실천에 유용한 이론으로는 사회체계이론과 생태학적 이론, 구조기능론과 권력(힘) 관련 이론, 교환이론과 사회구성론, 다원주의와 엘리트주의이론이 있다. 이 장에서는 각 이론의 특성과 지역사회복지실천에 적용하는 데 유용한 점들을 중심으로 살펴볼 것이다.

1 사회체계이론과 생태학적 이론

1. 사회체계이론

사회체계(social system)란 우리가 살고 있는 사회환경 안에 존재하는 다양한 형태의 인간 공동체에 적용할 수 있는 사회조직의 모형으로 각 구성 부분들을 초월하여 하나의 특수한 단위를 이루고 있는 집합체로서 가족, 조직, 지역사회, 문화 등이 포함된다. 사회체계는 분명히 규정된 경계(boundary)에 의해 외부환경과 구별되는데, 그 경계 내의 하위단위들은 비교적 안정된 상태로 상호관련을 맺는다.

상호작용 중에 있는 부분들은 하나의 전체를 만들고, 그렇게 만들어진 전체는 다시 부분들에 영향을 미치며, 각 부분들 간에 영향을 주고받게 됨으로써 전체와 부분은 분리할 수 없는 하나의 공동체로 공존하게 된다.

체계이론의 특징을 살펴보면 다음과 같다.

첫째, 각 부분들이 모여 상호작용을 하며 이루어 내는 체계 전체는 부분의 총합보다 상위체계이다.

둘째, 체계의 구성요소들은 밀접하게 상호작용하기 때문에 어느 한 곳에서 변화가 일어나면 나머지 모든 요소에서도 변화가 일어난다. 이런 변화에 대해 체계 전체는 일정한 조정과 적응과정을 거치면서 새로운 균형상태에 도달한다.

셋째, 모든 체계는 다른 체계와 구분되는 독자적 영역을 갖는데, 이 영역을 구분하는 기준은 경계이다. 이 경계 너머의 모든 영역이 체계의 환경에 해당한다.

경계와 관련된 중요한 개념에는 개방체계와 폐쇄체계가 있다. 체계는 경계라는 기준에 의해 독자적인 영역을 유지하게 되는데, 외부환경인 다른 체계와 에너지나 정보자원 등을 원활하게 주고받으며, 끊임없이 상호교류를 하기 위해서는 느슨하고 유연한 경계를 유지해야 한다. 다른 체계와 상호작용을 하지 않는 닫친 체계를 폐쇄체계라고 한다. 대부분의 사회체계는 개방체계라고 할 수 있으나 간혹 폐쇄체계도 발견된다. 예로, 지역사회와 상호작용을 거부한 채 고립된 생활을 고집하는 사이비종교집단이 있는데, 이러한 폐쇄체계는 지속되기가 어렵다. 본질적으로 체계는 생존과 발전을 위해 외부환경과 교류해야 하며, 적응해 나가야 하기 때문이다.

Parsons는 사회체계가 체계 유지와 사회통합, 환경의 요구에 순응, 목적달성을 위한 필수 기능을 수행한다고 보고 있다. 그 내용을 자세히 살펴보면 다음과 같다(Parsons, 1971; 감정기 외, 재인용).

첫째, 사회체계의 형식과 내용을 유지하기 위한 기능으로, 지역사회 내의 공통된 가치나 행동의 전승과 같은 사회화를 예로 들 수 있다.

둘째, 통합기능은 지역사회 내의 가치와 특정 행동유형을 지역사회 주민들이 받아들이는 과정이며, 하위체계 간의 알력과 갈등을 조절하는 것으로 사회통제의 기능과도 관련이 있다.

셋째, 순응기능은 지역사회의 기능에 필요한 자원획득과 연관된 지역경제체계의 능력을 의미한다.

넷째, 목적달성 기능은 장기적인 목표를 설정하고 이를 달성하기 위해 여러 가지 과업을 수행하는 기능으로, 목적 성취를 위해 필요한 자원을 사용할 수 있는 능력을 말한다.

사회체계이론의 관점에서 볼 때 지역사회는 하나의 사회체계이다. 지역사회는 지방자치단체, 각종 학교, 종교기관, 가족, 사회복지시설 및 기관, 시민단체, 문화나 경제단체 등 수많은 하위체계로 이루어져 있으며, 이들 하위체계들은 서로 적절한 경계를 유지하면서 자신들의 목적을 성취하기 위해 노력하며, 서로 경쟁하거나 갈등하기도 한다. 이러한 지역사회에 있는 하위체계들 간에는 서로 상호작용을 한다.

2. 생태학적 이론

생태이론에서 인간은 환경에 적응하면서도 환경을 변화시키려고 끊임없이 노력하는 존재라고 가정하며, 인간과 그를 둘러싼 사회환경을 별개가 아닌 하나의 거대한 생태계로 파악하는 이론이다.

생태학이론이 Germain에 의해 사회사업실천의 관점으로 자리하기 시작하였으며, 이로 인해 생태학적 관점은 출현하자마자 사회사업실천가들의 많은 관심을 불러일으켰다.

생태학은 단선적인 세계관에서 나온 의료적 질병모델보다 사회사업 적용에 유용한 이론이다. 의료적 질병모델이 인간의 문제와 요구의 초점을 인간 내부에 두어 인간이 속해 있는 사회환경과의 관계를 간과한 데 반해, 생태학은 인간과 환경 간의 상호관계를 규명하고 이해하고자 노력하기 때문이다.

인간과 환경의 상호작용이 적응적이고, 긍정적인 방향을 지향할 때, 인간은 성장하고 발달할 수 있다. 생태학이론은 지역사회의 최적 균형을 유지하기 위해 지역사회 안팎의 역동적 변화에 대한 현상을 설명하고 있다.

생태학이론의 기본가정으로는, 인간은 환경의 모든 요소와 지속적인 상호교환을 하는 존재이므로 인간과 환경은 분리될 수 없으며, 동시에 고려해야만 한다는 것이며, 개인과 환경은 상호 간에 영향을 미친다고 보는데, 개인과 환경 사이의 상호교환은 변화를 일으킨다. 상호영향의 원칙은 순환적 원인론과 관련되어 있다. 생태학이론의 특징은 다음과 같다.

① 인간이 접하는 환경에 관심을 둔 것으로 인간과 환경은 서로 분리되어 있는 것이 아니라, 지속적인 상호교류 안에서 존재하는 하나의 체계로 본다.

② 인간과 환경 간의 복잡한 상호보완성을 설명하는 데 초점을 둔다.

③ 사회체계이론이 좀 더 포괄적인 시각을 갖는 반면에 생태학적 관점은 가족체계를 좀 더 강조하는 측면이 있다.

④ 생태학적 관점은 개인과 환경 간의 적합성과 상호교류, 그리고 적응을 지지하거나 방해하는 요소를 중요하게 여긴다.

⑤ 생태학적 관점은 환경과 협상하는 개인의 능력에 초점을 두고, 체계이론은 체계능력을 강조한다.

생태학이론의 중요 개념은 다음과 같다.

① 체계(system): 서로 관련을 맺고 상호작용하는 요소의 집합으로 다른 체계와 상호교류가 가능한 개방체계와 다른 체계와 상호교류가 없거나 할 수 없는 폐쇄체계로 나눌 수 있다. 개방성과 폐쇄성은 상대적인 문제이며, 가족문제의 경우 양극단적 체계인 가족에서 발생한다.

② 적합성(goodness of fit): 개인의 욕구와 환경의 속성 간의 조화를 이루는 정도를 말한다.

③ 적응성(adaptiveness): 인간이 환경에 대한 적응수준을 유지하고 높이고자 사용하는, 지속적이고 변화 지향적이며, 인지적 · 감각적 · 지각적 · 행동적인 과정을 말한다.

④ 유능성(competence): 개인이 환경과 효과적으로 상호작용할 수 있는 능력을 말한다.

⑤ 상호작용: 개인과 환경이라는 두 요소가 서로 영향을 미치나 분리된 정체성을 보유한다고 본다.

⑥ 상호교류: 개인과 환경이 한 단위, 관련체계로 합쳐질 뿐 아니라 개인과 환경 간의 영향의 상호관계를 의미한다.

⑦ 적소(niche): 특정집단이 지역공동체의 사회적 구조에서 차지하는 사회적 지위, 혹은 지리적 환경을 말한다.

Bronfenbrenner는 인간을 둘러싸고 있는 생태학적 환경을 가장 가까운 소속체계에서부터 가장 먼 거시체계까지 네 개의 구조체계로 구분하고 있는데, 이 체계들은 서로 상호작용을 한다.

① 미시체계: 발달하는 개인이 독특한 물리적 · 물질적인 특성을 가진 환경 내(가족, 학급, 친구 등)에서 경험하는 활동, 역할 및 대인관계의 유형을 말한다.
② 중간체계: 발달하는 개인이 적극적으로 참여하는 둘 이상의 환경들 간의 상호관계로 이루어지는 미시체계 간의 연결망으로서, 발달하는 개인이 새로운 환경으로 이동할 때마다 형성되거나 확대된다.
③ 외부체계: 발달하는 개인이 적극적인 참여자로 관여하지는 않으나, 발달하는 개인이 속한 환경에서 일어나는 일에 영향을 주거나 영향을 받는 사건이 발생되는 하나 또는 그 이상의 환경을 의미한다. 이는 지역사회 수준에서 기능하고 있는 사회의 주요 기관으로 직업세계, 대중매체, 정부기관, 교통 · 통신시설 등이 포함되며, 이러한 외부체계는 중간체계와 미시체계의 질에 상당한 영향을 미치게 된다.
④ 거시체계: 기본적인 신념체계가 이념과 함께 하위체계들(미시체계, 중간체계, 외부체계)의 형태와 내용에서 나타나는 일관성으로서, 하위문화 수준이나 문화 전반의 수준에 존재하거나 존재할 수 있다. 개인이 소속한 문화나 하위문화는 개인에게 간접적 영향을 미치는 법적 · 정치적 · 사회적 · 교육적 · 경제적 · 종교적 체계 등을 말한다. 이는 명백한 형태를 가진 것도 있으나 대부분의 경우 비형식적인 것으로 관습과 일상 생활습관 등이 포함된다.

생태학이론은 사회환경의 변천과정을 역동적으로 설명하는 데 유용한 이론으로 사회 속에서의 경쟁, 지배, 집중화, 계승, 분리 등의 개념을 다루기에 용이하며, 환경과의 적응정도, 상호교류 등을 지지하거나 방해하는 요소를 중요하게 여긴다. 즉, 하나의 사회적 생태계 내에서 어떤 인구집단들이 어떤 자원을 쟁취하기 위해 경쟁하는지, 공간적인 점유나 분포는 어떻게 이루어지는지, 상품과 서비스가 어떻게 분배되고 있는지, 인구분포와 이동은 어떤 변화과정을 겪는지 등을 파악할 수 있는 이론이다.

생태학이론을 지역사회복지실천에 적용할 때, 유용한 점은 다음과 같다.

첫째, 지역사회 현상을 시간적 · 공간적 차원에서 다양하게 분석할 수 있는 틀을 제공한다. Fellin(1995)은 생태학이론에 근거하여 지역사회의 인구발달과 변화 등 다양한 지역사회 현상을 분석할 수 있다고 강조한다. 즉, 지역사회 구성원들의 특징, 상호 접촉빈도와 접촉의 성격, 교환관계, 의사소통 및 상호의존성 정도, 도덕적 통제정도, 인구밀도와 스트레스의 관계 등을 파악하는 데 도움이 된다. 또한 연령, 성, 종교, 인종, 경제적 위치 등과 같이 지역사회의 계층분화 현상을 역동적으로 분석할 수 있다.

둘째, 지역사회를 하나의 생태계로 인식하게 해주고, 모든 것들이 서로 연관되어 영향을 주고받고 있음을 인지하는 거시적 관점을 갖게 해주며, 인간과 환경과의 관계뿐만 아니라, 지역사회와 지역사회 간의 상호작용에도 초점을 두므로 자원의 집중도나 인구분포, 저소득층의 밀집과 배제, 혹은 고립상황, 지역의 성장과 역동성 등의 변화를 파악하는 데 효과적인 이론이다.

셋째, 지역 내 집단 간의 경쟁 및 질서형성 과정, 집단들의 주변 환경에 대한 적응방식과 개입방안 모색, 그리고 주거상태, 지역 인프라 등과 같은 물리적 환경이 지역사회의 삶의 질에 어떤 영향을 미치는지를 제시해 준다(감정기 외, 2005).

넷째, 특정계층의 특정지역을 중심으로 한 중심화, 분산 등의 개념을 사용하여 지역사회의 변화과정을 역동적으로 설명할 수 있으며, 소수집단의 격리, 빈민화, 비행화 등과 같은 과정을 이해하는 데 도움을 주며, 지역사회 수준에서 나타나는 다양한 집단들의 생활양식을 이해하는 데 도움을 준다.

그러나 생태학이론이 지닌 한계점은 이 이론이 주요하게 다루는 개념은 환경에 대한 '적응'이므로 기본적으로 체계의 안정성을 지향한다는 점이다. 따라서 문제가 있어 개선해야 할 환경에 대한 저항이나 변화를 적극적으로 추진하지 않으므로 대안제시에 한계가 있다고 하겠다.

2 기능주의이론과 권력(힘)관련이론

1. 구조기능주의이론

기능주의이론에서 바라보는 사회는 여러 부분의 체계로 구성되어 있고 체계를 구성하고 있는 각 부분인 하위체계들은 상호의존적인 체계인데, 각각의 체계는 생존을 위해 만족되어야 할 욕구와 요건이 있다. 이러한 체계는 성장, 발전하면서 정상적 상태나 병리적 상태를 가지고 균형과 항상성(homeostasis)을 유지하려는 속성이 있는데, 이것이 깨지거나 위협받으면 원래의 상태로 돌아가려는 경향이 있다. 체계의 부분들은 체계의 작동에 기여하며, 전체 체계는 합의된 가치와 규범에 따라 순탄하게 기능하므로 균형 또는 안정을 유지하게 된다.

기능주의이론에서 사회문제란, 어떤 사회체계가 상위체계에 대하여 기능적 요건을 충족하지 못했거나 한 사회체계가 사회적으로 합의된 규범을 준수하지 못하고 있는 상태 혹은 어떤 사회체계가 사회화 과정과 결과에서 실패한 상태를 말한다.

기능주의이론에서는 지역사회를 하나의 사회체계로 간주하며, 지역사회 수준에서 발견되는 중요한 하위체계를 정부, 경제, 교육, 종교, 가족이라고 본다. 그리고 지역사회 하위체계들은 생산 · 분배 · 소비의 기능, 사회화의 기능, 사회통제의 기능, 사회통합의 기능, 상부상조의 기능을 한다고 본다.

기능주의이론을 지역사회복지실천에 적용할 때, 유용한 점은 다음과 같다.

첫째, 기능주의이론은 지역사회 문제의 원인을 사회 자체보다는 개인, 가족, 일탈적 하위문화, 부실한 교육제도 등 지역사회 하위체계들의 기능이 제대로 작동하지 못하기 때문에 발생한다고 본다. 따라서 사회문제는 사회변화가 아니라 개인의 사회적응을 통해서 해결될 수 있다는 관점을 강조하는데, '적응'이란, 사회복지실천에서 중요한 개념으로 자리 잡고 있다.

둘째, 사회현실은 유동적이고 변화가능하며, 자기 수정적인 성향을 갖고 있다고 보고 개인도 성격을 사회환경에 적응시킬 수 있는 융통성이 있는 것으로 보기에 사회문제해결은 사회가 개인, 사회제도 일부에 변화를 가하여 해결 가능하다고 보는 점이다.

셋째, 사회의 사회화기능과 통제기능을 강화, 수정, 재사회화, 재활기능 강화, 사회의 물질적·기회의 분배기능을 강화, 수정하는 방법을 사용하는 점이다. 예로, 개인·가족차원의 경우에는 교육기회 보장, 병리적 현상 치료서비스 강화를, 사회제도적 차원에서는 공적 교육제도개선, 재사회화 제도(교정제도) 개선, 조세제도 및 사회복지제도 개선, 기회균등을 보장하는 방법이다.

한계점으로는, 일반적 현상에 보편적으로 적용하기 어렵고 사회적 기준에서 벗어난 일탈문제에만 적용이 가능하다는 점이다. 또한 지역사회의 유지와 균형에 주로 관심을 갖기 때문에 지역사회의 변화나 지역사회에서의 자원, 권력을 둘러싼 하위체계들 간의 갈등을 설명하는 데는 한계가 있다.

2. 권력관련이론

권력관련이론은 지역사회의 권력(power)에 초점을 맞춘 이론을 총칭하는 용어로서 권력의존이론, 갈등이론, 자원동원이론이 있다.

1) 권력의존이론

권력의존(power-dependency)이론은 어떤 관계를 참여자가 활용가능한 자원의 크기에 의해 결정되는 권력균형의 교환과정으로 이해한다. 예를 들어, 중앙정부와 지방자치단체 사이에 서로 다른 자원의 크기에 의해 지방자치단체는 중앙정부에 의존적일 수 있다는 관점이다.

권력의존이론은 지역 주민이나 집단 또는 조직의 힘의 소유여부가 지역사회의 발전에 중대한 영향을 미친다는 것을 강조한다. 즉, 지역 안에 존재하는 조직들이 어떻게 힘을 얻고 분산시키는지를 이해하는 데 사용될 수 있다. 여기서 힘은 물리적 힘뿐만 아니라 정치적 · 경제적 힘을 포함한다.

사회복지서비스 조직들은 생존의 차원에서 외부의 재정지원에 의존할 수밖에 없다. 이로 인해 외부의 재정 지원자에 대한 지나친 의존은 조직의 목적상실, 자율성 제한 등 부정적인 영향을 가져올 수 있다. 특별히 우리나라의 경우 많은 사회복지기관이 정부의 후원금에 의존하는데, 이런 경우 정부의 요구와 통제에 순응하며, 클라이언트의 욕구를 충족해 나가는 중간자로서의 기능이 강조되어 순수한 사회복지서비스 기관으로서의 정치적 중립성이 훼손될 가능성을 내포하고 있다(감정기 외, 2005: 92).

권력의존이론을 지역사회복지실천에 적용할 때, 정부조직으로부터 자원을 제공받는 민간조직들은 정부조직에 의존하게 되고 정부조직의 문제점이나 서비스 또는 프로그램에 대한 비판을 자제하게 된다. 따라서 정부의 지원금을 받은 조직은 정부의 요구를 수용할 수밖에 없으며, 결국 클라이언트와의 상호작용에 있어서 정부의 정책이 강화되는 결과를 낳게 된다는 점을 인식해야 한다.

지역사회서비스 조직들은 특정한 자원에 대한 의존성 탈피를 위해서 다음 사항을 고려할 필요가 있다.

첫째, 재정지원에 대한 동일한 가치의 대가를 재정 지원자에게 제공해야 한다.

둘째, 다양한 재원들을 확보하여 서비스를 제공해야 한다.

셋째, 서비스지원이 없거나 혹은 최소한의 서비스로만 생존하는 방법을 클라이언트에게 교육해야 한다.

넷째, 재정 지원자들이 직접 클라이언트에게 서비스를 제공하도록 만들어야 한다.

2) 갈등이론

갈등이론은 기능주의가 질서와 안정 유지만을 강조할 뿐, 사회 내에 갈등이 상존하고 있다는 사실을 등한시하므로 사회현상을 정확하게 파악할 수 없다고 비판하면서 등장한 이론이다.

갈등이론의 핵심은 사회가 권력이나 힘을 가진 계층과 힘을 소유하지 못한 계층으로 구분되어 지역사회에서 양자 간의 지속적 갈등을 피할 수 없다고 본다. 갈등이론을 지역사회에 구체적으로 적용한 Coleman은 지역사회 갈등의 원천을 경제적 쟁점, 권력과 권위, 문화적 가치와 신념에서 찾고 있는데, 이를 자세히 살펴보면 다음과 같다(양정하 외, 2008; 김용환 외, 2011: 67-68).

첫째, 경제문제로 인한 갈등이다. 지역사회 내에 홈플러스나 이마트 등과 같은 대형마트의 진입으로 생계에 위협을 느낀 영세상인들이 골목상권을 지키기 위해 대형상권(商圈)의 입점을 막기 위해서 반대운동을 펼치며, 단합하는 것은 경제문제에 대한 갈등이라고 볼 수 있다.

둘째, 권력이나 권위를 둘러싼 갈등이다. 예를 들어, 선거철만 되면 평소에 잘 지내던 주민들 사이에 자신이 지지하는 정당이나 지도자에 따라서 입장차이가 분명해지고 보수니, 진보니 하는 논쟁을 벌이는 등 갈등이 고조되는 경향이 있다. 이는 누가 권력을 장악하느냐에 따라서 힘과 영향력, 이득을 차지할 수 있기 때문에 벌어지는 갈등현상이라고 할 수 있다.

셋째, 가치나 신념차이로 인한 갈등이다. 지역사회 내에는 종교적 가치나 신념차이로 인한 갈등이 있고, 성적 경향성이나 장애를 바라보는 관점, 다문화가정을 바라보는 가치에 따라서 다양한 갈등상황이 초래되기도 한다. 이처럼 지역사회는 끊임없이 갈등이 생산되는 장소이다.

갈등이론을 지역사회복지실천에 적용할 때, 유용한 점은 다음과 같다.

첫째, 지역사회 내에서 발생하는 문제가 구조적으로 연계된 것이며, 문제해결방안을 모색하는 과정에서 다양한 수준으로 접근할 수 있다는 것을 이해하는 데 도움을 준다.

둘째, 모든 지역사회에는 갈등, 긴장, 논쟁이 존재하는데, 이러한 갈등과 긴장은 지역사회에서 지속되던 균형을 변화시키고자 할 때, 불평등한 구조, 이로부터 파생되는 이해관계, 이해관계의 대립 그리고 이해관계의 대립이 지역사회에 미치는 영향 등에 대해 더욱 정확히 이해하고 예측하는 데 기여한다.

셋째, 사회적 약자들인 빈곤한 계층들, 장애인, 여성, 소수집단의 자원과 힘의 획득은 이를 위한 조직의 결성 및 대항으로부터 가능하며, 기존 기득권과의 갈등을 해결하고 타협하는 과정에서 획득할 수 있으므로 지역사회에서 활동하는 사회복지사는 문제해결을 위해서는 적절하게 갈등을 조장하고 활용할 줄 알아야 한다. 사회복지사는 갈등이론을 통해 지역사회를 파악하기 위해서 먼저 권력의 구조, 권력관계의 지형을 잘 파악하고 권력과 자원으로부터 소외된 구성원들이 권력과 자원에 접근할 수 있도록 도와야 할 것이다.

3) 자원동원이론

자원동원이론(resource mobilization theory)은 사회운동 조직이 비주류계층의 권리를 옹호하거나 사회적 약자를 대변하기 위한 사회적 항의 활동을 할 때, 동원할 수 있는 자원의 정도와 범위에 따라 활동의 역할과 한계가 규정된다고 보는 이론이다. 즉, 사회운동의 성패는 조직원의 충당, 자금조달과 적절한 조직구조를 개발하는 등의 능력에 달려 있음을 말하며, 자원의 유무에 따라 사회운동의 성패가 결정된다.

자원동원이론에 의하면 본질적으로 사회운동조직은 회원을 모집하고, 필요한 모금활동을 하고, 직원을 채용하는 데 주력하는 동시에 대중과 주요 의사결정자에게 정당성을 인정받는 역할을 한다. 사회운동단체가 힘을 갖기 위해서는 다음 몇 가지 사항이 충족되어야 한다(감정기, 2005: 94).

첫째, 보다 적극적 참여와 활동을 위해 회원 간의 동질적 정체성을 갖는 것이 필수적으로 요구된다.

둘째, 사회운동조직은 그들의 대의를 전달하기 위해 외부의 여러 가지 채널을 활용한다.

셋째, 재정의 안정성 측면에서 볼 때, 충성심이 강한 회원과 거액 기부자들을 확보해야 한다.

자원에는 돈, 정보, 사람은 물론 조직원 간의 연대성, 운동의 목적과 방법에 대한 정당성 등이 포함된다.

자원동원이론을 지역사회복지실천에 적용할 때, 유용한 점은 다음과 같다.

첫째, 지역사회 현장에서 사회적 약자의 권익을 옹호하기 위한 활동을 펼쳐 나가거나 그들을 대변하고자 할 때, 사회운동을 조직하고 이를 행동화하는 데 있어 중요한 이론적 토대가 될 수 있다.

둘째, 당면한 활동을 수행하기 위해 지역사회 내에서 어떠한 자원이 어디에 있는지, 누구와 함께 정체성을 공유할 것인지, 이것을 어떻게 알릴 것인지 등을 확인하고 만들어 가는 것이 중요하다.

셋째, 자원동원의 핵심과제는 '조직원을 어떻게 확보할 것인가'와 '잠재적 조직원에게 조직의 철학과 이념을 어떻게 전달할 것인가'의 문제이다.

사회운동조직들이 사회운동을 성사시키려면, 조직원들의 집합적 정체성 형성을 돕고, 이것을 토대로 조직원들의 헌신을 이끌어 낼 수 있는 환경을 조성해야 한다.

3 교환이론과 사회구성론

1. 교환이론

교환이론은 사회적·물질적 자원의 균형 있는 교환을 상호작용의 근본형태로 파악한다. 인간은 합리적인 존재이며, 최대의 이익을 추구하려는 경향이 있으므로 인간의 행동에는 항상 비용과 보상이 따르고, 자신의 사회적 자산에 바탕을 두고 행동한다는 점을 전제로 한다. 즉, 보상과 이익의 최대화와 처벌과 비용의 최소화와 관련된 인간관계를 경제적 관점에서 분석하는 데서 출발한다.

이 관점에서는 사람들 사이에 이루어지는 교환과정에 초점을 두며, 사회적·물질적 자원의 교환을 인간 상호작용의 근본 형태로 파악한다. 상호교환의 비율관계에 있어 다른 사람과 비교해서 유리하면 관계를 지속해 나가고, 불리하다고 판단되면 그 관계를 개선 또는 중지하고 새로운 비율관계를 지향하는 행동을 한다. 쌍방 간에 교환행위가 반복이 되면 개인이나 집단 간의 사회적 관계는 더욱 강화된다.

1) Homans의 교환이론

Homans는 모든 사회적 상호작용에는 반드시 교환이 관계된다고 본다. 사람들은 교환과정에서 돌아올 보상과 지급해야 할 비용을 면밀히 검토하여 최소의 비용으로 최대의 보상을 얻을 수 있는 길을 선택한다. 보상과 이익은 관계에서 얻어지는 긍정적인 관계를 말한다. 보상이나 이익은 심리적 안정, 사회적 지위, 만족감, 사람에게서 받는 인정이나 동정과 같은 심리·결과물을 비롯해서 경제적·물질적 이득까지 포함된다. 보상의 획득에는 언제나 비용이 따르게 된다. 만일 비용이 보상보다 크면 관계유지가 어렵게 된다.

사회교환이론에 의하면 지역사회복지실천은 교환의 장에서 이루어진다. 지역사회 차원의 교환자원으로는 상담, 지역중심서비스, 기부금, 재정지원, 정보, 아이디어, 정치적 영향력, 의미, 권력, 유순한 행동을 포함하는 유형·무형의 자원들이 포함된다.

교환작용이 일어나면서 자원의 소유여부에 따라 권력과 지위는 분화되고, 집단의 인정을 받기 시작한 권력은 권위로 굳어져서 조직의 안정과 균형의 기본을 이루게 된다.

교환이론에서는 지역사회문제가 교환관계의 단절이나 불균형으로 인해서 발생하는 것으로 본다. 즉, 어느 단계에서 지역사회 성원들이 불충분한 보상을 받고 있다고 느끼거나, 권력이 성원들이 인정한 것 이상으로 행사될 때에는 갈등과 불만이 폭발해서 조직은 불균형상태에 빠지게 되고 구조적 변화를 일으키게 된다. 따라서 사회생활을 균형과 불균형의 변증법적 과정으로 본다.

권력 불균형을 시정하기 위해 힘이 없는 사람이나 집단이 취할 수 있는 행동으로 힘이 있는 사람이나 집단에게 복종하는 것이다. 힘이 있는 사람이나 집단은 이들로부터 복종과 지위를 얻고 반대급부로 상대가 필요로 하는 자원을 제공한다. 따라서 교환자원의 부족, 고갈상태에 빠지거나 가치저하 현상을 보일 때, 지역사회 문제가 빚어질 수 있다고 본다.

2. 사회구성론

사회구성론적 시각은 기존의 지역사회 분석이나 문제해결에 사용되었던 많은 이론들이 주류계층 중심의 시각에 의해 발전되어 왔다는 문제의식에서 출발한다. 사회구성론은 사회적 약자 계층의 삶과 관련된 심층적 지식축적에 대한 분석틀을 제공한다. 이 이론은 포스트모더니즘과 상징적 상호작용주의의 영향을 받았으며, 개인이 처한 사회나 문화상황에 따라 현실의 문제나 상황을 구성 또는 재구성할 수 있다는 관점을 지니고 있다. 즉, 사회적으로 구성된 지식은 절대적인 것이 아니므로 획일적이고 절대적인 지식으로 받아들여서는 안 된다는 점을 강조한다.

사회구성론을 지역사회복지실천에 적용할 때, 사회복지사가 고려해야 할 내용은 다음과 같다(사회복지교육연구센터, 2013).

첫째, 지역사회에 관한 기존 지식과 개념에 영향을 미친 역사, 문화, 사회적 맥락과 구조에 관심을 기울여야 한다.

둘째, 지역사회 구성원들이 지배적 권력기관이나 제도의 억압적인 영향에 대해 잘 이해할 수 있도록 돕고, 이것에 대항하는 지식과 이론을 개발하는 일에 힘을 쏟아야 한다.

셋째, 클라이언트의 행동에 영향을 미치는 사회·경제적 및 정치적 구조에 대한 이해를 갖고 클라이언트의 문화적 가치와 규범에 대한 의미를 해석해야 한다.

넷째, 다양한 문화를 가진 클라이언트와 지속적이고 집중적 대화과정을 강조해야 한다.

다섯째, 소수자에 대한 억압구조를 해석해 나가는 연구를 지속적으로 수행하여 지식의 축척과 이론적 발달에 힘써야 한다.

4 다원주의와 엘리트주의이론

다원주의이론과 엘리트이론은 지역사회의 권력구조를 설명하는 이론이라는 점에서 공통점이 있지만, 다원주의이론은 엘리트이론의 또 다른 얼굴이라고 할 수 있다. 엘리트이론은 정책과정에 참여하는 세력들 가운데 특정 소수의 특권 엘리트의 가치와 선호를 반영하는 엘리트모형과 권력관계를 다수의 이익집단들 간의 영향 속에서 인식하려는 집단모형으로 구분하는데, 전자가 엘리트지배이론이며, 후자가 다원주의이론에 해당한다.

엘리트이론과 다원주의이론은 일원주의 엘리트이론, 다원주의 엘리트이론으로 구분해서 설명하기도 하는데, 일원주의 엘리트이론은 사회구조를 하나의 피라미드적 위계질서로 설명하는 것이며, 다원주의 엘리트이론은 한 사회에 여러 개의 피라미드적 위계질서가 서로 겹쳐 있다고 설명한다. 바로 이 여러 개의 피라미드 간의 상호작용으로 지역사회의 권력은 견제되고 균형을 이루고 있다고 본다.

1. 다원주의이론

다원주의이론(pluralism)은 한 사회 안에는 여러 개의 피라미드적 위계질서가 서로 겹쳐 있으며, 이들 간의 상호작용으로 지역사회의 권력이 견제되고 균형을 유지한다고 본다. 이 이론은 거대한 사회변동에 대응하여 이익보존의 필요성을 공감한 사람들, 특수 이익을 공유하고 있는 개인들 그리고 불리한 상황에 처한 사람들이 다른 집단에 대한 자신들의 위상을 개선하려는 목적으로 이익집단을 만든다고 주장한다.

다원주의 관점에서는 이익집단 상호 간의 관계를 경쟁적 상호작용 관계로 인식한다. 그러므로 지역사회 권력이 집중되는 형태를 갖기보다는 전문성에 기초한 다양한 사람들이 이익집단을 형성하여 지역사회의 의사결정에 참여하고 있다고 설명한다.

따라서 국가는 하나의 집단일 뿐이다. 국가는 노동조합, 종교기관, 기업단체, 이익집단들의 이익 사이에서 중립적 입장을 취하고 중개자로서의 역할이 강조된다. 사회복지정책은 개개인과 집단의 이익대결과 갈등을 정부가 공정하고 종합적인 입장에서 조정한 결과로서의 균형을 의미한다(현외성, 2008: 83).

이렇게 다원주의는 정책결정에 대중의 참여와 경쟁을 강조하고 반계급적이며, 정치참여, 선거과정, 집단의 상호작용, 정치세력 간의 경쟁 등을 핵심으로 삼는다. 엘리트이론에서 소수의 정책의제를 선택하는 것과는 달리, 다원주의에서는 정치적 영향력 및 권력이 지역사회 내 각 계층에 골고루 분산되어 있으며, 지역사회는 항상 경쟁과 타협, 협상을 통해 변화한다고 주장한다.

다원주의이론을 지역사회복지실천에 적용할 때 유용한 점은 다음과 같다.

첫째, 지역사회 내의 정치인이나 일부 영향력을 지닌 사람들에게 의존하는 형태를 갖기보다는 전문성 등에 근거한 다양한 사람들의 참여를 유도하여 다원화 경향을 지향한다는 점이다.

둘째, 지역사회 내에서 지역복지에 대한 영향력을 행사할 수 있는 집단들이 다원화될 수 있으며, 시민들이 실제로 큰 권력을 가지고 정책결정 과정에 영향력을 행사할 수 있도록 조직화하고 주요 인물을 육성해 내야 한다는 점을 시사하고 있는 점이다.

셋째, 지역사회가 지닌 문제에 대해 시민집단이 갖는 이해관계와 영향력 등을 정확히 파악할 수 있어야 하며, 관련 전문가들의 영향력에 대한 정확한 이해는 지역사회의 현실을 더 정확하게 이해하고 지역사회복지실천 과정을 효율적이고 효과적으로 발전시키는 데 기여할 수 있다.

넷째, 지역사회 내 다양한 집단들이 지역사회 의사결정의 참여자가 될 수 있으며, 정책결정 과정에 영향력을 행사할 수 있으므로 사회복지사는 집단들이 지닌 힘의 영향력과 전문성 정도를 잘 평가하여 지역사회 문제와 주민들의 욕구를 해결하기 위한 정책결정과정이 민주적 합의로 이루어지도록 준비할 수 있다.

2. 엘리트주의이론

지역사회의 변화를 통해서 효과적인 지역사회복지실천을 이루기 위해서는 지역사회를 움직이는 권력이 어디에, 어떻게 집중 또는 분산되는지 그리고 이들이 갖는 이해관계와 영향력 등을 정확하게 이해하는 것이 중요하다. 엘리트이론은 소수의 지배 엘리트집단이 국가의 정책을 좌우하고 권력을 장악하고 있다고 본다.

지역사회의 엘리트란, 지역사회 내에서 높은 가치와 재화, 권력이나 권위를 가진 사람들로서 계층구조상 상위계층에 속해 있는 사람들을 말한다. 지역사회 엘리트는 지역사회의 통치제도권 내외를 기준으로 공식적 엘리트와 비공식적 엘리트로 구분하기도 하는데, 공식적 엘리트란, 일련의 정책과정에서 법적·제도적으로 참여할 수 있는 권한을 가진 사람들을 의미한다. 비공식적 엘리트란, 정책결정과정에 공식적으로 참여할 수 있는 권한을 갖지 않았으나 특정 정책과 관련하여 여론의 형성과 계도(啓導), 정책결정을 위한 압력행사, 정책갈등의 조정 등 외부적인 영향력 행사를 통해서 정책결정과 집행과정에 참여하는 지역사회의 중요 인사들을 의미한다. 이들은 주로 학자 등 전문가, 언론인, 경제인, 사회단체 장, 종교인 등 기타 사회 각 영역의 지도자들이라고 할 수 있다(조용상 외, 2000; 양정하 외, 2008: 99 재인용).

엘리트이론이 전제하는 것은 몇몇의 소수만이 사회적 가치를 할당받고 있으며, 다수의 대중은 정책결정에서 소외된다고 본다. 그리고 이러한 제한된 소수의 계층은 그들의 후계자를 그 사회에서 특권을 향유하고 있는 계층에서만 선발하는 폐쇄성이 강한 집단으로 본다. 그러다 보니 공공정책 수립과정에서 지배 엘리트집단의 가치관이 우선 반영되어 정책의 변화는 혁신적이기보다는 점증적이고 보수적인 경우가 많다(김영오, 2000: 276-277).

엘리트이론을 지역사회복지실천에 적용할 때, 유용한 점은 다음과 같다.

첫째, 엘리트이론에서 주장하듯이 지역사회마다 엘리트 지배의 영향력 정도가 다를 수 있다. 엘리트이론은 지역사회복지실천가로 하여금 지역사회 수준에서 소수의 기업인, 관료, 정치인 등의 권력구성 및 권력관계, 그리고 영향력을 평가하여 지역사회 문제해결을 위한 의제선정과 정책결정과정을 준비하도록 만든다.

둘째, 지역사회에 영향력을 행사하는 엘리트들을 효과적으로 활용한다면 막강한 권력으로 많은 자원을 동원할 수 있으므로, 큰 규모의 지역사회 관련 사업을 추진할 수 있다.

연습문제

1 지금까지 배운 이론 가운데 자신이 선호하는 이론은 무엇인가? 왜 그 이론을 선호하는지를 서로 토론해 보자.

2 현재 한국의 사회적 상황에서 가장 적용하기 알맞은 이론은 무엇이라고 생각하는가?

CHAPTER 05

지역사회복지실천의 원칙 · 가치 · 윤리

사회복지사의 실천은 사람들과 더불어 그들의 삶의 질 향상을 위한 활동이므로 성과나 결과 못지않게 과정이 중요하다. 지역사회 문제해결을 위해서는 주민들의 신뢰를 얻기 위해서 친밀한 관계형성 기술이 필요하며, 주민들이 결속하여 자신들이 직면한 문제를 주체적으로 해결해 나갈 수 있도록 원조해야 한다. 따라서 사회복지사는 지역사회복지실천의 원칙과 가치, 윤리에 대해서 잘 알고 있어야 한다. 이 장에서는 McNeil, Ross가 제시한 지역사회복지실천 원칙 및 가치와 Hardina가 제시한 윤리 등을 다루고자 한다.

1 지역사회복지실천의 일반적 원칙

지역사회복지실천의 원칙이란 지역사회복지 사업을 수행하는 데 있어서의 올바른 행동에 관한 규칙, 즉 무엇이 건전하고 좋은 지역사회복지실천이냐에 관한 가치판단을 의미한다. 지역사회복지실천을 이론적으로 체계화하려고 했던 수많은 학자들이 지역사회복지실천을 수행하는 데 지침이 될 수 있는 원칙들을 정립하기 위해 노력하였는데, McNeil, Ross가 제시한 지역사회복지실천 원칙을 살펴보면 다음과 같다.

1. McNeil의 지역사회복지실천의 원칙

사회복지를 위한 지역사회조직사업의 원칙에 대해서 McNeil은 일곱 가지 원칙을 제시하고 있다(McNeil, 1954: 123).

① 사회복지를 위해서 지역사회조직은 사람들과 그들의 욕구에 관심을 갖는다. 지역사회조직의 목표는 사회복지 자원과 욕구 사이에 보다 효과적인 적응을 초래하고 유지함으로써 인간생활을 풍요롭게 하는 것이다.

② 사회복지를 위한 지역사회조직에 있어서 일차적인 클라이언트는 지역사회이다. 지역사회는 근린지역, 시 · 군 · 구 · 읍 · 면 · 동이 될 수 있고, 국가나 국제사회가 될 수도 있다. 사람들과 집단들이 함께 살고 일하는 상호의존성으로부터 지역사회복지실천이 관심을 갖는 문제가 파생되며, 그러한 상호의존성으로부터 문제해결에 필요한 동기와 힘이 나온다.

③ 지역사회는 있는 그대로 이해되고 수용되어야 한다는 것이 지역사회조직사업의 원칙이다. 지역사회조직사업 과정이 전개되는 환경을 이해해야만 그 과정이 성과를 거둘 수 있다. 사회복지를 위해 지역사회조직사업을 실천하는 사회복지사는 마치 사례관리자가 개인의 기본적인 성격구조를 개선하려고 하는 것처럼 지역사회의 성격을 변화시키는 데 관심을 가져야

Chapter 05

한다. 이를 위해서 현존하는 자원을 온전히 그리고 건설적으로 활용해야 한다.

④ 지역사회의 모든 사람은 보건과 복지서비스에 관심을 갖는다. 각계각층의 이익이 대표되고 이들의 적극적인 참여는 지역사회조직에 있어서 중요 목표가 된다.

⑤ 인간의 욕구는 계속 변화하며, 사람들과 집단들 간의 관계도 계속 변화한다는 현실은 지역사회조직사업 과정에 있어서 인식되어야 한다. 목적을 향한 변화는 지역사회조직에 있어서 기본적인 목표가 되어야 한다.

⑥ 모든 사회복지기관과 단체는 상호의존적이다. 어떤 기관도 고립해서 존재할 수 없으며, 다른 기관과의 관계 속에서 맡은 바 기능을 수행해야 한다.

⑦ 과정으로서 지역사회조직은 일반적인 사회사업의 한 분야이다. 방법상의 지식과 이를 적용하는 기술은 인간의 욕구를 충족시키고자 하는 일체의 지역사회의 노력을 발전시키는 데 필요하다.

2. Ross의 지역사회복지실천의 원칙

지역사회복지실천을 전개하는 데 가장 대표적인 원칙은 Ross의 견해이다. Ross는 조직(organization)이라는 용어가 일반적으로 사용되지만 'community organization'이라는 용어와 혼동을 피하기 위해 '추진회(association)'라는 용어를 사용하며, 추진회라는 말 대신에 committee, council, corporation, commission 등을 사용할 수 있다고 언급했으며, 지역사회조직의 일체의 과정은 추진회를 중심으로 전개된다고 보았다.

로스가 제시한 '추진회'를 중심으로 이루어지는 지역사회복지실천 과정을 살펴보면 다음과 같다(Ross, 1967).

1) 현재 지역사회의 조건에 대한 불만으로부터 '추진회' 결성이 이루어진다.

지역사회 주민들이 지역사회 생활의 어떤 면에 대해 불만감을 가질 때, 주민들은 지역사회의 문제를 해결하기 위해서 적극적으로 추진회를 결성하게 된다. 주민이 자신들의 불만을 표출하고 이를 다른 주민들과 공유하여 지역 공통의 불만으로 인식하게 될 때, '추진회'는 지역사회의 공동문제를 해결하기 위해 활동할 수 있고, 주민들의 협력을 얻을 수 있다.

2) 불만은 특정문제에 대한 계획을 세우고 실천에 옮길 수 있도록 집약되어야 한다.

지역사회에 불만이 존재한다는 자체만으로는 지역사회조직사업을 추진하기 어렵다. 따라서 실제적인 활동을 전개하기 위해서 불만은 집약되고 구체화해야 한다. 그럴 때에만 불만을 해소하기 위한 계획을 세우고 실천에 옮길 수 있다.

지역사회조직에서는 불만이나 문제를 자각하고, 고민하는 사람들이 모여서 문제 자체와 문제의 범위에 대한 논의를 통해서 대책을 세우고 이를 근거로 행동해야 하므로, 지역사회 문제인 주민들의 불만은 막연한 것이 아니라 구체화되어야 하며, 잠재된 불만을 현재화시켜야 하고 불만에 대한 논의 수준에서 그치는 것이 아니라 이를 해소하기 위한 행동으로 이어지는 것이 중요하다.

3) 집약된 불만은 지역사회 주민들에게 널리 인식되고 공유되어야 한다.

지역사회조직은 소수집단에 의해 시도되는 운동이 아니라, 지역사회 대다수 주민들과 집단들에 의해 인식되고 이해될 필요가 있다. 불만이 집약된 문제는 대다수 주민들이 인식하고 해결하고자 하는 성질의 것이라야 한다. 지역사회 주민들에 의해 발견된 공동문제들은 우선순위가 정해져야 한다. 우선순위를 결정하는 과정에서 다양한 주민집단들은 문제해결에 따른 공동목표를 발견하게 된다. 뿐만 아니라, 불만이 표출되도록 자극하는 것도 중요하지만 이러한 불만이 집약되어 전체 지역 주민들의 협동적인 노력을 끌어내는 것이 더 중요하다.

4) 추진회에는 지역사회 내에 있는 주요한 하위집단들에 의해 지목되고 수용될 수 있는 지도자들을 참여시켜야 한다.

지역사회조직사업은 전체 지역 주민이 참여해야 한다. 힘을 합하고 변화를 주도하는 과정을 통해 변화되고 성장할 수 있는 능력을 갖게 되는 것도 주민이 되어야 한다. 그러나 지역사회의 모든 사람이 직접 참여한다는 것은 불가능하므로, 주요 집단을 대표하며 존경과 신뢰를 받고 있는 지도자들을 발견해야 한다. 또한 추진회에는 공적인 지도자들을 참여시켜서 사업추진 과정에서 당면하는 어려움들을 극복하는 데 도움이 되도록 해야 한다.

5) 추진회는 지역사회 주민들로부터 높은 지지를 받을 수 있는 목표와 운영방법을 가져야 한다.

추진회에 참여한 각 집단들은 독특한 관심, 태도 및 행동을 하므로 이들 집단이나 지도자들을 하나로 모아 공동의 움직임이 가능하게 하는 것은 쉬운 일이 아니다. 이를 가능하게 하기 위해서는 다양한 배경을 지닌 집단과 지도자들을 하나의 추진회로 용해시키는 것이 중요하며, 이를 위해서는 공통의 목표점과 동의를 얻는 운영절차를 설정해야 한다. 목적과 절차는 추진회 운영의 지침이 되는 것이므로 분명히 입안되어 모든 회원들에게 명확히 전달되고 활동을 통해 준수되어야 한다.

6) 추진회의 사업에는 정서적인 내용을 지닌 활동이 포함되어야 한다.

다양한 집단들을 조직화하기 위해서는 공통적인 생각, 감정, 전통이 요구된다. 특히 추진회의 정서적인 활동은 지역사회의 통합에 필요한 지역정서를 형성시켜 주기 때문에 상당히 중요한 의미를 갖는다. 추진회가 정서적인 내용이 담긴 행사를 가짐으로써 주민들 상호 간의 관계에 있어서 신뢰감과 유대감이 형성될 수 있으며, 더불어 협력적인 태도를 갖게 될 것이므로 지역사회의 성격에 맞는 각종 문화행사를 주관하거나 후원하는 것이 필요하다.

7) 추진회는 지역사회에 존재하는 잠재적 호의를 활용해야 한다.

추진회는 지역사회 내의 선의와 지지를 개발하고 활용해야 한다. 지역사회 주민들로부터 호의를 얻어내는 방법으로 다음과 같은 것들을 고려할 수 있다.

첫째, 지역사회 여러 집단과의 연락방법, 각 집단에 호소하는 책임의 수준 및 그들의 지지를 확보하는 방법에 대해서 잘 알고 있는 주민 및 집단 지도자들의 지혜를 활용해야 한다.

둘째, 주민들에게 지원을 요청할 때, 집단이나 단체를 대상으로 하기보다 개인에게 직접 호소하는 것이 더 효과적이다.

셋째, 주민들이 부담을 느끼지 않는 수준에서, 그들에게 의미 있는 방식으로 사회에 공헌할 수 있는 활동에 참가할 기회를 제공하는 것이 중요하다.

8) 추진회는 회원 상호 간 및 지역사회와 활발하고 효과적인 의사소통 방법을 개발해야 한다.

효과적인 의사소통은 지역사회의 공동이해와 가치의 영역을 넓히는게 중요한데, 참여하는 사람들의 관계의 질에 크게 좌우된다. 따라서 추진회가 의사소통을 효과적으로 유도하기 위해서는 우선 추진회에 참가하는 사람들이 우호적인 관계를 맺고 안정감을 가지고 자유롭게 의견을 발표할 수 있는 분위기를 만드는 것이 중요하다.

9) 추진회는 협동적인 노력을 위해 참여하고 있는 집단들을 지원하고 강화해야 한다.

추진회는 단위 조직의 지지기반 위에 성립하게 된다. 추진회의 구성요소인 지역의 단위조직이 분열, 붕괴, 냉담한 상태에 있으면 지역사회에서 추진회의 지지기반이 좁아질 수밖에 없다. 따라서 추진회가 강한 힘을 지닌 조직이 되기 위해서는 이를 구성하는 개개 집단들의 결속력이 강화되어야 한다. 이를 위해서 추진회는 회원집단들을 격려하고 필요한 지원을 제공해야 한다.

10) 추진회는 정상적인 업무상의 결정과정을 해치지 않는 범위 내에서 절차에 융통성이 있어야 한다.

추진회가 만들어지면 효과적이며 효율적인 기관운영을 위해 구성원들이 수용할 수 있는 지침과 절차가 필요하다. 이러한 지침과 절차가 마련되었을 때, 추진회의 실무운영에 있어서 안정감을 확보할 수 있다. 융통성은 확립된 절차를 깨뜨리는 의미가 아니라, 구성원의 활발한 관심과 참여가 유지되기 위해 중요한 업무 결정과 관련된 절차는 오히려 확고하게 준수될 필요가 있다.

11) 추진회는 지역사회의 현존 조건에 따라 수행하는 사업의 보조를 맞추어야 한다.

지역사회조직사업의 추진회는 회원들이 함께 일하고 업무절차가 성립되며 임무에 대한 합의가 이루어지면 자체 업무추진 보조를 갖게 되며, 이는 추진회 전체에 충분히 납득되어야 한다. 지역사회의 보조를 맞춘다는 것은 사회사업에 있어서 보편적인 가치인 이해, 수용, 자기결정, 개별화의 원리를 적용하는 것을 의미한다.

12) 추진회는 유능한 지도자를 육성해야 한다.

추진회는 지역사회조직의 과정을 용이하게 하고, 추진회와 지역사회의 발전을 유도하는 유능한 지도자를 개발, 육성해야 한다. 유능한 지도자란, 지역사회조직 과정을 용이하게 하고 추진회가 좋은 성과를 거둘 수 있도록 노력하며, 추진회와 지역사회의 사기를 진작시킬 수 있는 지도자를 말한다.

13) 추진회는 지역사회 내에서 적절한 위상을 지녀야 한다.

추진회는 지역사회의 협력의 상징이 되어야 하는데, 이를 위해서는 주민들에게 인정을 받고 있는 집단 지도자를 추진회에 참여시키고, 어려운 지역사회 문제를 해결할 수 있는 역량을 갖추어야 한다.

지역사회조직사업의 추진회가 갖는 중요한 기능은 지역사회 내의 여러 복지기관의 기능을 강화시키고 기관들 간에 효과적인 관계를 유지하도록 조정을 모색하는 것으로, 타 기관의 이익을 침해하거나 운영을 방해하는 일은 없어야 한다.

3. Dunham의 지역사회복지실천의 원리

최근에 Dunham은 다양한 학자들이 제시한 지역사회복지실천의 원칙에 입각하여 지역사회조직사업을 효과적으로 수행하기 위한, 30여 개에 이르는 일련의 원리들을 제시했는데, 그 가운데 핵심적인 내용을 소개하면 다음과 같다(Dunham, 1970: 227-238; 이택롱 외, 2004: 114-115 재인용).

① 사회복지기관과 서비스는 조직운영 및 사업의 실천과정에서 반드시 민주적인 원칙을 준수해야 한다.

② 사회복지프로그램에는 모든 집단이 참여할 수 있어야 하며, 프로그램은 지역사회 주민들의 충분한 이해와 도덕적 · 재정적 지지에 기초해야 하고, 능력이 있는 지도력을 전제로 시행되어야 한다.

③ 지역사회개발과 관련이 있는 자조(自助)의 개념은 지역사회복지조직에 응용할 수 있는 것이며, 주민들의 적극적인 참여는 민주주의 원칙과 편의주의 관점에서 조장되어야 한다.

④ 본질적으로 지역사회조직사업가의 역할은 문제해결과 목적달성을 위해 주민집단과 조직에 전문적인 지식과 기술, 원조 및 창의적인 지도력을 제공해야 한다.

⑤ 자발적인 협동에 의해 사업을 진행하되, 최선의 지역사회조직사업은 일련의 개별적인 노력보다는 중요한 문제를 해결하기 위해 조정계획으로 특징지어져야 한다.

⑥ 사회복지프로그램은 욕구에 기초해서 해결하도록 해야 하고, 항상 가변성을 띠고 있어야 한다. 또한 그것은 서비스 수혜자들의 욕구와 봉사능력에 바탕을 두고 시작해서 발전되고, 수정되며, 종결되어야 한다.

⑦ 한 지역사회의 사회복지서비스는 지역사회 주민들의 욕구에 비례하여, 전체에게 공평하게 분배되어야 한다.

⑧ 사회복지사업의 조직과 관리는 가능한 간단해야 하며, 개별적 자치(自治)에 기초해서 공통의 관심을 위해 통일적으로 활용해야 한다.

⑨ 지역사회의 지도력은 가장 효과적으로 사회복지욕구를 해결할 수 있는 복지자원의 동원과 발전을 위한 의식적 노력을 의미한다. 이는 새로운 기관과 프로그램을 창출하고, 기존 프로그램의 결과를 창의적으로 수정 · 보완하는 것이다.

⑩ 사회복지프로그램은 예방에 관심을 두어야 한다. 치료와 재활은 단순한 보호보다 사회적으로 가치가 있지만, 이보다 더 가치가 있는 것이 예방이다. 따라서 보호보다는 치료가, 치료보다는 예방이 지역사회조직의 건전한 구호이고 원리이다.

이상에서 언급한 지역사회복지실천의 원칙과 원리들은 사회복지사의 생활자세로 일상화되어야 할 것이다.

2 지역사회복지실천의 가치와 윤리

1. 지역사회복지실천의 가치

지역사회복지실천가들에게 유용한 지침이 되는 기본적인 가치들이 무엇인지를 살펴보자면 다음과 같다(Hardina, 2002: 19-27, 감정기 외, 2011: 34-35 재인용).

1) 다양성 및 문화에 대한 이해

인간의 다양성과 다양한 문화에 대한 이해는 인간행동과 사회의 기능을 이해하는 데 필수적인 요소이다. 지역사회복지실천은 문화적으로 소외된 집단성원들을 위한 정책결정 과정에 대한 참여와 지원에 대한 동등한 접근을 촉진시키기 위한 행동을 필요로 한다. Lum(1996)은 이러한 행동에 대한 지침을 다음과 같이 제시하고 있다.

첫째, 가족통합, 부모지도, 노인공경, 가족구성원들의 집합적 결정을 가치로 한다.

둘째, 집합적 제도에 개인과 가족을 결합시키는 종교적이고 정신적 신념과 실천의 건강한 적용을 고취한다.

셋째, 치료를 지지하는 수단으로 가족관계와 지역 연결망의 사용을 추구한다.

넷째, 문화적 동질감과 그들만의 언어의 재발견을 가치로 한다.

2) 자기결정권과 역량강화

자기결정권과 역량강화(empowerment)에 관련된 문제의 핵심은 사회복지사가 힘을 갖는 것이 중요한 것이 아니라, 지역 주민이 스스로 문제를 해결할 수 있는 힘을 강화시켜 궁극적으로 그들 스스로 힘을 가져야 한다는 데 있다. 자기결정권은 클라이언트 스스로 전문가의 개입 여부를 결정하고, 개입의 방법과 그것이 가져올 결과 등에 대해서도 선택할 수 있도록 하는 것을 말한다. 주민들이 지역사회 체계에 자발적으로 참여함으로써 개인이 지역사회 자원을 더 잘 이용할 수 있게 되고, 그러한 자원의 모습들을 구체화 할 수 있을 때, 개인은 자신의 힘을 경험할 수 있게 된다.

역량강화란 지역사회 주민들의 의사결정 참여를 중요하게 여기는 관점으로 지역사회 주민들의 주체의식을 키우고, 부정적인 자아상을 불식시킴으로써 일종의 치료효과를 가져오는 것을 말한다. 역량강화에 기반을 둔 실천은 사회의 각기 다른 집단 사이에서 재원과 권력의 분배가 공평하게 이루어지도록 할 수 있다.

3) 비판의식의 개발

지역사회복지실천가가 지역문제에 개입하여 변화시키는 과정은 개개인, 그리고 집단과 상호행동을 통해서 억압을 조장하는 사회의 메커니즘을 인식할 뿐만 아니라, 그러한 사회의 구조 및 의사결정과정을 주시하고 이해하는 것을 말하며, 나아가서 서비스 대상자들과 인식을 공유함으로써 지역 주민들의 비판적 의식을 발전시키게 된다.

4) 상호학습

지역사회복지실천가는 실천과정에서 그들이 가진 가치와 신념, 행동과 풍습만을 강조하는 것이 아니라, 지역 주민이나 후원자로부터 문화적 배경에 대한 지식을 배우고자 하는 적극적인 학습자가 되어야 한다. 사회복지사에 의해 촉진되는 협동적인 상호관계는 클라이언트가 자신과 자신의 경험을 개발하며, 협동적인 관계를 건설하고 힘을 공유할 수 있도록 돕는다. 또한 미래로 나아갈 방향을 설정하는 데 지도자와 구성원들 사이의 상호대화가 필수적임을 알아야 한다. 즉, 사회복지사는 지역 주민을 변화과정에서 동반자로 인식하고 존경과 존엄으로 취급해야 한다(정현태, 2009).

5) 사회정의와 균등한 자원배분

사회정의는 지역사회복지를 실천하는 사회복지사가 추구해야 할 가장 핵심적인 가치인데, 구체적으로 균등한 자원배분의 실현을 위한 노력으로 이룩될 수 있다. 균등하고 동등한 분배를 통한 사회정의는 사회복지사가 추구해야 할 실천적 행동의 가치라고 볼 수 있다.

사회정의를 실현하기 위해서는 균등한 자원분배가 중요한데, 균등한 자원배분을 위한 지침은 다음과 같다(지은구, 2003).

첫째, 개인적인 만족보다 사회적 만족이나 가치를 강조해야 한다.

둘째, 정부의 시장경제 체제로의 적극적 개입과 역할이 증대되어야 한다.

셋째, 공공재인 사회복지의 재화나 서비스를 개인들의 욕구에 기반을 두어 균등한 분배를 기준으로 하는 조정양식을 통해 분배되어야 한다.

넷째, 사회적 동의와 합의를 강조해야 한다.

다섯째, 개인의 다양성과 차이를 인정하고 이에 맞는 사회적 자원을 차등분배 해야 한다.

6) 이타주의

이타주의(利他主義)는 인간행위의 원리로서 타인에 대한 배려를 의미한다. 증여나 선물 등의 행위는 일방적인 거래로서 경제적 행위의 쌍방적 거래와 구분된다. Titmuss(1970)는 그의 저서인 '증여관계(the gift relationship)'에서 혈액의 공급에 관한 증여행위의 역할을 분석하였는데, 현대사회에서 가족이나 공동체 기능의 한계로 인하여 사회 전체 구성원의 일상생활에서 이타주의적 표현이 필요한데, 이러한 이타주의적 행위는 '보편적 낯선 타자(universal stranger)'에 의한 비대면적 상호원조 행위라고 할 수 있다. 이러한 분석은 현대사회 내에서의 사회복지정책이나 제도의 분석에까지 확대될 수 있지만, 지역사회 내의 낯선 타자들 간의 원조행위를 설명하는 기준이 된다(오정수 외, 2006: 53).

이외에도 오정수는 지역사회복지의 가치에 대해서 사회적 관계와 보호의 형태로서의 가치와 보호제공의 동기로서의 가치를 언급하고 있는데, 사회적 관계와 보호의 형태로서의 가치로는 애정적 유착과 친밀감, 사회통합, 부양에 대한 기대, 가치의 확인, 신뢰성 있는 원조, 조언을, 그리고 보호제공의 동기로서의 가치로는 이타주의, 자선, 전통, 의무, 상호성 등을 제시하고 있다(오정수 외, 2006: 49-55).

2. 지역사회복지실천의 윤리

1) Hardina가 제시한 지역사회복지실천의 윤리적 기준

Hardina는 지역사회복지실천의 윤리적 기준은 임상적 실천에서의 윤리와 차이가 있다고 보아 구분해서 다루고 있다. 하디나는 지역사회복지실천에 적용되는 윤리적 실천이 임상적 사회복지실천의 윤리와 다른 이유에 대해서 다음과 같이 설명하고 있다(Hardina, 2002: 18; 감정기 외, 2007: 36-37 재인용).

첫째, 사회의 변환(transformation)이 개입의 일차적 목표이다.

둘째, 사회복지사는 억압받는 집단들을 주변화(marginalization)하는 데 기여하는 사회경제적 조건들에 대해 비판의식을 발전시켜야 한다.

셋째, 대상자 집단의 구성원들에게 비판의식을 키우도록 하는 것 역시 윤리적 실천이 추구하는 또 하나의 목표이다.

넷째, 클라이언트들이란, 주로 대상자 집단의 구성원, 표적이 되는 지역사회의 주민, 억압받는 인구집단의 구성원들이기 때문에, 많은 경우 사회복지사들은 이러한 클라이언트 집단의 모든 구성원들과 직접 접촉하지는 않는다.

다섯째, 대개 개입이 대상자 집단의 구성원들과 제휴하는 가운데 이루어지는 관계로, 경우에 따라서는 대상자 집단이 사회복지사를 고용하기도 한다.

여섯째, 실천활동의 목적이 주변화한 집단들의 역량을 증대시키는 데 있기 때문에, 지역사회복지실천이 억압적 체제를 유지하는 데에 이용되어서는 안 된다.

일곱째, 지역사회복지실천의 일차적 목적이 역량강화이기 때문에, 사람들은 정부 및 민간기관의 의사결정에 관여하는 가운데 환경을 지배한다는 인식이 증대되고 자아개념이 개선되는 등의 긍정적 효과를 맛볼 수 있다는 사실을 알고 있다.

여덟째, 사람들이 역량을 획득하도록 하기 위해서는 권력을 지닌 집단을 표적으로 삼아 직면전술을 활용해야 하는데, 이런 일은 표적집단의 심기를 건드리거나 대상자 집단에게 위험부담을 안기게 되기도 한다.

아홉째, 윤리적 실천은 지역사회복지실천가로 하여금 적절한 전술의 구사에 관한 결정에 앞서 상황의 심각성, 접근가능성, 표적집단이 처할 위기요인 등을 점검할 것을 요구한다는 점에서 종종 상황의존적인 일로 여겨진다.

Hardina는 사회복지실천 활동이 사회의 구조적인 모순으로 인해서 고통받는 사람들의 삶을 근본적으로 개선하기 위한 체제 변혁적인 활동이라기보다는, 체제유지에 기여하는 쪽으로 작동할 위험성이 있음을 지적하면서 지역사회복지를 실천하는 사회복지사의 윤리적 책무는 사회의 변환과 억압받는 집단들을 주변화 하는 사회경제적 조건들에 대해 비판의식을 발전시키는 활동이라는 점을 강조하고 있다.

2) 사회복지사 윤리강령을 반영한 윤리적 가치기반

한국 사회복지사윤리강령 전문에 보면 사회복지사는 "인본주의, 평등주의 사상에 기초하여 모든 인간의 존엄성과 가치를 존중하고 천부(天賦)의 자유권과 생존권의 보장활동에 헌신하며, 특히 사회적 · 경제적 약자들의 편에 서서 사회정의와 평등, 자유와 민주주의 가치를 실현하는 데 앞장선다"라고 규정함으로써 평등, 사회정의, 자유, 민주주의, 인간의 존엄성 등을 강조하고 있다. 이에 근거하여 지역사회복지의 실천윤리를 살펴보자면 다음과 같다(정현태, 2009: 61-64).

(1) 자유

자유의 개념에 기초한 복지는 인간 자신의 행동과 본성에 영향을 끼치기 위한 인간의 능력이 곧 복지의 한 구성물이 되고, 인간행동에 기초하는 적극적 의미의 능력임을 알 수 있다. 지역사회복지 분야에서 사회책임적 자유의 의미는 다음과 같다.

첫째, 사회책임적 자유는 사람과 사람 사이 및 사람과 집단 사이 또는 집단과 집단 사이의 착취를 용인하지 않는다.

둘째, 사회책임적 자유는 개인적인 이익보다는 집합적인 이익 또는 공공의 이익을 강조함으로써 사회적 만족을 증진시킨다.

(2) 평등

평등은 사회복지의 핵심개념으로 인종, 성별, 빈부의 차이, 장애 등으로 인한 사회적인 차별이나 배제가 없는 사회를 전제로 한다. 평등의 사회적이며 윤리적인 의미는 자원분배에 있어서 절대적 의미의 완전한 평등과 자원에 대한 접근기회의 평등 두 가지 모두를 의미한다.

기회의 평등은 사회복지의 국가적인 책임을 강조하지만, 최소한(minimum)의 복지혜택을 통한 복지수혜자의 자립과 자활을 중요시하기 때문에 최소한의 삶을 유지할 수 있는 복지혜택을 가장 최선의 복지서비스로 여긴다.

(3) 사회정의

Frankena(1962)는 모든 사회구성원들을 평등하게 존경하고 구성원의 좋은 삶을 인정하는 사회가 정의로운 사회라고 정의하면서, 평등의 추구와 사회적 차별이 없는 사회를 좋은 사회라고 보았다. 따라서 사회에서 생활하는 인간과 그들의 삶의 조건에 대한 개선의 궁극적인 목표가 좋은 삶이라고 한다면, 정의는 곧 사회복지의 한 구성물로 중요한 위치를 갖게 된다.

Frankena(1962)는 정의를 모든 사람의 평등한 처우라고 강조함으로써 정의와 평등이 상호 밀접하게 연관되어 있음을 강조한다. 정의와 평등은 또한 분배와 밀접한 연관을 갖는데, 그것은 분배를 통해 정의의 원칙이 관철될 수 있기 때문이다.

(4) 집합주의

사회복지의 가치에 있어 집합주의는 인간이 사회 또는 지역 안에서 다른 모든 인간들과 함께 행동하며, 상호작용함으로써 그 존재 의미를 갖기 때문에 사회나 지역 전체의 사람들이 함께 공동의 만족 또는 복지를 추구하는 데 큰 의미를 둔다. 이는 연대성을 강조하는 것으로, 나의 것을 남을 위해 사용할 수 있는 분배적 정의를 통해 사회만족의 증진을 추구한다.

(5) 인간의 존엄성

사회복지 분야에서 인간의 존엄성은 복지의 권리 확보를 의미한다. 복지권은 불균형이나 불평등을 시정하려는 요구로 볼 수 있는데, 이것은 개인적 의지에 의해서 나타나는 것이라기보다는 사회적으로 건설된다고 볼 수 있다.

자본주의 초기에는 복지권에 대한 국가의 책임을 자선이나 시혜(施惠)를 강조함으로써 민간부문으로 이양하려고 노력했다. 이러한 복지권의 무시, 경제적인 가치에 따른 생산, 소비, 분배 등은 불평등과 사회적 배제의 문제를 가져왔고 결국 해결을 위한 공공재로서의 사회복지서비스의 기능을 강화하는 결과로 나타나게 되었다.

Jones(1994)는 복지권의 주요성을 세 가지 측면에서 강조한다.

첫째, 복지를 증진시키는 것은 삶의 질 자체를 위해 필수적이다.

둘째, 복지를 증진시키는 것은 사회에 대한 투자이다.

셋째, 복지를 증진시키는 것은 인간존재를 격하시키는 자선행위에 따르는 낙인(stigma)을 없앨 수 있는 하나의 권리이다.

연습문제

1 사회복지실천현장에서 근무하는 사회복지사를 만나 실천과정에서 경험한 윤리적 딜레마가 무엇이며, 그것을 어떻게 해결했는지 알아보고, 켄 로치 감독의 '나, 다니엘 브레크'(2016년 개봉)을 보고 서비스 이용자들을 어떻게 다해야 하는가를 토론해 보자.

2 Dunham은 사회복지기관과 서비스는 조직운영 및 사업의 실천과정에서 '민주적인 원칙'을 준수해야 한다고 하였다. 지역사회복지기관과 시설 내에서 직원들 간에 민주적인 의사소통이 이루어지고 있는지, 그리고 사회복지사들이 서비스이용자들과 일할 때, 그들의 의견을 존중하고 있는지 관찰해 보자.

3 지역사회복지실천가가 지역문제에 개입, 변화시키는 과정은 억압을 조장하는 사회의 메커니즘의 인식은 물론 사회의 구조 및 의사결정과정을 주시하고 이해하는 것을 말하며, 나아가서 서비스 대상자들과 인식을 공유함으로써 지역 주민들의 비판의식을 개발할 줄 알아야 한다. 따라서 '비판적 사고'에 대해서 알아보고 평소 비판적 사고증진을 위해서 자신의 실천 결과를 성찰하는 습관을 가져 보자.

CHAPTER 06

지역사회복지의 실천모델에 대한 이해

지역사회복지실천과 관련하여 실천모델은 지역사회문제의 규정과 이 문제들에 대한 대처방식들의 분석틀 및 실천계획 수립의 지침을 제공한다. 따라서 사회복지사는 지역사회복지실천을 위한 다양한 모델들의 특성을 이해하고, 실천에 적용할 줄 알아야 한다. 지역사회복지실천모델에는 ‘지역사회개발모델’, ‘지역사회계획모델’, ‘지역사회행동모델’이 있다. 이 장에서는 다양한 실천모델을 비교, 검토하여 각 모델 간의 유용성과 문제점 및 실천지침이나 기법에 대해서 다루고자 한다.

1 실천모델 개요와 전통적인 실천모델

1. 실천모델 개요

지역사회복지실천과 관련하여 실천모델은 지역사회 문제의 규정과 이 문제들에 대한 대처방식들의 분석틀 및 실천계획 수립의 지침을 제공한다. 따라서 지역사회복지실천을 위한 다양한 모델들을 검토해 보는 것은 유용하다(감정기 외, 2007: 101).

지역사회복지실천모델의 분류기준 또는 구성요소는 변화목적, 변화전략 및 전술, 사회복지사의 역할 등 각 모델을 제시하는 학자들에 따라 다양하게 언급하고 있는데, Mondros와 Wilson(1994)은 지역사회복지실천모델들이 가지고 있는 일반적인 구성요소들을 다음과 같이 제시하고 있다(Hardina, 2002 재인용).

① 변화목적
② 직원, 지도자, 구성원들에게 필요한 구체적인 역할
③ 이슈 선택 과정
④ 변화노력을 위한 표적(target)의 확인
⑤ 표적체계의 협조 여부에 대한 사정(assessment)
⑥ 변화전략
⑦ 변화를 위한 필요 자원의 이해
⑧ 변화 과정에서의 조직역할에 대한 이해

2. 전통적인 지역사회복지실천모델

지역사회복지실천모델은 각 사회마다 각기 다른 전통과 사회 · 정치 · 경제 발전과정과 관련하여 발전하였기 때문에, 지역사회복지실천모델을 단일한 모델로 설명하는 것은 어렵다. 대표적인 지역사회복지실천모델로 언급되고 있는 미국의 경험에 기초하여 제시하고 있는 Rothman의 모델과 Weil과 Gamble의 모델, 영국의 Popple의 모델에 대해 살펴보고자 한다.

1) Rothman의 모델

Rothman은 지역사회 활동을 단일한 형태로 보지 않고 지역사회개발, 사회계획, 사회행동으로 구분하고 있다. 이 유형들은 상호 구분이 되지만 실제로는 혼용된 형태로 나타나기도 한다(Rothman, 2001).

(1) 지역사회개발모델(community development model)

지역사회개발모델은 지역사회 변화를 효과적으로 이루기 위해서 광범위한 주민들의 변화를 위한 목표설정과 실천행동에 참여시켜야 한다는 전제에서 나온 지역사회조직의 한 형태이다. 이 모델에서 지역사회조직의 목표는 지역사회 문제해결을 위한 지역사회 능력과 사회통합이라는 과정목표를 통해 지역사회를 새롭게 만드는 데 초점을 두고 있으며, 지역사회의 문제나 욕구를 다룰 때, 주민들의 자조(self-help)정신을 강조하는 형태이다. 따라서 주민 스스로 지역사회에서의 활동능력을 갖도록 강화시켜 주는 데 역점을 두며, 문제의 파악 및 해결과정에 있어서 주민들의 참여를 장려하고, 지역사회의 전체적인 조화를 추구할 수 있는 역량을 배양하여 궁극적으로는 자조, 자립을 위한 과정을 중시한다.

이 모델은 과업의 성취보다는 과정중심 목표에 중점을 두며, 변화를 위한 기본전략은 '함께 모여서 이야기해 보자'는 것으로 주민들이 모여서 욕구를 정리하고 해결해 나가는 것이고, 주요한 전술인 합의로 지역사회 내의 여러 집단 간의 상호교류나 토의를 통해서 문제해결을 지향한다. 이때 사회복지사는 조력자, 조정, 문제해결기술 교육자 역할을 수행하게 되며, 변화 매개체는 과제 지향적인 소집단들의 조직과 지도를 활용하고, 전체 지역사회를 클라이언트 집단으로 본다.

지역사회개발모델의 한계는 첫째, 지역사회의 변화를 위해 지역사회의 관련된 집단들 간의 합의와 협력을 이끌어 내기 용이하지 않다는 점, 둘째, 지역사회의 관련 집단들이 성(性), 계급, 인종 등과 관련된 경계를 초월하는 공통의 이해관계를 가지고 있다는 가정의 현실성 문제, 셋째, 토론과 합의, 민주적인 절차 등 과정을 중요하게 고려하며 권력집단도 지역사회의 구성원으로서 지역사회복지를 향상시키는 데 동참할 수 있는 세력으로 여기지만, 실제로 지역사회의 변화를 위해서 정책결정자들이나 권력집단과 합의나 협상을 하는 과정에서 거부당하거나 방해를 받을 수 있는 점 등이다.

(2) 사회계획모델(social planning model)

사회계획모델은 지역사회의 특정 문제를 해결하는 것 자체를 중시하는 과업수행목표를 두며, 합리적인 면을 강조한다. 예를 들어 지역사회 내의 주택문제, 정신건강 및 범죄문제, 여가활동 같은 구체적인 사회문제를 해결하는 기술적 과정을 중시한다.

이 모델에서는 공식적인 계획과 정책준거 틀에 대한 설계가 핵심적이며, 계획이나 정책집행의 효과성과 효율성을 강조하기 때문에 과업목적에 초점을 두고 있다. 특히 사회계획과정은 문제확인, 사정, 목표개발, 실행, 평가라는 구성요소로 이루어지며, 사회복지사들은 문제해결모델로서 이러한 요소를 인식해야 함을 강조한다.

변화를 위한 기본전략은 '진상 파악을 위한 논리적인 조치강구'로 문제에 대한 자료수집과 분석을 통해서 가정 합리적이고 적절한 방안을 강구하는 것이며, 클라이언트 집단은 기능적인 지역사회를 포함한 지역사회 전체 또는 일부로 본다. 전술은 합의 또는 갈등을 적절하게 사용하는 것이다.

지역사회구성원 간의 이해관계에 관한 전제는 조정 가능한 이해 및 갈등상태에 있는 정도로 보며, 클라이언트 집단을 소비자, 즉 사회계획이나 정책실천의 결과로부터 나오는 서비스의 소비자, 이용자, 수혜자로 보고 있다.

사회계획모델의 한계는, 첫째, 계획가가 합리적이고 포괄적인 대안을 마련하고 계획을 수립하기 위해 무제한적인 시간과 자원을 가지고 있지 않다는 점, 둘째, 관료조직 같은 공식조직을 변화 매개체로 고려하고 있지만 실제로 문제해결과정에 작용하는 정치적인 영향력을 고려하지 못하는 점이다(Hardina, 2002).

(3) 사회행동모델(social action model)

사회행동모델은 지역사회의 어려운 상황에 처한 억압받고 소외된 주민들이 사회정의와 민주주의 실현에 입각해서 사회, 정치 · 경제적으로 보다 많은 자원과 향상된 처우를 그 지역사회에 요구하는 사회행동의 실천을 의미한다. 이 모델에서 지역사회 구조와 문제상황에 대한 전제는 지역사회 내에 불리한 입장에 처한 주민들이 있고, 이들은 사회적 부정이나 박탈, 불평등 상황에 놓여 있다고 본다. 따라서 지역사회조직의 목표는 기존 권력관계의 변화를 통한 자원의 재분배, 사회적 약자에 대한 의사결정의 접근성을 강화해 지역사회의 근본적인 변화에 초점을 두며, 제도상의 변혁을 추구하는 것으로 과정과 과업 모두를 중시한다.

변화의 기본전략은 '억압자를 분쇄하기 위해 규합'하는 것으로 주민들의 합법적인 적을 찾아내고 집단행동을 통해서 적대집단에 압력을 행사하는 것으로, 주된 전술은 갈등 또는 투쟁인데, 항의나 시위, 대결과 협상 등이 문제를 해결하기 위한 수단으로 이용된다.

사회복지사의 역할은 옹호자, 선동가, 매개자, 중재자, 지지자 역할을 수행하며, 변화매개체는 대중조직체와 대중운동 조직과 유도, 정치과정에 영향파급 등을 활용하고, 클라이언트 집단은 지역사회의 일부분으로 보고 있다.

지역사회 구성원 간의 이해관계에 관한 전제는 자원부족으로 인해서 쉽게 조정되지 않는 갈등구조로 인한 이득과 손해로 보며, 클라이언트집단은 피해자, 즉 불공평한 체제의 희생자로 보고 있다.

사회행동모델의 한계는, 첫째, 일부 조직가와 지역사회 구성원이 갈등과 저항전략을 사용하는데 관련 집단들이 부담을 느껴 참여하는 데 주저할 수 있다는 점이다. 둘째, 일부 실천가는 극단적인 전략과 대항전술을 사용하므로 참여하는 구성원들을 위험한 상황에 처하게 만들 수도 있다는 점이다. 이러한 경향은 지역사회 관련 집단들을 양극화시키거나 수단의 불법성이 논란을 불러올 수 있으며, 윤리적 차원에서 문제가 될 수도 있다는 점이다. 이상에서 살펴본 로스만의 세 가지 모델을 간략하게 정리하면 표 6-1과 같다.

표 6-1 로스만의 지역사회복지실천모델 비교

구분	지역사회개발모델	사회개획모델	사회행동모델
개념	효과적인 변화를 위해 광범위한 주민들을 변화의 목표설정과 실천행동에 참여시킬 것	주택, 정신건강, 범죄, 여가문제해결을 위한 기술적 과정강조	주민들의 사회정의와 민주주의에 근거해 많은 자원과 향상된 처우 요구 행동. 기존제도와 현실의 근본변화 추구
강조점	자조정신, 민주적 절차, 자발적 협동, 토착지도자 개발, 교육	합리적 계획수립과 통제된 변화, 정책집행의 효과 · 효율성 강조, 공식적 계획과 준거 틀 설계	권력 · 자원 · 정책결정 역할 재분배
활동목표	과정중심 목표에 역점 지역사회 통합, 협동적 문제해결 능력향상	과업목표 강조, 주요한 사회문제해결	과업 · 과정중심, 권력관계와 자원의 변화, 기본적인 제도변화, 단기적 문제상황보다 체제변화에 따른 결과 중시
문제상황에 관한 전제	주민의 문제해결능력과 기술결여, 민주적 방법의 이해부족	지역사회는 빈곤, 주택, 고용, 보건, 비행과 범죄, 여가활용, 교통 등 수많은 사회문제를 안고 있음	한정된 자원의 불평등 분배. 억압받고, 박탈당하고 무시당하는 무력한 주민
변화 전략	함께 모여 이야기해 보자, 문제해결에 다수의 참여	진상을 파악, 논리적 조치를 강구하자. 문제에 대한 자료를 수집해 합리적 해결방안 마련	우리들의 억압자를 분쇄하기 위해 규합하자. 집단행동을 조직해 압력행사
전술 · 기법	합의, 의견교환과 토의	문제확인, 사정, 목표개발, 실행, 평가, 사실발견과 분석, 갈등이나 합의	갈등이나 대결, 직접행동, 협상, 항의, 시위, 피케팅
사회복지사 역할	조력자, 격려가, 조정자, 교육, 능력 부여자	전문가, 계획가, 분석가, 프로그램 기획과 평가자	옹호자, 행동가, 중재자, 대변인, 조직가, 협상가
변화의 매개체	과업 지향적 소집단 활용	관료조직, 공식조직 중시	대중조직, 정치적 과정활용
클라이언트 개념	개발되지 않은 잠재력 있는 시민	서비스 혜택을 받는 소비자	체제의 희생자
권력구조에 관한 견해	협력자로서 권력구조의 구성원	고용주와 후원자	반대세력, 강압세력
사례	새마을운동, 지역복지관의 지역개발사업, 성인교육분야의 지역활동	지역사회복지협의회, 공공연구기관, 공공기관	학생운동, 여성해방 · 여권신장운동, 노동조합운동, 복지권운동, 소비자보호운동

로스만의 세 가지 모델은 각각 독자적으로 지역사회조직 활동에 적용할 수 있지만, 지역사회의 문제나 상황이 다양하고 복잡하므로 특정한 하나의 모델을 활용해서 해결해 나가는 데는 한계가 있으므로 통합적 활용을 제안하고 있다.

2 실천모델의 최근 변화

지역사회복지실천모델 중에서 Rothman의 세 가지 모델과 Weil과 Gamble의 여덟 가지 모델은 가장 많이 활용되고 논의되어 온 모델이다. 최근에는 이 모델들에 대한 수정보완 및 비판을 통해 다양한 관점에서 여러 가지 모델들이 제시되고 있다. 그 가운데 Weil과 Gamble의 모델과 Popple의 모델을 살펴보면 다음과 같다.

1. Weil과 Gamble의 모델

1990년 초반 이후 Weil과 Gamble(1995)은 기존 지역사회복지실천모델에 관한 문헌을 검토한 후 목표, 변화표적체계, 일차적인 구성원, 관심영역, 사회복지사의 역할을 중심으로 지역사회복지실천모델을 여덟 가지 유형으로 구분하고 있다. 이러한 여덟 가지 모델은 상호 배타적이지 않으며, 중복되는 점이 있지만 지역사회복지실천과 관련하여 가장 적절한 개입전략을 선택하는 데 유용한 준거 틀을 제시해 줄 수 있다.

1) 근린지역사회조직모델

근린지역조직모델(neighborhood and community organizing)은 지리적으로 가까운 지역사회조직화에 초점을 두고 있으며, 능력개발과 과업수행이라는 두 가지 목표를 강조한다. 여기에서 지역사회조직실천은 비록 하나의 특정 이슈와 사건을 계기로 지리적인 의미의 지역사회조직이 만들어지더라도, 이 모델의 목표는 지역 주민들이 조직활동에 개입하면서 발전시키는 능력을 확립하고 구체적인 과업들을 달성하는 데 있다. 그리고 지역사회주민들은 조직활동을 통해 지역사회의 사회경제적 조건들을 향상시키거나, 도시계획, 지역개발, 외부개발에 영향을 미쳐 구체적인 과업을 성취하는 것이다.

이 모델에서 변화를 위한 표적체계는 지역사회 삶의 질을 저해하는 모든 부분으로, 공공행정기관, 외부 개발업자 또는 지역사회 구성원 모두가 표적체계가 될 수 있다. 사회복지사는 조직가, 교사, 감독, 촉진자 역할을 한다.

2) 기능적인 지역사회조직모델

기능적 지역사회조직모델(functional community organizing)은 지리적인 접근성보다 기능에 초점을 두고 있으며, 이해관계에 기초한 지역사회조직을 말한다. 중요한 것은 각 조직이 선택한 현안 이슈에 대한 옹호, 정책, 사람들의 태도를 변화시키는 데 초점을 두고 활동한다.

이 모델의 핵심적인 관심과 목표는 자신들이 선택한 이슈의 정책, 행위, 태도의 옹호나 변화에 있다. 이 조직은 선택한 이슈에 대해 교육하고 조직 내적인 능력증진, 이슈에 관한 지식증대, 리더십 개발에 전념한다.

기능적 지역사회조직의 일차적인 구성원은 동호인이다. 관심의 영역은 선택한 이슈와 대상집단을 위한 옹호에 두고 있으며, 옹호는 교육을 통해서나 조사, 공공행정, 정책개발, 로비, 서비스개발을 통해 이루어진다. 사회복지사는 조직원을 모집하고 문제의 정의, 옹호전략과 사회변화를 위한 기술을 가르치는 조직가, 교사의 역할을 한다.

3) 지역사회의 사회경제개발모델

지역사회의 사회경제개발모델(community social and economic development)은 저소득

과 불이익계층의 효과성을 제고시키기 위해서는 경제개발과 사회개발이 동시에 이루어져야 한다는 인식을 전제로 하고 있으며, 주요 목표는 저소득계층 및 불이익을 받는 지역사회주민의 삶의 질과 기회를 증진시키는 데 있다. 따라서 이 모델에서는 사회경제적 개발과 자원개발 계획을 준비하고 실행할 수 있도록 주민과 지역사회조직의 능력을 강화시키는 것에 초점을 둔다.

변화를 위한 표적체계는 은행, 재단, 외부개발자, 지역사회 주민이라 할 수 있다. 표적체계와 관련하여 중요한 점은 지역사회의 사회경제적 개발에 투자할 수 있도록 자원을 가진 사람들을 설득하는 것이다.

이 모델의 일차적인 구성원은 저소득집단, 주변집단 또는 불이익집단이며, 주요 관심영역은 사회경제적 영역에서 투자의 균형뿐 아니라 교육수준과 리더십 기술의 향상에 있다. 사회복지사는 지방자치단체의 스태프 또는 초기 조직단계에서 집단의 스태프역할을 수행하며, 현실적인 개발목표를 결정하거나 필요한 지역사회 기술과 자원을 명확히 하기 위한 욕구사정과 조사기술을 발휘해야 한다. 또한 지역사회조직의 리더십과 기술을 개발시키는 데 있어 조직을 만들고 훈련시키는 능력뿐만 아니라 계획, 협상능력을 갖추는 것이 필수적이다.

4) 사회계획모델

사회계획모델(social planning)은 개별기관 수준 및 휴먼서비스기관의 협의체 또는 지역 휴먼서비스계획협의회 등에서 이루어진다. 계획가의 중심과업은 휴먼서비스, 사회계획, 서비스의 통합과정에서 합리성을 발휘하는 것이며, 계획가는 휴먼서비스에 필요한 자원결정과 자원을 효율적으로 이용해야 할 뿐만 아니라 구체적인 기술과 책임성을 가져야 한다.

사회복지사는 계획가 역할을 담당하며, 계획가의 필수적인 기술은 조사, 욕구사정, 평가, 프로포절 개발, 분석 등에 관한 것이며, 정보전달과 관리기술이 요구된다.

5) 프로그램 개발과 지역사회 연결모델

지역 주민의 욕구충족을 위해 다양한 수준의 프로그램을 개발함에 있어 지역사회조직의 연결활동은 필수적이다. 프로그램 개발과 지역사회 연결모델(program development and community liaison)은 지역사회에서 필요하다고 평가되는 서비스를 향상시키거나 새로운 서비스를 계획하고 실행하는 것을 목표로 한다. 또한 지역사회서비스의 효과성을 증진시키기 위해 기관 프로그램의 확대 또는 프로그램의 방향전환도 이 모델의 목표가 될 수 있다.

이 모델의 목적을 달성하기 위해서는 잠재적 클라이언트인 시민과 기관실무자 간의 상호작용이 매우 중요하다. 지역사회문제를 해결하는 데 필요한 프로그램을 기획하고 실행하기 위해서는 욕구사정 과정에서부터 전문가집단 인터뷰를 통해 잠재적 소비자인 시민이 참여할 수 있는 기회를 확대하고, 다양한 기관실무자 및 지역사회 지도자들이 관여할 수 있는 기회를 강화하는 것이 필요하다.

사회복지사의 역할은 계획가, 프로포절 기획자, 대변자, 중개자, 촉진자라 할 수 있으며, 관리자, 감시감독자, 평가자 역할을 수행해야 한다.

6) 정치 · 사회행동모델

정치 · 사회행동모델(political and social action)은 지역사회에서 기회를 제한하는 불평등을 극복하거나 지역사회의 욕구를 무시하는 의사결정자에게 대항하고, 불공정한 조건을 변화시키려는 기술을 개발함으로써 사람들의 권한을 부여하는 활동을 주요 내용으로 한다.

이 모델의 초점과 목표는 정책 또는 정책결정자를 변화시키는 데 있으며, 특히 저소득집단에 불이익을 야기하는 정부당국의 조치를 변화시키는 데 초점을 둠으로써 사회적, 정치적 그리고 경제정의를 위한 행동이라 할 수 있다.

변화를 위한 주요 표적대상은 잠재적 참여자이다. 그리고 선거로 선출된 공직자와 행정관료가 될 수 있다. 또한 지역 주민의 건강과 생존을 위협하는 환경오염 등과 같은 지역사회에 해를 미치는 활동에 참여한 기업과 정부당국이 될 수 있다. 사회복지사의 역할은 전문적 또는 휴먼서비스 연합에서의 지도자와 대변인이며, 연합을 만들고 유지하기 위해서 중개와 협상기술이 필요하다.

7) 연합모델

연합(coalitions)모델은 지역사회를 기반으로 존재하는 각 기관들이 함께 힘을 모아 지역사회가 가진 문제들에 대해 집합적 변화를 만들어 내는 것을 추구하는 모델이다. 이 모델의 목표는 연합의 공통 이해관계에 대응할 수 있는 자원동원의 잠재력을 증진시키고, 사회적 프로그램의 방향에 영향을 미칠 수 있는 다조직적(multi-organizational)인 권력기반을 구축하는 것이다.

이 모델의 일차적 구성원은 지역사회의 특정 문제에 이해관계를 갖는 조직체와 시민이 될 수 있다. 변화를 위한 표적체계로는 특정 사회문제에 대한 행정적 권위를 가진 공공기관과 선출직 공무원, 지역사회 지원재단 등이다. 주요 관심영역은 지역사회의 특정 현안문제들로, 개별적 노력을 통해서는 충분히 효과가 나타나기 어려운 지역사회의 특정 현안을 해결하기 위한 방법으로 연대적 접근을 추구한다. 사회복지사는 연합을 만들고 유지하기 위해 중재자, 협상자, 대변인, 조직가 등의 역할이 필요하다.

8) 사회운동모델

사회운동(social movement)모델은 지역사회의 특정 인구집단이나 복지 관련 현안문제 등과 관련하여 지역사회 구성원과 다양한 형태의 지역사회조직체에게 새로운 패러다임을 제공함으로써 사회변화를 이루고자 하는 모델이다. 목표는 바람직한 사회변화로 민주화운동, 시민운동 등이 대표적인 사회운동이다.

이 모델의 변화를 위한 표적체계는 일반대중과 정치제도이며, 일차적 구성원은 새로운 비전과 이미지를 창출할 수 있는 조직과 지도자이다. 사회복지사는 사회운동의 자원봉사자, 사회운동조직의 스태프로서 관여할 수 있다. 이때 사회복지사는 옹호자와 촉진자 역할을 수행한다.

표 6-2 Weil과 Gamble의 지역사회복지실천모델의 비교

구분	목표	변화표적체계	1차 구성원	관심영역	사회복지사 역할
근린지역 사회조직모델	조직화를 위한 구성원의 능력개발, 지역계획과 외부개발에 영향과 변화	지방자치단체, 외부개발자, 지역주민	지역 주민, 농촌지역 거주자	지역 주민의 삶의 질	조직가, 교사, 지도감독, 촉진자
기능적 지역사회 조직모델	행동/태도에 있어 변화에 초점을 둔 사회정의를 위한 행동	일반대중, 정부기관	동호인, 뜻을 같이 하는 사람들	현안문제나 그 대상 집단 옹호	조직가, 옹호자, 정보전달자, 촉진자
지역사회의 사회경제 개발모델	지역 주민관점에 입각한 개발계획 주도, 사회경제 투자를 주민이 이용할 수 있도록 준비	은행, 재단, 외부개발자, 지역 주민	지역사회의 저소득계층, 불이익 계층	소득자원, 사회적 지원개발, 교육과 지도력 기술 향상	협상가, 추진자, 교사, 계획가, 관리자
사회계획모델	선출된 기관 또는 인간서비스계획협의회가 행동을 위한 제안	지역사회 지도자의 관점, 인간서비스 지도자의 관점	선출된 공무원, 사회기관과 기관 간의 조직	지역계획에 사회적 욕구통합, 인간서비스 연계망 구축	조사자, 사업계획 제안자, 정보 전달자, 관리자
프로그램 개발과 지역사회 연결모델	지역사회서비스의 효과성 증진 위한 기관 프로그램의 확대와 방향수정	기관 프로그램의 재정 충원자, 기관 서비스의 수혜자	기관위원회 또는 행정가, 지역사회대표자	특정대상자를 위한 서비스개발	대변인, 계획가, 관리자, 사업계획제안자
정치 · 사회 행동모델	정책 및 정책형성자의 변화에 초점을 둔 사회정의 위한 행동	선거권자, 선출된 공무원, 잠재적 참여자	특정 정치적 권한이 있는 시민	정치적 힘의 형성, 제도변화	옹호자, 조직가, 조사자, 조정자
연합모델	프로그램 방향 및 자원을 최대한 끌어낼 수 있는 다조직적 권력기반 형성	특정 현안에 이해관계가 있는 조직	특정 현안에 이해관계가 있는 조직	사회적 욕구나 관심사에 관련된 특정 현안문제	중개자, 협상가, 대변인
사회운동모델	특정 대상집단 및 현안문제에 대한 사회정의를 위한 행동	일반대중, 정치제도	새로운 비전과 이미지를 창출할 수 있는 조직과 지도자	사회정의	옹호자, 촉진자

2. Popple의 모델

Popple은 영국의 지역사회복지실천을 보호(care)와 행동의 연속선상에서 여덟 가지로 구분하여 실천모델을 제시하였다. 각 모델은 독립적이라기보다 기법이나 측면에서 중복될 수 있고, 각기 다른 전통과 이데올로기를 반영하고 있다. 포플이 분류한 지역사회복지실천모델의 중요 내용을 살펴보면 다음과 같다.

1) 지역사회보호

지역사회보호(community care)는 노인, 장애인, 아동 등 지역 주민의 복지를 위한 사회관계망과 자발적 서비스를 증진시키는 데 목적이 있고, 복지욕구를 충족시키기 위한 자조개념을 개발시키는 데 집중한다. 사회복지사는 지역 주민이 자원봉사 활동의 주도자가 되고, 보호를 제공할 수 있도록 격려하는 역할을 하며, 조직가, 자원봉사자 활동을 수행한다.

2) 지역사회조직

지역사회조직(community organization)은 타 복지관 간의 상호협력을 증진하여 서비스 중복을 방지하고, 자원부재의 현상을 극복하여 복지전달의 효과성과 효율성을 높이려는 모델이다. 사회복지사는 조직가, 촉매자, 관리자 역할을 담당한다.

3) 지역사회개발

지역사회개발(community development)모델은 지역사회 구성원들의 삶의 질을 향상시키기 위해 기술과 신뢰를 습득하도록 원조한다. 교육을 통해 자조개념을 증진시켜 지역사회의 독자성을 반영하도록 돕는다. 사회복지사는 조력자, 지역사회활동가, 촉진자 역할을 한다.

4) 사회 · 지역계획

사회 · 지역계획(social-community planning)모델은 사회적 상황, 사회정책과 사회복지기관의 서비스를 분석하고 주요 목표 및 우선순위를 설정, 서비스 프로그램의 기획과 적절한 자원의 동원, 그리고 서비스와 프로그램의 집행 및 평가 등에 중점을 둔다. 사회복지사는 조력자, 촉진자 역할을 한다.

5) 지역사회교육

지역사회교육(community education)모델은 교육과 지역사회 간의 관계를 보다 밀접하고 동등한 관계로 설정하기 위해 노력한다. 비판적 사고와 담론을 통해서 억압적 조건이나 상황을 변화시키는 행동양식을 고양하는 데 초점을 둔다. 지역사회 구성원의 경험, 문화, 가치 등을 교육하는 기회를 교육과정으로 삼을 수 있다. 이때 사회복지사는 교육자, 촉진자 역할을 한다.

6) 지역사회행동

지역사회행동(community action)모델은 갈등과 직접적 행동을 활용하여 불균등한 권력을 평등하게 만들도록 대응하며, 특정 이슈에 대한 권력자와의 협상을 위해 직접적인 행동을 선호한다. 사회복지사는 행동가로서 활동한다.

7) 여권주의적 지역사회사업

여권주의적 지역사회사업(feminist community work)모델은 지역사회 실천에 대한 페미니즘을 적용하는 모델이다. 여성 불평등의 사회적 요인에 대해서 집합적인 대응을 통해 여성의 복지향상을 추구한다. 사회복지사는 행동가, 조력자, 촉진자 역할을 한다.

8) 인종차별 철폐 지역사회사업

인종차별 철폐 지역사회사업(black and anti-racist community work)모델은 지역사회 실천에서 인종차별에 저항하거나 그들의 권리를 보호하기 위해 상호원조와 조직화에 초점을 맞춘 모델이다. 교육, 주택, 건강, 고용 등의 영역에서 차별을 시정하는 데 목적을 두고, 캠페인, 자조집단 형성, 직접적인 행동 등 다양한 방식을 전개한다. 사회복지사는 행동가, 자원봉사자 역할을 수행한다.

앞에서 살펴본 지역사회복지의 실천을 위한 모형들은 지역 주민의 욕구와 복지문제의 변화, 이에 대응하는 사회복지서비스의 정비 상황, 기반이 되는 사회복지사상 등에 의해 실천모형이 변화해 오는 것을 알 수 있다.

우리나라는 이러한 모형의 실천경험이 부족한 것이 현실이다. 앞으로 우리의 지역사회 내 생활문제를 해결하는 데 보다 적합한 기존 모형들을 적용해 보고, 그 결과를 근거로 보다 유용한 지역사회복지실천모델을 개발해 나가야 할 것이다.

3 실천모델의 선택

사회복지실천 현장에서 지역사회복지실천의 과정을 실행할 때, 각 이론이나 모델에 대한 지식을 이해하는 것과 동시에 강조되는 것은 어떤 모델을 실제 선택하는가 하는 점이다. 실천모델 선택과 관련해서 일반적으로 다음 사항들을 고려해 보아야 할 것이다(감정기 외, 2005: 121-123).

① 지역사회 구성원의 욕구와 문화적 차이들
② 지역사회복지실천가나 사회복지사가 선호하는 이론적 배경
③ 지역사회복지실천가나 사회복지사 자신의 인성(人性) 및 성장배경
④ 인성 및 성장상의 특정한 문제점이나 특수한 상황
⑤ 지역사회복지실천 전략 수립상의 윤리적 또는 사회적 가치나 가져올 사회적 파장

지역사회복지실천가는 이를 바탕으로 개입계획을 수립, 계획을 실천해 나가게 되는데, 지역사회복지실천모델 선택과 실천에 관련된 요소들을 정리해 보면 다음과 같다(Hardina, 2002).

① 기본적인 전제는 개인과 지역사회의 역량강화이다.
② 지역사회복지실천가는 개입대상 지역 고유의 장점, 기술, 가치, 그리고 역량을 충분히 인식해야 한다.
③ 다양한 문화적 집단이 혼재하는 지역사회에 개입해야 하는 경우, 지역사회복지실천가는 각 문화집단의 특성을 파악하여 상호교류를 최대한 이끌어낼 수 있는 전략을 개발해야 한다.
④ 기본 실천목표는 지역사회 내 취약계층이나 소외계층에게 마땅히 지원되어야 할 자원들이 분배될 수 있도록 하는 것임을 명심해야 한다.
⑤ 지역사회복지실천가는 지역사회 내에 다양한 유형의 억압이 존재한다는 점을 인식해야 한다.
⑥ 지역사회 의사결정 및 지역사회복지실천 과정인 문제 확정, 욕구조사, 목표수립, 개입실행 및 평가의 모든 단계에 최대한 다양한 계층의 참여를 이끌어 낼 수 있는 의사결정 구조 개발이 필수적이다.
⑦ 전문가, 준전문가, 일반 지역 주민 3자가 평등한 참여가 가능한 의사결정 구조가 개발되어야 한다.
⑧ 지역사회복지실천가는 반드시 다양한 지역 내 이익집단 간의 욕구와 선호를 조정할 수 있는 협상기술을 충분히 습득해야 한다.
⑨ 지역사회복지실천가는 지역사회복지실천의 전략과 전술개발 및 선택과 관련된 윤리상 문제에 확고한 자세를 취할 수 있는 이론적 틀이 분명해야 한다.
⑩ 지역사회복지실천은 다양한 접근들이 고려되어야 하며, 한 가지 옳은 결정만 존재한다는 편견을 버려야 한다.

연습문제

1 자신이 살고 있는 지역사회 내에 최근 어떤 사회문제가 있는지 찾아본다.
- 왜 그런 문제가 발생했는지 규명해 본다.
- 문제해결을 위한 개입과정에 관련된 지역사회 내 집단들을 파악한다(문제로 인해 피해를 보는 집단과 이득을 보는 사람들은 누구인가?).
- 개입의 주요 목표를 설정한다.
- 목표달성에 활용할 수 있는 인적 · 물적 자원을 구체적으로 열거해 본다(자원봉사, 전담인력, 지역사회 기관, 자금, 언론매체 등).
- 목표달성을 위해 선택 가능한 실천모델은 무엇이며, 그 이유는 무엇인가?
- 선택한 실천이론의 장단점을 분석해 본다.

CHAPTER 07

지역사회복지실천의 과정

지역사회복지실천 과정은 지역사회가 당면하고 있는 문제나 충족되지 않은 욕구를 찾아내 효과적인 대응책을 수립하고, 이를 실천에 옮기는 일련의 과정을 말한다. 지역사회복지실천 과정은 어떤 특정 이론이나 틀에 짜인 순서에 따라 획일적으로 진행되는 것이 아니라, 지역의 특성이나 상황에 따라 적용되는 모델이 조금씩 다를 수 있다. 이 장에서는 실천과정을 문제확인, 욕구사정, 계획 및 개입, 평가 및 종결로 구분하여 살펴볼 것이다.

1 지역사회복지실천 과정과 문제확인 단계

1. 지역사회복지실천 과정에 대한 학자들의 견해

지역사회복지실천의 일반적 과정에 대해서 여러 학자들이 제시한 내용을 살펴보면, 각 모델들은 다양한 구분과 용어들을 사용하고 있지만 기본적인 틀은 비슷하다고 볼 수 있다. Dunham은 지역사회복지실천의 과정을 '문제해결과정'으로 보고 6단계로 나누고 있고, Lippitt는 '변화매개자가 계획된 변화를 성취하기 위해 수행해야 하는 과정'으로 보고 7단계로 구분하고 있다. Kahn은 6단계의 '계획과정'으로 구분하고 있고 Gilbert와 Specht는 8단계의 '정책형성과정'으로, Perlman과 Gurin은 다섯 가지 국면으로 '사회문제해결모델'을 구분하여 제시하고 있다. 각 학자들이 제시한 지역사회복지실천 과정을 간략하게 제시하면 표 7-1과 같다. 여기서는 실천과정을 문제확인, 욕구사정, 계획 및 개입, 평가 및 종결로 구분하여 살펴볼 것이다.

표 7-1 지역사회복지실천 과정에 대한 학자들의 견해

구분	Dunham	Lippitt 등	Kahn	Gilber와 Specht	Perlman과 Gurin
제 목	• 문제해결과정	• 변화매개자가 계획된 변화 성취를 위해 수행해야 하는 과정	• 계획과정	• 정책형성과정	• 사회문제해결과정
실천 과정	• 문제인식 • 문제분석(진단·사실발견) • 계획 • 조치 • 평가 • 다음 단계	• 변화필요성 개발 • 변화관계 수립 • 클라이언트시스템의 문제규명 또는 진단 • 대안적인 경로와 목표 검토 및 목표와 조치의도 설정 • 의도를 변화노력으로 전환 • 변화의 일반화와 정착화 • 종료관계의 달성	• 계획의 선동 • 탐색 • 계획과업의 결정 • 정책형성 • 프로그램화 • 평가와 환류	• 문제발견 • 분석 • 대중홍보 • 정책목표설정 • 일반의 지지와 합법성 구축 • 프로그램설계 • 실천 • 평가와 사정	• 문제 정의 • 문제를 개진할 구조와 커뮤니케이션 구축 • 정책대안의 분석과 정책채택 • 프로그램 계획의 개발과 실시 • 반응조사와 환류

2. 문제확인 단계

지역사회의 문제해결을 위해서는 먼저 지역사회가 어떤 문제를 가지고 있는지를 확인해야 한다. 이를 위해서는 지역사회 안에 내재되어 있는 문제나 표출된 충족되지 않은 욕구가 무엇인지를 명확하게 파악하고 분석하는 것이 중요하다. 문제해결과정에서 문제를 어떻게 규정하고 개념화하는가에 따라서 정책 수립을 위한 구상이 달라지고 구체적인 해결방안과 실천의 전략이 달라진다.

지역사회문제가 어떤 특성을 가지고 있는가를 인지하는 것은 문제파악의 중요한 측면이 될 수 있다. 일반적으로 문제 특성을 파악하는 데 고려해야 할 사항들은 다음과 같다(최일섭 외, 2000: 185).

① 문제의 복잡성 정도: 문제 및 문제의 상황과 관련해서 얼마나 다양한 개인이나 이해 집단들이 존재하는지 등을 파악해야 한다.
② 문제의 강도 정도: 문제와 관련된 이해관계자들의 감정적 투입이 어느 정도로 강하게 또는 약하게 개입되어 있는가를 파악해야 한다.
③ 문제의 확산 정도: 문제가 어느 정도까지 확산되어 있는지를 파악해야 한다.
④ 문제의 긴급성: 문제가 얼마나 시급히 해결되어야 하는지를 파악해야 한다.
⑤ 문제의 지속성: 문제가 얼마나 오랫동안 지속되었는지를 파악해야 한다.

지역사회의 상황과 문제확인을 위해서는 지역사회의 특성에 대한 이해가 필요하다. 지역사회의 문제를 파악하는 초기단계에는 개방적인 태도를 가지고, 다양한 가치판단에 따라 상황파악이 달라질 수 있음을 알아야 하며, 관련자들과 폭넓은 대화가 이루어져야 한다. 문제확인을 위해서 객관적인 문헌과 통계 등 실증자료를 바탕으로 왜 문제가 되어 왔으며, 어떤 장애요인들의 작용으로 해결되지 않았는지, 과거에 어떤 노력을 기울여 왔는지를 파악해야 한다. 또한 지역 주민들이 그 문제를 바라보는 시각, 합의 여부, 문제해결에 있어 기득권과 약자층, 수혜집단과 불이익을 보는 집단 등에 대한 정치적 지형을 파악해야 한다.

지역사회의 문제확인을 위해서는 지역사회 특성에 대한 이해를 위해 역사적·문화적 요인, 환경적 요인, 지역 주민, 사회자원 및 권력구조를 잘 파악해야 하는데 구체적인 방법은 다음과 같다(김기태 외, 2009: 149-150).

1) 지역사회 특성 이해

(1) 역사·문화적 요인

지역사회에서 발생하는 문제는 그 지역사회의 역사·문화적 요인과 연관이 많기 때문에 이에 대한 자료수집과 정보를 파악할 필요가 있다. 유용하고 객관적인 자료를 수집하기 위해서는 주요 정보를 지닌 주민들에 대한 정보수집이 이루어져야 하며, 지역사회 공청회, 통계자료, 지역 주민들에 대한 설문조사를 통해서 문제확인이 이루어져야 한다.

이때 전체 주민들을 대상으로 정보를 수집하기가 어려우므로 표적집단(focus group)을 설정하는 것이 유용하다. 지역 주민 전체가 표적집단이 될 수 있지만 시간과 자원의 제약이 있기 때문에 모집단(population)을 대표할 수 있는 표적집단을 선정할 필요가 있다. 표적집단을 구성할 때는, 인구학적 특징, 사회·경제적인 상태 등과 같은 개인적 요인과 지역사회의 환경과 같은 사회환경 요인 등을 고려해야 한다.

(2) 환경적인 요인

지역사회의 환경적인 요인을 이해하기 위해서는 다음 몇 가지를 고려해야 한다.

첫째, 지역구분은 행정적 구분, 즉 행정의 편의성에 의한 지역구분과 자연환경에 의한 지역구분, 즉 지리·지형에 의한 지역구분으로 나눌 수 있다. 행정구분은 근거리이지만 교류가 활발하지 못한 경우도 있고, 원거리이지만 교류가 활발한 경우도 있다.

Chapter 07

둘째, 지역사회의 산업구조의 특성에 따라 지역의 특성과 발생하는 문제가 달라질 수 있다. 즉, 농업지역, 공업지역, 상업지역 등은 각 지역마다 연령별 인구구성비가 다르고, 주변 환경을 비롯한 여러 가지 생활환경도 차이가 나므로 발생하는 문제도 달라질 수 있다.

셋째, 주민교류의 장인 공원, 각종회관, 쇼핑센터, 문화센터 등이 얼마나 있는지에 따라 주민생활과 교류의 형태가 달라질 수 있으므로 이에 대한 파악이 필요하다.

넷째, 주택상황을 살펴볼 필요가 있다. 주택이 밀집해 있거나 고층아파트가 들어서 있는 신흥주택단지에는 직장에 근무하는 세대가 많이 생활할 것이다. 그렇다면 주간에 그 지역에 머무는 사람은 전업주부나 노인, 취학 전의 아동일 가능성이 높다. 그 결과 성인 여성끼리 알고 지낼 가능성이 높은 데 비해서 성인 남성들은 지역 내에서 알고 지내는 일이 적을 것이다. 이 같은 지역적 특성 때문에 주민활동을 전개하려고 할 때 자치회의 임원을 성인 남성이 맡기 어려우며, 주민 지도자를 확보하기가 어려울 수 있다.

(3) 지역 주민

지역 주민의 특성을 파악하기 위해서는 다음의 점들이 고려되어야 한다.

첫째, 인구동태 및 인구학적 특성파악이 이루어져야 한다. 이를 위해서는 인구조사 결과나 각 지방자치단체가 제공하는 통계자료로부터 다양한 인구동태에 관한 정보를 얻을 수 있다. 예를 들면, 지역의 인구규모와 전입·전출에 의한 이동경향, 지역 주민의 연령별·성별 분포 상황, 독거 노인세대, 핵가족, 삼세대가족 등 세대의 종류와 세대당 인구, 경제적 상태 등 지역사회복지실천에 필요한 기초 정보를 파악할 수 있을 것이다.

둘째, 지역에 대한 주민의식을 파악해야 한다. 이를 위해서는 다음과 같은 것을 중심으로 파악할 필요가 있다(박태영, 2008: 88).

- 지역 주민은 그 지역사회의 좋은 곳, 개선해야 할 곳을 어떻게 생각하고 있으며, 무엇이 그 원인이라고 생각하고 있는가, 지역에 대한 귀속감 정도

는 어느 수준인가 등과 같은 지역사회 전체에 관한 주민의 의식을 파악해야 한다.

- 지역에 있는 주민단체에 대한 의식을 파악해야 한다.
- 서비스 제공기관에 대한 의식을 파악해야 한다.
- 행정에 대한 신뢰도와 지지도에 대한 파악이 이루어져야 한다.

셋째, 지역 주민 상호 간에 실제로 어떤 네트워크를 형성하고 있는지를 파악할 필요가 있다. 네트워크란 가족, 친척, 이웃관계, 친구관계 등으로부터 형성되는 사회적인 인간관계를 말한다. 이것을 알아야 하는 이유는 네트워크는 지역사회를 지탱하는 중요한 자원이며, 주민집단을 편성할 때, 중요한 정보가 되기 때문이다.

넷째, 지역의 평균적인 가치관이나 행동양식을 알아야 한다. 지역사회에 따라서는 이웃 간의 교류나 협력을 중시하는 가치관을 지닌 지역이 있는 반면에 주민 개인의 프라이버시를 보다 중시하는 가치관을 가진 지역도 있다. 사회복지사는 개입하기 전에 그 지역의 평균적 가치관이나 행동양식을 충분히 파악하고 있어야 한다. 이는 개입방법이 좋은지를 판단하는 중요한 정보가 되기 때문이다.

(4) 주민조직 · 단체

지역에는 다양한 주민조직이나 단체가 활동하고 있다. 예를 들어, 반상회, 자원봉사활동단체, 노인관련 단체, 아동 · 청소년 · 여성관련 단체, 장애아동이나 가족의 당사자단체 등이다. 이들의 조직 · 단체의 상황 및 지역문제에 대응하기 위한 기능을 갖고 있는지 등을 분석할 필요가 있다.

사정해야 할 항목은 다음과 같다. 이러한 항목의 현황과 이에 영향을 미치는 요인을 분석할 필요가 있다.

① 주민조직과 단체의 회원 입회상황

② 회원의 활동 참가율

③ 활동내용과 빈도

④ 조직과 단체의 운영방법

(5) 정보전달과 의사소통

지역사회 내에서 정보가 어느 정도 전달되는지를 파악하는 것 또는 지역에서 의사결정에 중요한 영향을 미치는 사람이나 조직의 의사소통 방향성을 파악하는 것이 중요하다. 왜냐하면 이러한 정보는 그 지역에 사회복지사가 개입해서 문제해결을 위한 여론을 주민들 사이에서 형성해 갈 때, 어떻게 주민들과 의사소통을 하는 것이 가장 효과적인지를 결정하는 지침이 되기 때문이다. 지역 주민 간의 정보전달 및 의사소통의 수단은 지역 신문이나 벽룩신문, 홈페이지, 유선방송, 전단지, 게시판 등과 같은 공식적 의사소통 방법과 소문과 같은 비공식적인 의사소통 방법을 활용할 수 있다(박태영, 2008: 90).

(6) 사회자원 파악

사회복지사는 지역사회의 사회자원을 이용하여 지역문제를 해결해 나가므로 사회자원에 대한 파악이 중요하다. 따라서 지역사회의 인적·물적 자원, 공공기관과 비공식조직, 정보자원에 대한 내용을 구체적으로 파악할 필요가 있다. 지역사회의 다양한 자원을 구분하여 간략하게 제시하자면, 표 7-2와 같다.

표 7-2 지역사회의 자원구분과 내용

자원구분	내용
인적 자원	• 지역사회 주요 인물 • 지역사회와 연고가 있는 주요 인물
물적 자원	• 후원금 개발이 가능한 기업, 복지재단 • 후원금 개발이 가능한 계층(지영업자, 근로자 등)
공공기관 비공식조직	• 공공기관: 시청, 군청, 주민자치센터, 경찰서, 소방서, 교육기관 • 시민단체: 문화·체육, 종교(YMCA·YWCA, 각종 종교단체협의회) • 주민조직: 자원봉사조직, 민간 서비스제공자

〈계 속〉

자원구분	내용
정보자원	• 사회기관의 서비스 종류와 분포상황 • 주민생활과 밀접한 법률제정 및 개정사항, 특히 의회의 조례 • 지역사회 문제확인을 위한 실증자료와 수집에 관한 사항(각종 보고서 및 통계자료집) • 지역사회복지실천을 저해하는 장애요인에 관한 사항

(7) 권력구조 파악

지역사회에 영향을 미치는 권력구조를 파악하기 위해서는 의사결정에 중요한 역할을 하는 주민조직의 종류와 규모, 공식 · 비공식적 지도자의 특성과 양자의 힘의 관계, 그리고 지역 주민들의 지도자에 대한 신뢰도와 지지도를 파악해야 한다.

그 밖에도 사회복지사는 문제를 확인하고 분석하는 단계에서 지역문제와 관련된 가치관에 대해서 세밀하게 고려해야 하는데, 그 내용은 다음과 같다(최일섭 외, 2002).

첫째, 문제의 주체를 파악해야 한다. 먼저 누가 주어진 문제를 문제로 보는가를 분석한다.

둘째, 사회의 어떠한 가치관과 제도가 문제를 파생시키며, 존속시키고 있는가를 분석한다.

셋째, 특정 사회문제에 대해 사회 지배계층의 사고방식을 분석한다.

넷째, 사회문제에 대해서 사회복지사가 속해 있는 기관이나 단체의 견해를 분석한다.

다섯째, 전문분야가 갖는 견해와 가치를 분석해야 한다. 동일한 사회문제에 대해 전문분야에 따라 의견이 다를 수 있으며, 동일 전문분야의 경우에도 그 분야가 활동하고 있는 사회적 상황과 시대에 따라 차이가 있을 수 있다.

(8) 사회문제와 관련이론 검토

사회복지사의 문제분석에 따른 작업은 오로지 가치관에 의해서만 결정되어질 수는 없고, 또 결정되어서는 안 되며, 계획전문가가 사회문제와 관련된 객관적인 자료를 수집하고 분석해야 한다. 사회문제 분석에 필요한 자료를 수집하기 위해서 계획전문가가 고려해야 할 점은 다음과 같다.

첫째, 문제와 관련된 특수집단과 지역에 대한 특성을 기술한 통계자료, 실태조사 보고서 등을 분석해야 한다. 이런 자료가 존재하지 않는다면 직접적으로 조사를 실시해야 한다.

둘째, 특정 사회문제와 관련된 사회과학의 이론을 활용해야 한다. 이러한 이론들은 사회제도와 관련된 인간행동을 다루는 이론인 사회행동과 지역사회 분석, 조직이론, 사회계층, 권력구조 등에 관한 이론인 제도분석으로 나눌 수 있다.

2 욕구사정

욕구사정은 지역사회 구성원들이 어떤 서비스를 필요로 하는지 알아 보기 위해서 자료를 수집하여 분석하는 과정을 말한다. 지역 주민들이 생활하는 데 있어서 필요한 생활수준이나 조건이라는 것이 있다. 그 수준이나 조건과 현실과의 격차가 지역사회의 욕구이다. 지역사회 욕구파악이 중요한 이유는 지역사회복지실천 계획의 목표를 바르게 설정하는 데 필요하기 때문이다.

욕구사정은 일반적으로 지역거주자, 서비스 전문가, 지역 유지, 지도자 또는 주요 정보제공자들의 지역사회 현황에 관련된 인식에 초점을 둔다.

1. 욕구개념과 사회문제

욕구란 '인간이 어떤 목적을 위해 무엇인가의 결핍상태를 충족시키기 위해서 그것을 필요로 하는 상태'를 말하며, 개인이 스스로 자신의 욕구를 충족시킬 수 없을 때, 사회복지를 통해 사회적·집단적으로 욕구충족을 돕게 되는데, 문제는 사회복지를 통한 개입의 수준과 내용은 어디까지인가 하는 것이다. 사회복지는 인간의 모든 욕구충족이 아니라 기본욕구가 결핍될 때 개입하게 된다.

Richards와 Thomson은 기본욕구를 두 가지 요소를 지니는 것으로 보고 있다. 그것은 첫째, 어떤 최소한의 필요를 포함하는 것과 둘째, 필수불가결한 요소를 포함하는 것이다(Richards & Thomson, 1984: 1). 즉, 기본욕구란, 인간욕구 중에서 모든 개인에게 있어야 하는 공통적이면서 동시에 필수불가결한 욕구의 최소한을 의미한다. 사회복지는 인간욕구들 중에서 특별히 이러한 기본욕구 충족에 1차적인 초점을 둔다.

기본욕구의 내용을 좀 더 분석적으로 살펴보면, 구체적으로 세 가지로 구성되어 있다.

첫째, 기본욕구는 모든 개인에게 공통적으로 존재하는 욕구이다.

둘째, 기본욕구는 모든 개인에게 필수불가결한 욕구이다.

셋째, 기본욕구는 모든 개인에게 최소한의 수준으로 있어야 하는 욕구이다.

그러면 왜 이와 같은 기본욕구를 사회복지에서 특히 중시하는가? 개인이 느끼는 욕구불충분은 개인의 책임이 아니라, 사회변동의 결과로 인해서 생겨나는 각종의 사고 혹은 위험으로 인해서 개인이 욕구결핍 상태에 처하게 된다고 보기 때문이다. 따라서 사회복지에서 관심을 가지게 되는 사회적 욕구는 기본적 욕구의 사회적 특성을 반영하고 있다.

사회적 욕구는 결국 특정 사회에서 사회복지를 통해서 해결해야 하는 인간의 기본적 욕구라는 인식과 규정인데, 이러한 과정에서 브레드쇼가 언급한 이상의 네 가지 측면이 적절하게 반영되어야 바람직할 것이다.

지역사회복지실천 과정에서 욕구사정은 중요한 의미를 지니고 있다. 개인, 가족, 집단의 욕구 파악으로 시작하여 욕구의 강도를 파악함으로써 지역사회의 다양한 이슈와 문제를 포괄해야 한다. 또한 다양하고 상이한 자료수집 방법으로 이루어지기 때문에 이에 대해 정확히 이해할 필요가 있다. 욕구사정을 할 때, 고려할 사항은 다음과 같다(오정수 외, 2009).

① 정보와 이용 가능한 자원에 대한 파악

- 어떤 자료로 지역사회 문제 및 주민들의 욕구를 확인할 것인가에 대한 파악 및 원하는 자료를 어떻게 수집할 것인가에 대한 파악
- 자료의 정확성과 유용성, 자료수집의 비용에 대한 파악
- 자원의 이용 가능성에 대한 파악

② 이용 가능한 서비스의 지역사회 문제 또는 욕구에 대한 포괄성을 검토해야 한다.

③ 자료수집 방법과 욕구사정의 내용과 관련하여 지역사회가 어느 정도에서 허용할 수 있는가를 고려해야 한다.

④ 욕구사정은 자료수집과 분석을 통한 공식적이고 체계적인 접근이 요구된다. 공식적인 욕구사정은 인터뷰, 설문조사, 통계자료를 통해 이루어지며, 문제분석은 다양한 관점에 의한 접근으로 욕구사정의 신뢰도를 높일 수 있다.

⑤ 욕구사정의 방법은 조사방법 및 조사수행시간, 실제 필요한 자원, 지역사회 구성원들의 포함여부 등을 고려해야 한다.

2. 지역사회복지 욕구사정의 내용

지역사회복지 욕구의 내용은 전체적인 상황에 대한 것과 각 과제에 따른 욕구내용을 파악해야 한다(박태영, 2008: 92).

1) 지역사회의 전반적인 복지욕구 파악

지역사회복지 욕구의 파악은 개인이나 가족, 집단이 안고 있는 개별적 문제와 욕구의 사정으로부터 시작된다. 예를 들면, 개개의 아동이나 노인, 장애인이 재가복지에 대해서 느끼는 문제와 욕구를 파악하는 것이다. 다음으로 그 문제의 정도, 즉 강도와 깊이를 파악함으로써 지역사회복지 욕구의 전체적인 상황을 파악하게 되는 것이다.

2) 과제에 따른 욕구파악

과제에 따른 욕구파악이란 구체적인 과제에 초점을 맞춰서 특정 대상이나 문제에 한정해 상황을 파악하는 것을 말한다. 먼저 당사자들이 느끼는 문제상황을 파악해야 한다. 이는 사회복지사가 파악한 문제점과 당사자가 느끼는 문제점 사이에 차이가 발생하는 경우가 있기 때문이다.

그리고 어떤 상황이 일반 사회의 기준에 비추어 문제상황으로 판단되는 경우, 그 상황을 문제상황으로 정의함에 있어 필요한 개념을 명확하게 해야 한다. 앞의 예에서 독거노인의 '주택환경이 열악한 상황'이라면 '열악한 상황'의 정의, '열악한 상황'의 정도를 판단하는 기준 등을 명확히 해 두어야 한다.

또한 욕구 파악에는 문제상황의 범위, 피해나 영향의 정도, 긴급의 정도 등에 대한 파악도 중요하다. 이런 작업은 구체적으로 문제를 압축시킬 수 있는 전문성이 요구된다. 다음은 문제를 분석할 때, 고려해야 할 항목들이다.

① 얼마나 많은 사람들이 그 문제로 인해서 영향을 받고 있는가? 그 가운데 어느 정도의 주민이 직접적인 영향을 받고, 어느 정도의 주민이 간접적인 영향을 받고 있는가?

② 문제는 주민의 생활에 어느 정도 영향을 미치고 있는가?

③ 그 상황은 어느 정도 지속되고 있는가? 문제상황으로 인식된 이후 어느 정도 경과하였는가? 만약 아무런 조치도 취하지 않는다면, 그 상황은 어느 정도 지속될 것인가?

④ 현재의 상황이 계속되면, 지역에 어느 정도 영향이 있을 것인가?

⑤ 그 지역의 어떤 가치관이나 규범이 문제상황과 연결되어 있는가? 또는 문제해결에 대처하는 것에 의해 이익을 얻는 측과 손해를 보는 측은 누구인가?

⑥ 많은 주민들이 그 문제에 공감하고 있는가? 즉, 과제가 되는 문제에 대해 주민은 어느 부분에 어느 정도 이해와 관심을 가지고 있는가? 또한 문제해결에 참가하는 지역 주민의 동기부여나 자발성 정도는 어느 정도인가?

⑦ 과제해결에 협력하는 주민이나 조직의 범위와 그 내용의 응집력 정도 또는 과제의 해결에 있어 어느 정도의 시간적·경제적 여력을 가지고 있는가?

3) 욕구사정의 주요 문항

효과적인 욕구사정을 위해서 욕구조사에 포함해야 할 관점으로 지역사회에 대한 관점, 서비스 욕구에 대한 관점, 서비스 제공자나 핵심적 제공자의 지역 욕구에 대한 관점, 지역의 자산에 대한 관점 등이 있으며, 관점별 주요 문항의 내용은 표 7-3과 같다.

표 7-3 지역사회 욕구사정의 관점 및 문항

주요 관점	욕구사정 관련 주요 문항
지역 주민의 지역사회에 관한 관점	• 지역 주민은 어떤 문제들을 겪고 있는가? • 문제를 어떤 방식으로 다루어야 하는가? • 문제를 다루기 위해 지역 주민은 어떤 행동을 취해야 하는가? • 공공기관·정부는 어떤 행동을 취해야 하는가? • 지역기관·시설 등은 어떤 행동을 취해야 하는가?
지역거주자의 서비스 욕구에 대한 관점	• 문제를 다루기 위해 지역사회에서 제공되는 서비스는 있는가? • 주민들은 확인된 문제들을 다루기 위한 서비스가 제공돼야 한다고 느끼고 있는가? • 주민들은 문제를 다루기 위해 현재 가능한 서비스를 이용하고 있는가? • 이러한 서비스들을 제공받지 못하는 주민들이 있는가? • 추가적으로 어떤 서비스가 제공되어야 하는가?
서비스 제공자나 핵심적 제공자의 지역욕구에 대한 관점	• 주민들이 어떤 유형의 서비스를 필요로 하는가? • 지역단체·기관에서는 현재 어떤 서비스를 제공하고 있는가? • 한 기관·단체 이상에서 비슷한 서비스가 제공되고 있는가? • 어떤 지역단체·기관에서는 특성화된 서비스를 제공하고 있는가? • 현재 제공되는 서비스들이 주민들의 욕구를 충족하기에 적합한가? • 지역사회 내의 기관들 사이에 서비스 연계는 어떤 방식으로 이루어지는가? • 전체 서비스 체계로 볼 때, 어떤 서비스가 제공되지 않고 있는가?
지역자산에 관한 관점	• 지역 주민에게 필요한 기술이나 자원은 무엇인가? • 지역사회 내의 중요 조직이나 시설에는 무엇이 있는가? • 이러한 기관들은 지역자산으로 활용할 수 있는가? • 지역기관 내의 중요 연결 장치는 무엇이며, 지역조직을 최대화하기 위해 그 연결 장치들을 잘 활용할 수 있는 방법들은 무엇인가? • 지역의 외형적 특성은 무엇인가? • 지역조직을 위해 활용될 수 있는 지역 외부의 자원들은 어떤 것들이 있는가?

출처: Krezman & McKnight, 1993; Hardina, 2002: 116; 감정기, 2009: 154 재인용.

4) 지역사회 사정의 유형

지역사회 사정의 유형에는 사정의 목적, 영역, 초점 등에 따라 다양하게 구분할 수 있고, 이들 유형을 포괄적으로 사용할 수도 있다. 사정의 유형은 포괄적 사정, 탐색적 사정, 문제중심 사정, 하위체계 사정으로 구분할 수 있다.

① 포괄적 사정: 지역사회 전반을 대상으로 행하는 사정으로 지역사회의 전반적인 복지욕구에 대한 자료가 마련되어 있지 않은 경우에 공공기관에서 실시할 수 있으며, 1차 자료를 생성하는 데 목적이 있다. 조사대상 규모가 크기 때문에 비용의 제한이 있을 경우에는 대략적 욕구만을 파악할 가능성이 높다.

② 탐색적 사정: 지역사회의 상태를 개괄적으로 살펴보기 위해 실행되는 초보적인 단계의 가정으로 사정 대상이나 참여자, 비용 등이 상대적으로 적게 든다.

③ 문제중심 사정: 지역사회에서 우선적으로 해결해야 될 중요한 문제영역에 초점을 두고 이루어지는 사정유형으로, 포괄적 사정보다는 좀 더 전문적 사정이 이루어질 가능성이 높다.

④ 하위체계 사정: 지역사회의 특정 하위체계 욕구중심으로 이루어지며, 이때 하위체계의 역동성을 고려해야 한다.

⑤ 자원 사정: 권력, 전문기술, 재정, 서비스 등 인적·물적 자원영역을 살펴보는 사정이다.

⑥ 협력 사정: 지역사회 참여자들이 완전한 파트너로서 조사계획, 참여관찰, 분석과 실행국면 등에 관계되면서 지역사회에 의해 수행되는 사정을 말한다.

5) 지역사회 욕구사정을 위한 자료수집 방법

지역사회 욕구사정을 위해서는 다양한 방법들을 사용할 수 있는데, 크게 나누면 양적자료수집 방법과 질적자료수집 방법이 있다.

(1) 양적자료 수집방법

① 지표분석방법: 정부기관 및 사회복지관련 조직이 수집한 기존자료를 이용하여 지역사회 주민들의 욕구나 문제를 분석하는 방법으로, 통계청의 각종 통계자료, 인구센서스 자료, 한국의 사회지표, 사회통계조사 보고서, 노동통계, 보건복지통계 등을 활용할 수 있다.

② 사회조사방법: 설문지를 이용한 우편조사나 집합조사, 면접조사, 전화조사 등을 포함한 다양한 방법으로 지역사회 내에서 충족되지 않은 욕구에 대한 정보를 수집하는 방법이다.

③ 지역사회집단 접근: 사회조사, 시서울: 민조사 방법으로 가장 널리 쓰이는 욕구조사방법으로 전체 지역사회나 하위 지역사회에서 개인 인터뷰, 전화 인터뷰 등을 활용한 조사방법이다.

(2) 질적자료 수집방법

① 델파이기법: 전문적인 지식을 지닌 주요 정보 제공자들을 활용하는 방법으로 관련 전문가들을 선정, 주요 관심사에 대한 설문지를 우편이나 e-mail 발송 후, 회수된 응답내용을 합의되지 않은 부분과 합의된 부분으로 종합·정리한다. 분석 결과 합의되지 않은 내용에 대해서 그 이유와 함께 2차 설문지를 발송하여 의견을 묻는다. 이런 방식으로 일정 정도의 합의점에 도달할 때까지 분석한 결과를 참고하여 다시 응답하게 하는 절차를 반복한다.

② 명목집단기법: 각 참여자들은 짧은 시간 동안 리스트에 게재된 현안에 대해 찬반을 논하고, 집단은 최종적으로 현안 가운데 우선순위를 매기기 위해 투표를 한다. 목표확인 및 행동계획을 개발하기 위해서 활용한다.

③ 주요정보제공자기법: 주요 정보제공자로부터 대상집단의 욕구 및 서비스 이용 상태를 파악하는 방법으로 주요 정보제공자는 기관의 서비스제공자, 전문직 종사자, 지역 내 사회복지단체의 대표자, 공직자 등을 포함하

는 지역사회 전반의 문제에 대하여 잘 알고 있는 것으로 인정되는 사람들이다.

④ 참여관찰: 관찰자가 조사대상의 행동이나 사회현상을 현장에서 직접 보거나 방문하여 필요한 정보나 상황을 정확하게 알아내는 방법이다.

⑤ 포커스집단기법: 소집단으로 구성되며, 여러 명이 동시에 질의응답에 참여할 수 있다. 집중적인 토론에 유용한 지역사회 사정방법이다. 어떤 문제에 관련된 소수의 사람들을 한 곳에 모아 어떤 문제에 대한 의견을 개진하도록 하고, 참여자들끼리 토론도 가능하게 하여 보다 깊이 있게 의견을 듣는 방법이다. 대상자들은 주요 정보제공자, 관련 서비스제공단체 대표, 수혜자, 지역사회 주민 등이 될 수 있다.

⑥ 공청회: 정부의 프로그램이나 중요한 계획 등에 대해 의견을 개진할 수 있는 기회를 제공한다. 한계점으로는 공청회에 참석한 사람들의 견해가 전체 지역 주민을 대표하는지를 판단하기 어려우며, 통제하기 어렵다는 점이다.

⑦ 지역사회포럼: 주민의 욕구나 문제에 대한 지역 주민의 인식을 알아보는 방법으로 누구에게나 공개되어 있다. 참석자들은 지역사회 문제를 확인하고 그 문제의 해결에 관해서 제안들을 제시할 수 있다. 다양한 사람들에 의해서 다양한 의견이 제시되지만, 그 때문에 문제의 본질이나 구체적인 욕구파악이 어려울 수 있다. 한계점으로는 통제가 어려우며, 특정 인물이나 집단이 포럼을 주도적으로 진행하는 경우, 참여한 다른 사람들의 의견이 무시되거나 제한받을 수 있다.

3 계획 및 개입

계획 및 개입단계란 지역사회 사정과 욕구파악을 통해서 도출된 문제해결을 위해서 지역사회복지실천 계획을 세우고 본격적으로 개입, 즉 실행에 옮기는 과정을 말한다. 즉, 지역에서 파악한 욕구나 문제를 명확하게 하며, 목표를 설정하고 어떤 방법이나 지역사회 자원을 활용할 것인가에 대한 구체적인 내용이나 스케줄 등을 설정해야 한다. 이를 위해서 실천계획의 수립과정을 몇 단계로 나눠 살펴보자면 다음과 같다(박태영, 2008: 96-99).

1. 과제의 명료화와 실천목표 설정

사회복지사는 욕구파악 단계에서 명확해진 문제점이나 욕구를 기준으로 먼저 어떤 문제에 개입해야 할지를 결정해야 한다. 지역의 모든 생활문제를 동시에 해결하는 것은 불가능하므로 해결해야 할 문제의 우선순위를 결정해야 한다.

개입해야 할 문제의 우선순위를 결정하는 기준은 다음과 같다.

첫째, 긴급성이나 심각성이 높고, 서둘러서 다루지 않으면 안 되는 문제가 무엇인지, 또는 문제에 대한 주민의 관심은 어느 정도인지를 고려해 보아야 한다.

둘째, 지역 주민이나 단체가 문제해결을 위한 능력을 발휘하기 쉬운 문제는 무엇인가를 생각해 보아야 한다.

셋째, 소수의 주민과 관련된 문제지만 지역 전체적인 대응이나 배려가 필요한 문제가 무엇인지 살펴보아야 한다.

개입할 욕구나 문제를 결정하고 나면, 실천목적과 목표를 설정해야 한다. 이때 최종적인 목표와 이 목표를 단계적으로 달성하기 위해 단계별로 중간목표를 구체적으로 설정하는 것이 좋다. 목표설정은 사회복지사와 지역 주민들이 함께 협의하여 선정하도록 하고, 최종적으로 지역 주민이 선택한 목표를 향하여 최선을 다할 수 있도록 목표의 순위를 정해야 한다. 목표설정은 지역사회 주민들이 바라는 목표와 연관되어야 하며, 구체적이고 측정 가능한 언어로 진술되어야 한다. 또한 목표는 가능하면 성장을 강조하는 긍정적인 용어로 진술해야 한다.

이러한 세심하고도 명료한 목표설정은 개입과정의 방향을 명확히 제시해 주어 계획대로 진행할 수 있도록 도와주고, 개입이 끝난 후, 그 결과를 효과적으로 평가할 수 있게 해주므로 중요하다.

2. 개입방법의 선택

개입목표가 정해지면 목표달성을 위한 방법을 선택해야 한다. 개입방법을 선정할 때 고려해야 할 사항은 다음과 같다.

① 기존의 공적 서비스나 제도를 활용하는 것으로 달성 가능한 목표는 무엇인가?

② 공적인 서비스 및 제도를 개선하면 해결할 수 있는 것은 무엇인가?

③ 새로운 시설이나 재가복지서비스 등의 자원개발을 하지 않으면 안 되는 것은 무엇인가?

④ 지역사회 내의 복지나 보건 · 의료 등의 단체나 각종 조직, 기업 등 여러 단체 · 조직의 연계 · 협력에 의해 해결될 수 있는 것은 무엇인가?

⑤ 사회복지사나 연구자, 의사, 재활관련 전문가 등의 참가와 협력을 얻어야 하는 것은 무엇인가?

⑥ 민간자원 조성단체의 자원을 활용할 수 있는 것은 무엇인가?

⑦ 지역 주민의 참가나 협력으로 해결하지 않으면 안 되는 것은 무엇인가?

⑧ 자원봉사활동을 활용하는 것이 바람직한 것은 무엇인가?

이러한 사항을 고려하여 적절한 실천방법, 즉 사례관리, 자조집단의 형성 · 운영, 소지역 조직화활동, 복지교육, 자원봉사활동과 NGO지원, 사회자원 개발, 네트워크 형성 · 유지 등의 방법들을 선택해야 한다.

3. 실시계획

지역사회의 문제해결을 위해서 우선순위를 정하고 구체적인 대책이나 활동계획을 세운다. 구체적으로 누가, 언제, 어디서, 무엇을, 어떻게, 어떤 방법으로, 어느 정도의 비용으로 어떤 협력자들과 함께 어느 정도의 횟수와 빈도로 실시할 것인가 등에 대한 내용을 명확하게 해야 한다. 또한 융통성 있는 계획을 세우되 각각의 책임과 역할분담을 명확히 할 필요가 있다. 그러나 계획한 대로 이루어지지 않을 경우도 있으므로, 이에 적절하게 대응할 수 있는 대안계획을 가지고 있어야 한다.

4. 개입계획 실천

개입계획을 수립한 후, 이를 적극적으로 실천해 나가야 한다. 이 단계에서는 지역사회의 문제해결, 주민참가에 의한 주민들의 문제해결 능력향상, 지역사회의 연계나 협동의 강화, 장래의 활동기반 만들기 등에 초점을 맞춰야 한다. 실천계획을 실시할 때는 개입계획이 원활하게 실시되도록 측면으로부터 지원하는 다양한 활동이 필요하다. 그 내용을 살펴보자면 다음과 같다(박태영, 2008; 김범수 외, 2009).

1) 재원의 확보

실천계획을 훌륭하게 수행하기 위해서는 안정된 재원의 확보가 필요하다. 실천전략을 추진하는 기관에서는 재원을 확보하고, 재원확보 후에는 지역 주민에게 재원과 관련된 불신요소들을 제거하기 위해 투명한 관리가 필요하다.

2) 추진인력의 확보

실천계획의 원활한 진행을 위해서는 우수한 전문인력을 확보해야 한다. 추진인력 중 가장 중요한 인력은 지역사회의 지도자이다. 지도자를 확보하기 위해서 사회복지사는 지역 주민들과 자주 접촉하는 등 노력이 필요하다. 또한 우수한 추진인력을 확보하기 위해서 지역 주민들에게 다양한 프로그램을 통한 지속적인 교육을 실시하는 것이 필요하다.

3) 추진기관의 지도력

지역사회의 중요한 추진기관으로는 사회복지협의회, 종합사회복지관, 사회복지공동모금회, 자원봉사센터, 복지관련 시민단체 등이 있다. 이들 기관에서는 지역사회 실천전략이 잘 추진될 수 있도록 지도력을 개발해야 한다.

4) 홍보활동

홍보활동은 지역 주민들에게 지역사회복지실천 계획에 대한 이해나 인식을 넓히는 활동이다. 주민들이 설정된 지역의 문제를 잘 이해하고 참여할 수 있도록 하기 위해서는 홍보활동이나 복지교육이 필요하다. 이때 문제해결의 중요성과 함께 해결을 위한 수단에 대해서도 주민들이 이해하기 쉽게 알려야 한다.

홍보활동의 구체적인 실시 방법은 매스컴 이용과 개인적인 의사소통으로 구분할 수 있다. 매스컴 활용으로는 신문, 잡지, 사진, 팸플릿, 소식지 등의 시각효과에 호소하는 방법이나 라디오 같은 청각에 호소하는 방법, TV, 동영상, 인터넷 같은 시청각에 호소하는 방법을 활용할 수 있다. 개인적인 의사소통으로는 주민좌담회, 반상회, 각종 모임 등과 같은 주민의 직접 참여와 대화에 의한 의사소통 같은 공식적인 방법과 이웃 간의 교류나 구전(口傳)과 같은 비공식적인 방법도 있다.

홍보활동을 할 때는 알리는 내용이 진실성과 정당성을 담보하고 있어야 하며, 주민 모두에게 적절한 정보를 전할 필요가 있다.

5) 주민참가의 촉진

지역사회복지실천이 성과를 거두기 위해서는 많은 주민들의 참가가 가장 중요하다. 지역사회복지의 실천주체는 곧 지역에서 생활하고 있는 주민들이므로 주민들이 사회복지사와 협력하여 실천활동을 진행해 나가는 것이 중요하다. 권력이나 권위를 통해서 주민을 주도하는 소위 톱다운(top-down) 방식은 지역사회복지의 이념에 반하는 것이므로, 지역이 안고 있는 문제는 지역 주민들의 자발적인 참여와 협동을 통해서 해결해 나가는 형태가 가장 바람직하다고 볼 수 있다.

따라서 사회복지사의 과제는 지역 주민이 활동을 주도적으로 실시해 나갈 수 있도록 주민조직 · 단체를 강화 · 육성하는 데 있어야 한다. 조직된 주민조직 · 단체가 지속적으로 기능하도록 하려면 가능한 많은 주민이 자발적으로 실천활동에 참가하도록 유도하는 것이 중요하다.

6) 연락 · 조정활동

연락 · 조정활동은 지역에 존재하는 각종의 조직 · 기관 · 단체 간의 협동을 도모하는 방법이다. 이와 같은 문제의식을 가지고 지역사회복지 활동에 찬성하는 지역 내의 각 집단의 대표자들을 모아 대표자회의를 개최하고, 회의에서 대표자들은 문제해결을 위한 방법 등에 대해서 토론하고 공동의 계획에 따라서 결론을 모은다. 그리고 대표자들은 자신이 소속한 각각의 집단에 토론의 결론을 가지고 구성원들에게 설명하여 집단구성원들의 이해와 양해를 얻으면, 각 집단은 그 계획에 근거해서 역할을 분담하고 활동을 전개하게 된다. 이를 위해서는 각 집단에 강한 영향력을 지닌 대표자가 가능한 많은 수의 대표자회의에 참여하는 것이 중요하다.

대표자는 자신이 속한 각 집단의 의사나 방침을 대표자회의에 반영하고, 회의에서 토론 · 결정의 내용이나 경고를 그 집단에 가져가 그 계획이 집단의 활동으로서 실행 가능하도록 집단 구성원으로부터 동의를 구하는 역할을 담당한다. 이런 의미에서 대표자는 대표자회의와 각 집단의 매개체라고 할 수 있다. 매개체가 약화되면 대표자회의와 각 집단과의 관계는 불안정해지게 된다. 따라서 대표권을 가진 대표자의 참가는 대표자 회의와 각 집단과의 관계강화로 이어지게 된다.

4 평가 및 종결

평가는 설정된 목표가 어느 정도 달성되었는가를 알아보기 위한 것으로 개입에 대한 가치와 의의를 판단하는 과정을 말한다.

또한 실천 전개과정에서 적절한 방법과 프로그램이 원활하게 진행되고 있는지를 분석하고, 어느 정도 실천이 종료된 단계에서는 이제까지의 실천을 점검하여 목표달성 정도나 방법 등을 평가하게 된다. 즉, 계획된 목표는 어느 정도 달성되었는지, 실천활동은 어느 정도 효과가 있었는지를 명확하게 하고 향후 실천에서 그 결과를 반영하는 일련의 과정이다.

1. 과정평가와 결과평가

1) 과정평가

과정평가는 형성평가라고도 하는데, 프로그램 운영 중에 이루어지는 평가로서 문제점을 발견하여 프로그램 수정 및 보완을 목적으로 이루어지는 평가방법이다. 지역사회 주민들에게 계획대로 서비스를 제공하고 있는지의 여부를 평가하는 데 초점을 둔다. 과정평가로 의도한 목표가 달성되지 않았더라도 사회복지사나 주민들이 활동과정을 통해서 무엇인가를 얻을 수 있을 것이다. 이러한 성과는 새로운 활동에 반영하여 도움이 될 가능성이 높기 때문에 긍정적으로 평가를 해 두어야 한다.

구체적인 평가내용으로는 활동과정을 통해서 지역 주민이 스스로 문제를 주체적으로 해결하려고 하는 의욕을 어느 정도 높였는지, 문제해결 능력을 어느 정도 몸에 익혔는지 등이다.

2) 결과평가

결과평가는 총괄평가라고도 하는데, 모든 프로그램이 집행되고 난 후에 달성하려 했던 목표를 얼마나 잘 성취했는가의 여부를 평가하는 데 목적이 있다. 즉, 실천활동은 어느 정도 지역의 문제를 해결하였고, 주민의 욕구를 충족시켰으며, 지역 주민의 생활의 질을 향상시켰는지 등에 대해서 평가한다. 또한 실천활동의 영향에 대한 다음과 같은 내용도 파악해 둘 필요가 있다.

- 이차적인 영향은 없는가?
- 지역에 바람직하지 않은 영향을 미치고 있지는 않은가?
- 활동의 효과나 영향은 어느 정도 유지할 수 있는가?
- 활동의 비용과 그에 의해 나타난 효과를 비교해 볼 때, 활동의 효율성은 어떠한가?
- 이러한 효과를 달성하기 위해 다른 방법은 없는가?

그리고 표적인구 집단에 일어난 변화에 초점을 두며, 특정 프로그램이 의도하는 바를 제대로 수행했는지, 목표를 달성하였는지 등에 대해서 평가한다. 결과평가는 특정 프로그램이 지속될 것인지의 여부를 결정할 수 있는 중요한 근거가 된다. 과정평가와 결과평가의 주요 특성을 정리하면 표 7-4와 같다.

표 7-4 과정평가와 결과평가 비교

구분	과정평가(형성평가)	결과평가(총괄평가)
평가목적	• 진행과정 • 프로그램 수정, 보완 및 개발	• 프로그램 성과와 영향 결정
평가의 용도	• 프로그램 운영, 개발을 위한 피드백 제공	• 프로그램의 계속 · 중단 · 확대에 대한 종합 판단 (정책결정자 및 기획자)
이해당사자	• 기관책임자, 프로그램 관리자, 사회복지사	• 기관책임자, 정부, 재원공급자, 클라이언트집단
평가자	• 내부평가, 외부평가자의 자문	• 외부평가자, 내부평가자의 원조와 지원
표본 수	• 비교적 적음	• 대체로 많음
기본질문	• 무엇이 작용하고 있는가? • 발전을 위해서 무엇이 필요한가? • 이것이 발전될 수 있는가?	• 어떤 결과가 나왔는가? • 누구와 함께 했는가? • 어떤 상황하에서, 어떤 훈련과 함께 비용은 얼마나 들었는가?
평가항목	• 프로그램이 지역사회 욕구를 충족시킨 정도 · 문제해결의 정도 • 서비스 제공의 적절성 여부 • 서비스 내용과 양	• 목표는 달성되었는가? • 프로그램의 결과와 영향 • 프로그램의 비용 효과성

연습문제

1 지역사회복지실천에서 평가가 중요한 이유는 무엇인지 토의해 보자.

2 종결을 할 때, 고려해야 할 점들은 무엇인지 토의해 보자.

CHAPTER 08

지역사회복지실천에서 사회복지사의 역할

사회복지실천이 전문적이며, 지역 주민들의 삶의 질을 높이기 위해서는 전문성을 지닌 사회복지사의 역할이 매우 중요하다. 사회복지제도와 전달체계가 잘 구비되어 있다고 하더라도, 전문성을 지닌 사회복지사가 배치되지 않는다면 사회복지의 질적 수준의 향상을 기대하기 어려울 것이다. 이 장에서는 지역사회복지실천에 있어서 사회복지사의 일반적인 역할과 지역사회복지실천모델별 역할을 살펴보고자 한다. 특별히 지역사회개발모델에서 Ross와 Grosser가 구분한 사회복지사의 역할과 그 사례는 중요하므로 잘 이해하고 있어야 할 것이다.

1 지역사회복지실천과 사회복지사의 역할

1. 지역사회복지현장과 사회복지사의 자질

지역사회복지실천 현장에서 활동을 하는 사회복지사는 전문적 지식과 기술, 사회적 책임감을 갖추어야 한다. 이러한 조건을 구비하기 위해서 미국에서는 주로 대학원 과정에서 전문교육을 받고 있다. 전문교육의 목적은 지역사회복지에 대한 개념과 지식습득, 지역사회복지의 방법, 진행, 과정의 기술습득, 인간적 · 전문적 자질을 발전시키는 데 있다.

McMillen은 지역사회복지사의 자격요건을 다음과 같이 제시하고 있다(McMillen, 1965: 32).

① 좋은 퍼스낼리티를 지녀야 한다.
② 지역사회 욕구를 결정하는 데 이용할 사실에 대한 지식과 추진방법을 결정하는 데 도움이 될 사실에 대한 지식을 갖추어야 한다.
③ 조사방법과 해석방법 및 사회복지의 각 분야에서 발달된 기준을 잘 알아야 한다.
④ 집단토의를 자극하고 집단행동을 유발시키는 기술을 갖추어야 한다.

지역사회복지실천을 통해서 변화를 효과적으로 성취하기 위한 사회복지사의 역할은 현실적으로 요구되는 주요 과제이다. 사회복지사는 지역사회의 주체인 주민이 지역사회복지의 주체로서 욕구를 가지고 구체적인 서비스를 조성해 나가는 역할을 해야 하며, 관련 행정기관, 사회복지기관 등이 네트워크를 형성해 나가도록 해야 한다. 지역사회에서 활동하는 사회복지사는 동일한 지역사회 내에서 활동할 경우, 각 개인들과 집단을 대상으로 활동하며, 계속 변화하는 지역 주민들의 욕구에 따라 임무를 수행하기 때문에 매우 다양한 실천역할을 담당해야 한다.

일반적으로 지역사회조직에 있어서 전문 사회복지사는 지역사회 문제해결이라는 목표를 성취하기 위해서 매우 다양한 역할을 수행하게 되는데, 그 가운데 일반적인 역할을 살펴보면 다음과 같다.

2. 사회복지사의 일반적인 역할

사회복지사의 역할은 사회가 복지서비스를 필요로 해서 사회정책과 제도를 만들어 사회복지사에게 부여할 때 발생하는 과업의 체계이며, 이 과업을 수행함으로써 역할과 지위에 대한 사회적 인정을 받게 된다. 사회복지사의 활동은 다양한 개인 · 집단을 대상으로 하며, 계속 변화하는 주민들의 욕구에 따라 임무를 수행해야 하기 때문에 다양한 실천역할을 수행해야만 한다. 따라서 일반적인 사회복지사의 역할은 다음과 같다(M. Cohen, 1974; 박용순, 1996: 4 재인용).

의사전달자, 해석자, 촉진자, 카리스마적 지도자, 협상자, 매개자, 전문가, 대변자, 조력자, 사회치료자, 감독자, 중재자, 주창자, 원조자, 안내자, 계획가, 훈련가, 교육자, 행정가, 평가자 등 매우 광범위한 역할을 수행한다고 볼 수 있다.

이상에서 사회복지사가 어떤 역할을 중요시할 것인가 하는 문제는 이들의 훈련, 교육, 이념, 가치관 등에 따라 결정될 것이며, 그가 활동하고 있는 지역사회의 상황에 따라서 결정된다.

3. 사회복지사의 구체적 역할

직업역할과 관련하여 많은 직무기능들은 구체적인 역할 내에서 수행하는 과제나 활동으로 가장 잘 설명할 수 있다. 사회복지사들은 많은 실천역할을 수행한다. 그러나 개인의 선호도, 재능, 직무 등이 전문화된 실천을 이끌기 때문에 보다 제한된 역할과 기능을 수행하기도 한다. 사회복지의 역할을 잘 수행하기 위해서는 사회복지사가 전형적으로 수행하는 역할과 수행하도록 기대되는 직무기능을 이해하는 것이 중요하다.

사회복지사는 주로 「사회복지사업법」에서 규정하고 있는 다양한 사회복지서비스를 제공하고 있는데, 사회복지사의 역할은 전문영역과 속해 있는 사회복지 기관·시설의 특성에 따라서 매우 다양한데, 학자들이 제시한 내용을 중심으로 살펴보면 다음과 같다.

1) Hepworth와 Larsen이 제시한 사회복지사의 역할

① 직접서비스 제공자: 주로 상담을 제공, 촉진자, 교육자, 정보제공자, 중재자의 역할을 한다.

② 클라이언트환경의 다양한 체계와 연결: 중개자, 조정자, 중재자, 옹호자의 역할을 한다.

③ 체계유지 및 개발: 클라이언트의 환경에 개입, 간접서비스를 제공, 조직진단자 역할을 한다.

2 지역사회복지실천모델별 역할

사회복지사의 역할은 사업의 유형에 따라 각지각색이며, 한 유형 안에서도 구체적인 사업의 성격이나 진행과정에 따라 역할이 다양하게 규정될 수 있다. 그러나 각 유형 간의 역할이 서로 배타적이지 않으며, 다만 강조하는 바가 다를 뿐이다.

지역사회복지실천모델별 사회복지사의 역할을 간략하게 제시하면 표 8-1과 같다.

표 8-1 지역사회복지실천모델별 사회복지사의 역할

지역사회개발모델		사회계획모델		사회행동모델	
Ross	Lippitt	Morris & Binstock	Sanders	Grosser	Grossman
• 안내자(guide) • 조력자(enabler) • 전문가(expert) • 치료자 (therapist)	• 촉매자(catalyst) • 전문가 • 실천가 (implementer) • 조사자 (researcher)	• 계획가(planner)	• 전문가 • 분석가 (professional) • 계획가 • 조직가 (organizer) • 행정가(program administrator)	• 조력자 • 중개자(broker) • 옹호자 (advocate) • 행동가(activist)	• 조직가 (organizer)

1. 지역사회개발모델과 사회복지사의 역할

Ross는 지역사회복지실천에 있어서 사회복지사의 역할로 안내자, 조력자, 전문가, 사회치료자 역할을 담당한다고 말했지만, 이 가운데 주요한 사회복지사의 역할은 전문가나 사회치료자의 역할보다 안내자와 조력자 역할에 더 비중을 둔다.

1) 안내자 역할

일차적인 역할로 지역사회의 문제해결을 위한 목표를 설정하고, 해결방안을 마련하도록 안내한다. 사회복지사는 주민들이 여러 가지 요소를 감안해서 올바른 방향과 목표를 설정하도록 도와야 한다. 그러나 문제해결을 위한 방향과 방법을 선택하는 것은 지역사회 주민들 자체의 노력이어야 하며, 사회복지사는 자신의 목적을 성취하기 위해 지역사회 주민들을 이용하거나 조종, 강요하지 않아야 한다. 물론 사회복지사는 문제해결을 위해서 무엇을, 어떻게 해야 하는지에 대해서 자신의 견해를 가질 수는 있다. 그러나 자신의 의견을 강요하지 않되, 자기가 타당하다고 여기는 사업에 대해서 주민들이 관심을 갖도록 자극하고, 토의하도록 격려하며, 그 이익을 설명해 줄 수는 있다.

안내자로서의 구체적인 역할은 다음과 같다(김범수, 2003: 82-84).

(1) 문제해결과정에서 주도능력 발휘

안내자 역할은 자유방임적인 태도를 견지하는 것이 아니며, 수동적인 자세를 취하는 것도 아니다. 사회복지사가 직면하는 어려움은 지역사회 주민들이 무관심으로 일관하거나 냉담하고, 무질서하며, 퇴보적인 태도를 지닌 경우일 것이다. 즉, 이러한 지역사회는 기존 현상에 만족하고 변화를 원하지 않으며, 변화 가능성에 대해 완강하게 저항하기도 한다. 이런 상황에서 사회복지사는 도움을 제공하거나, 긴박감을 자극하고, 현존하는 문제가 주는 고통을 일깨워 주고 보다 이익이 될 수 있는 대안들을 제시하는 데 있어서 주도적인 역량을 발휘할 수 있어야 한다.

(2) 객관적인 입장의 견지

지역사회조직의 초기단계에서 사회복지사는 지역사회 조건에 대해 칭찬하거나, 혹은 비난하는 등 감정을 표현해서는 안 된다. 이는 지역사회 생활에 민감한 부분을 건드려, 사회복지사 자신의 유용성을 파괴해 버릴지도 모르기 때문이다. 그러나 사업을 전개해 나가는 과정에서 사회복지사가 지역사회의 성격을 이해하고 주민들을 알아 가게 됨으로써, 그가 수용할 수 없는 점에 대해서 주민들이 토의해서 개선할 수 있도록 점차적으로 자극을 주는 것이 필요하다.

(3) 지역사회와 동일시

사회복지사는 자신을 지역사회 전체와 동일시하고, 민주적인 토의방식, 지역사회조직 추진회가 합의한 문제나 사업에 같은 입장을 취해야 한다. 이는 특정사업에 대해 찬성과 반대를 하는 것이 아니라, 주민들이 협력적인 결정을 내릴 수 있는 과정들을 찾아내고 활용하는 데 도움을 주도록 해야 한다.

지역사회조직에 있어서 사회복지사는 자기의 역할을 수용하고 그것에 만족할 줄 알아야 한다. 사회복지사는 행동을 자제 할 수 있어야 하고, 맡은 바를 원만하게 수행 할 수 있는 능력을 길러야 하며, 그렇지 못할 때는 자신이 맡은 업무를 계속해서는 안 된다. 또한 주민들이 정부 당국의 도움을 얻기 위한 대표단을 구성하고, 사회복지사에게 '대표' 역할을 맡아 달라고 요청할 경우, 특별한 경우가 아니라면 거절해야 한다.

2) 조력자 역할

조력자(助力者) 역할이란 지역사회조직의 과정을 용이하게 하는 것으로 주민들이 불만을 표현하고 표출된 불만을 연결하여 집약하는 일을 돕는 역할을 말한다. 조력자의 역할은 다음과 같다(최일섭, 2007: 211-215).

(1) 불만을 집약하는 역할

사회복지사는 지역사회 조건에 대한 불만을 일깨우고 집약함으로써 지역사회를 돕는다. 사람들에 따라서 불만을 표현할 수 없어서 내면화하는 경우가 있고, 불만을 타인에게 전가하는 경우도 있다. 이런 경우 사회복지사는 불만을 말로 표현할 수 있도록 도와야 한다. 어떤 사람들은 자신의 문제를 '개인적인 문제'라고 체념해 버리는 경우가 있는데, 사회복지사는 그들의 문제가 '개인적'인 것이 아니라 '사회적'인 문제로 받아들일 수 있도록 도와주어야 한다.

(2) 조직화를 격려

조력자로서 사회복지사가 수행해야 할 가장 중요한 과제는 지역사회의 주민들 대부분이 예리하게 느끼고 있는 불만을 찾아내는 과정을 주도하고 용이하게 하는 것이다. 이를 토대로 사회복지사는 지역사회주민들이 불만에 대해 서로 논의하고, 불만의 우선순위를 결정하고 이를 해결하기 위한 조직을 결성하도록 돕는 것이다.

(3) 좋은 대인관계 육성

사회복지사는 주민들이 상호관계를 유지하고 협동적인 일에 참여하는 데 만족감을 갖도록 도와야 한다. 이를 위해서 사회복지사는 집단과 지역사회의 모임에 따뜻한 분위기를 조성하기 위해서 주민들을 친절하고 우호적으로 대해야 하며, '사소한 일'에도 관심을 갖아야 한다.

지역사회조직의 초기단계에 사회복지사는 주민들 간에 원만한 관계가 수립될 수 있도록 교량역할을 해야 한다. 주민들이 사회복지사를 좋아하고 신뢰해야만 주민모임에 기꺼이 참여하고, 그를 통해서 다른 사람들과 협력적인 관계를 맺게 된다. 따라서 사회복지사는 주민들 상호 간에 신뢰와 협동을 조성하는 데 자신을 활용해야 한다.

(4) 공동목표를 강조하는 일

사회복지사는 지역사회조직의 과정에서 모든 일이 효과적인 계획과 지역사회의 능력을 개발한다는 양대목표에 합치되도록 도움을 주어야 한다. 지역사회조직체는 흔히 특정과업에 지나치게 몰두하여, 사업이 달성하려고 하는 궁극적인 목표를 망각하기 쉽다. 사회복지사는 객관적인 입장을 지키면서, 주민들에게 장기적인 목표를 일깨워 주고, 일을 추진하는 시기의 적절성, 일과 일 간의 관계, 일의 내용 등에 대해 주민들에게 적절하게 질문을 던짐으로써 관심을 촉구해야 한다.

3) 전문가로서의 역할

전문가 역할은 자신이 권위 있게 말할 수 있는 분야에 대해서 자료를 제공하고 직접적인 충고를 한다. 즉, 지역사회 단체가 사업을 운영하는 데 필요하며, 요구되는 조사자료, 기술적인 경험, 자원에 관한 자료, 방법상의 조언 등을 제공한다. 전문가로서 사회복지사가 수행하는 기능들은 다음과 같다(최일섭, 2007: 215-217).

(1) 지역사회에 대한 진단 및 분석

사회복지사는 지역사회를 분석 및 진단하는 데 있어서 전문가 역할을 수행한다. 지역사회는 자체의 구조와 특성에 대해서 잘 모르기 때문에 공동사업을 추진하는 데 장애요인이 될 수 있으나, 주의를 소홀히 했던 자체의 어떤 특성에 대해서 지적해 주도록 요청할 수 있고, 사회복지사도 그것을 알 필요가 있다. 예로 지역사회 내에 있는 비공식적인 사회조직, 지역사회의 집단을 분리시키는 어떤 세력의 성격, 어떤 종교집단의 특정의식 등은 지역사회의 협력적인 사업을 위해서 잘 파악할 필요가 있다.

(2) 조사기술

사회복지사는 조사방법에 대한 지식과 기술을 활용해서 지역사회가 필요로 하는 조사를 계획하고 행할 수 있어야 하며, 지역사회에서 행해지는 조사팀의 일원으로 참가할 수도 있다. 그리고 타 지역사회에서 행해진 조사, 연구, 시범사업 등에 관해서 잘 파악해서 지역사회 자체의 문제를 해결하는 데 필요한 정보를 제공해 주어야 한다.

(3) 방법에 관한 조언

사회복지사는 지역 주민들이 조직을 결성하는 방법 · 절차에 대해서 전문가적 지식을 가져야 한다. 조직과 절차는 일반적으로 지역사회의 관행에 상당한 정도로 영향을 받지만, 사회복지사는 이에 대한 상당한 조언을 할 수 있다.

(4) 기술상의 정보

사회복지사는 기술적인 방안에 관한 자료를 제공하고 자료를 확보할 수 있는 방법에 대해서 잘 알고 있어야 한다. 다시 말해서 구상 중인 어떤 사업에 관한 자료를 어디서 어떻게 구할 수 있는지를 알아야 한다. 이러한 자료는 도서관, 학교, 보건기관, 토목공사, 농업분야 등에서 구할 수 있다.

(5) 평가

사회복지사는 현재 수행하고 있는 사업을 평가하거나 사업의 진행과정에 대해서 주민들에게 설명해 줄 수 있어야 한다. 이때 토의의 내용을 객관적으로 이해할 뿐만 아니라 상호관계의 과정과 이것이 개인 및 집단에 미치는 영향에 대해서 알고 있어야 하며, 이러한 것들을 주민들 간에 관계가 손상되지 않고, 이해를 증진시킬 수 있도록 설명해 줄 수 있어야 한다.

4) 사회치료자 역할

지역사회에 따라서는 공동의 노력을 심하게 저해하는 금기적 사고(taboo ideas)나 전통적인 태도가 있어서 지역사회의 공동노력을 방해하며, 집단 내 긴장상태를 조성하고, 불화를 일으키는 원인으로 작용할 가능성이 있는 경우에는 이를 변화시키기 위한 활동을 전개한다. 이때 지역사회의 기원이나 역사를 잘 알아야 하고, 현재의 믿음이나 관습에 관한 사회적 근원과 믿음, 실제와의 관계를 알아야 하며, 지역사회의 권력구조, 지역사회 내의 역할과 역할들 간에 관계에 대해서도 파악하고 있어야 한다.

2. 사회계획모델과 사회복지사의 역할

지역사회복지실천 과정에서 사회복지사의 역할을 사회계획모델 측면에서 분석한 대표적인 학자는 Morris와 Binstock 그리고 Sanders이다. Morris와 Binstock은 '계획가'를, 샌더스는 '전문가' 역할을 강조하고 있다.

1) 계획가 역할

Morris와 Binstock은 사회적 서비스를 개선하고 사회문제를 완화시키는 주요 수단은 공공기관의 정책을 개선하는 것이며, 목적달성을 위해 노력하는 전문가를 '계획가(planner)'라고 한다. 계획가는 결정과 조치의 지침이 되는 목표를 선택하기 위해 인과관계에 대한 지식을 활용한다. 즉, 계획가는 자신이 원하는 방향으로 변화를 이루어 내고, 그의 노력을 효율적으로 전개하기 위해서 목적성취에 있어서 자신의 영향력과 그가 변화시키려고 하는 정책을 가진 기관의 저항 사이의 관계를 분석하고 계측한다. 이에 대한 계측을 위해서 계획가는 대상기관 내에 있는 '지배세력'의 주요 관심사가 무엇인지를 찾아내야 한다. 지배세력집단을 찾아낸 다음에는 이들에게 영향력을 행사할 수 있는 방법을 검토하게 되는데, 그 방법으로는 책무, 친분관계, 합리적인 설득, 견해를 갖게 하는 것, 압력, 유인 등이 있다.

계획가는 자신이 영향력을 발휘할 수 있는 자원 중에서 주어진 상황에 가장 적절한 것을 선택하게 되는데, 자원의 종류는 ① 돈과 신용, ② 개인적 열정, ③ 전문성, ④ 인기, ⑤ 사회적 기반과 정치적 기반, ⑥ 정보의 통제, ⑦ 합법성과 적법성 등이 있다.

2) 전문가 역할

Sanders는 도시지역사회에서 사회복지사가 '계획된 변화'를 성취하기 위해 수행하는 역할을 분석가, 계획가, 조직가, 행정가로 구분하여 제시하고 있다.

(1) 분석가 역할

사회복지사가 계획된 변화를 성취하기 위해서는 사실발견과 분석을 전제로 해서 전문적인 활동을 수행해야 한다. 적절한 자료를 토대로 하지 않은 일체의 계획은 성공적인 결과를 얻을 가능성이 적기 때문이다. 사회복지사는 조사를 토대로 한 분석가 역할을 할 수 있어야 한다.

(2) 계획가 역할

사회복지사의 계획가 역할은 기술적인 면이나 법적·재정적인 면이 고려되어야 하지만 무엇보다도 중요한 것은 그들이 지녀야 할 철학이며, 반드시 이용자들의 인간적 측면과 복지증진이 반영되어야 한다. 또한 특정 목표달성을 위한 수단을 검토하며, 계획에 대한 행정에서 어느 정도로 중앙집권적이며, 분권적 결정에 의존할 것인지를 판단할 수 있어야 한다.

(3) 조직가 역할

조직가 역할은 계획수립과 실천과정에서 지역사회에 있는 행동체계를 적절히 참여시키는 것이다. 지역사회 내에 있는 집단·단체들을 계획수립과 추진에 참여시키기 위해서 사회복지사는 그들이 해야 할 역할을 분명히 하고, 이를 효과적으로 수행할 수 있도록 훈련시켜야 한다. 특히 지역 주민들의 참여의식을 고취시켜 스스로 조직화하고 목표를 추진할 수 있도록 사기를 진작시키고, 능력을 키워 주어야 한다.

(4) 행정가 역할

행정가 역할을 수행하는 사회복지사는 계획을 수립하고 지역사회가 이를 수용하게 하거나, 프로그램을 실제로 운영하거나 주민들이 이를 알고 반응을 보이는 단계에서 발휘해야 한다. 운영 중인 프로그램이나 기관의 운영에 주민이 관심을 갖도록 해야 하며, 지역사회 내의 모든 인적·물적 자원을 적절하게 관리해서 효과적·효율적으로 목표를 달성해야 한다.

3. 사회행동모델과 사회복지사의 역할

1) Grosser가 제시한 사회복지사의 역할

Grosser의 사회행동모델에서 사회복지사의 역할로 조력자, 중개자, 옹호자, 행동가를 강조한다. Grosser는 지역사회의 자원분배 메커니즘을 변경하여 지역사회의 불우계층의 이익을 증대시키기 위해 도시 저소득지역의 주민이나 기타 어려운 처지에 놓여 있는 클라이언트 집단의 복지를 위해 일하는 것이 사회복지사의 주요한 역할이라는 급진적인 주장을 하고 있다.

종래의 지역사회조직사업에서 사회복지사는 서비스 수혜자의 입장보다는 서비스를 제공하는 기관의 입장에 서서 일하는 경향이 있음을 비판하고, 진정으로 불우계층의 복지증진을 위해서는 클라이언트 편에 서서 활동을 전개하는 것이 사회복지사의 역할이라고 주장하고 있다.

(1) 조력자 역할

조력자 역할은 지역사회 주민이 자체의 욕구분석을 토대로 스스로 선정하여 추진하는 사업이 외부로터 부과된 사업보다 가치가 있고, 지속성이 있기 때문에 사회복지사는 이를 가능하게 도와주는 것이다. 그러나 Grosser에게 있어서 조력자는 제한된 가치를 지닌 소극적인 역할을 수행한다고 보고 있는데, 사회복지사는 소외계층의 복지증진을 위해서 클라이언트 편에 서서 활동을 전개시켜 나가야 하며, 지역사회 주민들로 하여금 스스로의 역량을 강화시켜 주도적으로 참여할 수 있도록 도와주는 역할을 수행한다. 이때 사회복지사는 조력자로서 클라이언트 스스로 할 수 있는 일을 스스로 할 수 있도록 조력하는 것이 중요하다.

(2) 중개자 역할

주민들이 필요로 하는 지역자원에 접할 수 있도록 자원의 소재를 밝혀 주는 것으로, 중개자로서 사회복지사는 주민들이 필요로 하는 자원이 어디에 있는지 가르쳐 줌으로써 자원에 접근할 수 있도록 해주는 역할을 한다. 이는 지역사회개발모델에서 주민들이 스스로 자원의 소재를 파악하도록 도와주는 전문가의 역할보다는 훨씬 적극적인 개입이라는 데에 주목할 필요가 있다.

(3) 옹호자 역할

Grosser는 지역 주민들에게 자원의 소재를 알려주는 정도의 중개자 역할만으로는 충분하지 못하다고 보고, 보다 적극적인 옹호자의 역할이 불가피하다고 주장하고 있다. 사회복지사의 옹호자 역할은 필요한 정보를 끌어내고, 주민들 입장의 정당성을 주장하며, 기관의 입장에 도전할 목적으로 지도력과 자원을 제공해야 한다. 사회복지사는 사회적 갈등상황에서 약자들 편에 서야 하며, 자신의 전문적인 역량을 오직 클라이언트의 이익증대를 위해서 사용해야 한다.

(4) 행동가 역할

사회복지사는 궁극적으로 지역사회 변화를 추구하기 위해서 지역 내의 약자계층 편에 서서 옹호자 역할을 할 뿐만 아니라, 행동가 역할을 수행해야 한다. 행동가는 갈등상황에서 중립적이거나 수동적인 자세를 거부하며, 직접적인 행동을 해야 한다. 예들 들어서, 지역사회 내에 재활치료센터가 없기 때문에 장애아동의 부모들이 장애를 지닌 자녀들의 재활치료 서비스욕구를 충족하지 못하고 있는 상황에 처해 있다고 하자. 이때 사회복지사는 다른 지역의 재활치료시설을 소개한다거나 이사를 권하는 것은 소극적 · 중립적인 태도라고 할 수 있다. 이런 상황에서 행동가 역할을 수행하는 사회복지사는 장애아동 부모들과 함께 정부에서 지역사회 내에 재활치료센터를 설립하도록 촉구하거나, 이러한 문제를 지역사회에 알리기 위해 캠페인을 벌이거나 서명운동과 같은 직접적인 행동을 해야 한다.

2) Rubin 등이 제시한 사회복지사의 역할

Rubin 등이 제시한 사회복지사의 역할에는 교사 역할, 촉진자 역할, 후원자 역할, 매개자 역할 등이 있는데 그 내용을 자세히 살펴보면 다음과 같다.

(1) 교사의 역할

문제를 해결할 수 있는 능력을 개발하여 지도자가 될 수 있음을 가르쳐주고 토착적 지도력을 창출하고 격려한다. 중요한 것은 해답을 아는 사람이 아니라 올바른 질문을 던질 수 있는 사람이다.

(2) 촉진자의 역할

다른 사람들의 활동을 자극하고 촉진하며, 지역사회 성원들이 중요하다고 생각하는 공통적인 문제를 찾아내고, 사람들을 연결시켜 주며, 조직화의 기반이 되는 지역사회 정신(sense of community)을 창출한다. 그리고 초기활동의 성공을 통하여 사람들의 관심과 활동을 유지시킨다.

(3) 후원자의 역할

지역사회조직화에 있어서 성원들이 조직활동을 지속할 수 있도록 도우며, 매력 없는 일상적인 과제들을 수행하는 데 필요한 기술적 기법이나 지식에 기반을 둔 조언을 한다. 그리고 기초적인 조사연구, 기록, 의사결정에 필요한 정보를 제공한다.

(4) 매개자의 역할

지역사회 유관기관과 관계를 형성하며, 지역사회조직, 성원, 지역사회를 연결시켜 준다.

이상에서 살펴본 지역사회복지실천모델별 사회복지사의 역할을 간략하게 정리하면 표 8-2와 같다.

표 8-2 지역사회복지실천모델별 사회복지사의 역할

지역사회개발모델	사회계획모델	사회행동모델
안내자, 조력자 전문가, 치료자	분석가, 계획자 조직가, 행정가	조력자, 중개자 옹호자, 행동가

4. 사회복지사의 역할에 대한 제안

앞에서 살펴본 바와 같이 사회복지사의 역할은 매우 다양하고 실천모델이나 학자들에 따라서 강조점에서 차이가 있지만, 가장 중점을 두고 생각해야 할 점은 '사회복지사는 세상을 바꾸는 사람', '행복한 세상을 만드는 사람'이라는 점을 강조하고자 한다. 즉, 자본주의의 성숙과 함께 전통사회의 가족과 시장이 지닌 요보호 시민의 보호기능이 크게 약화되었고, 지역사회의 공동체 기능이 약화되면서 생긴 시민의 복지욕구와 사회문제를 '복지공동체'의 구축을 통해서 해결하고자 할 때, 사회복지사는 상담가, 복지교육자, 조정자, 자원제공자, 지역사회 변화를 이끄는 운동가 등의 역할을 통해서 행복한 세상, 복지공동체를 만드는 전문가 역할을 수행해야 할 것이다.

복지욕구가 증대함에 따라 사회복지사의 새로운 역할 정립이 요구되고 있다. 이러한 역할정립을 위해서는 사회적인 조건보다 사회복지사 스스로가 주체적 조건 속에서 발전해야 된다고 본다. 그리고 사회복지사의 전문직 정체성과 위상을 확립하고, 그 전문성을 발휘할 수 있는 능력과 자질을 갖추는 일이 무엇보다도 중요하다.

연습문제

1 지역사회복지사는 성실성, 용기, 감정적 균형과 조정, 객관성, 건전한 판단, 재치, 민감도, 융통성, 상상력, 차분하게 일하는 능력, 주민에 대한 애정이 있어야 하고, 타인의 인격을 존중하는 성품이 필요하다. 소집단별로 자기인식 증진을 위한 훈련시간을 가져 보자.

2 사회복지사는 집단과 지역사회의 모임에 따뜻한 분위기 조성을 위해서 주민들을 친절하고 우호적으로 대해야 하며, 주민들 간에 원만한 관계가 수립될 수 있도록 교량역할을 해야 한다. 이를 통해 사회복지사는 주민들의 모델이 될 수 있다. 소집단으로 나눠 평소 관찰한 동료의 대인관계 태도나 특성에 대해서 피드백을 나누는 시간을 가져 보자.

CHAPTER 09

지역사회복지실천에서 사회복지사의 기술

지역사회복지실천을 위해서 사회복지사가 활용하는 기술은 지역사회복지실천모델에 따라 다양하다. 각각의 실천모델은 차별화된 목표와 전략을 가지며, 실천기술은 이러한 목표를 달성하고 전략을 수행하기 위한 수단으로 활용된다. 이 장에서는 지역사회복지실천 현장에서 주로 사용되는 기술인 욕구사정기술,* 옹호기술, 연계기술, 조직화기술, 지역사회교육기술, 자원개발 및 동원기술, 협상 및 갈등조정기술, 임파워먼트(empowerment)기술 등에 대해서 살펴보고자 한다.

* 지역사회 주민의 욕구사정기술은 제7장을 참조하라.

1 옹호·대변기술

최근 사회정의를 확보하기 위한 사회복지 분야의 정치적인 역할이 신장되면서 사회복지 활동에 있어서 '옹호'는 중요한 개념으로 대두되고 있다. 사회복지는 억압 받고 소외된 취약집단의 삶의 질 향상을 위해 새로운 사회정책 형성에 영향을 주거나, 새로운 사회복지 프로그램 및 서비스개발에 직접 참여하는 옹호전략을 사용하고 옹호개입을 할 필요가 있다.

1. 옹호의 개념

일반적으로 사회복지 분야에서 사용하는 옹호는 매우 다양한 개념을 지니고 있다. 옹호의 개념을 살펴보면 다음과 같다.

첫째, 대신하여 말하거나 탄원하는 행위이다. 즉, 다른 사람의 입장을 대변하거나 명분을 위해 싸워 주는 것이며, 어떤 이슈를 대신하여 이야기하거나, 어떤 집단의 이름으로 그들의 이익을 위해서 이야기하는 것을 말한다.

둘째, 옹호는 다른 사람을 대표하여 행동하는 것이다. 즉, 다른 사람의 이익이나 복지를 마치 자신의 것처럼 대표하는 것이다(Horn, 1991). 또한 클라이언트의 지지자, 충고자, 선봉자로 행동한다(Briar, 1967).

셋째, 옹호는 조치를 취하는 것이다. 옹호의 일반적인 의미는 조치를 강구하기, 행동하기, 반응하기, 앞으로 나아가기, 시도하기, 행동에 옮기기이다.

넷째, 옹호는 변화를 촉진하는 것이다. 즉, 클라이언트나 집단을 대신해서 지역사회의 조건을 변화시키는 행위로서 수정하거나 변경, 개선, 변형하는 것을 의미한다.

다섯째, 옹호는 합법적인 서비스나 자격 및 혜택, 권리에 사람들이 접근할 수 있도록 촉진시키는 것이다.

여섯째, 옹호란 사회정의를 이룩하고 보존할 목적으로 어떤 행동방침을 직접적으로 방어하는 행위이다(Payane Pezzli, 1977).

일곱째, 옹호란 클라이언트의 역량을 강화하는 것이다.

여덟째, 옹호란 클라이언트의 문제와 동일시하는 것이다.

2. 지역사회복지와 옹호기술

옹호기술은 지역사회복지실천 과정에서 지역 주민, 특히 억압받는 집단이 지닌 입장의 정당성을 주장하고 지도력과 자원을 제공하는 데 사용된다. 즉, 옹호란, 클라이언트의 이익, 혹은 권리를 위해 싸우거나, 대변하거나, 방어하는 활동을 말한다(감정기 외, 2005: 233). 직접적 서비스 실천에서 옹호는 종종 클라이언트를 지지하고 대변하는 활동이기도 하고, 클라이언트가 스스로를 대변하는 자기옹호가 이루어지기도 한다(Hardcastle et al., 1997; 감정기 외, 2005: 233-234 재인용).

지역사회에서 옹호기술을 활용하기 위해서는 환경이 클라이언트의 자기결정권을 방해하고 있거나 사회정의를 해치고 있다는 판단이 선행되어야 하며, 사회복지사는 개인이나 지역사회가 고통을 야기하고 있는 환경상의 문제에 정면으로 대처할 수 있도록 이들의 능력을 어느 정도 강화시켜야 하는지 결정해야 한다. 개인이나 집단 또는 지역사회가 환경상의 변화를 달성할 수 있는 개입활동을 요청해오면, 사회복지사는 이들, 특히 능력강화를 할 수 없는 사람들을 대신해서 옹호활동을 수행해야 한다(Mickelson, 1995).

옹호기술의 실제과정은 옹호활동의 계획, 문제의 정의, 목표의 설정, 표적 정하기, 옹호를 위한 재가의 획득, 개입수준 결정, 개입전략의 실행, 결과평가 등 일련의 과정으로 이루어진다(Rubin & Sager, 1998: 184-185).

3. 옹호활동의 원칙

지역사회복지실천가가 효과적인 옹호활동을 수행하기 위해서 지켜야 할 원칙은 다음과 같다(김종일, 2004: 163-164).

첫째, 옹호활동은 합리적 수준을 유지하는 것이 좋다. 즉, 클라이언트의 수준에 맞아야 한다.

둘째, 가능하면 팀워크에 의존해야 한다. 개별적인 옹호활동이 더 좋은 결과를 가져올 때도 있지만, 집단적인 옹호활동은 동원 가능한 자원이나 다양한 전술을 활용할 수 있다는 점에서 유리한 점이 많다.

셋째, 옹호활동은 종종 적극적이고 단호한 태도를 요구하기도 한다. 옹호활동의 상대가 되는 기득권을 가진 조직 혹은 개인을 대상으로 타협적이거나 양보하는 태도를 취하기 쉽다. 그러나 클라이언트의 이익을 지속적으로 알리고 상대방의 변화를 유도하기 위해서는 적극적인 태도를 견지해야 한다.

넷째, 유연성을 강점으로 인식할 필요가 있다. 단호한 태도가 요구된다고 해서 모든 일에 경직된 태도를 유지해야 하는 것은 아니다.

4. 옹호의 실천전략

사회변화를 위한 옹호기술로는 설득, 공청회, 표적을 당황하게 하기, 정치적 압력, 미디어 활용, 탄원서 전략이 있다. 그 내용은 다음과 같다(Kirst-Ashman & Hull, Jr., 2001).

1) 설득 · 직면 전략

설득은 변화표적체계가 기존의 결정과 다른 결정을 내리는 데 필요한 정보를 제공하는 형태를 취할 수 있다. 이는 타인을 설득하는 데 유용한 방법을 제시하는 형태이다(Kaffman & Sallee, 1994).

첫째, 귀납적 질의(induction questioning)방법이다. 표적체계로 하여금 그들의 초기에 결정한 결론에 대해서 생각을 하게 만들 수 있는 일련의 질문들을 단순히 제공하는 방법이다. 만약에 표적체계가 초기에 잘못된 정보들에 근거하여 결정을 내렸다는 확신이 있다면, 옹호자는 그 정보가 공적인 기록으로 개방할 수 있는가를 요구할 수 있다.

둘째, 현안의 문제와 이슈의 양쪽에 논쟁을 제기하는 것이다. 옹호자측의 견해와 사실들을 공개적으로 천명할 뿐 아니라 상대방의 견해, 관심사 그리고 사실들도 인정하는 것이다. 이러한 접근의 이점은 상대방으로 하여금 옹호자가 그들의 논쟁점을 이해하고 있다는 사실을 알게 하면서, 옹호자의 논점이 보다 합리적이라는 사실을 알리는 것이다.

셋째, 가장 강한 설득방법인 고집과 끈기를 보이는 것이다. 대부분의 사람들은 저항과 부딪치면 주장을 포기하기 쉽다. 따라서 표적체계도 옹호자들이 포기할 것을 기대할 수 있다. 저항에 굴하지 않고 참아 내는 옹호자는 결코 소진되지 않고, 단호한 입장을 지키고 결국 승리할 수 있다.

직면적 접근들은 세 가지 차원으로 이루어질 수 있다.

첫째, 옹호자는 상대방이 법률 및 정책을 준수하지 못한 실패를 노출시키겠다는 위협을 할 수 있다.

둘째, 옹호자는 실제로 정보를 노출시키고 자연적인 결과가 일어나도록 할 수 있다.

셋째, 옹호자가 행정적 청문회 또는 법정을 통해 호소할 수 있다. 법정을 통한 호소방법은 비용이 들기 때문에 정규적으로 채택될 수 없다. 이는 다른 대안들이 실패할 경우에 적절히 활용될 수 있다. 행정적 호소는 훨씬 많이 이루어지는데, 그 이유는 규칙 또는 규정들 또는 이들 규칙 및 규정들의 근원이 되는 의사결정을 변화시킬 수 있는 유일한 방법인 경우가 많기 때문이다.

2) 공청회와 법적 호소

공청회와 불평호소 절차활용은 수혜자격이 있는 혜택 또는 권리를 거부당한 클라이언트 또는 클라이언트 집단들이 평등한 처우를 보장받을 수 있도록 계획된 행정적 절차이다. 정상적인 과정으로는 클라이언트들이 자신들에 불리한 결정을 내린 상대방의 행동에 관련하여 공청회를 갖기 원한다는 신청을 내면, 외부인사(보통 정부기관 종사자)가 클라이언트와 상대방 양측의 주장을 듣도록 지명되어 공청회가 열리게 된다. 그래서 외부인사인 심사관이 상대방이 정부 또는 지방정부의 정책을 어겼는지를 심의·판정하여 상대방의 과실이 확인되면, 그로 하여금 규칙에 따라 클라이언트에게 정당한 혜택을 주도록 지시하는 판결을 내리게 된다.

3) 표적체계를 당황하게 하는 전략

사회복지조직 내의 사람들은 사실상 자신들이 클라이언트의 욕구에 최대한 민감하게 대응하려는 취지를 가지고 일하고 있다고 생각한다. 따라서 만약에 이에 반대하는 상대방이 조직의 실수나 실패를 지적하고, 주의를 환기시키기 위해서 매체까지 동원한다면 이는 매우 당황스러운 결과로 지각할 것이다. 이러한 노력을 통한 자극은 조직으로 하여금 바람직한 방향으로 변화를 가져오게 하거나 또는 오히려 보다 큰 저항을 일으키는 계기를 만들 수도 있다. 따라서 변화표적을 당황하게 만드는 전략은 위험을 수반한다.

지역신문의 독자란에 편지를 쓰는 행동은 변화표적에 주의를 집중하게 하는 계기를 마련할 수 있다. 기관 앞에서 피켓을 들고 시위하거나 기관의 실수나 잘못하는 사실을 대자보(大字報)나 벽면에 게재한다면, 표적을 당황하게 만드는데 충분한 방법이 될 수 있다.

4) 정치적 및 지역사회 압력의 사용

정치적 압력은 변화가 발생하지 않을 때, 변화를 강요하기 위해서 정치적 권력을 적용하는 것이다. 공적 조직들이 그들을 통제, 조정하는 정치적 인사들의 관심에 민감할 수 있다.

선출직 공직자들은 선거구민들의 접촉에 의해 그들의 권한이 미치는 조직에 관련된 사항들에 영향을 행사하도록 만들 수 있다. 이들은 시의원, 구의원, 구청장 등이 될 수 있다. 사회복지사는 객관적이고 타당한 정보와 자료를 가지고 이들 정치적 영향력이 있는 대상들을 직접 만나서 변화를 종용할 수도 있다. 즉, 사회복지사는 지역사회가 선출한 공직자인 시·구의원으로 하여금 구청이나 시청에 압력을 가하는 방법을 활용할 수 있다.

5) 미디어의 활용

옹호자는 매체들을 활용하여 변화를 야기할 수 있는 직면전술로 사용할 수 있다. 예를 들면, 어떤 TV방송국은 어떤 기관·조직들에 대한 시청자들의 서면으로 작성된 불만사항들에 반응하는 대중서비스 프로그램을 운영할 수 있다. 그리고 리포터가 이 상황을 조사해서 저녁뉴스 시간에 논의할 수 있다. 가끔 이러한 유형의 압력이 클라이언트를 위한 바람직한 변화를 가져올 수도 있다. 이러한 문제는 반드시 정부 관료주의가 포함되지 않을 수도 있다. 즉, 어떤 기업체로부터 만족스럽지 못한 처우를 받은 클라이언트도 자신들의 불평을 홍보하기 위해 TV 프로그램을 활용할 수도 있다.

6) 탄원서 서명 전략

옹호자가 탄원서(歎願書)를 사람들에게 돌려서 서명을 받는 탄원전술을 통해서 어떤 행동을 촉구할 수 있다. 예를 들면, 옹호자는 위험한 교차로에 신호등 설치를 위해서 주민들의 서명을 받을 수 있다.

탄원은 특정 조직·기관으로 하여금 구체적인 방법으로 행동할 조건을 요청하는 내용의 성명서를 준비하여 사람들의 서명을 받는 행동이다. 이러한 서명을 받는 활동은 가가호호 방문하거나 사람들의 통행이 빈번하거나 많이 모이는 중앙지역에 가판대를 설치할 수도 있다.

5. 효과적인 옹호활동을 위한 전략

옹호기술은 사회복지사에게 중요하며, 개인·가족을 돕는 데 활용되는 원리가 옹호에도 적용된다. 클라이언트 입장에서 시작하기, 강점 인정하기, 위해서(for)가 아닌 함께(with) 계획하기 등이다. 오랫동안 유지되어 온 체제나 정책을 변화시키는 것은 쉽지 않기 때문에 옹호는 은근한 끈기와 용기, 확신, 인내,

낙천주의가 필요하다.

1) 옹호 및 지역사회조직의 시작

옹호 및 지역사회조직의 기술을 향상시키기 위해서는 다음과 같은 사항부터 시작하는 것이 좋다.

① 지역사회의 각종 집단 · 조직에 있는 사람들을 알아 나간다. 어떤 문제의 영향을 받는 주민들에게 문제의 역사를 이야기해 주고, 그들이 미래를 어떻게 보고 있는지 알아본다.

② 문제의 심각성이나 성격에 대해 조사하고 기록한다. 문제상황을 이해하고 문제의 심각성에 대해 사회복지기관, 소비자, 지역유지, 입법자들에게 알릴 수 있어야 한다. 옹호활동에는 반드시 지역사회의 각 성원들을 포함시켜 자신의 입장을 이야기하도록 초청해야 한다.

③ 가능한 해결책을 찾기 위해 관심 있는 사람들로 구성된 네트워크를 구성하거나 연합체를 형성한다. 문제로 인해 가장 많은 영향을 받는 사람들의 대표자를 관여시켜야 한다.

④ 변화가 필요하다는 점과 지역사회의 입장을 알리기 위해 대중매체를 활용한다. 이때 사회복지사는 충분한 정보를 소유했고 세밀하게 준비했다는 점을 분명히 제시해야 한다.

⑤ 사회복지사가 어떤 집단 · 조직, 지역사회를 대표하고 있다면, 이런 조직들이 사회복지사에게 모든 것을 추진할 수 있는 권한을 주었다는 점을 분명히 해야 한다. 정책결정자에게 본인이 그들을 대표하고 있으며, 대변인 역할을 한다고 말해 둔다.

⑥ 입법에 관한 옹호활동을 한다면, 입법과정을 공부할 필요가 있다. 누가 상황을 변화시킬 수 있고, 결정권을 가지고 있는지를 파악한다.

2) 옹호를 위한 자료수집

사회복지사가 옹호활동을 위해 동료나 입법(立法)에 영향을 미치는 지역구 의원들을 교육시키기 위해서는 지역사회에 관해 공부해 두어야 할 필요가 있다. 인구조사보고서를 통해 지역의 인구동향을 파악하고 각종 범죄통계, 질병관련 통계에 관한 자료를 살펴보아야 한다. 각종 지역사회 기관과 주민들에게 설문조사를 실시하여 지역사회의 가장 중요한 사회문제를 파악하는 것도 한 방법이다. 사회문제에 대해 정보를 수집하는 목적은 문제를 이해하여 적절한 해결책을 제시하기 위한 것이며, 정치가들이나 대중을 설득시키기 위해서이다. 이 때 다음과 같은 문제를 숙고해 보아야 한다(Netting et al., 1993).

① 현 상황을 변화시키는 것이 왜 어려운가?
② 과거에 현 상황은 어떻게 평가되었고, 규정되었는가?
③ 현 상황이 지속되는 이유는 무엇인가?
④ 현 상황의 원인에 대한 이론적 배경은 무엇인가?
⑤ 현 상황에 대한 대중의 태도는 무엇이며, 그 상황의 영향을 받는 사람들의 태도는 무엇인가?
⑥ 현재의 문제로 가장 영향을 받는 사람들의 일반적인 견해는 무엇인가?
⑦ 도움이 될 만한 자원으로는 무엇이 존재하는가?
⑧ 예전에는 어떤 방안이 시도되었고, 현재 가능한 해결책으로 무엇이 제시될 수 있는가?
⑨ 주민이나 정치인들이 충분히 관심을 표하고 있는가?

3) 지역사회 분석

지역사회를 분석할 때 목표집단을 선정함으로써 지역사회의 범위를 좁게 규정하는 것이 도움이 된다.

(1) 목표집단의 파악

목표집단의 특성을 이해하고 그들의 지역사회에 대한 인식을 이해한다.

(2) 지역사회 규모의 결정

① 변화노력을 기울일 지역사회의 지리적 경계를 파악한다.
② 목표집단에 영향을 주는 문제의 프로파일을 만들고 자료를 수집한다.
③ 목표집단에 영향을 주는 주요 가치를 관찰하고 이해한다. 이들에게 중요한 가치, 전통, 신념은 무엇인가, 이들이 겪는 가치갈등은 무엇인가를 분석한다.

(3) 차이점의 인식

① 목표집단이 공식적·비공식적으로 억압 받아 온 방식을 인식한다. 목표집단이 일반집단과 어떤 차이가 있는가, 그 차이 때문에 억압받는가?
② 목표집단이 차별받아 온 증거를 수집하고, 이들이 지역사회에 완전히 통합되지 못하게 하는 장애물이 있는가를 분석한다.

(4) 구조 파악

① 목표집단의 욕구를 충족시키기 위한 권한이 어디로부터 나오는지 파악한다.
② 목표집단의 욕구충족을 위한 자원을 파악한다.
③ 목표집단에 대한 서비스 전달 유형과 자원이 어떻게 배분되는지 그 유형을 파악한다. 이때 어떤 단체가 목표집단을 옹호하고 도움을 주는지, 자원분배는 어떤 과정을 통해 영향을 받는지, 자원배분이 지역사회 외부의 힘에 영향을 받는지 등을 살펴본다.

4) 정치적 참여

사회복지사는 정치적 과정에 다양한 방식으로 참여할 필요가 있는데, 그 구체적인 참여방법은 다음과 같다(Poindexter, 2003).

① 어떤 문제에 대한 해결책을 찾는 입법가가 있다면 자료와 정보, 경험담을 제공한다.
② 시의회나 시장에게 특별한 이슈에 관해 전화한다.
③ 중요한 입법사항이 있으면 그 과정을 계속 추적해 나간다.
④ 서비스 수혜자들이나 기관 직원들에게 시의회, 시의원, 시청, 시장 등의 전화번호와 주소를 알려준다.
⑤ 각종 공청회에 참석한다.

2 연계기술

1. 연계기술의 개념

연계기술(network linkage)은 지역사회 내 구성원 간의 관계를 강화함으로써 연계망이라 일컫는 사회적 자산을 형성하는 것이다(Rubin & Rubin, 2001: 111). 조직화의 중요한 과제는 기존에 존재하는 사회연계망을 발견하고, 그것에 추가하여 사회적 지지를 위한 공동체를 만들어 가는 것이다.

Trevillion(1999)은 네트워크는 사회행위자들의 연결망의 현 상태에 대한 시각을 내포하고 있다면, 네트워킹은 그 연결망 상태에 대한 사정 및 그 연결망의 생성 및 강화를 위한 개입의 시각을 내포하고 있음을 강조한다. 즉, 네트워킹은 사회적 행위자들이 어떻게 필요한 연결망을 형성할 수 있을까에 초점이 맞추어져 있는 개념으로, 다섯 가지 과정으로 구성되어질 수 있다고 본다.

첫째, 사회 행위자들 간의 영역에 대한 이해의 재구조화
둘째, 그들을 중심으로 공유의식에 기초하여 지역사회 구축하기
셋째, 그 연결망이 신축적이면서도 경직되지 않게 하기
넷째, 의사소통을 최대화하기
다섯째, 이러한 연결망의 추진체계 및 자원 동원하기

사회복지실천에서 연계기술은 제반자원의 공유와 상호교류를 위해, 또한 클라이언트를 원조하기 위해, 사회복지사 자신의 역량을 강화하기 위해 합당한 능력을 갖춘 둘 이상의 개인이나 기관·조직의 특성을 파악하여 이들을 한 체계로 엮어 놓는 기술이라고 할 수 있다(최옥채, 2005: 148).

2. 연계기술 활용의 중요성

지역사회복지에서 지역문제에 대해 공동으로 대응하고 협력하기 위한 지역사회 내 자원을 동원하고 의사소통을 원활히 하기 위하여 연계기술이 강조되고 있다. 연계기술의 활용이 중요한 이유는 다음과 같다(최옥채, 2005: 321).

첫째, 사회복지사는 연계기술을 활용함으로써 자신의 능력과 세력을 강화, 확장할 수 있다. 이러한 연계를 통해 포함되어 있는 구성원들은 사회복지사의 개입에 있어서 매우 중요한 자원이 된다.

둘째, 연계기술은 클라이언트의 욕구중심에 초점을 둘 수 있다. 특별히 클라이언트의 욕구가 복합적이고 다양할수록 연계기술의 중요성이 더욱 커지게 된다. 이는 '환경 속의 인간'이라는 사회복지실천의 기본이념과 일치한다.

셋째, 연계기술은 여러 사회복지관련 기관·시설의 중복된 서비스를 한층 효율적으로 통합해 제공할 수 있다는 장점이 있다.

넷째, 연계기술은 다수의 시민을 사회복지실천에 참여시킴으로써 시민의 연대의식을 강화시킬 수 있다.

3. 연계기술 활용의 원칙

사회복지사가 지역사회조직에 연계기술을 활용할 때, 유의해야 할 원칙은 다음과 같다.

첫째, 사회복지사는 개입하고자 하는 사례의 특성에 합당한 연계의 목표를 분명히 설정해야 한다. 사회복지사 자신의 의욕을 앞세우기보다는 자신의 능력과 자원을 정확히 인지하여 클라이언트에게 필요한 연계를 구축하도록 노력해야 한다.

둘째, 사회복지사는 연계체계의 원활한 구축과 활용을 위해 평소 특정 주요 인물, 기관, 조직과 긴밀한 관계를 형성하고 있어야 한다. 특히 연계는 참여하고 있는 성원 간의 상호신뢰가 관건이기 때문에 상호교류와 화합이 잘 이루어지도록 해야 한다.

셋째, 사회복지사는 성원들이 연계체계가 추구하는 목표에 따른 역할과 책임을 완수하도록 유도해야 하며, 자발적이고 적극적인 참여를 호소할 수 있는 명분을 가져야 한다.

넷째, 사회복지사는 연계체계의 목표, 자원, 성원들의 특성에 따라 융통성을 발휘해야 한다.

다섯째, 사회복지사는 기존 연계체계를 다른 사회복지사와 서로 주고받아 활용할 수 있도록 해야 한다.

4. 연계의 유형

연계의 유형에는 여러 가지 형태가 있다. Franklin과 Streeter(1995)는 사회복지서비스와 공공학교의 연계에 대한 논의에서 행위자들의 네트워크 관계 내용에 초점을 맞추어 연계의 형태를 다섯 가지로 제시하고 있다.

첫째, '비공식적 관계'로 필요에 따라 학생과 가족이 클라이언트로 있는 사회복지기관이 학교와 연계를 맺는 차원에서의 관계이다. 이 차원에서의 관계는 학교와 사회복지기관이 서로 큰 관계가 없다고 보아도 무방할 정도의 관계일 수 있다.

둘째, '조정(coordination)'으로 학교사회사업가가 가정, 학교, 지역사회와의 접촉활동을 통해서 클라이언트를 위해 지역사회기관의 자원을 발굴하고 클라이언트를 의뢰하는 차원에서의 관계이다.

셋째, '협조(partnership)'로 학교에 대해 지지적 서비스를 제공하기 위해 사회복지기관, 자원봉사조직 등과 학교 사이에서 자발적, 혹은 계약적 동의가 이루어지는 차원에서의 관계이다.

넷째, '협력(collaboration)'으로 학교와 사회복지서비스기관이 공통의 목적과 방향성을 함께 제시하고 이에 동의하며, 이를 이루기 위해 책임을 공유하는 차원에서의 관계이다. 이를 위해 각각의 직원들이 전문성을 발휘하여 함께 일을 하며, 자원을 끌어들여 전달체계를 만들고 개선시키고 지속적인 보호를 추구하므로 중단되지 않도록 노력하는 모습이 나타난다.

다섯째, '통합(integration)'으로 공공학교와 폭넓은 사회복지서비스를 통합하여 새로운 체계를 형성하고, 사회복지서비스와 교육서비스의 전달을 하나로 연결시키는 것을 내용으로 해서, 보다 새롭고 나은 서비스를 제공하는 차원에서의 관계이다.

3 조직화기술

1. 조직화기술의 개념

조직화기술은 지역사회 전체 또는 일부 집단을 하나의 역동적인 실체(unity)로 만들어 나가는 과정에서 활용된다. 지역사회복지에서 조직화는 클라이언트의 문제를 해결하기 위해 필요한 인력이나 서비스를 규합하고, 조직의 목표를 성취하도록 합당하게 운영해 나가는 과정이다(최옥채, 1999). 다시 말해서 지역사회의 당면 문제를 해결하기 위해 전체 주민을 대표하는 일정 수의 주민을 선정하여 모임을 구성하는 것을 의미한다(최옥채, 2005: 311). 사회복지사는 지역사회가 처한 상황과 해결 방향에 따라 목표를 세우고 합당한 주민을 선정하여 모임을 만들고, 이 조직이 지역사회의 욕구나 문제를 해결해 나가도록 돕는다.

2. 조직화의 유형

1) 지역 조직화

주민들의 사회복지에 대한 참여, 협력, 의식, 태도에 대한 변화를 도모하여 복지공동체를 추진하는 것, 즉 지역사회 주민들에 대한 조직화를 통해 지역복지활동, 자원봉사활동의 촉진, 당사자나 가족의 조직화를 도모하는 것을 말한다.

2) 사회복지 조직화

서비스의 조직화·조정, 서비스 공급체제 정비, 효과적인 운영을 도모하는 활동을 말한다. 즉, 주민들에게 사회자원을 효과적·효율적으로 제공하기 위해서 사회자원의 체계화, 네트워크화를 추진하며, 복지기관 간의 연계·조정 등 사회복지를 목적으로 하는 사업을 조직화하는 것을 말한다.

(1) 조직화의 단계

사회복지관을 비롯한 지역사회기관에서 조직화의 단계는 크게 준비단계, 계획화단계, 조직화단계, 지역활동 및 복지운동단계, 평가 및 과제전환단계 등 다섯 단계로 구분할 수 있다(서울복지재단, 2005).

① 준비단계

준비단계에서는 사회복지사의 역할이 주도적으로 전개된다. 먼저 기관 내 준비사업으로는 자원 확보 방안과 직원의 역할분담이 필요하다. 조직화사업에서 물적인 자원과 인적 자원이 필요하다. 전담팀에서는 조직화사업의 전체적인 밑그림과 그것에 대한 성격을 명확하게 규명하여 조직 전체의 참여를 유도한다. 또한 지역범위의 규정도 중요하다.

다음으로 필요한 작업은 지역의 범주를 한정하여 해당 지역 내의 인적·물적 자원의 탐색과정이 필요하다. 이 과정에서 인적·물적 자원의 파악은 탐색적 수준에서 진행하게 된다. 또한 앞서 설명한 대로 기관 전체의 관심과 참여를 유도하기 위해서는 조직화사업을 전체적으로 알 수 있는 기획작업이 필요하다. 이에는 특히 기관 내외의 자원동원방법과 계획화 혹은 조직화의 전략이 개괄적으로 소개되어야 한다.

② 계획화단계

계획화단계에서는 주로 지역사회 및 주민욕구 사정, 지역사회 자원사정, 프로그램 개발과 평가계획 등의 사업이 이루어진다. 먼저 지역사회에 대한 사정은 지역의 인구학적 특성과 지역사회 내에 이미 구성된 주민조직의 분포 정도와 그들의 성격 등에 대한 사정이다. 그리고 주민욕구에 대한 사정은 지역 주민의 일반적 복지욕구를 파악하기 위해서 조사하는 방식과 특정 복지욕구를 보다 구체적으로 파악하기 위해서 조사하는 방식으로 구분된다.

자원사정은 준비단계에서 탐색해 온 인적·물적 자원에 대한 체계적으로 진행되는 사정을 말한다. 인적 자원 사정에서는 지역의 토착지도자, 사회복지기관 이용 소집단 지도자, 주변 공공조직 지도자, 잠재적 참여 인물들을 접촉함으로써 이루어진다.

물적 자원 사정은 주요 공공건물과 민간의 주요 단체·시설들과 접촉하여 시설의 위치, 규모, 공간 활용 가능성 등을 파악하고 상호 연계 프로그램을 진행할 수 있는지에 대한 가능성에 대해서도 살펴보아야 한다.

마지막으로 프로그램 개발과 평가계획은 조직화의 과정 및 과업목표를 완수하기 위해서 지역사회 자원을 효과적 · 효율적으로 활용하여 프로그램이나 서비스를 개발하고, 그 성과를 측정하기 위한 계획을 말한다.

③ 조직화단계

계획화단계에서 설계한 내용을 기초로 하여 모집, 정서 강화형 소집단 구성단계, 문제해결형 소집단 구성단계 등이 전개된다. 모집에서는 접촉, 자원봉사자 모집, 이슈화, 홍보 등 다양한 전략을 펼칠 수 있다.

정서 강화형 소집단 구성단계는 지역 대표자를 중심으로 한 집단을 구성하여 구성원 간의 관계형성, 동기화, 의식화 사업이 포함된다. 이를 통해 성원들 간의 정서적 결속을 높이고 자신들의 의견을 개진할 수 있도록 한다.

문제해결형 소집단 구성단계에서는 전단계의 집단 발달과정에 이어서 전개되는 것으로서 조직구조화, 리더십 교육, 계획수정 작업이 포함된다. 조직구조화에서 중요한 작업은 조직대표자를 비롯한 임원을 구성하는 일이다. 리더십 교육은 지역의 대표자로서 지역 주민들과 함께 지역사회의 일을 추진해 나갈 수 있는 자질과 역량을 갖추도록 교육하거나 체험활동에 참여케 하는 것이다. 계획수정은 주민들의 지역사회 참여를 구체화하기 위한 방안으로 기존의 계획이 지역 대표자들의 의견이 충분히 반영될 수 있도록 논의를 통해 조정하는 것을 말한다.

④ 지역활동 및 복지운동단계

조직화단계에서의 개입활동을 의미한다. 지역활동은 민주적 의사결정을 거치면서 주민들의 합의에 따라서 주민 자치적으로 지역사회의 복지향상을 위한 일체의 노력을 의미한다. 따라서 지역활동은 주민 역량강화, 민주적 합의과정, 주민 자치활동 등의 내용을 구성한다. 복지운동은 사회운동의 일환으로 주로 주민복리의 불합리성을 전체 지역 주민들에게 알리고 이를 개선하기 위한 노력이며, 힘을 규합하여 전개하는 일체의 주민운동을 의미하므로 다수의 세력이 참여해야 하므로 다양한 연대활동을 추진해야 한다.

⑤ 평가 및 과제전환단계

평가단계에서는 지역사회조직사업의 성과를 공론화하기 위해서 양적·질적 방법으로 효과성과 효율성에 대해서 객관적이고 체계적으로 평가를 진행하는 것을 말한다. 과제전환단계는 사업의 종료, 새로운 사업전환, 조직의 역량강화 등의 내용이 포함된다.

사업의 종료는 문제해결, 사업중단 등에 의해서 실행된다. 과제전환절차는 새로운 과제 찾기, 실현가능성 검토, 새로운 과제선정 및 기획 등이다.

3. 조직화를 위한 원칙

효과적인 조직화를 위해서는 다음과 같은 원칙에 유의할 필요가 있다(Beckwith & Lopez, 1997; Rubin & Rubin, 2001; 김종일, 2004: 129-131 재인용).

첫째, 사적 이익에 대한 관심을 조직화에 활용하도록 한다. 조직화를 통해 사익과 공익의 공통영역이 존재한다는 사실을 가르치는 과정이 필요하다.

둘째, 조직화는 지속적인 관심과 노력을 요구하는 동적인 과정으로 이 과정을 통해 지역 주민들은 협력의 필요성과 효과적인 실천을 배우게 된다.

셋째, 갈등과 대결에 익숙해지는 법을 배워야 한다.

넷째, 쟁점이 명확해야 한다. 시급한 문제로 표현되어야 하며, 구체적인 문제의식이 담겨져 있고 명분보다는 실현 가능한 쟁점에 초점을 맞추어야 한다.

4. 조직화의 내용

조직화의 주요 내용은 사람과 자원을 동원하고, 모인 사람들이 조직의 목표와 방법을 논의하며, 조직을 이끌 지도자를 찾아내는 것 등으로 구성된다.

1) 동원

사람들을 동원하는 방법으로는 여러 사람을 한꺼번에 모집하는 대중적 모집과 특정한 대상과 범위를 정해 개별적이고 직접적인 접촉을 하는 방법이 있으나, 후자에 역점을 두는 것을 통해 효과적인 동원이 이루어지도록 해야 한다.

2) 회의

민주적이고 생산적인 회의가 되기 위해서는 철저한 준비와 계획, 즉 목표, 의사일정, 장소, 회의장 세팅, 역할 배분, 참석 대상자 연락 등이 필요하며, 원활한 진행과 관리를 위한 규칙과 민주성이 보장되어야 한다. 또한 합리적인 의사결정 규칙을 가지고 있어야 하며, 실제적인 참여기회가 보장되며, 회의종료 시에는 회의내용이 요약 정리되어 구성원들에게 잘 전달되고, 다음 일정이 정해져야 한다.

3) 리더십 개발

리더십이란 특정 집단으로 하여금 리더와 추종자가 공유하는 목적을 추구하도록 설득하고 모범을 보이는 과정을 말한다. 중요한 것은 특정인의 리더십에 의존하게 되면 지속가능한 조직이 되기 어렵다는 것이다. 리더십을 개발하는 방법에는 책임과 권한의 분산, 멘토링, 교환 프로그램, 워크숍 등이 있다. 책임과 권한의 분산은 위험을 감수해야 하는 과정이긴 하나 이를 통해 잠재적 리더를 파악할 수 있다. 한편 잠재적 리더들은 책임과 권한의 분산을 통해 리더에게 요구되는 책임감, 권위, 위기관리 능력을 키울 수 있다.

4 지역사회 교육기술

지역사회 교육기술은 지역사회 주민들에게 정보를 제공하고 기술을 가르치는 것을 말한다. 이를 효과적으로 수행하기 위해서는 지역사회에 대해서 많이 알아야 하며, 정보를 명확하게 전달하고 이해시키기 위한 의사소통 능력이 요구된다.

교육과 관련된 기본기술은 지역 주민들이 일상적인 언어를 사용하여 자신의 의견을 명확하게 표현하는 능력, 타인의 의견 경청 능력, 다른 사람의 질문을 이해하고 다른 사람의 호감과 호기심에 대응하는 능력, 배우고 성장하기 위해 다른 사람과의 대화에 참여하는 능력, 주민들이 스스로의 의제와 교육목표를 세울 수 있도록 지원하는 능력이 있어야 한다. 지역사회복지사의 교육자 역할은 의식향상, 정보제공, 훈련으로 세분화할 수 있다(Ife, 2005: 488-495).

1) 의식향상

의식향상은 지역 주민들에게 삶의 방식을 변화시킬 수 있다는 확신을 주고, 변화의 방법을 현실적으로 찾을 수 있도록 돕는 과정이다. 이미 존재하는 행동집단이나 운동, 캠페인에 참여시키는 것도 의식향상에 해당한다.

좋은 지역사회복지사가 되려면, 의식향상과 대화에 참여할 기회를 놓치지 않아야 하며, 주민들이 자신의 경험을 보다 넓은 사회 · 경제 · 문화 · 정치적 맥락 속에서 이해할 수 있도록 도와야 한다. 이는 일상적인 문제와 관심사항이 논의되는 방식과 행동이 시작되는 방식에 영향을 미치기 때문이다.

사회복지사는 듣고 의사소통할 수 있어야 하며, 대화적 관계에 참여해야 한다. 대인관계기술과 집단기술은 지역 주민들을 행동하게 하고 결속시키는 데 유용한 능력으로 의식향상 실천에 중요하게 활용될 수 있다.

2) 정보제공

사회복지사가 지역 주민들에게 적절한 정보를 제공하는 것은 중요하다. 이러한 정보에는 인구정보와 사회지표가 있는데, 연령분포, 자살률, 청소년범죄율, 소득분포, 다문화가족 통계 등이 포함된다. 지역정보는 주민들의 욕구충족방법을 기획하고 지역사회개발과정에 가능한 많은 주민들을 참여시킬 수 있는 방법을 모색하는 데 중요하다.

그리고 주민들에게 다른 지역사회에서 어떤 프로그램이 진행되고 있는지 정보를 제공하므로 다른 지역사회의 성공과 실패로부터 배울 수 있도록 도움을 줄 수 있다. 또한 기금조성과 관리지침, 전문지식, 설명서, 시청각발표, 훈련프로그램과 같은 외부자원에 대한 정보를 지역 주민들에게 알려주는 것 자체가 중요한 지역사회복지실천 서비스가 될 수 있다.

3) 훈련

훈련은 단순히 지역 주민들에게 무언가를 행하는 방법을 가르치는 것을 의미한다. 훈련에는 시간분배, 단순회계, 모임절차, 합의도출 방법, 그리고 지역사회집단이 맡고자 하는 과제와 관련된 사항, 즉 노인보호, 운동장 건설방법 등이 그 예가 될 수 있다. 또한 지역 주민이나 집단의 특별한 욕구에 초점을 맞출 수도 있다. 예로 문맹퇴치, 주장훈련, 회계, 웅변 등이 이에 해당한다. 사회복지사는 다양한 훈련을 제공하기 위해서 적절한 자원과 전문지식을 찾아내는 역할을 수행해야 한다.

5 자원개발·동원기술

자원동원기술은 지역사회 내의 문제를 해결하는 데 현존하는 자원만으로는 불충분하여 자원동원이 필요한 외부의 극적인 사건이 발생한 상황에서 활용하는 기술이다. 기존의 집단이나 조직체를 활용하는 방법, 다수의 개인으로 하여금 직접 참여를 촉진하는 방법, 개인으로 구성된 사회 네트워크를 활용하는 방법 등이 있다(Rubin & Rubin, 2001: 151-159).

1) 기존 집단이나 조직체 활용방법

지역 내의 종교기관, 노조, 부녀집단, 청소년집단 등 다양한 조직체를 대상으로 그 조직체의 지도자로 하여금 구성원이 특정한 사회적 쟁점을 위한 활동에 참여하도록 요청해야 한다. 개인의 직접 참여를 위해 우편물 발송, 지역사회 내에서의 가정방문, 공공장소에서의 대화 등이 포함된다. 네트워크를 통한 자원동원은 직장, 혈연, 기타 사회활동 등을 통해서 이미 서로 알고 있는 사람들의 연대를 활용하는 방법이 있다.

2) 자원의 종류

(1) 인적 자원

인적 자원개발 및 동원에서 가장 먼저 추진해야 할 작업은 주요한 인적 자원의 소재를 파악하고 접촉하는 일이다. 지역사회복지실천에서 주요한 인적 자원은 지역의 토착지도자, 사회복지조직을 이용하는 소집단 지도자, 주변 공공조직 지도자, 잠재적 참여인물 등으로 구분할 수 있다(서울복지재단, 2005).

사회복지사는 자원의 효과적인 활용을 위해서 각 인적 자원의 특성을 파악하여 접근하는 것이 중요하다. 지역 토착지도자는 공식적인 조직의 지도자가 아니더라도 실질적으로 지역사회의 형편에 대해 가장 잘 파악하고 있고 지역사회에 영향력을 끼치는 인물이다. 사회복지조직을 이용하는 소집단 지도자는 지역사회복지를 추진하는 사회복지조직에서 가장 쉽게 접근할 수 있는 대상이며, 많은 수의 인원을 동원할 수 있는 장점을 가지고 있다.

주변 공공조직의 지도자는 규정된 지역사회 범위 내의 공공기관의 대표자들이다. 주로 주민자치센터, 파출소, 아파트관리사무소, 병원, 보건소, 학교, 종교기관 등의 대표자 혹은 주요 인물을 포함한다. 지위에 따라서 공식적으로 지역사회복지의 주요한 의사결정에 참여하는 인적 자원들이다.

잠재적 참여인물은 지역의 토착지도자라고 할 수는 없으나 특정 문제에 대하여 오랜 기간 동안 사회활동을 해 왔거나, 혹은 자발적 참여의지가 높은 개인이 해당된다. 주로 사회복지기관에서 자원봉사자로 활동하고 있거나 그러한 의지가 높은 사람들이 이에 해당한다.

(2) 물적 자원

자원들은 사회복지사의 모금 및 후원을 통해, 혹은 사업제안서 제출에 의해 마련된다. 현금의 경우 물품에 비해 조직에서 필요로 하는 사업에 융통성 있게 투입할 수 있다는 장점이 있다. 반면, 물품은 기부자 입장에서 현금보다 유리하고, 사회복지기관 입장에서 물품구입 업무를 생략할 수 있는 장점이 있다. 이러한 현금이나 물품을 효과적으로 확보하기 위해서 마케팅 전략이 필요하다. 마케팅 기법은 전략적인 계획과 시장조사, 욕구분석 그리고 목표설정 등의 과정을 포함한다.

또한 홍보를 통하여 기관의 목적과 사업을 매스미디어를 통해서 적극적으로 알리고 기관의 신뢰성을 높여 필요한 자원의 확보를 촉진할 수 있다. 대표적인 모금방법으로는 DM, 이벤트를 통한 모금, 전화모금, 컴퓨터 통신, 기업의 CRM(Customer Relationship Management)을 통한 모금 등이 있다.

6 협상 · 갈등조정기술

협상은 지역사회복지운동을 전개하는 과정에서 경쟁하는 집단 · 조직 간 갈등을 해결하고 쌍방이 의도하는 최선의 목적을 달성하려고 할 때 사용하는 기술이다.

특히 협상은 쟁점이 되고 있는 문제해결을 위해 사용할 수 있는 수단이 없거나 클라이언트들이 이용할 수 있는 효과적인 방법도 없고, 그렇다고 다른 방법, 예컨대 법적인 호소도 만족스러운 결과를 가져올 것이라는 기대를 할 수 없을 경우에 유용하게 사용할 수 있는 전술이다(Bateman, 1995: 91; 현외성, 2006: 315 재인용).

협상에는 주민조직의 대표들과 상대방의 대표들 간의 토의가 있게 되고, 토의 중에는 요구사항이 제시되고 이에 대응하는 요구사항이 제시되게 된다. 이런 과정을 통해서 결국에는 합의가 이루어지게 된다.

1. 상대방의 의존성을 증가시키는 방법

주민조직에 대한 상대방의 의존성을 증가시키는 방법에는 여러 가지가 있다.

첫째, 자원(힘)을 갖는 것이다. Lipsky는 항의를 조직하는 자체가 정치적인 자원이 된다고 했다. 그에 따르면 "항의는 상대적으로 힘이 없는 집단이 협상관계를 만들어 낼 수 있는 몇 안 되는 방법의 하나"라는 것이다.

둘째, 집단의 상대적인 응집력을 늘리거나 집단의 결속력에 대한 인상을 늘리는 것도 상대방으로 하여금 의존성을 갖게 하는 방법이다. 즉, 협상에서는 자원 확보도 중요하지만 실제로 자원을 가지고 있다는 인상을 주는 것도 중요하다. 주민조직의 지도자들이 상대방이 보기보다는 힘이 약하다는 것을 조직원들에게 확신시키는 것이 캠페인에 있어서 흔히 사용되는 전술이다. 즉, 우스개와 조롱거리를 통해서, 또 상대의 취약점을 노출시킴으로 해서 상대방의 이미지를 약화시키는 전략을 활용하는 것이다. 그러나 자체 조직이 힘이 있다는 인상을 전달하는 데는 세심한 주의를 기울일 필요가 있다.

셋째, 한정된 자원을 가진 주민조직이 상대방으로부터 의존성을 끌어내기 위한 전술로는 조직원들이 조직의 구체적인 행동노선에 확고하게 집착토록 하는 것이다. 예를 들면, 자연보호조직이 개발 사업을 예정하고 있는 산에 조직원들이 몸을 나무에 묶어 인간사슬(chain)을 형성하므로 개발을 방해하게 되면, 상대방은 조직원들의 결의가 얼마나 완강한가를 깨닫고 타협하려는 태도를 가질 수도 있을 것이다.

지역조직이 힘이 있는 상대를 협상의 장으로 나오게 하기 위해서는 회원들의 응집력, 힘의 과시, 위협적인 행동 등이 중요하다. 그러나 이런 행동을 전개한다고 하더라도 상대방으로 하여금 융통성을 가질 수 있는 기회를 주는 것이 중요하다. 만일 상대방이 선택의 여지가 없을 정도로 위협을 받게 되면, 상대방도 극한적인 대응을 하게 될 것이며, 결국 주민조직도 제로섬(zerosum) 상황에 놓일 수밖에 없게 될 수 있다. 따라서 위협이 효과적이라는 것은 상대방에게 어느 정도 선택의 여지를 허용할 때라는 것을 기억해야 한다(최일섭 외, 1996: 296-297).

2. 협상과정

먼저 협상으로 해결해야 할 사안인지를 규명한 후, 협상거리라고 확인되면 다음과 같은 과정으로 진행할 수 있다(최옥채, 2012: 283-284).

① 협상목표와 전략수립: 상대방을 파악한 후 교섭을 위한 전략회의를 통해 협상목표와 전략을 수립하고 관련 지식, 정보를 다른 전문가나 기관으로부터 입수해야 한다. 그리고 상대에게 양보할 거리와 상대로부터 덤으로 가져올 거리를 마련한다.

② 교섭: 상대와 대화를 시작하고 상대가 하는 말을 주의 깊게 경청하며, 특히 그 안에 깔린 의도를 잘 파악한다.

③ 설득: 상대의 표정을 주시하면서 그의 마음을 읽고, 상대에게 제시하는 나의 내용뿐만 아니라 나를 지원하는 이의 주장까지도 일관되게 전개해 나간다. 특히 상대와 맞서는 '우리쪽'의 동료 간 주장은 일치해야 한다.

④ 절충: 상대를 온전히 설득하지 못할 상황에서는 서로 양보하여 절충을 시도한다. 이때 절충안을 분명히 하고, 상황에 따라서는 문서로 작성한다.

⑤ 합의 결정: 최종안을 서로 합의하고 상황에 따라 문서를 작성한다.

3. 협상의 구체적인 기술

협상의 목적이 자신의 요구를 최대한 관철시키는 것이라고 한다면, 이를 위해 여러 가지 구체적인 기술을 익힐 필요가 있다. Pruitt가 제시한 기술들을 살펴보면 다음과 같다(최일섭 · 이현주, 2007: 296-297).

첫째, 협상에 시한을 두어야 한다. 어느 때까지 이루어지지 못하면 쌍방에게 피해가 될 수 있다는 것을 보여 줄 수 있는 시한(deadline)을 정해야 한다.

둘째, 요구하는 입장을 확고히 해야 한다. 상대방으로 하여금 요구만 거창하지 실제로는 요구의 관철을 위해 철저히 행동에 옮기지는 않을 것이라는 인상을 주어서는 안 된다. 요구가 적절해야 하며, 그 요구를 관철하기 위한 행동은 확고하게 실천하는 것이 필요하다.

셋째, 언제 어떻게 양보를 해야 할 것인가를 배워야 한다. 이 기술은 협상에 있어서 가장 핵심이라 할 수 있다. 너무 성급하게 타협하려 하면, 상대방은 주민조직을 약하다고 여길 것이고, 너무 협상을 끌면 상호타협을 거부하는 결과를 가져올 수 있다.

넷째, 상대방의 제안에 대응할 때는 신중해야 한다. 상대방의 제안에 대해 즉각적으로 거부하면 협상은 끝장이 나 버릴 수 있고, 또 쉽게 받아들이면 필요 이상의 양보를 해 버릴 수 있다. 따라서 제안이 나오면 어느 정도 시간을 갖고 생각하는 것이 중요하다.

다섯째, 협상이 계속 진행되도록 해야 한다. 협상에 참여하는 사람들은 주 협상 안건에 매달리겠지만, 때로는 간단한 양보를 함으로써 주 협상 안건과 관련된 쌍방의 대안을 만들어 내기가 용이할 수 있다.

여섯째, 중재자를 개입시킬 필요가 있는지를 고려해야 한다. 중재자는 쌍방이 신뢰할 수 있고 협상에 참여하기를 원하는 사람이어야 한다. 쌍방이 도저히 타협할 수 없는 차이가 있을 때, 중재자로서는 기적과 같은 역할을 수행할 수 없다. 그러나 중재자가 개입함으로써 절차에 관한 사소한 오해로 협상이 결렬될 가능성을 줄일 수 있다.

7 임파워먼트기술

1. 임파워먼트의 개념

임파워먼트의 개념은 한마디로 클라이언트가 주체적으로 능력을 가지는 것 혹은 능력을 향상하는 것을 말한다.

조직차원에서 볼 때, 임파워먼트는 조직원들 개개인에게 조직을 위해 중요한 일을 할 수 있는 능력과 권한이 있다고 확신을 심어 주는 강화과정을 말한다. 사회복지실천 현장에서는 클라이언트들의 잠재적인 역량 및 자원을 인정하고 그들의 내외에 회복력이 있음을 전제하여 클라이언트가 삶을 결정할 수 있도록 권한과 힘을 부여하는 실천을 의미한다.

임파워먼트는 지역사회 전체 구성원들이 지지할 의사결정구조를 구축하고 전반적인 지역사회복지실천 과정인 문제의 명확화, 욕구조사, 전략실행 및 평가에 있어서 사회적 소외계층의 참여를 확대하는 것이 지역사회복지의 목표달성을 위해 필수적이라는 점에서 매우 중요하다(감정기 외, 2005: 84).

2. 개인적 · 집합적 임파워먼트

임파워먼트기술은 현상을 타파할 수 있는 능력에 관한 개인의 신념을 향상하는 것과 지역사회의 집합적인 목표를 달성하기 위해서 지역사회집단의 능력을 향상하는 것이다(Rubin & Rubin, 2001: 89-96).

1) 개인적 임파워먼트

개인적 임파워먼트는 개인의 능력에 관한 신념의 향상을 중요시하는 데 있는데, 그 내용은 다음과 같다.

① 의식향상: 개인이 경험하는 문제가 개인적인 차원이 아닌, 사회적인 차원이라는 인식을 하면서 무력감을 분쇄하여 집합적인 행동으로 나아가는 출발점이 된다.

② 자기주장: 그들의 쟁점이 공공의 의제가 되게 하는 것으로, 공공의 데모나 캠페인을 통하여 쟁점을 사람들에게 알리는 것이다. 이러한 권한의 향상은 참여의 확대, 법적인 조치, 힘의 행사 등으로 나타난다.

2) 집합적 임파워먼트

구성원 상호 간에 책임을 인식하고 미래의 행동을 위한 자원으로서 사회자본(social capital)을 만들어 나가는 과정을 중요시한다.

3. 지역사회의 임파워먼트 증진을 위한 기술 및 방법

지역사회의 임파워먼트 증진을 위한 구체적인 기술 및 방법은 다음과 같다(Rubin & Rubin, 2001: 89-96; 김종일, 2004: 170-171 재인용).

① 의식제고(consciousness raising): 무력감을 느끼는 개인들을 한데 모아 문제의 원인이 자신들에게 있는 것이 아니라는 점을 알게 한다. 이러한 과정을 통하여 자신들을 억압하는 사회구조에 대해 비판적 의식을 갖추게 한다.

② 자기주장(self-assertion): 문제의 원인과 소재를 파악한 다음에는 공개적으로 자기의 목소리를 내어 자신의 주장을 전개해 나가는 것이 중요하다. 사회복지사는 이들이 공개적으로 자신의 주장을 전개하는 것에 대해 두려움을 갖거나 위축되지 않도록 도와준다.

③ 공공의제의 틀 갖추기(framing the agenda): 쟁점이 공공의제(public agenda)가 될 수 있도록 쟁점을 정리하고 대중의 관심을 확보할 수 있도록 의제화한다. 이 과정에서 시위나 대중매체 캠페인은 대중들의 관심을 유도할 수 있는 좋은 수단이 된다.

④ 권력 키우기(building power): 자원 동원과 조직화를 통해 주민들의 힘(권력)을 키우는 과정이다. 사람의 숫자, 열정, 법적 행동, 전문성, 힘의 위협 등은 중요한 힘의 원천이 된다.

⑤ 역량건설(capacity building): 클라이언트의 역량을 강화하기 위한 조직을 설립하고 자신들의 주장을 효과적으로 표명하기 위한 캠페인을 전개하는 과정을 포함한다. 이를 통해 목표 완수라는 성공을 이루고 무력감을 극복하도록 한다.

⑥ 사회자본의 창출(creating social capital): 사회자본은 지역사회 구성원의 사회적 관계에 바탕을 둔 자원으로서 물리적 자본과는 상대적 개념이다. 이러한 사회자본은 구성원 간의 협력과 연대감을 높이는 데 기여한다.

이러한 임파워먼트 실천에 있어 필수적인 사회복지사의 실천원칙은 다음과 같다(Lee, 1994; 신영화, 1999: 28-29 재인용).

첫째, 모든 억압은 삶에 파괴적이며, 사회복지사와 클라이언트는 억압에 도전한다.

둘째, 사회복지사는 억압상황에 대해서 총체적 시각을 유지한다.

셋째, 클라이언트는 스스로 역량을 강화한다. 사회복지사는 원조할 뿐이다.

넷째, 공통기반을 공유하는 사람들이 역량을 강화하기 위해서 서로를 필요로 한다.

다섯째, 사회복지사는 클라이언트와 일대일의 관계를 정립해야 한다.

여섯째, 사회복지사는 클라이언트가 자신의 말로 이야기하도록 격려해야 한다.

일곱째, 사회복지사는 개인을 희생자가 아니라 승리자(생존자)로 보는 초점을 유지해야 한다.

여덟째, 사회복지사는 사회변화의 초점을 유지한다.

연습문제 ?

1 수업을 통해 익힌 기술들을 구체적인 문제들에 적용시켜 보는 훈련을 위해서 모의 상황을 설정하고 역할극을 해보자.

- 불이익을 당했으나 스스로 대처할 능력이 없는 클라이언트를 상정해 놓고 옹호기술을 적용해 보기
- 재래시장 상권 내에 진입하려는 대기업 마켓이 서로 갈등이 심한 상태로 대치하고 있는 상황을 역할극으로 만들어 '협상 및 갈등조정기술'을 적용해 보기

2 옹호기술을 습득하기 위해서 영화 「부러진 화살」이나 「변호인」을 감상하고 토론해 보자.

CHAPTER 10

지방자치와 지역사회복지

1991년에 지방자치가 본격적으로 실시된 이래 지방분권과 주민자치가 강조되면서 지역사회복지실천의 제도적 · 법적 환경도 분권화 · 지방화의 경향을 강조하게 되었는데, 이로 인해서 지역사회복지실천이 중요시되었다. 지방자치는 다양한 지역의 문제를 지방자치를 통해 접근하여 다양한 지역사회 주민의 복지욕구를 해결할 수 있는 제도이다. 이 장에서는 지방자치의 개념과 발전과정, 지방자치와 주민참여 및 사회복지전달체계 등에 대해서 살펴보고자 한다.

1 지방자치제도 이해

1. 지방자치의 개념

지방자치는 일정한 지역성을 기초로 하는 지방자치단체가 그 지역 내의 구성원인 지역 주민의 직접 또는 간접으로 자유로운 의사에 따라, 해당 지방자치단체 자체의 권능과 책임 아래 자기의 기관과 재원으로 지역의 공공사무를 자치적으로 처리하는 형태를 말한다.

지방자치단체는 "지역의 문제를 지역 주민이 스스로 처리하고 다스린다"는 자기 통치의 원리를 담고 있다. 즉, 현대적인 통일국가 안에서 중앙정부 단독으로 국정 전반을 모두 처리할 수 없으므로, 일정한 지역의 주민이 자치적인 단체를 조직하여 일정한 사항에 대해 국가 권력의 지배로부터 상대적으로 독립하여 자치권을 행사하도록 국가가 자치단체와 자치권을 인정할 때, 지방자치단체는 그 의미를 갖게 된다(정현태 외, 2009: 182). 따라서 지방자치단체가 성립하려면 두 가지 요소가 필요하다.

첫째, 중앙정부로부터 독립된 자치권이 있는 지방자치단체가 있어야 한다.

둘째, 지방자치단체의 행정사무가 지역 주민의 참여에 의해 이루어져야 한다.

이는 권력의 중앙집권적 형태에서 지방 분권적 형태를 취하므로 중앙정부의 권력이 필요 이상으로 강해지는 것을 방지하는 지방분권 사상과 "나라의 주인은 국민이며, 그 국가와 권력은 국민으로부터 나온다"는 민주주의 사상에 이론적 기초를 두고 있다고 하겠다(김용환 외, 2011: 151).

또한 지방자치제도는 중앙정부와 상호 보완적 차원에서의 협조체제를 전제로 하는 개념이다. 따라서 지방자치에 기반을 두고 지역사회복지실천을 할 때 다음의 내용을 염두에 두어야 한다.

첫째, 지역사회복지실천을 할 때는 중앙정부의 거시적인 사회복지정책 방향에 입각하여 지역적인 특성과 주민의 욕구에 부응하여 실시해야 한다.

둘째, 각 지역별 특수상황을 고려하여 지방자치단체가 독자적으로 복지사업을 계획하고 실시해야 한다.

이렇게 사회복지의 문제를 해당지역의 특성에 맞도록 지역 주민이 복지수요의 주체로 참여할 수 있도록 해야 한다. 이때 얻을 수 있는 기대효과는 다음과 같다.

① 지역사회복지 서비스의 질적 향상과 행정 · 재정적 효율화를 통한 복지행정을 강화할 수 있다.
② 지역 주민의 복지의식 고취로 주민복지의 발전에 기여할 수 있다.
③ 지역사회복지자원의 개발과 아울러 지역개발에 기여할 수 있다.
④ 지역 간의 사회복지 수준의 격차를 해소할 수 있다.
⑤ 행정기관은 물론 민간 사회복지기관 · 단체, 지역 주민의 협력과 참여를 활성화할 수 있다.

2. 지방자치제도의 발전과정

지방자치제도는 한 국가의 역사적 산물인 동시에, 정치 · 경제 · 사회 · 문화적 여건의 변화와 함께 변화하고 발전해 나간다고 볼 수 있다. 우리나라의 경우 지방자치제도의 발달과정은 세 단계로 구분할 수 있다(김범수, 2008: 81-83).

1) 제1기 지방자치제도

이 시기는 제1, 2공화국 시대로 지방자치의 발전기이다. 우리나라에 근대적 의미의 지방자체제도가 도입된 것은 해방 이후, 정부수립이 이루어지고 나서 1949년 7월에 「지방자치법」의 제정으로 기반을 구축했으나 국내 · 외적인 정치 상황의 불안정과 한국전쟁을 겪으면서 6차에 걸친 개정 끝에 결국은 5 · 16군사정권에 의해서 폐기되었다. 그러나 이 시기에 지방자치제도의 기반을 법률상으로 확보했다는 점은 근대적 의미의 민주적 지방자치제도의 태동을 의미하고 있다.

개정된 내용을 간추리면 다음과 같다.

「지방자치법」(1949)을 제정, 공포한 후에 부칙 제1조로 같은 해 8월 15일부터 실시를 규정하였으나 같은 해 12월 1차 개정을 단행한 후, 실시를 연기하였다. 한국전쟁으로 혼란했던 1952년, 집권자의 정치적 의도에 따라 선거를 통해 전격적으로 실시되었지만 1956년 2월과 7월에 두 번의 개정을 통해서 시 · 읍 · 면 · 동이장의 선출이 임명제로 변경되어 점차 반(半)관적인 자치로 전락하게 되었다. 그 후 지방자치제도는 4 · 19혁명에 의해서 일대 전환을 맞게 되었다. 4 · 19 이후, 전면적인 민주화 열기 속에 지방행정의 민주화에 대한 제도적 구현이 요구되었다. 따라서 1960년 11월에 제5차 개정을 거쳐 지방자치단체의 장을 주민이 직접 선출하게 되었다.

2) 제2기 지방자치제도

지방자치제도의 제2기는 제3 · 4공화국 시대로 지방자치제의 중단기이다. 이 시기에 지방자치제도의 기반을 법률상으로 확보했다는 점은 근대적 의미의 민주적 지방자치제도의 태동을 의미하고 있다. 5 · 16 이후 군부출신 집권자들은 권위주의적 집권성향을 지니고 있었고, 자치와 분권으로 야기되는 갈등과 비능률에 지나친 반대 성향을 지녔으므로 지방자치제에 대한 철저한 부정적인 태도를 보였다.

따라서 1962년, 지방자치에 대한 임시조치법을 공포해 지방자치는 중단되고 고도로 중앙집권화한 강력한 행정체계하에서 하향식 의사소통에 의한 일방적인 행정집행이 이루어졌다. 그 후 유신체제에서는 집권자의 정치적 의도에 따라 통일을 지방자치제의 요건으로 규정하여 주민의 행정참여를 막고, 과도했던 중앙집권화를 더욱 강화하였다.

3) 제3기 지방자치제도

지방자치제도의 제3기는 제5공화국에서 현재에 이르는 시기로 지방자치의 부활기이다. 제5공화국 헌법은 지방의회의 구성시기를 지방자치단체의 재정 자립도를 가만하여 법률로 정한다고 규정함으로써 지방자치에 대한 논의의 가능성을 제시하였고, 결국 1984년 11월 국회에서 1987년 상반기 중 적합한 일부 지역에서 지방의회를 1차적으로 구성하기로 합의하기에 이른다.

그러나 지방자치제는 그 후 긴박한 정세의 변화 속에서 제2차적 논제가 되어 1988년 대통령선거, 1989년 2월의 국회의원 선거 이후로 미루어지게 되었다. 1989년 상반기 13대 국회의 개정안이 국회를 통과하였으나 대통령의 거부권 행사로 무산되고 만다. 이렇게 국회에서 통과된 지방자치제 법안은 정치적인 우여곡절 속에서 1990년 여야의 극적인 합의를 통해 지방자치제도를 실시하게 되었다.

1991년에 지방의회 의원선거에 의해서 지방의회가 개원되었고, 여러 가지 시행착오를 거쳐 지방의회가 제도화되어 가는 과정을 거쳤다. 그리고 1995년 6월에 지방자치단체장 선거를 통하여 주민의 의사를 광범위하게 수렴해 행정에 반영하고 지역발전, 주민 발전증진을 위한 지방자치시대를 열게 되었다. 이로 인해서 우리나라도 지방자치제의 실시와 함께 지역복지의 중요성이 더욱 부각되었다.

3. 지역사회복지의 제도적 환경변화

지역사회복지실천 현장을 이해하기 위해서는 지역사회복지실천이 이루어지는 법적·제도적 환경에 대한 이해가 필요하다. 1990년대 지방자치가 본격적으로 실시된 이래 지방분권과 주민자치가 강조되면서 지역사회복지실천의 제도적·법적 환경도 분권화·지방화의 경향을 강조하게 되었는데, 그 가운데 대표적인 변화는 「사회복지사업법」의 개정과 지방분권화의 본격화라 할 수 있다.

특히 2000년대에 들어서서 분권화를 강화하는 법적 · 제도적 정비가 급속하게 이루어졌다. 2003년 개정된 「사회복지사업법」에는 지역사회단위로 복지의 강화를 요구하는 조항들이 크게 늘었다(감정기 외, 2011).

1) 지방분권화와 사회복지사업법 개정

지방분권화는 행정과 재정 및 교육과 복지의 권한을 일부분 지방으로 이양하는 것을 의미한다. 특별히 지방행정과 재정의 자율성 확보가 지방분권의 핵심적 과정이다. 이는 중요 정책 결정권과 집행권이 중앙정부에 있는 집중체제로부터 집행권이 지방정부로 이양되는 분산체제로 체제개혁이 이루어지는 것을 의미한다. 노무현 정권은 제16대 대통령직인수위원회에서 정부 명칭을 '참여정부'로 정하고, 국정 기본방침을 '분권과 자율'로 제시한 후, '지방분권과 국가균형발전'을 국정의제 중의 하나로 선정하였다.

이로 인해 「사회사업법」(2003)이 개정되었고, 사회복지 분야의 지방이양사업은 사회복지서비스 분야에 집중되었다. 법 개정으로 인한 지역사회복지의 변화요인의 특징은 지역사회복지의 강화, 보건의료와 사회복지의 연계, 사회복지법인의 공공성 강화, 복지서비스 신청권리와 이용(바우처제도)도입, 지방자치단체의 책임과 민관협력 강화 등으로 정리할 수 있다. 「사회복지사업법」 개정의 의의를 살펴보자면 다음과 같다(양진규, 2003; 지은구, 2012: 212 재인용).

첫째, 복지서비스 제공 주체의 책임을 국가(중앙, 지방정부)로 분명히 하였다.

둘째, 지역사회복지계획, 지역사회복지협의체 구성 등 지방정부의 역할을 구체화해 권한과 책임을 부여하였다.

셋째, 지역사회복지협의체 설치의무화로 시범사회복지사무소 및 시범주민생활지원국 설치와 함께 지역사회복지전달체계의 효율화를 가져왔다. 2004년 7월부터 사회복지사무소 시험사업을 실시했는데, 처음에는 서울, 부산 등 9개 시 · 군 · 구에 설치 · 운영된 후 전국으로 확대 실시될 예정이었으나 평가과정에서 중단되었고, 2007년 1월부터 53개 시 · 군 · 구에서 주민생활지원국을 시범운영한 후 전국적으로 확대설치 하였다.

넷째, 빈곤계층, 실업자 등에게 포괄적·통일적인 복지환경을 제공할 수 있게 되었다. 이러한 법 개정을 통해서 중앙정부와 지방정부의 지역사회복지 책임을 강화했지만 한계점 또한 없지 않다. 즉, 복지재정 부담에 대한 명확한 의무조항의 규정이 미흡하여 안정된 재원조달의 문제와 함께 중앙정부의 책임을 지방정부에 부담시킬 수 있는 소지가 있다.

2) 사회복지서비스 공급 중심축으로 지방역할과 책임강화

「사회복지사업법」 개정(2003. 7.)의 목적이 지역사회복지체계의 구축에 있으므로 사회복지서비스 공급에서 지방자치단체의 책임을 확대하는 방향으로 사회복지서비스 관련 제도적 환경에 획기적인 변화가 일어났다.

민간협치(governance)[1] 기제로서 지역사회복지협의체 제도를 도입하고, 지방자치단체로 하여금 지역사회복지계획 수립을 의무화하였다. 시·군·구 단위로 4년 단위로 지역사회복지계획을 수립하고, 이를 기초로 지방자치단체를 평가하고 이를 예산지원에 반영하는 제도이다. 지역사회복지계획은 지역 주민의 욕구 및 자원조사를 기초로 과학적이며 객관적으로, 그리고 예산 등 현실성을 고려하여 수립하고 이 과정에서 지역사회의 다양한 의견수렴이 있어야 한다.

4. 지역사회복지의 새로운 변화

지역사회복지는 지역사회의 사회복지기관과 사회적 상황이 상호작용하는 과정의 산물이다. 21세기 지역사회복지에 대한 새로운 도전은 다음과 같은 사회변화와 함께 나타나고 있다(오정수 외, 2006: 325-337).

1) 협치(協治)란 통치(統治, government)와 대비되는 용어로 권력분산 형태의 정치, 즉 '협력형 통치'의 약자다. 통치가 관료적, 위계적, 중앙집권적이라면, 협치는 수평적·분권적인 지배방식을 말한다. 이 말은 권력분산을 내세웠던 노무현 정부 때부터 사용되었으며, 국가와 개인, 공·사적 조직이 협력하는 것을 뜻한다.

1) 정보 · 통신기술 발달에 따른 새로운 개념의 지역사회 등장

사이버공간에서의 새로운 공동체인 가상공동체, 컴퓨터 네트워크공동체, 사이버 동호회 등이 증가하고 있다. 이러한 정보통신기술의 발전을 기초로 새로운 개념의 지역사회 또는 공동체는 지역사회 실천에 있어서도 새로운 도전과 변화를 요구하고 있다. 사이버복지관을 통한 상담과 각종 서비스는 새로운 변화의 사례로 나타나고 있다. 사회복지분야에서는 복지전산망 확충이 이루어지고 있으며, 지역사회복지실천에서는 정보화 사회에 요구되는 새로운 개입과 실천기술, 실천윤리 등의 개발과 대응이 요구된다.

2) 지역사회복지실천의 이념적 다양화

현대사에서 지역사회복지의 흐름을 크게 제도화된 사회복지활동과 진보적 운동인 복지실천으로 구분할 수 있다. 제도권의 지역사회복지활동은 새마을운동, 사회복지시설과 기관, 사회복지협의회, 사회복지공동모금 등의 활동을 들 수 있다. 반면 진보적인 운동으로서의 복지활동은 도시빈민운동, 노동운동, 참여연대와 같은 NGO운동 등을 들 수 있다.

그러나 우리나라의 지역사회복지실천은 1980년대에 이르기까지는 주로 제도화된 사회복지기관이나 시설 중심으로 이해되어 왔다. 제도권의 민간사회복지는 정부의 지원과 동시에 감독을 받고 있기 때문에 독자적인 목소리를 갖고 자율적인 발전을 하기에는 한계가 있었다. 이러한 정부의 영향력으로부터 벗어나기 위해서는 독자적인 재정동원 능력이 선행되어야 하지만, 현재까지는 민간 재정동원 능력이 부족한 실정이다. 이런 상황에서 시민사회단체, 종교단체의 사회복지 참여가 확대되고 있으며, 이러한 단체들은 열악한 재정적 환경 하에서 자생적인 생존 능력을 갖고 꾸준하게 지역복지활동에 기여해 왔다.

특히 시민단체와 종교단체의 지역복지실천은 사회적 약자옹호와 사회개혁에 앞장섬으로써 제도권 사회복지조직에 자극과 도전이 되고 있다. 그러나 이들

단체들의 활동은 전문성의 부족과 열악한 처우로 사회복지 근무환경을 더욱 악화시키는 부정적인 측면도 지적되고 있다. 그러나 21세기 사회 변화의 흐름에 비추어 볼 때, 시민사회활동이 더욱 활발해질 것으로 보인다. 따라서 시민사회단체의 사회복지 참여와 제도권 민간사회복지와의 역동적인 상호작용이 긍정적인 결실을 가져올 수 있도록 상호 간의 협력과 조화가 요청되고 있다.

3) 지역복지실천의 변화

지역사회복지실천에 있어서도 전통적인 지역사회조직의 방법을 넘어 새로운 다양한 모델들이 개발되고 있다. 지역사회복지의 목표로서 지역사회의 역량강화가 새로운 실천으로서 강조되고 있다. 그리고 지역사회의 실정과 주민의 욕구를 반영한 지역복지계획의 수립과 실천, 통합적 지역사회복지서비스의 실천, 전문적인 프로그램의 개발과 평가, 자원 동원 전략의 중요성 등도 새롭게 강조되고 있다.

4) 지역사회중심의 통합적 복지서비스 체계의 발전

인구 고령화와 복지수요의 증가로 거동이 불편한 만성질환노인, 장애인 등 가정과 지역사회에서 생활하면서 다양한 복지서비스를 필요로 하는 인구가 증가하고 있다. 이러한 인구층에 대한 포괄적이고 통합적인 서비스를 제공하기 위해서 지역사회에 존재하는 각종 공공, 민간복지 · 보건서비스가 협력과 조정을 통하여 연계되어야 한다.

통합적인 서비스 제공은 수요자 중심의 구체적인 서비스제공 방식을 개발하는 것으로, 통합 복지서비스체계를 발전시키기 위해서는 몇 가지 과제가 수행되어야 한다.

첫째, 지역사회복지 연계망이 구축되어야 한다. 공공지역복지 전달체계와 함께 운영되는 지역사회복지협의체는 이러한 지역사회복지 연계망 구축의 일환으로 보인다. 이에 따라 시 · 군 · 구의 공공기관, 지역자활센터, 고용안정센터,

사회복지관, 보건소, 사회복지시설 등 지역 내 서비스기관을 포괄하는 연계체계의 구축이 요청된다.

둘째, 통합적인 지역사회복지서비스의 제공기술과 프로그램을 개발해야 한다. 서비스 수요자의 욕구를 포괄적으로 진단하고 서비스를 통합적으로 제공할 수 있는 서비스의 모형개발, 사례관리, 평가체계 등의 기술이 요청된다.

2 지방자치와 주민참여

1. 주민참여의 개념

1991년에 본격적인 지방자치제 실시 이후, 지역 주민들의 직접선거를 통한 지방의회제도가 확립되면서 지역에 영향을 미칠 수 있는 참정권이 시민에게 주어지고, 영향력을 행사할 수 있게 된 것은 주민참여의 새로운 계기가 되었다고 볼 수 있다. 참정권은 비단 정치적 · 행정적인 영역에서 주민들의 참여가 일어나는 것뿐만 아니라, 지역사회복지실천의 다양한 영역에서 실천모델들이 시도되는 배경이 되었다. 즉, 1980년대 후반의 활발해진 시민운동은 지역사회 주민들에게도 의식고양과 복지욕구를 확산시키게 되었으며, 그 예로 활발해진 사회복지운동과 시민사회운동의 증가, 지역사회복지관을 비롯한 지역사회복지 민간기관의 증설, 지원봉사활동 등을 들 수 있다.

주민참여에 의한 민간부문 사회복지의 구체적인 내용을 살펴보면 다음과 같다.

첫째, 사회가 아직 충분히 그 대책의 필요성을 인정하고 있지 못하나 긴급한 구제를 필요로 하는 사업, 둘째, 현행 사회복지법규의 기준에 맞지 않기 때문에 공적인 구제를 받을 수는 없더라도 그대로 방치해 둘 수 없는 사업, 셋째, 가족 케이스워크와 같이 지도를 요하는 사업, 넷째, 산업화 · 도시화 · 핵가족화로 인한 가족해체나 청소년비행 등 인간관계에 의한 지도를 주로 하는 사업 등

주민참여에 의한 지역사회복지의 사업분야 확대가 강조되고 있다(고수현, 2012: 219).

따라서 지역사회복지가 더욱 활발하게 전개되기 위해서는 어느 특정 분야만의 노력이 아니라 지역의 여러 전문가와 민간단체나 시민사회단체, 무엇보다도 지역 주민의 적극적인 참여가 중요하다.

이렇게 볼 때, 주민참여는 지역사회 주민들이 그들의 생활문제와 관련한 공공부문의 활동에 대한 영향력을 행사하고 그들의 지역사회복지 증대문제 등에 직·간접적으로 개입하려는 의식적인 행위이자 활동이라 할 수 있으며, 지역사회 주민들이 공식적인 정부의 의사결정과정에 관여하여 주민들의 욕구를 정책이나 계획에 반영하도록 하는 적극적인 행동으로 정의할 수 있다(고수현, 2012: 219).

2. 주민참여의 역할과 효과

주민참여란 지역 주민들이 공식적인 정부의 의사결정과정에 관여하여 주민들의 욕구를 정책이나 계획에 반영하도록 하는 적극적인 노력을 말한다. 지역사회복지가 추구하는 목적은 이상적인 지역사회를 건설하는 데 있다. 즉, 주민참여는 지역사회복지의 정책·계획·운영 및 실시에 주민이 참가·계획하는 것을 통하여 주민들이 보다 높은 수준의 사회복지서비스를 제공받고자 하는 적극적인 노력이라 할 수 있다. 이러한 측면에서 지역사회복지에서 주민참여의 역할은 다음과 같다(고수현, 2012: 220).

첫째, 전통적으로 상부상조의 활동과 이념에 의하여 지역사회복지가 전개되기 시작하였는데, 현대의 사회복지도 새로운 사회변화로 인해서 상부상조의 활동을 재조직화하는 데 있다.

둘째, 지역사회복지 활동은 제도적·전문적 서비스로서의 성격도 중요하지만 생활 공동체로서 원조하는 성격도 강하다. 즉, 전문적인 활동이나 업무가 전부가 아니라 지역 주민의 참여에 의한 원조활동 역시 중요한 부분을 차지한다.

셋째, 지역 주민의 참여는 고령화 사회를 맞이하여 지역사회의 세대 간 연대를 강화시켜 준다.

넷째, 지방정부의 의사결정에 있어서 효율성을 제고시켜 준다.

다섯째, 지방정부에 불평등을 완화시키도록 압력을 주는 효과가 있다.

여섯째, 주민투표, 주민발의, 주민소환과 같은 주민참여를 통해서 지방정부 기관 간의 갈등완화에 기여할 수 있다.

그러나 주민참여는 부정적인 측면도 있기 때문에 제도적 보완이 필요하다. 주민참여의 부정적인 측면은 다음과 같다.

첫째, 공청회, 주민투표, 정보제공 등의 추가적인 행정비용이 소요된다.

둘째, 계획의 입안이나 집행을 하는 데 있어서 시간상의 지연 가능성이 높다. 전문성이 있는 사업계획을 적절하게 판단할 수 있는 능력이 결여되어 있는 주민들을 이해시키기가 어렵고, 주민들의 추가요구에 따라 계획실시가 지연될 수 있다.

셋째, 지역 주민들 간의 의견충돌로 인한 갈등유발의 가능성이 많다. 주민들은 시각이 편협하고 국지적일 경우가 많아, 자신이 살고 있는 지역과 지역사회 전체에 대한 이해에 있어 충돌이 일어날 수 있다.

넷째, 참여자들의 대표성 여부가 문제가 될 수 있다. 주민참여에 능동적인 사람들의 숫자나 각각의 선호하는 바가 해당 지역 주민 전체의 의사를 반영하는지 여부에 문제가 될 수 있다.

3. 주민참여의 방법

1) 일반적인 방법

정책기획자나 의사결정자가 일반적으로 사용하는 주민참여방법으로는 전시회, 공청회, 설문조사, 대중매체홍보방법이 있는데, 많은 시간이나 비용이 소요되지 않으면서 전통적으로 주로 사용하는 방법이다.

(1) 전시회

전시물의 내용이 간단하고 이해하기 쉬어야 하며, 주민과 접촉이 쉬운 곳에서 이뤄져야 한다. 홍보 · 선전의 목적과 주민의 의견 파악에 용이하게 운영하는 방법이다.

(2) 공청회

모든 주민을 대상으로 공개 초청하여 진행하거나 제한하여 운영하는 방법이 있다.

(3) 설문조사

과학적인 분석도구를 활용하여 조사해야 할 정보의 내용, 주민의 선호도 · 태도를 파악하며, 문제점과의 관계분석이 가능하다.

(4) 대중매체 홍보

매스미디어를 통해 정책주체의 계획이나 정책대안의 내용을 홍보하는 것은 물론, 주민의 의견과 욕구를 보도해 주어 정책에 반영하는 계기를 마련한다.

2) 전문적인 방법

대중을 대상으로 하는 일반적인 방법에 비하여 평균 이상의 지식층의 참여를 유도하고, 이들을 통하여 주민들의 요구를 밀도 있게 파악할 수 있다.

(1) 델파이기법(delphi method)

익명성을 보장한 상태에서 전문가집단을 대상으로 한 설문조사기법이다. 다양한 전문가집단의 지식과 능력을 결합하여 반영하기 위해 설문조사를 실시하며, 통제된 피드백 방식을 활용한다. 문제확인, 목표와 우선순위 결정, 대안의 확인평가에 유용하다.

(2) 명목집단기법(nominal group method)

충분한 의사전달의 기회가 부족할 때, 개별적 해결방안을 제시하는 방법이다. 아이디어 서면작성, 아이디어 제출 및 전체 아이디어 기록, 구성원 토의, 투표 후 결정순으로 진행한다. 이 방법의 특징은 참석자들로 하여금 서로 대화에 의한 의사소통을 모색하도록 하는 데 있다. 구체적인 실시방법은 다음과 같다.

① 소집단 구성원들이 테이블에 둘러앉되 말을 하지 않는다.
② 각 구성원들은 문제에 대해서 생각하는 바를 백지에 적는다.
③ 한 사람씩 돌아가면서 자신의 아이디어를 발표하고, 서기나 사회자는 구성원 모두가 한눈에 볼 수 있도록 제시되는 아이디어를 칠판이나 차트에 적는다. 각 아이디어에 대한 상호 간의 토의는 하지 않는다.
④ 지금까지의 결과로 아이디어 목록이 얻어진다. 그리고 각자의 아이디어에 대하여 구두로 보조설명이나 지지 이유에 대한 설명을 하도록 한다.
⑤ 끝으로 각 참석자들은 제시된 아이디어에 대한 우선순위를 묻는 비밀투표를 실시한다. 최고의 표를 얻은 안(案)이 채택된다.

(3) 브레인스토밍(brainstorming)

여러 명이 한 가지 문제를 놓고 아이디어를 무작위로 개진하여 그중에서 최선책을 찾아내는 방법이다. 타인의 아이디어에 대해 비판하지 않고 자유로이 아이디어를 개진하되, 가능한 많은 아이디어를 개진하는 것이 좋다. 그리고 개진한 아이디어를 통합하고 발전시켜 나간다.

(4) 샤레트방법(charrette method)

각 분야 전문가들의 조언을 들을 수 있는 집회를 여는 방법으로 지역 주민, 관료, 정치가들이 상호의견을 자유롭게 개진하여 합의된 제안을 작성하는 기법이다.

(5) 게임 시뮬레이션방법(gaming simulation method)

실제처럼 꾸민 상황을 컴퓨터로 구현하여 사용자가 간접 경험을 하도록 만든 것으로 모의게임이라고도 한다. 단순 오락용, 훈련용, 실험용 등이 있으며, 최근에는 주민의 정치참여 등에도 활용되고 있다.

4. 주민참여의 단계

주민참여는 계획이나 정책결정 과정에 미치는 영향과 효과의 정도에 따라서 실질적인 효과가 있는 참여로부터 형식적인 효과가 있는 참여까지 다양하다. Arnstein은 '주민참여 사다리모형(a ladder of citizen participation)'을 통해서 주민참여에 관한 개념을 분석하고 있다. 주민참여는 하나가 아니라 여러 가지 형태로 해석될 수 있는데, Arnstein은 주민이 갖는 의사결정 권한의 크기에 따라 참여의 형태가 다양하다는 점을 강조하고 있다. 중요한 점은 주민참여 자체가 아니라, 의사결정과정에서 주민들에게 어느 정도의 발언권 내지 결정권한을 부여하느냐 하는 것이다.

Arnstein은 주민들이 의사결정에 아무런 역할을 하지 못하는 상태를 정부에 의한 조작(manipulation), 치유(therapy)로 규정하며, 비참여단계로 여긴다. 이 단계를 지나면 정부가 무엇을 하고 있는지 주민들에게 알려 주고, 주민들의 의견을 듣기는 하지만 결정권은 여전히 정부가 갖고 있는 회유(placation) 등 명목상의 참여단계가 있다. 이어서 정부가 주민을 대화의 파트너로 인정하고 결정권을 위임하거나 주민들이 의사결정은 물론 집행까지 하는 진정한 참여단계이다. 주민참여는 그 정도에 따라 다양한 영향과 효과를 기대할 수 있다(Arnstein, 1969: 217; 고수현, 2012: 222 재인용).

Arnstein이 제시한 주민참여의 8단계(표 10-1 참조)를 크게 세 부분으로 나눠 살펴보면 다음과 같다.

표 10-1 Arnstein의 주민참여 사다리모형

단계		내용	
1	조작 (manipulation)	행정과 주민이 서로 관계를 확인하는 데 의의가 있고 공무원이 일방적으로 교육 · 설득시키고, 주민은 단순 참여 수준	비참여 (non-participation)
2	치료 (therapy)	주민의 욕구불만을 일정 사업에 분출시켜 치료하는 단계, 행정의 일방적 지도수준	
3	정보제공 (informing)	행정이 주민에게 일방적으로 정보제공, 환류는 잘 일어나지 않는 수준	형식적 참여 (degree of tokenism)
4	상담 (consultation)	공청회 · 집회방법으로 행정에 참여를 유도하지만 형식적 단계에 그침	
5	회유 (placation)	각종 위원회를 통해 주민 참여범위가 확대되지만 최종판정은 행정기관이 하는 점에서 제한적임	
6	협동관계 (partnership)	행정기관이 최종결정을 가지고 있지만 주민들이 필요한 경우 그들의 주장을 협상으로 유도할 수 있음	주민권력 (degrees of citizen power)
7	권한위임 (delegated over)	주민들이 특정계획에 관해서 우월한 결정권을 행사, 집행단계에 서도 강력한 권한을 행사함	
8	주민통제 (citizen control)	주민 스스로 입안하고, 결정, 집행, 평가단계까지 통제하는 단계	

출처: S. R. Arnstein(1969).

1) 비참여단계

1단계는 조작단계로서 공무원이 일방적으로 교육, 설득시키고, 주민은 단순히 참석하는 수준으로 주민의 지지를 얻기 위해 자문위원회에 참여시키기는 하지만 의사결정에는 참여시키지는 않는다. 즉, 참여의 형식을 흉내 내는 조작과 형식적인 참여를 인정하지만, 진정한 주민참여라기보다는 참여를 홍보의 수단으로 왜곡하는 것이다.

2단계 치료는 주민의 욕구불만을 일정한 사업에 분출시켜서, 일방적으로 행정지도를 하는 수준이다. 주민참여라는 미명하에 반대하는 주민을 사회적 병리현상으로 보고 치료하는 데 초점을 둔다.

2) 형식적 참여단계

3단계는 정보제공단계로서 행정이 주민들에게 일방적으로 정보를 제공하며, 회유를 통해 참여가 이루어지고 있지만 환류는 잘 일어나지 않는다. 주민들에게 권리, 책임 및 대안을 알리는 것이 진정한 주민참여의 첫걸음이다. 하지만 행정기관으로부터 주민에게로 정보의 일방적인 흐름을 강조하고 쌍방통행이나 협상의 권한은 전혀 주지 않는다.

예를 들어, 정보가 기피시설계획의 최종단계에서 주어질 때, 주민들은 그 계획에 영향을 미칠 기회를 갖지 못한다. 일방통행적인 보도자료, 포스터, 질문에 대한 답변 등으로 정보를 제공하는 수준이다.

4단계는 자문단계로서 여론조사, 반상회, 공청회나 집회 등의 방법으로 행정에 참여하기를 유도하고 있으나 형식적 수준에 머무는 정도이다.

5단계는 회유단계로서 각종 위원회 등을 통해 주민참여가 이루어지지만 최종판단은 행정기관에서 한다. 주민들이 어느 정도 영향력을 갖게 되는 단계이다. 회유는 몇몇 주민들이 각종 위원회에 참여하지만, 지역공동체에 대한 책임이 없다. 행정기관이 주민들을 회유하는 정도는 위원회에 참여하는 주민들이 원하는 것을 얻기 위해 사용하는 전문지식의 수준과 지역공동체의 조직화 수준에 따라 다르다.

3) 주민권력 참여단계

6단계는 협동관계가 이루어지는 단계인데, 최종결정은 행정기관이 하지만 협상이 가능하다. 권력은 사실상 주민과 행정기관 간의 협상으로 재분배된다.

주민과 행정기관은 갈등해결을 위해 정책위원회, 계획위원회와 같은 조직을 통해 의사결정의 권한과 책임을 공유한다. 주민들은 주고받는 방식의 일방적인 변화에 동조하지 않는다.

동반자 관계는 첫째, 주민 대표들이 지역공동체에 조직화된 권력기반이 있을 때, 둘째, 주민들이 대표들의 노력에 합당한 수당을 지불할 재원을 가지고 있을 때, 셋째, 주민들이 필요한 전문가, 변호사, 기술자들을 고용 또는 해고할 수 있는 재원을 가지고 있을 때 실효성이 있다. 이러한 요소들을 갖추었을 때 주민들은 계획의 결과에 영향을 미칠 수 있는 협상력을 가질 수 있다.

7단계는 권한위임이 이루어지는 단계로서 주민들이 결정권을 가지고 집행단계에서도 강력한 권한을 가진다. 권한위임의 또 다른 형태로 의견의 차이를 협상으로 해소하지 못할 경우, 주민거부권을 부여함으로써 주민과 행정기관 간의 관계가 대등한 관계로 바뀐다.

8단계는 주민통제가 이루어지는 단계로 주민들이 입안, 결정, 집행을 스스로 하고 평가단계까지도 통제하는 수준이다. 이는 진정한 주민참여단계로 볼 수 있다.

5. 주민참여의 영역

주민참여의 영역은 매우 다양하다. 주로 주민의 복지와 관련성이 높은 것 위주로 제시하면 표 10-2와 같다(박태영, 2008: 162).

표 10-2 지역사회의 주민생활지표

영역	개별지표
안전 · 교통	범죄예방, 화재 · 재해방지, 방재지도 작성, 소년비행 · 폭력 · 학대방지, 주요 도로의 안전성, 생활도로(쇼핑, 통학)의 안전성, 공공교통기관(버스, 지하철)의 적절성, 정체해소 등
건강	병원 · 의원의 편리성, 쓰레기처리, 상수도공급, 하수 · 배수의 적절성, 다이옥신 · CO2 · 분진 · 소음 등 환경, 질병예방책, 질병율 감소, 식생활 개선, 건강수명의 신장 등
주거환경	주차공간 확보, 쇼핑의 편리성, 소매점의 활성화, 공영주택 건설, 주택개량의 공적지원, Barrier Free 정도,[2] 어린이놀이터 확보 및 안전성, 공원넓이, 주거 · 가옥 등의 주생활, 통근 편리성 등

〈계 속〉

Chapter 10

영역	개별지표
사회서비스	재가복지서비스 및 시설서비스의 충실, 지역보건 · 의료서비스 수준, 지역자립생활지원의 충실, 육아환경의 정비, 남여공동참여사회의 충실도, 주민의 복지의식 정도, 자원봉사활동 참가도, 실업대책 등 사회안전망, 지자체 행정서비스의 수준, 주민참여형 재가복지서비스의 보급 등
고용 · 일자리	임금 · 소득, 부업기회, 사회적 일자리확보, 지역산업의 활성화, 커뮤니티비즈니스, 지역통화 등
정보 · 커뮤니케이션	행정의 정보공개, 이웃 · 친척 · 친구 등의 교제, 세대 간의 교류, 생활복지 지도 유무, 사회적 지지망 정도 등
사회참가 · 교육	스포츠시설(운동장, 수영장)의 편리성, 도서관 등의 공공시설 편리성, 방과 후 보육충실, 유치원 · 어린이집의 충실, 초등학교의 교육과 시설 등

출처: 박태영(2008).

6. 주민소환제와 주민투표제

주민참여를 보장하기 위해서 주민발의(2000), 주민투표(2004), 주민소송(2006), 주민소환제도(2007)가 차례로 시행됐다. 외형상으로는 지방자치의 틀이 완성되어 있는 것처럼 보인다. 그러나 제대로 운영되는 제도는 없다. 주민투표 · 소송 · 소환의 요건 등이 지나치게 까다로워서 사실상 사문화됐고 주민발의도 실효성이 별로 없다고 볼 수 있다. 주민소환제와 주민투표제의 내용을 살펴보자면 다음과 같다(고수현, 2012: 226-228).

1) 주민소환제

주민들이 지방자치체제의 행정처분이나 결정에 심각한 문제점이 있다고 판단할 경우, 단체장 등을 통제할 수 있는 제도를 말한다. 일정한 절차를 거쳐 해당 지역의 단체장을 불러 문제 사안에 대한 설명을 들은 뒤에 주민투표를 통해 단체장 등을 제재할 수 있다. 이는 정치인에 대한 가장 확실하고 직접적

2) Barrier Free: 고령자나 장애인이 살기 편한 도시를 만들기 위해 물리적 · 제도적 장벽을 제거하는 것을 말한다. 1974년 유엔 장애인생활환경전문가회의에서 장벽 없는 건축설계(barrier free design)에 대한 보고서가 나온 이후 건축학계에서 사용되기 시작했으며, 최근에는 주택 · 도로 등에서의 물리적 장벽뿐 아니라 자격과 시험 등을 제한하는 제도적 · 법률적 장벽, 커뮤니케이션의 문화 정보전달 장벽, 차별과 편견, 장애인 자신의 의식상 장벽까지 제거하자는 움직임이 일고 있다.

인 통제수단으로 지방자치단체장들의 독단적인 행정운영과 비리 등 지방자치제도의 폐단을 막기 위한 것이 목적이다. 일정 수 또는 일정 비율의 선거인이 청원하면 지방자치단체의 장 및 지방의회 의원에 대해 임기 전에 재선거를 실시하고, 선거에 지면 공직에서 물러나게 할 수 있는 제도이다.

우리나라에서는 2006년 5월 24일에 「주민소환에 관한 법률」이 제정되어 2007년 5월 25일부터 시행되고 있다. 이 법제는 「지방자치법」 제13조 8의 규정에 의한 주민소환의 투표 청구권자 · 청구요건 · 절차 및 효력 등에 관하여 규정함으로써 지방자치에 관한 주민의 직접 참여를 확대하고, 지방행정의 민주성과 책임성을 제고함을 목적으로 한다.

2) 주민투표제

2004년 1월 29일에 제정된 「주민투표법」은 지방자치단체의 주요 결정 사항에 관한 주민의 직접 참여를 보장하기 위해 「지방자치법」 제13조 2의 규정에 의한 주민투표의 대상, 발의자, 발의요건, 투표절차 등에 관한 사항을 규정함으로써 지방자치행정의 민주성과 책임성을 제고하고 주민복리를 증진함을 목적으로 한다.

주민투표의 대상은 주민에게 과도한 부담을 주거나 중대한 영향을 미치는 지방자치단체의 주요 결정사항으로서, 그 지방자치단체의 조례로 정하는 사항과 중앙행정기관의 장이 지방자치단체의 폐치(廢置) · 분합(分合) 또는 구역변경, 주요 시설의 설치 등 국가정책수립에 관하여 주민의 의견을 듣기 위하여 필요하다고 인정하는 때에 주민투표의 실시구역을 정하여 관계 지방자치단체의 장에게 주민투표의 실시를 요구한 사항이다.

주민투표의 실시요건은 다음과 같다.

첫째, 주민에 의한 투표청구의 경우, '주민투표청구권'자 총수의 20분의 1 이상 5분의 1 이하의 범위 안에서 당해 지방자치단체의 조례로 정하는 수 이상의 서명이 있어야 한다.

둘째, 지방의회에 의한 투표청구의 경우, 재적의원 과반수의 출석과 출석의원 3분의 2 이상의 찬성으로 지방자치단체의 장에게 주민투표를 청구할 수 있다.

셋째, 지방자치단체의 장의 직권실시의 경우, 지방자치단체의 장은 직권에 의하여 주민투표를 실시하고자 하는 때에는 지방의회 재적의원 과반수 출석과 출석의원 과반수의 동의를 얻어야 한다.

넷째, 중앙행정기관에 의한 투표요구의 경우(법 제8조 참조),

- 중앙행정기관의 장이 미리 안전행정부장관과 협의하여야 한다.
- 지방자치단체의 장은 중앙행정기관의 장으로부터 주민투표의 실시를 요구받은 때에는 지체 없이 이를 공포하여야 하며, 공포일로부터 30일 이내에 그 지방회의에 의견을 들어야 한다.
- 지방의회의 의견을 들은 지방자치단체의 장은 그 결과를 관계 중앙행정기관의 장에게 통지하여야 한다.

이상과 같이 주민소환과 주민투표는 주민발안(조례제정 개폐청구)과 함께 3대 직접 민주주의제도로서 주민의 총의를 직접 확인하는 제도이나 막대한 비용과 시간, 행정력이 소요된다는 비판도 있는 제도이다.

3 지방자치와 사회복지전달체계

현대사회가 요구하는 사회복지의 궁극적 목적은 경제적 · 사회적 · 문화적 욕구를 지닌 개인이나 가정, 집단이나 지역 주민에게 그들의 사회적 욕구에 상응하는 서비스를 제공함으로써 보다 만족스럽고 자립적인 생활을 영위할 수 있도록 도와주는 일이 중요하다. 따라서 사회복지전달체계는 국민들이 필요로 하는 각종 복지서비스가 중복이나 누락없이 필요한 사람에게 전달될 수 있도록 하여 국민들의 기본생활을 보장할 수 있도록 해주는 핵심기제이므로, 사회복지서비스 전달체계의 효율적 구축은 매우 중요한 과제라고 할 수 있다.

1. 사회복지전달체계의 개념

사회복지전달체계란 지역사회에서 사회복지서비스의 공급자 간, 공급자와 수혜자 간을 연결시키기 위한 조직적 장치로서 사회복지 급여나 서비스의 공급자와 수요자를 연결시켜 주는 연결망 역할을 한다. 즉, 지역 주민의 욕구충족이나 문제해결을 위해서 지역사회에 있는 다른 복지기관과 협력하는 기능, 타 기관에 위탁하여 그 기관으로부터 필요한 서비스를 제공받을 수 있도록 보장해 주는 기능, 서비스나 재활서비스 등의 특정한 형태의 서비스를 제공하는 기능을 말한다.

좁은 의미로는 사회복지사와 서비스이용자 사이의 대면적 상호관계를 통하여 일정한 실천현장에서 서비스를 전달하는 사회적 체계를 말하며, 넓은 의미로는 사회복지를 전달하는 집행체제가 상부의 행정체계로부터 규제, 지원 및 감독을 받으면서 서비스를 전달하는 체계, 즉 사회복지서비스 전달자와 이용자가 상호관계를 이루면서 서비스를 직접 전달하는 집행체계와 서비스 전달을 기획, 지시, 지원 및 관리하는 행정체계를 말한다.

2. 지역사회복지전달체계 개편의 필요성

지역사회복지가 질적 · 양적으로 증가함에 따라 기존의 지역사회복지전달체계를 개선해야 한다는 필요성이 높아지고 있다. 먼저 지역 주민의 복지수요가 증가함에 따라 복지대상자, 복지예산, 복지전담공무원 등이 증대되고 있다. 또한 수요자 중심의 사회복지서비스를 제공할 수 있는 지역사회 중심의 복지전달체계의 강화가 필요하며, 지방자치단체의 지역사회복지 행정조직 또한 개편되어야 한다. 기초적 생계보장뿐 아니라 간병 · 가사지원 등의 재가보호, 재활, 취업 등에 필요한 서비스를 제공하기 위해서는 공공부문과 민간부문 복지전달체계 간의 유기적 협력체계가 요청되고 있다.

우리나라의 급격한 경제 · 사회 · 문화적 환경변화에 부응할 수 있으며, 모든 지역 주민들의 양질의 삶 증진과 동등한 기회보장 및 주체적 복지참여를 증진하기 위한 전달체계의 구체적인 목적은 다음과 같다.

첫째, 저출산 및 고령화 등 최근 복지환경의 큰 변화와 국민의 복지수요 증가, 서민경제의 어려움 등으로 인한 생계형 사건, 사고가 증가함에 따라 위기가정을 조기에 발견하고 지원하므로 모든 국민이 가치 있는 인간으로서 '양질의 삶'을 향유할 수 있는 복지체계 구축이 요구된다.

둘째, 위기가정 조기발견 체계 구축과 국민의 복지체감도 향상을 위한 사회복지전달체계 개선이 과제로 대두되었다.

셋째, 지역 주민들의 '개인적 차이'에 따른 욕구들이 존중되며, 지지와 도움제공 및 지역과 계층 간에 '균등'하게 삶의 질이 향상될 수 있는 복지실현이 요구된다.

넷째, 개인, 가족, 지역사회, 기업 그리고 정부 모두가 복지의 주체로서 '상호동반적 관계와 참여'가 이루어지는 복지체제 구축이다.

다섯째, 지방분권화로 인해 복지사업의 지방이양이 확대됨에 따라 지방자치단체의 복지역량 강화라는 과제가 부여되어 시 · 군 · 구 · 읍 · 면 · 동의 복지기능 조정 후, 적정 인력을 충원하여 시 · 군 · 구의 복지기획 능력과 읍 · 면 · 동의 현장성을 강화하며, 지자체에 대한 복지부문 평가 내실화 등을 중심으로 전달체계 개편의 기본 방향과 정책방안을 제시하기 위해서이다. 이러한 목적들을 달성할 수 있도록 잘 작동하는 '효과적이고 효율적'인 복지전달체계 정비가 필요하다.

3. 전달체계의 기본목적 및 추진원칙

전달체계 구축의 목적은 복지수혜 대상자에게 적절한 서비스를 제공하기 위해 모든 사회복지기관 및 조직들이 수행하고 있는 다양한 기능들의 효율성을 극대화시키기 위해서 행정적 측면을 정비하고, 일정 시점에서 정해진 가용자원, 즉 현존의 서비스와 대상자의 욕구를 연결시킴에 있어 서비스의 효율성을 제고하는 데 있다.

따라서 사회복지서비스 전달체계란 '지역사회 차원에서 서비스 제공자들 간에 그리고 서비스 제공자들과 클라이언트들 사이에 존재하는 조직적 배열'을 말하는데(Gilbert, Specht, & Terrel, 1993: 126), 서비스 전달체계 구축을 위해서는 표 10-3과 같은 12대 원칙에 유의할 필요가 있다.

표 10-3 서비스 전달체계 구축의 12대 원칙

1. 연계성의 원칙	지역사회 내의 복지관련 민 · 관 · 기업들이 연계를 통하여(인터넷으로 연결하는 정보망 구축 및 지역사회복지협의체 등) 중복서비스 및 서비스 누락방지
2. 효과성 · 효율성의 원칙	Hardware(건물 · 조직 등)보다는 Software(프로젝트와 프로그램)의 기존자원 활용 극대화 및 서비스 효과성 강조
3. 주민참여성의 원칙	기업 및 종교계 자원을 위시한 민간자원 동원, 자원봉사활동 활성화, 시민단체들의 참여를 적극 유도
4. 상호보완성의 원칙	정부는 기초수급 및 기획 · 평가 · 조정을 수행하며 민간주체 복지사업은 위탁 및 지역성을 반영할 수 있는 자조적 사업 수행
5. 통합성 · 양질성의 원칙	기존의 단편 · 분산적 서비스에서 토털서비스 개념으로 양질의 서비스를 통합 및 가구단위 서비스 제공
6. 포괄성의 원칙	복잡 · 다양한 개인문제나 욕구 해결을 위한 다양한 종류의 서비스들을 포괄하는 전달체계
7. 적절성의 원칙	사회복지서비스는 그 양과 질, 제공하는 기간 측면에서 클라이언트의 욕구 충족 혹은 문제해결을 위해 충분하고 적절해야 함.
8. 연속성의 원칙	사회복지서비스는 서비스대상자들의 문제 · 욕구가 해결될 때까지 지속적으로 제공되어야 함.
9. 전문성의 원칙	사회복지서비스 업무는 매우 다양하여 필요성에 따라 세분할 필요가 있으며, 사회복지분야 종사자는 전문성 정도에 따라 전문가, 준전문가, 비전문가 등으로 구분해야 함.
10. 평가성의 원칙	서비스 과정과 결과가 평가(monitoring & evaluation)되고 이를 근거로 피드백이 보장되어야 함.
11. 즉시성의 원칙	콜센터와 바로 연결하여 24시간 응급서비스 체계를 갖추는 정도의 즉각적인 대응이 요구됨. 콜센터는 요청한 서비스 내용을 선별, 서비스 제공자에게 의뢰할 수 있음.
12. 접근성의 원칙	클라이언트의 욕구에 민감한 서비스 환경 속에서 가능한 서비스 접근이 쉽게 제공되어야 함.

4. 사회복지서비스 전달체계의 성격

1) 구조 · 기능적 성격

① 행정체계와 집행체계로 구분: 행정체계는 서비스를 기획, 지시, 지원, 관리하는 것이며, 집행체계는 서비스 수혜자들과 직접적인 대면관계를 통해

서비스를 전달하는 과정을 말한다.

② 여러 사회복지서비스를 직접 클라이언트에게 전달하는 대부분의 일선 사회복지조직들은 서비스 전달체계 중 집행체계에 속한다.

2) 운영주체별 성격

① 공적전달체계: 보건복지부를 중심으로 한 정부조직의 위계망으로 구성된다.

② 민간전달체계: 복지재단, 자원봉사단체, 사회복지협의회, 이용 및 수용 시설 등

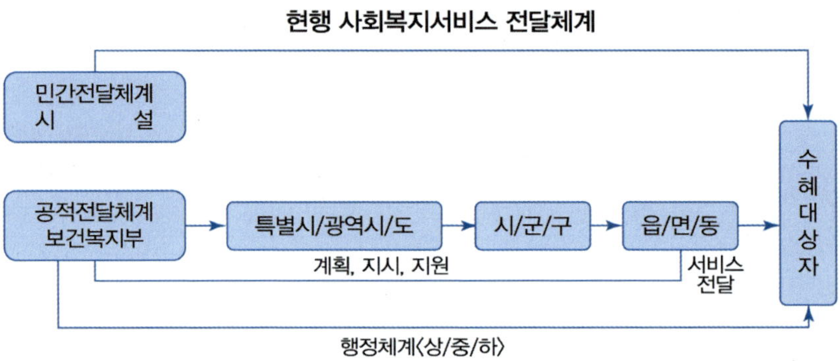

그림 10-1 현행 사회복지서비스 전달체계

전달체계는 공급자의 수요자 욕구조사를 통해서 공급자에서 전달체계로, 전달체계에서 수요자로, 수요자의 피드백이 공급자로 이르는 과정을 반복하면서 전달체계의 사이클을 만들어 나가며, 전달체계가 수정되거나 보완되는 과정을 거치게 된다. 즉, 사회복지급여나 서비스 전달경로는 수요자를 파악하고, 수요자가 원하는 것이 무엇인지를 파악하는 단계에서부터 시작되고, 공급자는 수요자가 원하는 급여나 서비스가 무엇인지를 파악하는 수요자와 욕구조사를 실시하며, 욕구조사의 결과에 따라 정책결정을 하고 전달경로를 통하여 수요자

에게 서비스를 제공하는 반면, 수요자는 급여나 서비스를 전달받고 피드백을 공급자에게 제공하면 공급자는 수정 · 보완하여 다시 전달체계를 거쳐 수요자에게 제공하는 반복과정을 거치게 된다.

사회복지급여나 서비스의 공급자는 정부기관(국가, 지방자치단체), 공공기관(국민연금관리공단), 비영리법인, 민간사회복지기관 등이며, 급여나 서비스를 필요한 클라이언트에게 제공된다.

5. 지역사회복지전달체계의 현황

지역사회를 중심으로 복지서비스의 전달체계가 다양한 형태로 전개되고 있다. 최근에 지역사회복지협의체의 역할이 중요시되고 있으며, 공공사회복지전달체계가 새롭게 개편, 강화되어 가고 있는 추세이다.

1) 지역사회복지협의체

최근의 지역사회복지정책의 방향은 지방자치단체의 역할과 책임강화와 아울러 중요 정책결정에서 민관의 협치와 서비스 네트워크를 강조하고 있다. 이런 맥락에서 지역사회복지협의체는 민 · 관 협치기제인 동시에 서비스 네트워크를 활성화하기 위한 기제라고 할 수 있다. 민 · 관 네트워크를 강화하여 서비스 공급에서 효율성과 효과성을 높이는 것이 지역사회복지협의체가 추구하는 목적이다(백종만, 2004; 김영종, 2005).

지역사회복지협의체는 2003년 7월, 「사회복지사업법」을 개정해 종전의 시 · 군 · 구에 설치되어 있던 사회복지위원회를 폐지하는 대신 2005년 7월 30일부터 「사회복지사업법」 제7조 2(지역사회복지협의체)의 규정에 의해 시 · 군 · 구에 설치된 민관협력기구이다.

지역사회복지협의체는 관할지역 내의 사회복지사업에 관한 중요사항과 지역사회복지계획을 심의 또는 건의하고, 사회복지 · 보건의료관련 기관 · 단체가 제공하는 사회복지서비스 및 보건의료서비스의 연계 · 협력을 강화한다.

지역사회복지협의체의 구성은 시장 · 군수 · 구청장이 사회복지 또는 보건의료에 관한 학식과 경험이 풍부한 자, 사회복지사업을 행하는 기관 · 단체의 대표자, 보건의료사업을 행하는 기관 · 단체의 대표자, 공익단체에서 추천하는 자, 사회복지업무 또는 보건의료 업무를 담당하는 공무원 중에서 위원으로 임명 또는 위촉하도록 하고 있다.

지역사회복지협의체는 대표협의체와 실무협의체로 나눠지며, 협의체가 수행할 기능은 다음과 같다.

첫째, 지역사회복지의 제도화 및 체계화 기능을 수행한다. 지역사회복지에 관한 체계적인 의견수렴 및 협의를 통해서 지역사회복지의 개선방안을 마련하고, 지역사회복지계획의 수립과정의 참여와 심의를 하게 된다. 지역사회의 욕구 및 문제파악, 이를 해결하기 위한 관련 조직들의 다양한 대응방식의 검토와 지역사회복지에 대한 현황분석과 개선방안을 논의할 수 있기 때문에 지역사회복지의 제도화 및 체계화 기능을 수행할 수 있다.

둘째, 지역사회복지서비스의 연계 및 조정에 대한 지원기능을 한다. 협의체는 지역사회복지서비스의 연계 및 조정의 기반을 마련하고 이를 지원하는 기능을 수행한다. 서비스의 중복 · 누락문제해결을 위한 협의, 지역사회복지 서비스 간 매개를 촉진하는 연계체계를 구성하고 실무자의 서비스연계 지원 등을 중심으로 이러한 기능을 수행할 수 있다. 또한 사회복지서비스가 필요한 대상자들의 보호체계를 수립하는 데 의견을 제시할 수 있어 이 과정에서 지역사회복지서비스에 대한 연계지원 기능이 가능할 수 있다.

셋째, 지역사회복지 자원의 개발과 발굴기능을 한다. 협의체는 지역사회의 복지자원의 파악 및 확보계획의 수립, 지역사회 자원의 배분기준의 마련과 배분계획을 협의함으로써 지역사회에 제공할 수 있는 복지자원을 체계화하고, 잠재적인 자원을 개발, 발굴하는 기능을 가지고 있다.

2) 공공사회복지전달체계의 개편

공공영역에서의 사회복지전달체계 개편추진과정은 다음과 같다.

1980년대 초부터 민간분야의 복지기능 확대추세에 따라 사회복지전달체계 개편, 사회복지사무소설치에 대한 논의가 지속되었으나 연기되었다. 1987년에는 정부에서 사회복지전문요원 100명을 별정직 공무원으로 채용, 빈민지역 동사무소에 배치하기 시작하였고, 1992년에는 「사회복지사업법」에 '복지사무전담기구'에 관한 규정을 신설, 법적 근거를 마련하였다.

1995년에는 「사회보장기본법」 제정으로 '사회보장전달체계' 구축의 원칙을 명시하였으며, 1995년부터 1999년까지 4년간 5개 지역에서 '보건복지사무소' 시범사업을 실시하였다. 2001년부터 2002년까지 15개 시 · 군 · 구에서 '지역사회복지협의체' 시범사업을 실시하였으나, 2003년 참여정부 출범 이후 확산되지 못하고 종료되었다. 그리고 2004년 7월부터 2006년 6월까지 2년간 서울, 부산 등 9개 지역에 '사회복지사무소' 시범사업을 운영하였으나 확산되지 못하고 종료되었다.

2006년 7월부터, 주민생활지원통합서비스체계(주민생활지원국) 구축을 목표로 조직을 개편하였다. 특별히 주민생활지원국은 안전행정부 조직으로서 주민들이 서비스에 대한 통합, 접근성, 신뢰성, 효율성을 중시하고 있는데, 그 내용은 다음과 같다.

첫째, 주민에게 필요한 다양한 서비스를 통합적으로 제공

둘째, 국민이 원하는 서비스를 접근이 쉽고 편리하게 제공

셋째, 주민생활지원과 관련한 충분한 상담, 현장방문 등으로 정책에 대한 신뢰제공

넷째, 기관별 서비스를 연계하여 중복 · 누락방지와 자원 활용

이외에도 시 · 군 · 구청 및 읍 · 면 · 동사무소를 주민서비스로 개편, 주민이 온라인으로 관련 서비스에 대한 정보를 얻고 서비스를 신청하며, 자격을 조회할 수 있는 통합시스템 구축, 공공 및 민간부문이 함께 서비스를 기획 · 집행하는 지역단위에서 민간협력 네트워크 구축, 다양한 중앙부처의 서비스를 수요자 입장에서 조정하는 중앙부처의 서비스 조정 등이 중요시되고 있다.

2013년부터 보건복지부는 전달체계 개편을 통해서 복지체감도를 제고하기 위해서 주민센터를 맞춤형 복지 허브기관으로 개편을 시도하고 있다. 그 내용은 다음과 같다(보건복지부 업무계획, 2013).

첫째, 동(洞) 주민센터를 개편하여 지역 주민의 접근성·편의성을 고려한 맞춤형 복지서비스 제공체계를 구축한다.

둘째, 맞춤형 급여·서비스 신청, 통합사례관리, 고용과 복지 연계서비스, 사회적 경제(사회적 협동조합, 사회적 기업) 및 지역공동체 활성화 등을 지원한다.

셋째, 일선 공무원의 과중한 업무분담(깔때기 현상) 경감을 위한 전담인력 확충 및 복지제도·기준을 정비한다.

6. 지역사회복지전달체계 확립을 위한 과제

지역사회복지전달체계 확립을 위해서 공공복지와 민간복지의 과제를 살펴보면 다음과 같다.

1) 공공복지 전달체계의 확립과제

첫째, 읍·면·동의 실질적인 주민복지센터화가 이루어져야 한다. 이러한 기능전환은 기존 민간 지역사회복지관과의 기능 중복을 피하고 공공복지서비스의 최후 거점으로 기능하도록 해야 한다. 국민기초생활보장제도 등에서 잘 이루어지지 못하고 있는 사례관리 및 상담서비스 등을 실시할 수 있는 공간마련과 클라이언트의 지리적·심리적인 차원 등 제 측면의 접근성을 확보하는 차원에서 기능이 모색되어야 한다. 특히 농촌지역 및 시·군 통합지역의 경우 지역 주민의 접근성이 최우선적으로 전제되어야 한다.

둘째, 지방공무원 정원 조례 등의 개정을 통해 사회복지전담공무원을 확충하고 복지상담원 등의 일반직 전환 등이 이루어져야 한다. 과학적인 직무분석을 통한 사회복지전담공무원의 적정인력 규모에 대한 판단 아래 연차적인 증원이 이루어져야 할 것이다. 아울러 사회복지전담공무원의 위상 강화와 실질적인 복지 직렬화 구축의 차원에서 정책적 판단이 이루어져야 하며, 사회복지 전담공무원을 상위부서에 상향 배치해야 한다.

셋째, 사회복지행정의 효율화를 위해서 사회보장정보시스템을 확대 구축해야 한다.

2) 공공 · 민간의 지역복지 연계체계 구축과제

첫째, 서비스 제공기관의 확충과 편차의 조정, 서비스의 분화 및 특화를 위한 서비스 개발이 이루어져야 한다. 따라서 지역의 서비스 제공기관과 제공되고 있는 서비스에 대한 체계적인 조사를 실시하고 필요한 서비스 제공기관의 확충과 중복되는 서비스의 조정, 누락된 서비스의 개발 등이 이루어져야 한다.

둘째, 연계체계가 원활하게 운영되기 위해서는 각종 정보의 전산화가 필요하다. 전국적으로 활용이 가능한 각종 조사 및 기록양식의 표준화, 그리고 이러한 자료의 전산화가 이루어져야 한다.

셋째, 서비스 제공 실무자들에 대한 기술적인 지원과 함께 학제 간의 전문가 활동을 장려하는 노력이 필요하다. 이와 더불어 기존의 기관장을 대상으로 하는 보수교육에서도 연계체계의 중요성 및 운영에 대한 교육내용이 포함되도록 해야 한다.

넷째, 각 지역단위로 산재하는 다양한 목적의 협의체들의 조정과 통합이 이루어져야 한다. 동일 지역에 여러 개의 협의체가 병존하는 것은 협의체 간의 미묘한 갈등을 초래하여 지역 전체적으로 서비스 연계에 장애로 작용할 수도 있으며, 여러 개의 협의체에 동일한 기관들이 중복적으로 가입함으로써 비용의 낭비를 초래할 수 있기 때문이다.

연습문제

1 주민참여와 관련된 주민발의, 주민투표, 주민소송, 주민소환제도의 구체적인 사례를 발굴하여 실태를 분석하고 비판해 보자.

2 지방의회를 참관해 보고 지방의회 의원들 가운데 지역복지에 기여적인 인물을 발굴하여 그들의 활동상황을 살펴보자.
- 지역구 의원 가운데 친복지적인 성향의 인물을 초청하여 특강 들어보기

3 지역복지 향상에 도움이 될 만한 조례안을 만들어 지역구 의원들에게 제공해 보자.
- 예: '노인장기요양보험제도'의 경우, 방문요양서비스를 받으려면 본인부담금(15%)을 납부해야 하는데 빈곤노인의 경우, 본인부담금을 납부할 수 없어 서비스를 받지 못하는 경우가 많다. 일부 지자체에서는 의원들이 조례를 제정해 빈곤노인의 본인부담금 일부를 지원하고 있으므로 아직 본인부담금 지원 조례를 제정하지 않은 지역이 있다면 타 지역의 조례를 연구하여, 의원들에게 제공하는 것도 좋을 것이다.

CHAPTER 11

지역사회보장계획

지역사회는 오랫동안 중앙정부에서 수립한 각종 정책이나 사회복지서비스 프로그램을 하달받아 실시하고, 그 결과를 보고하는 수준에 머물러 왔다. 그러나 각 지역사회가 처한 상황이나 문제, 주민들의 복지욕구는 각기 다를 수밖에 없는데, 이러한 점들이 고려되지 못하고 중앙정부의 획일적인 정책을 따라가다 보니 지역이 안고 있는 다양한 문제들이 소홀히 되는 경향이 있었다. 그러나 지방자치제도가 정착되고, 지역의 자율성이 중요시되면서부터 각 지자체마다 지역사회 주민들의 문제나 욕구해결을 위한 지역사회보장계획 수립이 자율적으로 이루어지게 되었다. 이 장에서는 지역사회보장계획 수립의 배경과 의의, 계획의 방법과 절차, 지역사회보장계획의 구성에 대해서 살펴보고자 한다.

1 지역사회보장계획의 이해

1. 지역사회보장계획의 개념 및 수립배경

1) 지역사회보장계획의 개념

지역사회보장계획은 지역사회복지서비스를 종합적이며 계획적으로 추구하기 위해서 주민들의 복지욕구와 지역사회의 특성 및 문제를 조사·분석한 결과를 주요 과제로 설정하고, 이 과정에서 주민참여를 통해서 해결을 지향하는 중·장기계획을 말한다. 그리고 기초·광역자치단체 수준에서 지역의 특성이나 주민들의 복지욕구와 제도 및 각종 복지자원의 현황과 문제를 파악하여, 이를 해결하기 위해 계획적인 사회복지정책 수립과 사회개발을 추진하는 과정이다. 또한 지역사회 내의 사회복지 관련 조직과 인력들이 상호조정과 연계를 통해서 문제를 해결하는 데 있다. 즉, 지역사회보장계획은 주민의 복지욕구를 파악하고, 이를 충족시키기 위한 서비스 공급체계를 확보하는 것을 의미한다.

2) 지역사회보장계획 수립의 배경

사회복지정책은 정부차원에서 수립하지만 그 실천은 주민의 생활단위인 지역사회에서 이루어진다. 정부 차원의 다양한 복지서비스는 지역사회 차원에서 통합되어 이용자에게 제공되는 것이다. 이러한 복지서비스 제공체제가 구축되어 있어야 복지 체감도가 높아지게 된다.

이를 위해서 2003년 7월에 개정된 「사회복지사업법」에서는 지역사회 중심의 사회복지실천을 위한 법적 장치를 마련하였다. 그 대표적인 것이 기초자치단체에 지역복지협의체를 구성·운영하며, 지역 단위의 지역사회복지계획을 수립·실시하도록 한 규정이다. 아울러 2005년부터 시행된 국고보조금의 지방이양, 사회복지전달체계 개선방안의 하나로 사회복지사무소 시범사업 실시 등은 지역사회 중심의 복지체제를 갖추기 위한 제도적인 장치를 마련한 것이다.

지역사회보장계획은 지난 2003년 「사회복지사업법」 개정을 통해 '지역사회복지계획'으로 근거를 마련했고, 2006년 제1기(2007~2010년) 계획 이후 매 4년마다 계획을 수립하고, 매년 '연차별 시행계획'을 수립해왔다. 그리고 2015년 「사회보장급여의 이용·제공 및 수급권자 발굴에 관한 법률」을 제정하면서 '지역사회보장계획'으로 명칭을 변경했다. 2018년 제4기(2019~2022년) 지역사회보장계획이 수립되었으며, 현재 제5기(2023~2026년) 지역사회보장계획이 수립 중이다.

지역사회보장계획은 시 · 군 · 구 기초자치단체장이 수립하여 지역 주민 등 이해관계자의 의견을 들을 후, 지역사회복지협의체 심의를 거쳐 결정하며, 시 · 도지사는 시 · 군 · 구의 지역사회보장계획을 검토한 후, 시 · 도 지역사회복지계획을 수립하여 사회복지위원회 심의를 거쳐 보건복지부 장관에게 제출하도록 되어 있다. 따라서 지역사회보장계획의 수립은 지역사회복지실천에서 빼놓을 수 없는 과제가 될 것이다.

좀 더 구체적으로 지역사회보장계획의 수립 배경을 살펴보면 다음과 같다.

(1) 이용자 중심의 복지서비스 제공체제 마련

그동안 복지서비스는 제공자 중심체제로 이루어져 왔다. 이는 서비스이용자의 욕구 충족에 적절한 서비스제공보다는 공급자 편의적인 서비스제공으로 이어져 왔다. 이용자 중심의 서비스제공은 공급자 입장에서 보면, 서비스의 연계, 협력, 통합을 통한 서비스의 종합적인 제공을 의미한다. 또한 이용자 입장에서 보면, 이용자가 필요로 하는 전체적인 서비스, 즉 복지, 보건 · 의료, 고용, 교육, 문화, 주택, 환경, 교통, 생활체육 등을 패키지로 제공받을 수 있어야 한다.

(2) 주민참여 확산

지역사회복지는 주민참여에 의해 시작되어 확산되고 마무리된다고 해도 과언이 아니다. 주민참여는 주민의 복지욕구를 보다 정확하게 파악할 수 있고 주민의 복지의식을 고양할 수 있으며, 복지실천을 추진하는 원동력이 된다.

우리 사회에는 이미 다양한 주민참여가 이루어지고 있다. 이러한 추세는 앞으로 더욱 확대될 것으로 보인다. 특히 풀뿌리 형태의 주민참여, 즉 주민의 생활과 밀접하게 관련된 과제를 해결하거나 예방하기 위한 주민참여가 늘어나게 될 것이다. 이러한 현상은 자신이 사는 지역의 복지과제는 자신들이 나서서 해결하거나 예방하려는 것으로 구체화될 것이다.

(3) 이용자의 권리의식 신장

복지서비스 이용자는 늘 약자로서 복지서비스를 제공받는 것만으로도 감지덕지해야 할 존재로 인식되어 왔다. 그러나 점차 복지서비스 이용자들이 자신들이 가진 생존권적 기본권에 대한 의식을 갖게 되었고, 이를 구현하기 위해 권리주장을 하게 되었다. 이러한 현상은 노인장기요양보험제도 도입으로 더욱 확산되었다. 이는 자신의 서비스 이용에 따른 부담금을 지불하므로, 복지서비스를 자신이 구입한다는 생각을 하게 되어 이용자의 권리인식이 커지게 되는 것이다. 복지서비스 이용자들은 복지서비스 선택을 위해 필요한 다양한 정보와 이용에 따른 불만사항의 해결방안, 서비스 선택이 어려운 이용자들에게는 이를 지원하는 장치 등을 필요로 하게 될 것이다.

3) 지역사회보장계획 수립·시행의 의의와 기대효과

지역사회보장계획안을 통해 지자체 단위의 사회보장 수준과 변화 목표를 지역 주민을 비롯한 모든 관계자가 확인할 수 있으며, 지역에서 필요로 하는 복지를 창출하기 위하여 공공, 민간, 지역사회 주민이 함께하는 작업의 토대를 마련하는 데 있다. 또한 지자체의 특수성을 기초로 하되 국가 정책의 보편적 방향을 반영하는 지역 정책을 설계하며, 계획안의 기본 틀을 공유함으로써 지자체 간 상호 사회보장사업에 대한 이해와 벤치마킹, 상승 작용을 기대할 수 있다는 점인데 이를 표로 제시하면 표 11-1과 같다.

표 11-1 지역사회보장계획 수립·시행의 의의와 기대 효과

의의	기대효과
계획안을 통해 지자체 단위의 사회보장 수준과 변화 목표를 지역 주민을 비롯한 모든 관계자가 확인	지자체의 주도성 향상
지역에서 필요로 하는 복지를 창출하기 위하여 공공, 민간, 지역사회 주민이 함께하는 작업의 토대 마련	합리적 사회보장사업 운영 기반 마련
지자체의 특수성을 기초로 하되 국가 정책의 보편적 방향을 반영하는 지역 정책 설계	국가 사회보장사업 운영의 효율화
계획안의 기본 틀을 공유함으로써 지자체 간 상호 사회보장사업에 대한 이해와 벤치마킹, 상승 작용을 기대	전국의 균형적 사회보장 추진

출처: 보건복지부(2018a). p.4.

2. 지역사회보장계획의 법적 근거

- 지역사회보장계획은 「사회보장급여의 이용·제공 및 수급권자 발굴에 관한 법률」(이하, 「사회보장급여법」) 제35조에 근거한 법정계획이다.
- 「사회보장급여법」에 따라 시·도지사 및 시장·군수·구청장은 지역사회보장계획을 4년마다 수립하고, 매년 지역사회보장계획에 따라 연차별 시행계획을 수립해야 한다.
- 「사회보장기본법」 제16조에 따라 중앙의 사회보장기본계획과 연계가 필요하다.

※ (참고) 사회보장급여법 제35조(지역사회보장에 관한 계획의 수립)

① 특별시장 · 광역시장 · 특별자치시장 · 도지사 · 특별자치도지사(이하 "시 · 도지사"라 한다) 및 시장 · 군수 · 구청장은 지역사회보장에 관한 계획(이하 "지역사회보장계획"이라 한다)을 4년마다 수립하고, 매년 지역사회보장계획에 따라 연차별 시행계획을 수립하여야 한다. 이 경우「사회보장기본법」 제16조에 따른 사회보장에 관한 기본계획과 연계되도록 하여야 한다.
② 시장 · 군수 · 구청장은 해당 시(「제주특별자치도 설치 및 국제자유도시 조성을 위한 특별법」 제10조 제2항에 따른 행정시를 포함한다. 이하 같다) · 군 · 구(자치구를 말한다. 이하 같다)의 지역사회보장계획(연차별 시행계획을 포함한다. 이하 이 조에서 같다)을 지역주민 등 이해관계인의 의견을 들은 후 수립하고, 제41조에 따른 지역사회보장협의체의 심의와 해당 시 · 군 · 구 의회의 보고(보고의 경우「제주특별자치도 설치 및 국제자유도시 조성을 위한 특별법」에 따른 행정시장은 제외한다)를 거쳐 시 · 도지사에게 제출하여야 한다.
③ 시 · 도지사(특별자치시장은 제외한다)는 제2항에 따라 제출받은 시 · 군 · 구의 지역사회보장계획을 지원하는 내용 등을 포함한 해당 특별시 · 광역시 · 도 · 특별자치도의 지역사회보장계획을 수립하여야 한다.
④ 특별자치시장은 지역 주민 등 이해관계인의 의견을 들어 지역사회보장계획을 수립하여야 한다
⑤ 시 · 도지사는 제3항 및 제4항에 따른 지역사회보장계획을 제40조에 따른 시 · 도사회보장위원회의 심의와 해당 시 ·

도 의회의 보고를 거쳐 보건복지부장관에게 제출하여야 한다. 이 경우 보건복지부장관은 제출된 계획을 사회보장위원회에 보고하여야 한다.

⑥ 시 · 도지사 또는 시장 · 군수 · 구청장은 지역사회보장계획을 수립할 때 필요하다고 인정하는 경우에는 사회보장 관련 기관 · 법인 · 단체 · 시설에 자료 또는 정보의 제공과 협력을 요청할 수 있다

⑦ 보장기관의 장은 지역사회보장계획의 수립 및 지원 등을 위하여 지역 내 사회보장 관련 실태와 지역 주민의 사회보장에 관한 인식 등에 관하여 필요한 조사(이하 "지역사회보장조사"라 한다)를 실시할 수 있으며, 시 · 도지사 및 시장 · 군수 · 구청장은 지역사회보장계획 수립 시 지역사회보장조사 결과를 반영할 수 있다.

⑧ 보건복지부장관 또는 시 · 도지사는 지역사회보장계획의 내용이 대통령령으로 정하는 사유에 해당하는 경우에는 시 · 도지사 또는 시장 · 군수 · 구청장에게 그 조정을 권고할 수 있다. 이 경우 보건복지부장관은 관계 중앙행정기관의 장의 의견을 들을 수 있다.

⑨ 지역사회보장계획의 수립 및 지역사회보장조사의 시기 · 방법 등에 필요한 사항은 대통령령으로 정한다.

3. 지역사회보장계획 필요성

1) 지역사회 중심의 사회복지서비스 제공 필요

사회복지의 업무영역은 크게 사회보험, 공공부조, 사회복지서비스 영역으로 구분된다. 사회보험은 국민에게 발생하는 사회적 위험을 표준화된 기준을 적용한 보험방식에 의하여 대처하는 제도이다. 한편 「국민기초생활보장법」을 근간으로 하는 공공부조는 모든 국민에게 최저한의 생활수준을 보장한다는 정신에 따라, 생활유지 능력이 없거나 생활이 어려운 국민의 최저생활을 보장하고 자립을 지원하는 제도이다. 이처럼 사회보험과 공공부조는 모든 국민을 대상으로 표준화된 기준을 적용하기 때문에, 중앙정부가 중심적인 역할을 담당하는 복지업무이다. 다만, 지방정부는 공공부조사업의 재정을 일부 부담하고, 실제 조사 및 집행업무를 대행하는 수준에서 공동으로 책임을 담당하고 있다.

반면에, 사회복지서비스는 개인별 특수성에 따른 개별적 처우에 맞게 제공해야 하는 특성이 있기 때문에 표준화된 기준이 적용될 수 없다. 또한 서비스 내용이 국민들의 정상적인 생활을 가능하게 하는 것, 즉 주민들의 일상생활과 밀접한 내용을 담당하고 있다는 점에서 표준화된 기준을 적용할 수 없는 특성을 갖는다. 이러한 이유에서 사회복지서비스 영역은 중앙정부보다는 주민들과 좀 더 밀접한 관계를 맺으며, 지역복지사업에 주체적인 역할을 담당하는 지방정부가 중심적인 역할을 담당하는 것이 효과적이다.

2) 복지서비스의 지역 간 차별화 필요

사회복지서비스는 개인별 특수성에 따른 개별적 처우를 제공해야 하는 특성이 있기 때문에, 다양화·차별화가 필요하다. 각 지자체는 지역 주민의 생활실태 및 복지욕구는 물론 지역 내 복지자원 및 환경여건이 다르기 때문에, 각 지역별 특성에 따라 차별화된 복지서비스 계획이 필요하다.

3) 지자체의 계획·조정기능 강화 필요

지방자치의 실시와 함께 중앙정부의 감독과 지시를 받는 형태에서 벗어나 지역 특성에 맞는 복지모델을 설계하고, 이를 실행하기 위한 계획수립 및 추진체계가 필요하게 되었다. 기초자치단체의 계획기능을 강조하는 경향은 이미 일부 영역에서 나타나고 있다. 지역보건복지계획이나 장묘시설 수급계획과 같은 영역에서 이미 지자체 단위의 계획수립을 법제화하였다. 외국의 사례로는 일본에서는 기초자치단체 차원에서 노인·장애인·아동 등 복지대상 집단별 서비스 공급계획, 그리고 전 영역을 망라하는 종합적인 지역복지계획을 기초자치단체 차원에서 수립하는 것을 법제화하고 있고, 영국에서도 기초자치단체 단위의 'Community Care Plan'을 수립하고 있다(김경혜, 2003). 따라서 우리나라의 지방자치단체들도 계획·조정기능 강화를 위해서 지역사회복지계획이 요구된다.

4. 지역사회보장계획의 목적 및 성격

1) 계획의 목적

지역사회보장계획은 지역 주민의 복지욕구를 충족시키기 위해서 각 지자체가 처해 있는 복지환경과 활용 가능한 복지자원을 고려하여, 지자체가 실시해야 할 복지사업의 우선순위 및 달성목표를 지역사회의 참여를 통해 결정하는 것을 목적으로 한다. 좀 더 구체적으로 살펴보면 다음과 같다.

(1) 지역사회보장계획은 지역주민 복리증진을 목적으로 하며, 지역사회 복지 수요와 자원 그리고 자체 사회보장사업 등을 포괄하는 중기 기본계획이다.
- 지역사회보장계획을 통해 기초자치단체의 사회보장 수준과 중기 목표를 명확히 하여 지역 주민에게 공표할 필요가 있다.
- 2022년에는 제4기 지역사회보장기본계획(2019~2022)을 마무리하고, 제5기 지역사회보장계획(이하 제5기 기본계획) 수립(2023~2026)을 한다.

(2) 4년 동안 시 · 군 · 구의 지역사회보장 관련 정책의 이정표 역할을 한다.
- 지역사회보장계획은 자체 사업을 중심으로 사회보장 전략체계를 수립하고, 지역사회보장발전을 위한 정책 노력을 제시하여, 사회보장 지자체 정책 관련 중기 이정표 역할을 수행한다.

(3) 시·군·구는 지역사회보장계획을 통해 지역 내 복지 수요와 자원을 면밀하게 진단하여 사회보장 발전 전략을 제시한다.
- 시·군·구에서 복지자원을 조직화하고, 자체 사회보장사업을 통해 지역사회보장 기반 마련을 위한 노력을 강조한다.

(4) 시·군·구 지역사회보장계획은 지자체의 특수성을 기초로 하되 국가 정책의 보편적 방향을 반영하여, 중앙 사회보장기본계획과 시·도 지역사회보장계획을 연계하는 역할을 수행한다.
- 기초자치단체의 기본계획은 중앙의 사회보장기본계획의 가치를 반영하고, 이를 광역자치단체의 지역사회보장계획 간 연계성을 제고한다.

(5) 4년 단위 중기 지역사회보장계획에 기초하여 매년 연차별 시행계획을 수립한다.
- 급변하는 환경에 대응하기 위해 연차별 시행계획을 수립하고 이를 중심으로 지역사회 복지욕구 및 자원 실태를 점검한다.

2) 계획의 성격

(1) 실천계획 · 집행계획

지역사회보장계획의 목적은 해당 지자체가 실시할 복지사업의 우선순위와 목표를 설정하는 것이다. 물론 목표설정을 위해서는 지자체가 지향하는 장기적 · 거시적 정책방향 및 비전 제시가 필요하다. 그러나 계획은 궁극적으로 구체적인 사업의 실천을 목적으로 하기 때문에, 지자체 지역복지의 추상적 청사진을 제시하는 기본구상 또는 전략계획이 아니라 최일선 행정조직인 지자체에서 실제 집행을 목적으로 하는 계획이라는 성격을 명확히 해야 한다. 일본의 시 · 정 · 촌 지역복지계획 매뉴얼에서도 지역복지계획의 성격을 '행정계획'으로 명시하고 있다. 따라서 계획내용은 추상적 · 장기적 · 포괄적이기보다는 구체적이어야 하며, 분야별 사업 우선순위 및 목표량 설정은 물론, 이를 실행하기 위한 실천전략, 그리고 이를 지원하기 위한 인력계획 및 재정계획까지를 포함하는 실천계획 성격을 지향하도록 한다.

(2) 중 · 단기계획

지자체 지역복지계획이 실천계획으로서의 성격을 확보하기 위해서는 계획주기가 장기적인 것은 적절치 않다. 지자체 단위의 정책을 실천하는 데 있어서 단체장의 역할은 매우 중요하다. 실제 지방자치 실시 이후, 자치단체의 정책목표 및 사업 우선순위는 민선 자치단체장에 따라 크게 변화하는 것이 현실이다. 따라서 여건변화 및 전망, 그리고 지자체가 지향하는 복지정책 방향 등 거시적인 분석이 필요한 부분에 대해서는 10년 단위의 장기전망이 필요하지만, 지자체 지역사회보장계획의 실행력을 담보하기 위해서는 민선 단체장의 재임 기간인 4년을 단위로 하는 것이 현실적이다. 현재 시 · 군 · 구 및 시 · 도 단위로 수립되고 있는 지역보건의료계획도 계획주기를 4년으로 하고 있으며, 영국의 지역사회보호계획은 3년을 단위로 하고 있다.

(3) 종합계획

지역사회보장계획은 종합계획의 성격을 갖도록 한다. 종합계획의 개념은 두 가지 측면을 포함한다.

첫째, 지역사회보장계획은 지역 주민 전체를 위한 계획 및 개별 복지대상 집단별 계획을 모두 포함하는 계획이 되어야 한다. 특히 노인, 장애인 등 대상 집단별로 분산된 서비스 수요 및 공급을 최일선 기관인 지자체 단위에서 종합적으로 계획을 세움으로써 종합적인 주민복지 향상 효과를 기대할 수 있다.

둘째, 지역사회보장계획은 사회복지영역별 종합화뿐 아니라, 주민복지와 관련된 유관분야까지를 함께 검토한다는 점에서 종합계획적 성격을 갖는다. 지역사회보장계획은 지역 주민의 삶의 질 향상을 궁극적인 목표로 한다. 따라서 사회복지가 계획의 핵심이 되기는 하지만, 주민복지와 관련된 다른 사업영역도 함께 검토되어야 한다. 가장 직접적인 관련성을 갖는 영역은 보건 · 의료분야이며, 이외에 체육 · 문화 · 교육 · 노동 등도 지역복지 및 지역 주민의 삶과 밀접하게 관계가 있는 사업영역으로, 필요에 따라서 계획의 범위에 포함될 수 있다.

(4) 고유사업의 개발 및 추진계획

지자체 단위의 지역사회보장계획이 필요한 이유는 복지욕구는 지역마다 차이가 있어 지역 특성을 고려한 사회복지서비스 공급이 필요하기 때문이다. 또한 이러한 지역 특성을 반영한 서비스를 공급하기 위해서는 중앙정부나 광역단위에서 계획 · 집행되는 사업 이외에 기초자치단체 주민의 욕구에 부응하는 사업을 주체적으로 계획해야 한다. 따라서 지역사회보장계획은 단순히 국고보조사업에 대한 집행계획 수준이 아니라, 보다 적극적으로 자치단체를 위한 고유사업을 개발하고 이를 실천하기 위한 계획이 되어야 한다.

(5) 이용자 중심의 계획

지역사회보장계획이 실천계획 · 집행계획 성격을 유지하기 위해서는 복지사업의 집행 주체인 지자체가 계획수립의 중심적 역할을 담당하는 것이 바람직하다. 그럼에도 불구하고 지역사회보장계획은 행정당국에 의한 일방적인 계획이 아니라, 지역사회 모든 주체가 계획과정에 참여하고 의견을 수렴하는 이용자 중심의 계획이 되어야 한다. 지역사회보장계획의 궁극적인 목적은 지역 주민의 복지욕구를 충족시키는 것이다. 따라서 모든 계획은 주민들이 무엇을 원하는 지로부터 시작되어야 하고, 진행과정도 주민 만족도를 극대화할 수 있는 방법으로 접근하는 이용자 중심의 계획이 되어야 한다. 이를 위해서는 계획의 수립, 집행, 사후평가과정에 주민을 비롯한 여러 지역복지활동 주체들의 참여가 필수적이다.

5. 지역사회보장계획의 이념

지역사회보장계획의 이념에는 인권존중, 삶의 질 향상과 사회연대, 지역 특성 중시, 민·관 협력과 주민참여 등이 있는데, 이를 자세하게 살펴보면 다음과 같다.

1) 인권의 존중

지역사회보장계획은 모든 지역 주민의 건강하고 문화적인 생활을 평등하게 확보하고 향상시킬 수 있도록 법을 통해서 보장하는 데 있다. 장애인, 아동청소년, 노인 등이 전 생애에 걸쳐서 일상생활을 건강하게 유지해 나갈 수 있도록 사회·경제적 조건 개선 및 자기결정권을 통해 인간의 존엄성을 보장받을 수 있도록 한다.

2) 삶의 질 향상과 사회적 연대

지역 주민의 기본적인 욕구충족을 위해 지방자치단체별로 최저 생활수준을 규정하고 이를 달성하여 지역 주민들의 삶의 질을 향상시킨다. 직업 · 연령 · 성별 등의 차이에 따른 개인주의를 지양하고 상호협력하에 사회적 취약계층의 자립 · 자활을 지원하여 사회적 연대를 추구하는 사회 분위기를 조성한다.

3) 지역 특성의 중시

지역사회복지를 추진할 때에는 지역의 특성을 반영해야 한다. 즉, 지역특성 파악과 그 지역 특유의 복지문제나 과제를 종합적으로 진단하여 적절한 정책을 개발한다.

4) 민 · 관 협력과 주민참여

공공부문은 전 국민의 최저생활보장을 담당하고, 민간부문은 공공부문에서 담당하기 어려운 기능을 충족시키는 보완적 역할을 담당한다. 이를 통해서 주체적이고 자발적인 민간참여의 길을 열어야 한다.

6. 지역사회보장계획의 개요

지역사회보장계획 수립을 위해서 보건복지부가 제시한 매뉴얼에는 지역사회보장계획 수립의 실행주체 및 책임, 계획의 방향과 원칙, 계획의 구성내용, 계획수립 시 유의사항, 계획변경, 계획평가 및 공표에 대해서 제시하고 있는데, 그 내용을 상세하게 살펴보면 다음과 같다.

1) 계획수립의 실행주체

지역사회보장계획은 실행계획으로서 궁극적으로 구체적인 사업의 실천을 목표로 하기 때문에 사업의 내용이 구체적이고, 분야별 사업우선 순위 및 목표량 설정 실천전략, 인력 · 재정계획을 포함하는 실천계획의 성격을 지향한다. 따라서 실제적인 계획수립의 실행은 지역의 다양한 주체들이 관여하고 논의하는 구도에서 진행되어야 하는데, 이는 지역사회복지협의체, 시 · 군 · 구 해당 부서, 외부전문기관(욕구조사 등 일부 사안에 참여)이 해당한다.

- 지역사회보장계획 입안 및 수립을 위한 각 단계 · 절차에 지역사회복지협의체 · 관련 전문가가 적극 참여하여 심의할 수 있도록 해야 한다.
- 복지계획은 연차적으로 수행하는 차원에서 시 · 군 · 구의 해당 부서가 주관하게 되므로 계획수립 단계부터 관여해 나가야 한다.
- 지역사회보장계획의 수립을 위한 지역조사 및 분석은 지역의 전문가 및 자문가가 참여 가능할 수 있다.

2) 계획수립 책임

시 · 군 · 구 지역사회보장계획은 시 · 군 · 구 지역의 복지사업을 중기적으로 기획하고 청사진을 마련하는 것이므로, 계획의 실효성을 위해서 중심적인 책임은 행정기관인 시 · 군 · 구가 가진다.

3) 계획의 목적 및 방향

시 · 군 · 구 지역사회보장계획은 지역 주민의 복지욕구를 충족하기 위해서 지역에서 활용 가능한 복지자원을 고려한 지역적 합의과정을 거치고, 사업 우선순위에 근거한 사업계획을 수립해야 한다. 따라서 시 · 군 · 구 단위에서 실시해야 할 사업의 우선순위와 목표를 지역사회 주체들의 참여를 통하여 결정해 나가는 것을 목적으로 한다. 지역사회보장계획 수립의 목적은 세 가지 차원에서의 입체적 방향성을 갖는다.

- 통합성: 중앙정부와 시 · 도 등으로부터 시작되는 상위계획 사업들을 고려하여 지역 차원에서 통합성이 이루어지는 실행계획을 수립한다.

- 참여성: 지역 주민 · 시민의 참여를 유도한다.
- 협력성: 지역의 사회복지 공급주체로서의 공공 · 민간서비스기관 간의 협력을 한다.

4) 계획작성의 원칙

지역사회보장계획 수립 시, 고려해야 할 주요사항 또는 기본원칙은 다음과 같다.

(1) 참여의 원칙: 지역사회의 참여

지역사회보장계획의 필요성 내지 유용성은 지역 주민의 참여가 가능하다는 것이다. 점차 이용자 중심의 행정서비스 공급체계로 변화하는 행정환경에서 계획수립 및 집행, 사후평가 과정에 주민을 비롯한 지역복지활동 주체들의 참여가 필수적이다. 참여해야 할 주체는 지역 주민, 지역사회 복지시설 및 단체, 시민단체 또는 활동가 등 모든 지역사회 내 관련 개인 · 기관 · 단체 등을 포함한다.

계획과정에 다양한 계층이 참여하는 것은 그 자체로서 복지교육 기능을 수행하기 때문에 참여 자체를 통해 공동체의식이 제고되고, 지역복지 수행을 위한 민간자원의 활용이 용이해지는 효과를 기대할 수 있다. 따라서 지역복지사업의 효과성 및 실현 가능성 제고 측면에서도 주민참여의 필요성은 높아지고 있다.

(2) 지역성의 원칙: 지역 간 차별화 및 다양화

지역성은 지역 고유의 특성을 반영할 수 있는 사업계획수립을 말한다. 시 · 군 · 구 단위의 복지계획을 수립한다는 것은 지역 특성을 반영한 서비스를 공급하기 위함이며, 따라서 국고보조사업의 집행계획 수준이 아니라 지역 주민을 위한 고유사업을 개발하고 실천할 수 있도록 계획한다.

지자체 단위로 지역사회복지계획이 필요한 이유 중 하나는 지역 간 차별화이다. 이는 모든 지자체마다 지역사회의 문제가 다르고, 주어진 환경여건이 다양하기 때문에 일률적인 기준의 적용이 불가능하다는 관점이다. 따라서 지자체 지역사회복지계획의 내용 및 구성체계 또한 일률적이어서는 안 된다. 계획의 구성체계에서부터 내용에 이르기까지 획일적인 계획이 아니라, 실제 지역의 문제를 이해하고 해결하는 방법으로 계획의 구성 및 내용이 작성되어 지역의 특성에 따른 다양한 계획이 나오도록 해야 한다.

(3) 과학성 · 객관성의 원칙: 과학적인 기초자료 확보

지역사회보장계획은 지역 주민의 복지욕구를 충족시켜 주기 위해서, 각 지자체가 처해 있는 복지환경과 활용 가능한 복지자원을 고려해야 한다. 따라서 모든 계획의 출발점은 주민이 원하는 것이 무엇인가로부터 시작되고, 계획수립 진행과정도 주민 만족도를 극대화할 수 있는 방법으로 접근하는 이용자 중심의 계획이 되어야 한다.

주민의 욕구가 무엇인가에 대한 객관적 고려와 주어진 환경과 자원은 어떠한지에 대한 현황분석이 과학적으로 조사되는 것을 원칙으로 한다. 활용 가능한 기존자료가 없을 경우에는 2차 자료를 이용하는 것도 무방하지만, 자료의 분석단위는 해당 지자체 수준으로 제한할 필요가 있다. 과학적인 조사방법에는 다음과 같은 내용들이 있다.

- 지역사회 욕구조사와 사회지표 분석을 통한 복지수요 측정
- 복지자원 재고조사를 통한 사회복지 자원 총량 분석
- GIS[1]분석을 통한 자원 현황 분석

1) 국가지리정보시스템(GIS: Geographic Information System): 국토계획에서부터 도시계획, 수자원, 교통운송도로망, 토지, 환경생태, 지리정보, 지하매설물 등 국가가 소유한 모든 자원 및 공간정보를 컴퓨터로 관리하는 시스템이다. GIS가 있으면 행정 및 국가전략기획, 사회조사계획 등을 효율적으로 추진할 수 있고 국가안전관리가 체계적으로 이뤄진다.

- 각 복지부문별 전문가를 대상으로 표적집단면접(focus group interview)을 통한 사회복지 현안 분석
- 지역사회복지계획의 기본방향 및 목표 제시
- 세부실행계획의 마련

(4) 연속성 및 일관성의 원칙: 연계와 조정

지역사회보장계획은 집행 후의 사업성과를 평가하고 이를 다음 계획에 반영하는 피드백 과정을 동반해야 한다. 이는 목표량의 달성 정도를 평가하는 실적평가보다는 설정된 목표의 타당성 또는 계획집행 과정의 문제점 도출을 목적으로 하는 과정평가 · 질적 평가를 지향하는 것이 바람직하다.

지역사회보장계획은 상위계획 및 유관계획, 연차별계획 등과의 연속성이 확보된 계획으로서 청사진 역할을 하면서 중기계획과 실제 실천이 가능한 계획이어야 한다. 이는 각 해당 연도별 실행계획수립과 사업의 목표량의 성과 정도를 평가하면서, 매년 사업의 타당성 및 적절성을 반영하여 사업의 연속성이 가능해야 한다. 즉, 이전계획 및 관련 계획, 중앙 및 시 · 도의 계획 방향과의 연속성이 확보된 계획이 되어야 한다. 즉, 이전계획에 대한 평가 및 피드백을 통해 당해 계획의 시행착오를 최소화할 수 있으며, 이전계획과의 연속성을 확보함으로써 지역복지 자원의 축적 및 발전에 기여할 수 있다.

지역사회보장계획은 사회복지가 중심이 되지만, 주민복지 향상을 목적으로 하는 종합계획이므로 주민복지와 관련된 유관분야도 계획의 범위에 포함될 수 있다. 따라서 유관분야에 대한 기존계획이 존재하는 경우를 대비하여 모든 관련 계획들을 검토하고, 이들 계획과의 일관성을 유지해야 한다. 특히 「사회복지사업법」에서는 「지역보건법」에 의한 지역보건의료계획과의 연계를 명시하고 있다(제15조의3 ①).

(5) 실천성의 원칙: 행 · 재정계획의 수립

실천성은 실천 가능한 계획이 되기 위한 행 · 재정계획을 말한다. 계획의 실

천 가능성을 확보하기 위해서 관련 조직, 재정확보 등이 반드시 수반되어야 하며, 재정확보 방안 자체가 중요사업이 될 수 있다. 즉, 실천을 위한 행·재정 계획이 갖추어진 계획수립이 되어야 한다.

계획의 실현 가능성을 높이기 위해서는 계획의 수행에 기본이 되는 조직 및 재원부분 계획이 반드시 필요하다. 각 사업마다 주체가 되는 기관이나 부서는 물론, 동시에 지원 또는 협조를 해야 할 기관이나 부서 등을 명기하고, 또한 소요되는 재정소요액 및 확보방안을 반드시 포함하도록 한다. 행정기관이 직접 계획 주체가 된 지자체의 경우 재정계획이 수반됨으로써 계획의 실현 가능성이 크지만, 연구기관이 주체가 되어 수립된 계획서들은 계획의 실현 가능성보다는 계획의 논리 또는 이념적인 측면에 초점이 맞춰진 반면, 실천을 위한 행·재정계획이 수반되지 못했다는 점에서 한계를 보이고 있다.

7. 지역사회보장계획 수립 시 포함할 내용

지역사회보장계획 수립을 할 때, 포함해야 할 내용은 다음과 같다.

① 복지수요의 측정 및 전망에 관한 사항
② 사회복지시설 및 재가복지에 대한 장·단기 공급대책에 관한 사항
③ 인력·조직 및 재정 등 복지자원의 조달 및 관리에 관한 사항
④ 사회복지전달체계에 관한 사항
⑤ 사회복지서비스 및 보건의료서비스의 연계 제공방안에 관한 사항
⑥ 지역사회복지에 관련된 통계의 수집 및 정리에 관한 사항
⑦ 사회복지시설에 종사하는 자의 처우개선에 관한 사항
⑧ 그 밖에 대통령령이 정하는 사항

또한 지역사회보장계획 수립과정에서 중요하게 고려해야 할 유의사항은 다음과 같다.

① 장기발전 방향(사회보장계획) 등 국가시책에 부합

② 관련 계획과의 일관성 유지
③ 종합계획적 성격
④ 복지욕구와 자원에 대한 정확한 진단 및 지역 고유사업 개발계획 포함
⑤ 지역사업과 보편사업 구분
⑥ 지역사업은 보다 구체적인 실행계획 수립
⑦ 사업계획 수립방식은 투자자원, 활동, 성과에 대한 논리적 연계를 구축하는 방식, 즉 논리모델에 근거하여 사업기획을 한다.

8. 지역사회보장계획의 변경 및 평가

1) 변경

지역에서 지역사회보장계획 개발이 완결되었다 하더라도 예측하지 못한 복지환경의 변화로 인해서 변경 사유가 발생하면, 지역사회복지협의체의 심의를 거쳐야 한다. 변경내용은 시 · 군 · 구의 경우에는 시 · 도지사에게, 시 · 도는 보건복지부 장관에게 보고해야 한다.

조정 권고에 따른 계획조성이 필요한 경우는 다음과 같다.

① 법령 위반
② 국가 또는 시 · 도의 사회복지시책에 부합하지 않을 때
③ 계획내용이 행정구역과 주민생활 권역 간의 차이를 반영하지 않을 때
④ 계획내용이 둘 이상의 지방자치단체에 걸쳐 있음에도 당해 지방자치단체 간 합의를 거치지 않을 때
⑤ 계획의 내용에 현저한 불균형이 있을 때

2) 평가

보건복지부장관은 시 · 군 · 구의 지역사회보장계획의 시행결과를 보건복지부

장관이 정하는 기준에 근거하여 평가한다. 보건복지부장관 또는 시 · 도지사는 필요한 경우 평가결과를 비용보조에 반영할 수 있다.

지역사회보장계획의 총괄평가는 4년 주기로 하되 이는 자체평가를 중심으로 진행하며, 지역사회보장계획과 연계하여 연차별 시행계획을 수립하고 연차별로 시행결과 평가를 받아야 한다. 연차별 시행결과 평가는 지역사회보장계획의 중간 점검으로서 과정평가의 성격을 가진다.

지역사회보장계획 및 시행결과의 평가내용은 다음에 실시할 지역사회보장계획에 반영한다. 연차별 계획 시행 평가결과를 다음 회기의 지역사회보장계획 실행과정에 반영하여 계획 변경절차에 따라 수정한다. 최종적으로 보건복지부장관이 시행하는 평가기준으로는 첫째, 지역사회보장계획 내용의 충실성, 둘째, 시행과정의 적정성, 셋째, 시행결과의 목표달성도, 넷째, 지역 주민의 참여도와 만족도 등이다.

2 지역사회보장계획의 방법과 절차

1. 지역사회보장계획의 방법

지역사회보장계획은 지역사회의 자율성과 독자성에 기초하여 지역사회 중심의 사회복지 발전을 도모하기 위한 기본 조전이다. 지역사회보장계획에 필요한 방법에 대해서 살펴보면 다음과 같다(변재관, 2000).

첫째, 지역사회중심의 사회복지제도와 계획을 위해 필요하다. 지역복지계획은 각 지역의 특성이나 주민의 복지욕구, 사회자원의 과다, 정책현황 등에 대하여 조사를 실시한다. 이 조사에서 드러난 문제를 해결하기 위해 주민참여에 기반을 둔 민 · 관 연계를 통하여 앞으로의 목표를 설정하고, 이를 실현하는 데 필요한 사회자원을 조달하여 적정하게 배분하는 것에 대한 구체적인 실시를 약속하는 것이다. 이러한 계획을 실현하는 과정에서 지역사회에 필요한 사회복지가 제도적 형태로 구체화될 수 있다.

둘째, 지역사회복지서비스의 수급조정과 안정적 공급을 위해 필요하다. 지방자치단체하에서 지방정부는 각 지역사회에 있어서 복지서비스의 수급조정과 안정적 공급을 위한 방안을 모색해야 하는데, 이것은 지역복지계획을 수립·실천해 나감으로써 해결될 수 있다. 지역사회보장계획을 통해 지역의 복지문제나 과제를 해결하는 데 필요한 인적·물적 자원을 조달하여 적절히 배분하고, 서비스의 수요와 공급의 균형을 조절함으로써 사회복지대상자에게 안정적·지속적으로 서비스를 공급할 수 있다.

셋째, 지역사회복지서비스 공급 주체의 다원화를 위해 필요하다. 지역사회가 지닌 복지욕구와 문제는 공공부문만으로는 해결하기 어려우며, 다양한 민간단체가 참여해야 한다. 지역복지계획은 중앙 및 지방정부뿐만 아니라 지역사회 내의 다양한 민간단체를 끌어들여서 복지서비스의 공급에 참여하도록 촉구하게 된다. 이 계획에서는 기존의 사회복지기관·시설이나 단체뿐만 아니라 자원봉사단체, 시민단체, 전문가단체 등도 복지서비스의 공급 주체로 설정된다. 특히 복지와 보건의 연계서비스에 대한 욕구가 중요하므로 보건소나 병·의원 등과 보건의료조직도 복지대상자를 위해 일정한 역할을 담당해야 한다.

넷째, 사회자원의 조달과 적정배분을 위해 필요하다. 지역복지계획은 수립과정에서 보건·의료·복지·주택·고용·문화 등과 관련된 공공 및 민간기관, 공동모금이나 기부금 등 물적 자원, 그리고 사회복지시설 종사자와 일반 주민 등의 인적 자원을 개발·조달하는 방안이 제시되고 이것을 효율적으로 배분하기 위한 노력이 이루어진다.

2. 지역사회보장계획의 절차

지역사회보장계획의 수립절차는 다음과 같다(보건복지부, 2009: 10-11).

1) 계획수립 설계: 준비단계

시·군·구 지역사회보장계획 수립을 위한 기획, 예산확보 및 활용계획 등을 총괄하여, 계획수립과정을 설계한다. 계획수립과정의 전반적 기획은 지역사회복지협의체를 중심으로 지역 주체들이 논의해 나가는 것이 바람직하며, 이 단계에서는 복지계획 수립의 주체 간의 역할을 명확하게 하고 시·군·구에서의 지원방향, 협의체에서의 사업 논의방식, 지역 복지전문가의 참여범주 등을 결정한다. 특히 지역사회복지협의체 중심으로 자체계획을 수립하되 지역 욕구조사 등은 지역의 전문연구기관을 활용하는 방식으로 진행한다. 필요한 경우, 지역사회복지계획 수립과정을 총괄할 계획팀이나 TF(Task Force) 등을 구성하여 진행한다.

2) 욕구 및 자원조사 실시: 지역의 기초분석단계

지역의 주민욕구와 활용 가능한 자원을 파악하는 기초단계는 전문성이 요구되는 과정이므로 지역의 전문연구기관이나 협의체의 내·외부 전문가가 주도적인 역할을 하며, 시·군·구는 이에 필요한 사항을 지원한다.

- 시·군·구 자치단체는 지역과 관련된 이미 확보된 기초자료를 제공한다.
- 주민욕구조사 과정에 협조지원(조사원 역할, 공문발송 등)하여 지역조사가 원활히 진행될 수 있도록 한다.

3) 복지계획안 마련: 사업계획단계

각 부분별 사업계획을 지역복지협의체 실무분과를 중심으로 진행하며, 이 단계에서 중요한 사항은 다음과 같다.

- 각 부문별 사업 우선순위 결정
- 각 부문별 예산 흐름과 복지욕구 간의 적절성 분석을 통하여 집중해야 할 주력사업 선정

- 사업별 부분 중기계획 수립
- 각 개별 사업별 세부계획 수립

4) 의견수렴(공고 등): 의견수렴단계

지역사회보장계획이 지역에서 적절성을 확보하기 위해서는 지역 전체의 의견수렴이 다각도로 이루어져야 한다. 공고, 공청회, 간담회 등을 통해서 지역 주민의 의견수렴 절차를 거쳐 계획의 정당성을 확보한다. 지역의 의견수렴과정은 복지계획의 홍보와 지역 주민의 관심을 불러일으키는 계기가 되도록 하며, 실제 실행단계에서 지역 주민의 참여를 활성화시키는 데 기여할 수 있도록 한다.

5) 심의 · 확정: 보고서 확정단계

지역사회복지협의체의 대표협의체를 중심으로 지역사회보장계획 수립을 심의하고 계획안을 확정하는 과정을 거친다.

6) 보고: 제출단계

최종심의 확정된 지역사회보장계획 수립안을 시 · 군 · 구청장에게 보고 후, 시(市) · 도(道)로 제출한다.

7) 권고 · 조정사항 반영: 최종단계

시 · 도지사가 제시한 권고 · 조정사항을 협의체에서 논의하여 지역사회보장계획에 반영하고 최종계획안을 확정한다.

이상의 지역사회보장계획 수립과정 및 평가절차를 간략하게 제시하면 표 11-2와 같다.

표 11-2 지역사회보장계획 수립과정 및 평가절차

지역주민 등 이해관계자 의견수렴

↓

20일 이상 지역주민 의견수렴 지역사회복지협의체의 심의

↓

시 · 군 · 구의 지역사회보장계획 수립(시 · 군 · 구 지역보건의료계획과 연계)

↓

시 · 도지사에게 제출

↓

제출된 시 · 군 · 구 지역사회보장계획의 종합 조정

↓

사회복지위원회 심의

↓

보건복지부 장관에게 제출(시 · 도 지역 보건의료계획과 연계)

↓

지역사회보장계획의 시행

↓

지역사회보장계획의 시행결과 평가

3 지역사회보장계획의 구성과 수립방법

1. 지역사회보장계획의 구성

지역사회보장계획의 구성 내용을 예로 들어 설명하자면 다음과 같다.

- ○○군의 특성 및 각종 사회지표 분석
- ○○군의 사회복지 수요 파악
- ○○군의 사회복지 서비스기관 및 프로그램 현황 파악
- 대상별 사회복지 수요파악 및 공급 현황 점검
- ○○군의 지역복지사업의 추진목표 설정
- 향후 추진할 실행계획 마련

2. 지역사회보장계획 수립방법

1) 조사연구방법

'○○군 지역사회보장계획 수립'을 위해 사회계획모델(social planning model)과 시민참여모델(citizen mobilization model)을 연계시켜 적극 활용하는 방법을 이론적 모델로 활용하였다. 기존 지역사회보장계획은 주로 전문가를 중심으로 한 사회계획모델이 주를 이루었으나, 본 연구는 전문가의 전문성을 바탕으로 한 사회계획모델과 함께 지역사회주민, 사회복지기관 종사자, 대학교수, 관련 공무원 등 지역사회 내의 인적·물적 자원을 활발히 활용하는 시민참여모델에 기반을 둔다는 점에서 기존의 연구 및 접근과는 차별성을 가진다. 따라서 본 연구는 전문성과 시민의 참여를 기초로 한다는 점에서 참여복지 구현과 맥을 같이하는 것이라고 볼 수 있다.

2) 수립의 절차

지역사회보장계획 수립의 절차는 크게 네 단계로 구분된다. 이를 간략하게 제시하면 그림 11-1과 같다. 첫 단계는 지역의 현황 진단이며, 둘째 단계는 지역사회복지계획의 방향 및 목표설정, 셋째 단계는 부문별 정책과제 마련, 넷째 단계는 추진계획 제시 등이다.

첫째 단계	현황진단	•**복지수요 파악** – 지역의 인구, 사회, 경제적 특성 파악 – 주민 생활실태 및 복지수요 파악 – 지역사회의 주요 문제와 잠재력 파악 및 사회복지 수요변화 예측 •**복지공급 파악** – ○○군 복지정책, 예산현황 분석 – 사회복지기관의 현황과 이용실태 – 공급체계 및 자원개발상의 문제점 파악
둘째 단계	방향 및 목표설정	•**○○군 복지정책방향 설정** – ○○군의 복지수급 현황진단에 근거하여 복지정책 방향 제시 •**부문별 목표설정** – 인구지표 및 복지수요 파악에 근거하여 복지 부문별 기본 정책방향과 목표제시
셋째 단계	정책과제 마련	•**주요 사업 및 프로그램 개발** – 관련 서비스 수요 측정, 필요 사업의 내용, 규모, 추진방법 제시 •**사업추진을 위한 투입 필요자원 제시** •**사업추진 기반 마련 방안** – 복지관련시설의 활용 및 설치 – 민간복지자원(자원봉사, 재정후원 등)활용 방안 – 서비스 제공 인력의 확보 및 인력 간 연계망 구성 – 전달체계 개선방안 등을 제시
넷째 단계	추진계획 제시	•**부문별, 연차별, 사업유형별 세부과제 제시**

그림 11-1 조사연구 흐름도

4 제5기 지역사회보장계획 기본방향 이해

각 지자체에서 제5기(2023~2026) 지역사회보장계획을 수립하는 중인데, 보건복지부에서 제시한 제5기 지역사회보장계획 수립을 위한 기본방향을 살펴보면 다음과 같다(보건복지부 지역복지과, 2022).

1. 기본방향

(1) 제5기 지역사회보장기본계획은 제4기(2019~2022) 기본계획의 틀을 유지하되, 구성의 논리성과 체계성 그리고 이행력을 제고한다.

- 지역주민 복리증진을 위한 중장기 계획안을 수립하고, 면밀한 연 단위 실천계획안을 마련하여 기본계획의 이행력을 확보한다.
- 아울러 4년 단위 기본계획과 연차별 시행계획 간 괴리를 해결하고, 지역사회보장 균형발전 관점에서 지방자치단체의 노력과 변화를 강조한다.

(2) 「사회보장급여법」에 충실한 지역사회보장계획을 수립한다.

- 「사회보장급여법」 제36조 지역사회보장계획의 내용에 부합하고, 제45조 지역사회보장의 균형발전에 조응하는 계획을 수립한다.

※ (참고) 사회보장급여법 제36조(지역사회보장계획의 내용)

① 제35조 제2항에 따른 시 · 군 · 구 지역사회보장계획은 다음 각 호의 사항을 포함하여야 한다. 〈개정 2018. 12. 11.〉
1. 지역사회보장 수요의 측정, 목표 및 추진전략
2. 지역사회보장의 목표를 점검할 수 있는 지표(이하 "지역사회보장지표"라 한다)의 설정 및 목표
3. 지역사회보장의 분야별 추진전략, 중점 추진사업 및 연계협력 방안
4. 지역사회보장 전달체계의 조직과 운영
5. 사회보장급여의 사각지대 발굴 및 지원 방안
6. 지역사회보장에 필요한 재원의 규모와 조달 방안
7. 지역사회보장에 관련한 통계 수집 및 관리 방안
8. 지역 내 부정수급 발생 현황 및 방지대책
9. 그 밖에 대통령령으로 정하는 사항

제45조(지역사회보장의 균형발전)

중앙행정기관의 장 및 시 · 도지사는 시 · 도 및 시 · 군 · 구 간 사회보장 수준의 차이를 최소화하기 위하여 예산 배분, 사회보장급여의 제공 기관 등의 배치 등에 필요한 조치를 하여야 한다.

---

(3) 지역사회보장계획과 연차별 시행계획 간 연계체계 확립한다.

- 제5기 지역사회보장계획에 근거하여 매년 연차별 시행계획을 수립하여, 중기계획을 실현하기 위해 연 단위 시행계획을 관리 운영한다.

(4) 급변하는 환경변화에 대응하기 위한 지역사회보장계획 관리체계를 수립한다.

- 2022년 이후 지역사회보장계획 수립 이후 정책 환경 변화에 조응할 수 있는 기본계획 관리를 위한 수정·보완 관리체계를 마련한다.

(5) 지역사회보장계획의 수립 주체인 시·도와 시·군·구의 역할을 명확화한다.

- 중앙 사회보장기본계획과 시·도 지역사회보장계획의 지향점을 구체화하고, 지역사회보장계획 수립·시행 과정에서 지자체의 역할을 명확화한다.

(6) 지역사회보장계획 수립·시행 과정에 있어 지자체 업무 부담을 완화한다.

- 지역사회보장계획 관리를 위한 실효성 있는 가이드라인을 수립하고, 구성을 체계화함으로써 지자체 업무 부담 완화를 추구한다.

(7) 시·군·구 지역사회 발전 지원계획을 체계화한다.

- 제5기 지역사회보장계획 구성을 <Ⅰ. 지자체 사회보장사업 전략>과 <Ⅱ. 지역사회보장 발전 전략>으로 구분하여 지역 내 사회보장 기반 확대를 강조한다.
- 지역사회보장 인프라, 민관협력 체계 등 시·군·구 내 지역복지 기반을 마련한다.

(8) 지역사회보장계획과 연차별 시행계획 간 연계성을 강화한다.

- 지역사회보장계획을 기본으로 연도별 이행계획을 연차별 시행계획에 담아 연계성을 확보한다.
- '기본계획-연차별 시행계획-연차별 시행결과' 간 목차 구성 및 관리체계를 일원화하여 중장기 관점에서 지역사회보장계획을 관리한다.

(9) 환경변화에 대응하는 지역사회보장계획 관리체계를 마련한다.

- 새로운 사회보장정책 발표, 팬데믹 등 지역사회보장 관련 환경변화를 시

의성 있게 반영토록 지역사회보장계획 수정·보완 체계를 개선한다.

- 지역사회보장계획의 '추진전략' 단위에서 성과지표를 관리하여, 중장기 관점에서 지역 사회보장 변화를 관리한다.

(10) 시·군·구 역할 명확화 및 매뉴얼을 차별화한다.

- 「사회보장급여법」 제36조에 명시하고 있는 시·도, 시·군·구, 세종시의 지역사회보장계획 구성 요소를 반영하도록 하여 계획 수립 매뉴얼을 차별화한다.
- 시·군·구 내 지역사회보장 기반 마련을 위한 사회보장 인프라 확충, 민관협력 등 시·군·구 역할을 강화한다.

(11) 중앙-지자체 간 사회보장계획 연계를 강화한다.

- 제2차 사회보장기본계획 및 기타 사회보장 관련 중앙계획과의 연계성을 기술하여 중앙-지자체 간 관계성을 확보한다.

(12) 지자체 업무부담 완화를 위한 지원방안을 마련한다.

- 제5기 기본계획의 작성분량을 100쪽 이내로 경량화하고, 도표 및 성과지표 중심의 핵심 사안 관리체계로 지자체 업무부담을 경감한다.

2. 제5기 지역사회보장계획 핵심 변화

추진 전략	① 광역단위 지역사회보장 균형발전 계획 수립 체계화 ② 기본계획과 시행계획의 연계성 확보를 통한 이행력 제고 ③ 지역사회보장계획의 관리체계 강화 및 행정업무 부담 완화

제4기 지역사회보장계획 한계점 (As-Is)		제5기 지역사회보장계획 개선 방향 (To-Be)	
【한계점 1】 지역사회보장 균형발전 지원계획 미흡	▶ 「사회보장급여법」 제45조에 따른 지역사회보장 균형발전 지원계획 미흡	【개선 1】 시 · 도의 시 · 군 · 구 균형발전 지원계획 체계화	▶ 목표 및 추진전략을 지자체 사회보장사업과 균형발전 전략으로 이원화 ▶ 「사회보장급여법」 제45조에 지역사회보장 균형발전 지원 계획을 '과업' 개념으로 도입
【한계점 2】 지역사회보장계획과 연차별 시행계획 간 연계성 부족	▶ 연차별 시행계획은 지역사회보장계획을 근거로 수립되기보다 별도의 계획처럼 수립 ▶ 이에, 지역사회보장계획과 연차별 시행계획 간 연계성이 부족한 한계 발생	【개선 2】 지역사회보장계획과 연차별 시행계획 간 연계성 강화	▶ 기본계획에 근거하여 연차별 계획 수립 ▶ 기본계획을 점검하는 측면에서 연차별 계획 수립 및 실적 관리
【한계점 3】 지역사회보장계획 관리의 한계	▶ 지역사회보장계획의 수정 · 보완 과정 부재	【개선 3】 지역사회보장계획 관리체계마련	▶ 제5기 지역사회보장계획은 연차별 시행계획을 통해 수정 · 보완할 수 있도록 체계 마련
【한계점 4】 시 · 도와 시 · 군 · 구 역할 차별성 부족	▶ 시 · 도와 시 · 군 · 구 지역사회보장계획 수립 매뉴얼의 높은 유사성으로 차별성이 낮게 나타남	【개선 4】 시 · 도 역할 명확화 및 매뉴얼 차별화	▶ 시 · 도의 시 · 군 · 구 지원역할(교육, 홍보, 컨설팅 등) 명확화 ▶ 시 · 도, 시 · 군 · 구, 세종시의 매뉴얼 차별화
【한계점 5】 지자체 업무부담 가중	▶ 지역사회보장계획 수립 · 시행의 빠듯한 일정 ▶ 지역사회보장계획 보고서 작성 업무부담 가중	【개선 5】 지자체 업무부담 완화를 위한 지원방안 마련	▶ 지역사회보장조사 선행실시 및 통합실시로 지역사회보장계획 수립 업무부담 완화 ▶작성 분량은 경량화하되, 도표 및 성과지표 중심의 핵심 사안 관리

출처: 보건복지부 지역복지과(2022).

제5기 지역사회보장계획의 기대효과는 다음과 같다.

첫째, 지역사회보장계획 수립·시행 과정의 지자체 업무부담 완화, 둘째, 시·도의 시·군·구 지역사회보장 균형발전 지원 역할 명확화, 셋째, 지역사회보장계획의 실효성 향상 및 관리체계화, 넷째, 복지부는 시·도, 시·도는 시·군·구를 지원하는 연계체계 강화, 다섯째, 지역사회보장계획과 연차별 시행계획 간 연계성 향상이다.

연습문제 ?

1 지방자치단체가 수립한 지역사회보장계획 내용을 살펴보면, 대부분 비슷하다는 것을 알 수 있다. 그만큼 지역사회보장계획을 형식적으로 세우는 경향이 있다는 뜻이다. 시나 구, 군 및 도(道)의 복지계획 자료집을 수집해 그 내용을 비교, 분석해 보고 느낀 점을 토론해 보자.

-지역사회보장균형발전지원센터 홈페이지(http://www.kccwp.or.kr/)를 참조하라.

2 지역사회보장계획을 수립할 때, 지역 주민들의 욕구파악이 중요하다. 욕구조사를 위한 설문지 내용을 살펴보고 빠진 설문항목이나 지표가 있다면 무엇인지 토론해 보자.

CHAPTER 12

지역사회복지 추진체계

지방자치단체가 수립한 사회복지계획을 서비스 대상자들에게 효과적으로 전달하기 위해서는 사회복지전달체계, 혹은 추진체계가 잘 정비되어 있어야 한다. 지역사회복지실천을 위한 추진체계 내에는 복지 분야별로 다양한 체계들이 있는데, 이 장에서는 지역사회복지관, 사회복지협의회, 사회복지공동모금회, 자원봉사센터, 자활기관 등의 현황분석과 발전과정 및 주요 사업 내용들을 살펴볼 것이다.

1 지역사회복지관

1. 지역사회복지관의 정의

지역사회복지관[1]은 지역사회 중심의 사회복지를 실천하는 가장 중추적인 기관이다.

「사회복지사업법」 제2조에서는 사회복지관은 지역사회를 기반으로 일정한 시설과 전문인력을 갖추고, 지역 주민의 참여와 협력을 통하여 지역사회복지 문제를 예방하고 해결하기 위하여 종합적인 복지서비스를 제공하는 시설을 말한다고 하였다. 그리고 사회복지관 운영규정에는 "사회복지관은 사회복지서비스 욕구를 가지고 있는 모든 지역사회 주민을 대상으로 보호서비스 제공, 자립능력을 위한 교육훈련 기회제공 등 그들에게 필요한 보호서비스를 제공하고, 가정기능 강화 및 주민 상호 간의 연대감 조성을 통해서 각종 지역사회 문제를 예방하고 치료하는 매개체로서 주민의 복지증진을 위한 종합복지센터의 역할 수행을 목표로 한다"고 명시하고 있다.

2. 발전과정

우리나라 지역사회복지관의 발전과정을 살펴보자면 다음과 같다.

1) 태동기(1906~1944년)

한국사회복지관협회는 1906년 원산에 설립된 반열방(班列房)을 우리나라 최초로 인보관운동의 시작으로 보고 있다. 미국의 감리교 여선교사인 Mary Knowles는 여섯 칸 정도의 초가집을 구입하여 여성을 위한 계몽사업을 시작하였는데,

1) 사회복지관에 대해 자세하게 알아보려면, 한국 사회복지관협회 홈페이지(http://www.kaswc.or.kr)를 참조하라.

복지관 기능과 역할을 수행하였다.

1921년, 미국의 감리교선교부는 서울에 태화여자관을 설립하여 지역 주민들에게 복지서비스 제공 및 학생들의 실습지로 활용하였다. 1922년 개성에 고려여자관이 설립이 되어 여성계몽, 여성교육, 육아법, 어린이 건강관련 프로그램을 실시하였다. 1930년대 조선총독부는 서울의 종로, 왕십리, 마포, 영등포 등에 인보관을 설치하고 생활지도, 구호사업 및 직업훈련을 실시하였다. 태동기에는 여성의 지위향상과 빈곤문제해결을 주 내용으로 하였으며, 외국의 종교단체에 의한 인보관은 당시 여성의 열악한 사회적 지위를 해소하는 데 주력하거나 사회계몽, 사회교육기관으로서 성격이 강하였다.

2) 형성기(1945~1979년)

6·25전쟁을 거치면서 전쟁고아, 부랑인, 피난민 등으로 심각한 문제가 발생한 상황으로, 외국 원조기관과 종교단체에 의존하는 상황이었다. 외원기관의 원조로 1956년에 이화여자대학교에 사회관이 설치되었고, 1962년에 캐나다 유니테리언 한국봉사회(Unitarian Committee of Canada)에 의해서 목포와 인천, 서울 마포 등지에 사회복지관이 설립되었다. 그리고 1975년 한국은 국제사회복지관 연합회 회원국으로 가입하였으며, 1976년에 22개 사회복지관이 참여한 한국사회복지관연합회가 설립되었다.

형성기에는 대학이 직접 사회복지관의 운영주체로 출현하였다는 점과 사회복지관의 설립주체가 다양화되었고, 70년대 외원기관이 철수함에 따라서 복지관 운영의 어려움을 겪게 되었다.

3) 발전기: 확대기(1983년~현재)

1980년대에 들어서 사회복지관은 양적, 질적으로 팽창되는 양상을 보였다. 1983년 「사회복지사업법」의 개정으로 사회복지관 운영에 대해서 국고보조금 지원이 시작되었다. 1988년에는 사회복지관 운영 및 국고보조사업지침이 수립되어 복지관 운영에 관한 매뉴얼이 마련되었다.

1989년에는 「주택건설촉진법」에 저소득층 주민을 위한 영구임대주택을 건립할 때, 일정 규모의 사회복지관을 의무적으로 건립하도록 하였다. 또한 1989년에는 사단법인 한국 사회복지관협회가 설립되었다. 사회복지관의 수는 매년 증가했는데, 2004년에는 370개소의 복지관이 설립되었고 2005년에는 391개소, 2010년 420개소, 2012년 433개소로 증가했다.

2005년부터 사회복지관 사업은 지방이양사업으로 선정되어 국고보조에서 분권교부세로 재정지원 방법이 변화했고 대기업, 민간단체에 의한 사회복지관 건립이 활성화되었으며, 장비구입과 사업비 지원이 이루어졌다.

3. 법적 근거

1) 「사회복지사업법」 제2조

'사회복지관'이란 지역사회를 기반으로 일정한 시설과 전문인력을 갖추고, 지역 주민의 참여와 협력을 통하여 지역사회의 복지문제를 예방하고 해결하기 위하여 종합적인 복지서비스를 제공하는 시설을 말한다고 정의하고 있다.

(1) 「사회복지사업 시행규칙」 제23조

① 사회복지관의 설치기준(제23조 제1 · 2항)

- 사회복지관의 설치기준: 사회복지관을 설치할 때에는 시설입구 등 일반이 보기 쉬운 곳에 사회복지관의 명칭을 부착하여야 한다.
- 사회복지관에는 강당 또는 회의실과 방음설비를 갖춘 상담실을 갖추어야 하며, 업무수행에 필요한 공간을 확보하여야 한다.

② 사회복지관의 운영기준

- 사회복지관에는 사무분야와 사업분야별로 이를 수행할 수 있는 직원을 각각 두거나 겸직할 수 있도록 하되, 직원의 수는 사회복지관의 규모 및 수행하는 사업을 고려하여 정하여야 한다.
- 사회복지관의 관장과 각 분야별 책임자는 다음 각 호의 자격을 갖춘 자로 하여야 한다.
  - 관장: 2급 이상의 사회복지사자격증 소지자 또는 이와 동등한 자격이 있다고 법 제36조에 따른 운영위원회에서 인정한 자.
  - 사무분야의 책임자: 3급 이상의 사회복지사자격증 소지자 또는 이와 동등한 자격이 있다고 운영위원회에서 인정한 자.
  - 그 밖의 사업분야의 책임자: 해당 분야의 자격증 소지자.
  - 사회복지관의 관장은 지역사회의 특성과 지역 주민의 복지욕구를 고려한 사업을 선택하여 복지사업을 수행하여야 한다.
  - 사회복지관의 관장은 지역 주민의 복지욕구에 대한 조사, 관계행정기관 및 단체의 의견을 수렴하여 매년도의 사회복지관 복지사업계획을 수립하여야 한다.
  - 사회복지관의 관장은 보건복지부장관이 정하는 바에 따라 사회복지관현황보고서를 매년 1월말까지 시장 · 군수 · 구청장 및 시 · 도지사를 거쳐 보건복지부장관에게 제출하여야 한다.

(2) 임대단지 사회복지관의 법적 근거

①「주택법」제2조 제9호

'복리시설'이란 주택단지 입주자 등의 생활복리를 위한 다음 각 목의 공동시설을 말한다.

가. 어린이놀이터, 근린생활시설, 유치원, 주민운동시설 및 경로당

나. 그 밖에 입주자 등의 생활복리를 위하여 대통령령으로 정하는 공동시설

② 「주택건설기준 등에 관한 규정」 제5조의 6

공동작업장 · 지식산업센터 · 사회복지관(종합사회복지관을 포함) 등은 대통령령으로 정하는 공동시설이다.

③ 「주택건설기준에 관한 규칙」 별표 제1호

복지후생을 위한 시설은 될 수 있는 대로 동일한 건축물 안에 사회복지관과 통합하여 설치하고, 각 시설의 규모는 거주자의 인적구성에 따라 합리적으로 배분한다. 사회복지관에는 상담실 · 목욕장 · 탁아소 · 유아교육시설 · 공동작업장 · 직업훈련소 · 취업안내소 · 보건소지소 · 도서실 · 청소년교양시설 등을 포함한다.

법에서 제시하는 사회복지관의 유형에는 가형, 나형, 다형이 있는데, 그 내용은 표 12-1과 같다.

표 12-1 사회복지관 유형

구분	규모	대상지역	서비스이용 대상의 수
종합사회복지관(가형)	2,000㎡ 이상	시, 군, 구	인구 10만 명 단위에 1개소
종합사회복지관(나형)	1,000㎡ 이상 2,000㎡ 미만	시, 군, 구	인구 10만 명 단위에 1개소
사회복지관(다형)	1,000㎡ 미만	시, 군, 구	인구 10만 명 단위에 2개소

4. 운영원칙 및 기능과 역할

1) 운영원칙

사회복지관이 행하는 사회복지사업은 인도주의와 서비스를 필요로 하는 자의 존엄유지를 전제로 다음과 같은 기본원칙에 따라 수행되어야 한다.

(1) 지역성의 원칙

사회복지관은 지역사회의 특성과 지역 주민의 문제나 욕구를 신속하게 파악하여 사업계획 수립 시 반영하여 지역사회의 문제를 해결하고, 이에 따른 서비스를 제공하여야 하며, 지역 주민의 적극적 참여를 유도하여 주민의 능동적 역할과 책임의식을 조장하여야 한다.

(2) 전문성의 원칙

사회복지관은 다양한 지역사회 문제에 대처하기 위해 일반적 프로그램과 특정한 문제를 해결할 수 있는 전문적 프로그램이 병행될 수 있도록 지식과 기술을 보유한 전문인력이 사업을 수행하도록 하고, 이들 인력에 대한 지속적인 재교육 등을 통해 전문성을 증진하도록 하여야 한다.

(3) 책임성의 원칙

사회복지관은 서비스이용자의 욕구를 충족하고 지역사회 문제를 해결함에 있어서 효과성을 극대화하기 위하여 최선의 노력을 기울여야 한다.

(4) 자율성의 원칙

사회복지관은 다양한 복지서비스를 효율적으로 제공하기 위하여 사회복지관의 능력과 전문성이 최대한 발휘될 수 있도록 자율적으로 운영하여야 한다. 지역의 환경과 여건에 따라 사회문제와 필요한 복지서비스의 욕구는 달라진다. 자율적인 대처로 이를 해결해 나가야 할 것이다.

(5) 통합성의 원칙

사회복지관은 사업을 수행함에 있어 지역 내 공공 및 민간복지기관 간에 연계성과 통합성을 강화시켜, 지역사회복지 체계를 효율적·효과적으로 운영되도록 하여야 한다. 지역사회 자본의 효율적인 운영을 위해서도 필요하다.

(6) 자원 활용의 원칙

사회복지관은 주민욕구의 다양성에 따라 다양한 기능인력과 재원을 필요로 하므로, 지역사회 내의 복지자원을 최대한 동원·활용하여야 한다.

(7) 중립성의 원칙

사회복지관은 정치활동, 영리활동, 특정 종교활동에 이용되지 않도록 중립성이 유지되어야 한다.

(8) 투명성의 원칙

사회복지관은 자원을 효율적으로 이용하고 운영과정의 투명성을 유지하여야 한다.

2) 기능과 역할

(1) 기능

지역사회복지관은 지역 주민의 문제해결과 복지증진을 추구하기 위한 직접적이고 종합적인 서비스기관으로서 모든 사회복지관들이 천편일률적인 사업을 시행하는 것이 아니라, 사회복지관의 위치, 지역적 특성, 대상별 특성, 복지관의 규모, 담당인력 등에 의거하여 각 사회복지관이 전문성, 효율성, 책임성을 최대한 살릴 수 있는 능력의 범위 내에서 사업을 선택적으로 시행하는 것으로서 각 복지관의 기능과 역할은 차이가 있다.

지역사회복지관의 주요 기능은 다음과 같다(Dilick, 1959).

① 지역사회의 다양한 욕구를 충족시키기 위해 통합된 서비스를 제공한다.

② 지역사회 내의 서비스의 중복과 누락을 방지하기 위해 서비스 간의 조정을 한다.

③ 지역 주민들이 문제해결을 위해 공동의 노력을 할 수 있도록 집단을 구성한다.

④ 주민집단으로 하여금 사회적 목표를 수정하고 새로운 목표를 만들어 낼 수 있도록 한다.

⑤ 지역활동에 주민들을 직접 참여시키는 것이 기능 수행에 가장 중요하다.

Dilick은 이러한 기능을 수행하는 데 있어 가장 중요한 것은 지역활동에 주민을 참여시키는 것이라고 하였으며, '케이스워크', '그룹워크'를 활용한 직접적인 서비스 제공에 그치지 않고 지역 주민을 조직화하고 지역 내의 서비스를 조정하는 지역사회조직의 과정을 적극 활용한다고 하였으며, 지역단위 복지단체들이 근린지역복지협의회를 구성할 필요성이 있다고 강조하였다.

따라서 사회복지관의 기능은 지역사회에서 일정한 시설과 전문인력을 확보하고, 지역사회 주민의 욕구충족을 위해서뿐만 아니라 지역사회 문제의 예방과 개선을 위한 직접적인 혹은 간접적인 사회복지서비스를 제공하며, 주민참여와 자원동원 등의 분야에서 지역사회가 공동으로 대처하는 능력 향상에 기여함으로써 지역사회 통합을 증진시키는 데 있다.

(2) 역할

지역사회복지관은 사회복지서비스의 욕구를 가지고 있는 모든 지역 주민을 대상으로 보호서비스, 재가복지서비스, 자립능력 배양을 위한 교육훈련 등 지역 주민이 필요로 하는 복지서비스를 제공하고 가족의 기능강화 및 주민 상호 간의 연대감 조성을 통한 각종 지역사회 문제를 예방, 치료하는 종합적 복지서비스 전달기구로서 지역 주민의 복지증진을 위한 중심적 역할을 수행한다.

바람직한 지역사회복지관의 기능과 역할은 다음과 같다.

① 가족기능 강화(가족복지)센터 역할

사회복지기관의 목표인 '가족기능 강화' 기능을 강화하기 위해서 가족구성원 개인 및 가족 전체를 대상으로 상담 · 치료 · 보육 등의 필요한 복지서비스를 사례관리를 통하여 종합적으로 제공함으로써, 가족문제의 해결과 예방 및 가족해체를 방지하고 가족기능을 정상화하여 가족행복을 유지할 수 있도록 지원하는 역할을 적극적으로 수행해야 한다.

② 지역사회보호(재가복지)센터 역할

사회복지관의 목표인 '보호서비스의 제공' 기능으로서 가족기능이 해체된 노인, 소년소녀가장, 장애인 등 사회적 보호가 필요한 요보호대상자 및 국가특별사업(노숙자대책 등의 응급구호사업)을 중심으로, 결연 · 정서지원 · 가사지원 · 간병, 푸드뱅크 사업 등의 각종 재가복지서비스를 사례관리를 통해 종합적으로 제공함으로써 사회적 소외감을 해소 · 완화하고, 생활안정을 도모하는 역할을 수행해야 한다.

③ 지역사회조직(지역복지)센터 역할

사회복지관의 목표인 주민 상호 간 연대감 조성과 각종 지역사회문제 예방 · 치료기능의 구체화로서 지역 주민의 참여와 책임의식을 강화하며, 지역 주민의 욕구조사를 바탕으로 각종 복지자원(주민대표, 자원봉사자, 시민운동가, 후원자, 지역복지협의체 등)을 개발하고 조직화하여, 의도적 · 계획적으로 모두가 더불어 잘사는 지역사회로 발전을 촉진하는 역할을 수행해야 한다.

④ 교육 · 문화센터 역할

사회복지관의 목표인 '주민의 복지증진과 삶의 질 향상' 기능을 구체화한 것으로 아동과 청소년들의 유해환경에 대한 예방적 대안문화 창조와 인성교육, 성인과 노인의 재사회화를 목적으로 무료나 실비로 각종 교육문화 프로그램을 사회복지서비스와 통합하여 제공함으로써 평생교육 기반을 확충하고, 문화결핍을 예방하여 지역 주민의 삶의 질을 향상하는 역할을 수행한다.

⑤ 자활지원센터 역할

사회복지관의 목표인 '자립 · 자활을 위한 종합적인 복지서비스 지원' 기능을 구체화한 것으로 취업대상자, 비취업대상자에 대한 자활지원계획 수립과 지속적인 사례관리를 통하여 사회복지관의 종합적인 서비스를 바탕으로 직종별 자활교육훈련, 재취업알선, 자활공동체조직 · 육성을 효과적으로 실시함으로써 빈곤의 세습방지와 지역 주민의 자립 · 자활을 도모하는 역할을 수행해야 한다.

앞으로 사회복지관은 단기적으로는 현재와 같이 종합적 사회복지서비스를 제공하는 기능을 유지하되, 부분적으로 지역사회조직기관으로서의 기능과 역할을 보강하는 방향으로 발전되어야 하며, 장기적으로는 사회복지관이 서비스 제공기관으로서의 성격보다는 지역사회조직화의 기능을 활발히 하여 사회계획의 수립과 집행, 사회행동과 복지서비스의 중심체로서의 조정역할이 강조되어야 할 것이다. 또한 사회복지관은 지역사회의 주민센터, 자활후견기관, 시민단체 및 종교단체의 복지활동 등의 사회복지관련 인적 · 물적 자원들의 네트워크를 형성하여 통합된 서비스를 제공하고, 서비스를 조정하는 종합복지센터 역할을 하는 기관으로 위상정립을 하여야 한다.

5. 운영현황 및 사업내용

1) 설치 및 운영

① 사회복지관은 지방자치단체, 사회복지법인, 비영리법인이 설치 및 운영할 수 있다.

② 지방자치단체는 사회복지관을 설치한 후, 사업의 전문성을 향상시키기 위해 운영능력이 있는 사회복지법인 등에 위탁, 운영할 수 있다.

③ 지방자치단체는 공공단체의 시설물을 위탁받아 사회복지관을 설치, 운영하거나 사회복지법인 등에 위탁, 운영할 수 있다.

2) 재정

① 지역사회복지관의 재정운용은 국고, 지방비, 자체부담 등으로 이루어지고 있다.

② 대부분의 사회복지관의 재정이 정부의 높은 의존성을 가지고 있고, 지역주민들의 욕구와 문제에 근거해서 서비스를 설정하거나 프로그램을 개발하기보다는 정부의 지원을 더 받을 수 있는 방향으로 프로그램을 개발하는 경우도 있다.

③ 지역사회복지관의 재원조달 능력은 지역별, 기관별로 큰 차이를 보이고 있으므로 이러한 문제를 해결하는 것이 중요하다.

3) 사업내용

사회복지사업법에서 제시하는 사회복지관의 사업내용(「사회복지사업법」 제23조의 2 제3항)을 간략하게 정리하면 표 12-2와 같다.

표 12-2 사회복지관의 사업내용

기능	사업분야	사업 및 내용
사례관리 기능	사례 발굴	지역 내 보호가 필요한 대상자 및 위기 개입대상자를 발굴, 개입계획 수립
	사례개입	지역 내 보호가 필요한 대상자 및 위기 개입대상자의 문제와 욕구에 대한 맞춤형 서비스가 제공될 수 있도록 사례개입
	서비스 연계	사례개입에 필요한 지역 내 민간 및 공공의 가용자원과 서비스에 대한 정보 제공 및 연계, 의뢰

〈계 속〉

기능	사업분야	사업 및 내용
서비스 제공 기능	가족기능 강화	1. 가족관계증진사업: 가족원 간의 의사소통을 원활히 하고 각자의 역할을 수행함으로써 이상적인 가족관계를 유지함과 동시에 가족의 능력을 개발 · 강화하는 사업 2. 가족기능보완사업: 사회구조 변화로 부족한 가족기능, 특히 부모의 역할을 보완하기 위하여 주로 아동 · 청소년을 대상으로 실시되는 사업 3. 가정문제해결 · 치료사업: 문제가 발생한 가족에 대한 진단 · 치료 · 사회복귀 지원사업 4. 부양가족지원사업: 보호대상 가족을 돌보는 가족원의 부양부담을 줄여 주고 관련 정보를 공유하는 등 부양가족 대상 지원사업 5. 다문화가정, 북한이탈주민 등 지역 내 이용자 특성을 반영한 사업
	지역사회 보호	1. 급식서비스: 지역사회에 거주하는 요보호 노인이나 결식아동 등을 위한 식사제공서비스 2. 보건의료서비스: 노인, 장애인, 저소득층 등 재가복지사업대상자들을 위한 보건 · 의료관련 서비스 3. 경제적 지원: 경제적으로 어려운 지역사회 주민들을 대상으로 생활에 필요한 현금 및 물품 등을 지원하는 사업 4. 일상생활 지원: 독립적인 생활능력이 떨어지는 요보호 대상자들이 시설이 아닌 지역사회에 거주하기 위해서 필요한 기초적인 일상생활 지원서비스 5. 정서서비스: 지역사회에 거주하는 독거노인이나 소년소녀가장 등 부양가족이 없는 요보호 대상자들을 위한 비물질적인 지원서비스 6. 일시보호서비스: 독립적인 생활이 불가능한 노인이나 장애인 또는 일시적인 보호가 필요한 실직자 · 노숙자 등을 위한 보호서비스 7. 재가복지봉사서비스: 가정에서 보호를 요하는 장애인, 노인, 소년소녀가정, 한부모가족 등 가족기능이 취약한 저소득 소외계층과 국가유공자, 지역사회 내에서 재가복지봉사서비스를 원하는 사람에게 다양한 서비스 제공
	교육문화	1. 아동 · 청소년 사회교육: 주거환경이 열악하여 가정에서 학습하기 곤란하거나 경제적 이유 등으로 학원 등 다른 기관의 활용이 어려운 아동 · 청소년에게 필요한 경우 학습내용 등에 대하여 지도하거나 각종 기능교육 2. 성인기능교실: 기능습득을 목적으로 하는 성인사회교육사업 3. 노인 여가 · 문화: 노인은 대상으로 제공되는 각종 사회교육 및 취미교실운영사업 4. 문화복지사업: 일반 주민을 위한 여가 · 오락 프로그램, 문화 소외집단을 위한 문화 프로그램, 그 밖에 각종 지역문화행사사업
	자활지원 등 기타	1. 직업기능훈련: 저소득층의 자립능력배양과 가계소득에 기여할 수 있는 기능훈련을 실시하여 창업 또는 취업을 지원하는 사업 2. 취업알선: 직업훈련 이수자 기타 취업희망자들을 대상으로 취업에 관한 정보제공 및 알선사업 3. 직업능력개발: 근로의욕 및 동기가 낮은 주민의 취업욕구 증대와 재취업을 위한 심리 · 사회적인 지원 프로그램 실시사업 4. 그 밖의 특화사업
지역 조직화 기능	복지 네트워크 구축	지역 내 복지기관 · 시설들과 네트워크를 구축함으로써 복지서비스 공급의 효율성을 제고하고, 사회복지관이 지역복지의 중심으로서의 역할을 강화하는 사업 - 지역사회연계사업, 지역욕구조사, 실습지도
	주민 조직화	주민이 지역사회 문제에 스스로 참여하고 공동체 의식을 갖도록 주민조직의 육성을 지원하고, 이러한 주민협력강화에 필요한 주민의식을 높이기 위한 교육을 실시하는 사업 - 주민복지증진사업, 주민조직화 사업, 주민교육
	자원개발 및 관리	지역 주민의 다양한 욕구충족 및 문제해결을 위해 필요한 인력, 재원 등을 발굴하여 연계 및 지원하는 사업 - 자원봉사자 개발 · 관리, 후원자 개발 · 관리

출처: http://www.law.go.kr(2013. 12. 30.).

6. 발전방안

지역사회복지실천의 최전방에 위치하며, 가장 종합적이고 포괄적인 서비스를 제공하는 사회복지관의 발전방안을 살펴보자면 다음과 같다(김용환 외, 2011).

1) 복지 거점화

지구 단위의 복지를 책임질 기관은 현실적으로 복지관이 담당해야 한다. 지역의 복지자원을 집중시켜 필요한 곳에, 또 적절한 시기와 효과적인 방법으로 투입하는 역할은 사회복지관의 핵심기능이다. 사회복지관은 지역사회의 거점기관으로서의 역할을 수행할 수 있는 최소한의 규모와 역량을 발휘할 수 있는 운영체계를 갖추어야 한다. 아울러 직원의 전문성 제고와 역량강화, 평가체계의 개선이 요구된다.

2) 민관 파트너십

지방자치단체로부터 사회복지관의 위탁이나 재정적 지원이 이루어지고 있는 현실에서 복지관이 완전한 독립성을 이루기는 쉽지 않다. 행정중심의 논리로부터 자유로울 수 없으며, 지역 특성을 감안한 사업수행에 어려움이 발생하기도 한다. 이를 극복하기 위해서는 재정적 자립이 요구된다. 민관의 성공적인 파트너십 정립이 필요하다. 서로가 상생하기 위해서는 재원, 조정, 리더십, 신뢰, 협력적인 참여 등이 요구된다.

3) 복지 관계자들의 인식전환

복지는 구빈(救貧)에서 벗어나 지역 주민 모두의 삶의 질 향상을 위한 사회복지실천으로 옮겨가고 있다. 공식적인 서비스뿐 아니라 민간의 비공식적 지원까지 지역사회의 다양한 자원을 활용하고, 주민 주도의 삶을 추구하도록 조력해야 한다. 따라서 지역사회의 다양한 참여와 조정, 협력이 요구된다. 사회복지관의 변화와 인식은 새로운 목표에 부합하도록 바뀌어야 한다.

2 사회복지협의회

1. 정의

Dunham은 "지역사회복지협의회는 복지와 보건에 대한 지역사회 문제해결에 필요한 계획을 수립하고, 사업을 추진함에 있어서 주민관심과 전문가 기술을 결합시키기 위한 지역 주민과 사회복지기관 간의 연합체"라고 정의하고 있다.

송정부는 "사회복지협의회의 성격은 일정한 지역사회에서 주민이 주체가 되며 사회복지, 보건위생 그밖에 생활개선 향상에 관련 있는 공사 관계자의 참가, 협력을 얻어 지역 실정에 따라 주민복지를 증진함을 목적으로 하는 민간의 자주적 조직"이라고 규정하고, 민간의 자주적인 조직이라는 협의회의 성격을 강조했다.

지역사회복지협의회는 비영리 공익법인으로 민간 사회복지 증진을 위한 협의 · 조정, 정책개발, 조사연구, 교육훈련, 자원봉사활동의 진흥, 정보화사업, 사회적 취약계층을 위한 사업을 수행하고 있다(한국 사회복지협의회, 2011).

사회복지협의회의 설립목적은 사회복지에 관한 조사 · 연구와 각종 복지사업을 조성하고, 각종 사회복지사업과 활동을 조직적으로 협의 · 조정하며, 사회복지에 대한 국민의 참여를 촉진시킴으로써 우리나라의 사회복지증진과 발전에 기여함을 목적으로 하고 있다(사회복지협의회 정관 제2장 총칙 제1조).

2. 발전과정

한국 사회복지협의회는 1952년 2월 15일, 구호활동을 전개하고 있던 민간사회사업가들의 모임인 한국 사회사업연합회로 시작되었다. 1954년 12월에 사단법인 한국 사회사업연합회가 설립되었고 1959년 7월 31일에 국제사회복지협의회(ICSW) 회원가입을 하였으며, 1961년 사단법인 한국 사회복지사업연합회로 개칭하였다가 1970년 5월 22일에 사회복지법인 한국 사회복지협의회로 개칭하였다.

1983년 5월 21일에 「사회복지사업법」 개정으로 법정단체화되었으며, 1984년 11월에 시 · 도 사회복지협의회를 조직하였고 1998년 12월, 시 · 도 사회복지협의회 독립법인을 설립하였다. 2003년 7월, 「사회복지사업법」 개정(법률 제6960호)으로 시 · 군 · 구 사회복지협의회가 법인화되었다. 서울에 한국 사회복지협의회가 있고, 16개 시 · 도에 지방사회복지협의회가 조직되어 있다.

한국 사회복지협의회가 지난 50여 년간 상당한 발전을 해 온 것은 사실이지만, 경제 · 사회적 발전으로 인한 국민의 사회복지에 대한 의식수준의 변화나 기존 민간사회복지기관의 발전에 비해서는 매우 낙후되어 있다. 우리나라는 사회복지협의회가 설립되는 과정에서 민간이 주체가 된 것이 아니라, 민간의 자원동원을 위해 국가가 주도하여 사회복지협의회를 설립하였으므로, 기본적으로 지역사회복지협의회의 개념과 역할에 충실하지 못하고 관변단체의 역할을 수행해 왔다고 할 수 있다.

3. 법적 근거

1) 「사회복지사업법」 제33조

① 사회복지협의회는 사회복지에 관한 다음 각 호의 업무를 수행하기 위하여 전국 단위의 한국 사회복지협의회와 시 · 도 단위의 시 · 도 사회복지협의회를 두며, 필요한 경우에는 시 · 군 · 구 단위의 사회복지협의회를 둘

수 있다.

가. 사회복지에 관한 조사 · 연구 및 정책 건의

나. 사회복지 관련 기관 · 단체 간의 연계 · 협력 · 조정

다. 사회복지 소외계층 발굴 및 민간사회복지 자원과의 연계 · 협력

라. 대통령령으로 정하는 사회복지사업의 조성 등

② 중앙협의회, 시 · 도협의회 및 시 · 군 · 구협의회는 이 법에 따른 사회복지법인으로 하되, 제23조 제1항은 적용하지 아니한다.

③ 중앙협의회의 설립 및 운영 등에 관한 허가, 인가, 보고 등에 관하여 제16조 제1항, 제17조 제2항, 제18조 제6항 · 제7항, 제22조, 제23조 제3항, 제24조, 제26조 제1항 및 제30조 제1항을 적용할 때에는 '시 · 도지사'는 '보건복지부장관'으로 본다.

④ 중앙협의회, 시 · 도 협의회 및 시 · 군 · 구협의회의 조직과 운영 등에 필요한 사항은 대통령령으로 정한다.

2) 회원의 자격

한국 사회복지협의회는 「사회복지법 시행령」 제13조에 의거 다음과 같이 회원의 자격을 두고 있다.

- 회원 단체 · 개인의 자격: 시 · 도 사회복지협의회장, 사회복지법인 및 사회복지사업과 관련이 있는 비영리법인 대표자, 경제 · 언론 · 종교 · 법조 · 문화 · 보건의료계 등을 대표하는 자, 기타 사회복지사업수행에 필요하다고 인정되어 회장이 추천하는 자.
- 개인회원 자격: 전직 또는 현직 정무직 공무원인 자, 전직 또는 현직 국회의원인 자, 경제단체 및 100인 이상 상시고용 기업체 대표자, 대학의 부교수 이상의 직에 있는 자로서 사회복지 발전에 공헌을 할 수 있는 자, 행정기관의 4급 이상 공무원으로서 사회복지관련 업무에 5년 이상 재직한 자, 사회복지사업에 20년 이상 실무경험자, 경제인 · 언론인 · 종교인 · 예술인 · 체육인 · 문인 · 보건의료인, 그밖에 이 회의 발전에 기여할 수 있다고 인정

하여 회장이 추천하는 자 등이다.

4. 주요 원칙 및 기능과 역할

지역사회복지협의회의 주요 원칙은 다음과 같다(박태영, 2003).

① 주민욕구 중심의 원칙: 지역 주민의 생활실태와 사회복지욕구를 파악하도록 노력하며, 그 욕구를 충족시키는 활동을 수행한다. 이때 욕구는 잠재적인 욕구도 포함된다.

② 주민참여의 원칙: 지역 주민이 사회복지활동에 주도적으로 참여할 수 있도록 관심을 높이고, 개방된 조직구조와 민주적 과정을 통해 합의를 도출해 나가야 한다.

③ 전문성의 원칙: 지역사회복지계획의 수립과 평가, 조직화, 조사와 교육, 홍보 등과 관련해 전문성을 발휘해야 한다.

④ 민간비영리성의 원칙: 공공적 성격을 지닌 민간단체로서의 특성을 살려 지역사회문제의 해결, 클라이언트의 옹호활동, 주민의 복지욕구, 지역사회의 복지과제에 적극적으로 대응해야 한다.

⑤ 민관협력의 원칙: 민관의 사회복지관련조직, 지역사회 주민 등과의 협력과 역할분담으로 지역사회복지를 계획적이고 종합적으로 수행해야 한다.

⑥ 지역특성 존중의 원칙: 지역사회복지협의회의 조직과 구조는 지역 사정에 따라 결정되어야 한다. 또한 지역의 특성에 맞는 사업내용과 방법을 찾아야 한다.

사회복지협의회가 수행해야 할 기능과 역할은 협의회가 위치하고 있는 지역사회의 여건에 따라 다양할 수 있으나, 대부분의 지역사회에서 공통으로 수행되어야 할 기능에 대해 Dunham은 아홉 가지를 제시하고 있다. 그 내용은 다음과 같다.

1) 지역사회의 복지증진과 관련된 사실발견(fact-finding)

구체적인 활동으로는 사회복지기관의 업무와 재정상태에 관한 각종 통계자료를 포함한 사회복지의 기초자료를 수집하고, 지역사회가 당면한 기본 문제에 대한 장기적인 조사 실시 및 사회복지에 관한 특별한 성격을 띤 연구나 조사를 하고 사회복지기관들로 하여금 자체의 프로그램과 관련된 조사를 수행하도록 독려하며, 다른 연구기관들과의 공동연구를 수행하는 것 등을 들 수 있다.

2) 사회복지기관들 간의 조정과 협력 증진

이를 위한 구체적인 활동으로는 사회복지기관들 간의 회합과 회의를 개최하게 한다거나, 기관 간의 문제를 해결하기 위한 연구위원회 등을 구성하는 것 등을 들 수 있다. 이 기능과 관련하여 Dunham은 "효과적인 협의회는 보건과 사회복지 부분의 경험과 사고와 활동 면에 있어서 지역사회활동의 중심이어야 한다"고 하였다.

3) 지역사회복지 증진을 위한 센터 역할

협의회는 해당 지역사회의 복지를 위한 중추적인 센터의 역할을 해야 한다. 즉, 협의회는 사회복지에 관한 중요회의를 주최하거나 사회복지정책을 수립하고, 공동의 복지활동을 전개하는 연속적인 도구역할을 수행해야 한다. 만약 협의회에 의해서 이러한 기능이 수행되지 않는다면, 사회복지 분야는 이슈가 발생될 때마다 특별연구팀이나 위원회 등을 구성하지 않을 수 없게 될 것이다.

4) 사회복지기관들 간의 서비스 조정

협의회는 공통의 복지사무를 수행함으로써 조정적인 활동을 해야 한다. 사회복지에 관한 필요한 정보나 위탁서비스, 자원봉사자관리, 사회서비스의 교환 등이 이 기능과 관련된 주요 활동의 예라고 할 수 있다. 이러한 경우 협의회는 개별적인 수혜자를 상대하는 것이 아니고, 일반 주민과 복지기관을 위해 서비스를 제공한다는 점에서 앞에서 살펴본 직접 서비스기관의 활동과 구별되는 것이다.

5) 사회복지기관들이 수행하는 업무의 질적 수준 제고

협의회는 조정업무와 밀접하게 관련되어 있는 것으로서 사회복지기관들이 그들이 수행하는 업무의 질적 수준을 높이도록 돕는 것이다. 여기에는 집단적인 방법과 개별적인 방법이 있을 수 있는데, 전자의 경우는 공동조사, 사무기준(service standards)에 관한 연구, 출판 · 배포 및 공동토의, 회의나 회합을 통한 경험을 교환하는 것이고, 후자는 개별적인 접근방법으로 특정기관에 대해 자문이나 도움을 주는 것이다.

6) 사회복지에 관한 공동의 계획수립 및 실천

협의회는 사회복지에 관한 공동의 계획을 수립, 실천해야 한다. 사회복지기관들을 위한 프로그램, 업무기준, 효과성과 기관 간의 공동 프로그램의 개발 및 조정을 위한 계획이 협의회 업무의 중심이 되고 있다.

7) 정보제공 · 교육 · 홍보

이를 위한 활동으로는 사회복지기관 명부의 발간, 정보 및 위탁서비스, 각종 간행물의 제작, 공청회의 개최 등을 들 수 있다.

8) 사회복지기관 자원 동원에 관한 자문 · 재정안정 도모

협의회는 사회복지분야의 재정 상태를 개선하기 위한 활동을 전개해야 한다. 이를 위한 방법으로서는 사회복지기관들이 효율적인 예산편성을 할 수 있도록 자문활동을 하거나, 사회복지기관들이 국내외의 기관으로부터 보조금이나 차관 등을 획득할 수 있도록 주선해 주는 것이다. 또 사회복지기관들이 소득사업을 추진할 수 있도록 도와줄 수도 있다.

9) 사회행동

협의회는 사회행동(social action)에 앞장서야 한다. 그 방법으로는 공공의 이슈에 대한 입장을 밝힌다거나, 사회복지의 특수계층(노인, 영세민, 장애인 등)의 복지에 관한 입법대안을 제시하는 것일 수 있다. 이를 위해서 협의회는 독자적인 활동을 전개할 수 있고, 특수계층의 복지를 위해 일하고 있는 기관과 단체(소비자보호협회, 장애인재활협회, 한국여성개발원 등)와 공동의 활동을 전개할 수도 있다.

그러나 이러한 사회행동은 특수계층의 이해가 관계된 것이기 때문에 협의회의 회원들 간의 합의가 없이는 이룩될 수 없다는 데 유의해야 한다. 즉, 사회복지협의회의 기능은 지역사회계획, 협의, 조사 · 연구, 홍보 · 교육, 사회행동 및 공동모금 등으로 요약해 볼 수 있다.

우리나라의 경우 협의회는 민간사회복지기관 중 유일한 공공기관으로서, 보건복지부의 주요 복지정책에 대한 시행위탁기관으로 정부의 사회복지사업을 뒷받침하는 조사연구, 교육훈련, 사회복지 조성 등의 고유한 목적사업 등 공공사회복지 증진업무를 효과적으로 수행한다. 또한 정부정책과 민간사업의 연계협력을 조성하는 전달자 및 중재자 역할을 맡아 민관 가교역할을 수행하며, 민간사회복지기관으로서의 특성을 살려, 사회복지시설 · 기관 · 단체 상호 간의 이슈 및 여론, 사회복지 동향 및 흐름에 대한 사회복지계의 입장을 대변하고 여론을 일원화하여 협의조정 창구역할을 수행한다. 또한 사회복지 조성을 위한 각종 민간자원 활용 및 연계, 사회서비스사업을 효과적으로 수행하므로 민관 허브기능을 수행한다.

5. 주요 사업

- 사회복지에 관한 조사 · 연구 및 정책건의
- 사회복지 소외계층 발굴 및 민간사회복지 자원과의 연계 · 협력
- 사회복지 종사자에 대한 교육훈련, 복지증진
- 사회복지에 관한 자료수집, 각종 간행물 발간 및 홍보
- 시 · 도 및 시 · 군 · 구 사회복지협의회 업무지원 및 협력증진
- 국제사회복지단체와의 교류협력
- 자원봉사활동의 진흥
- 사회복지 자원개발 및 정보화사업의 진흥
- 식품자원 기부촉진 기반조성
- 사랑나눔실천 '1인 1나눔 계좌 갖기 운동' 전개
- 소아암, 백혈병 및 희귀난치성 질환 환아 진료비지원 사업
- 사회공헌, 문화주도 및 종합정보 제공
- 보건복지부장관이 위탁하는 사회복지에 관한 업무 등

주요 사업을 수행하기 위한 한국 사회복지협의회의 업무 추진도를 살펴보면 그림 12-1과 같다.

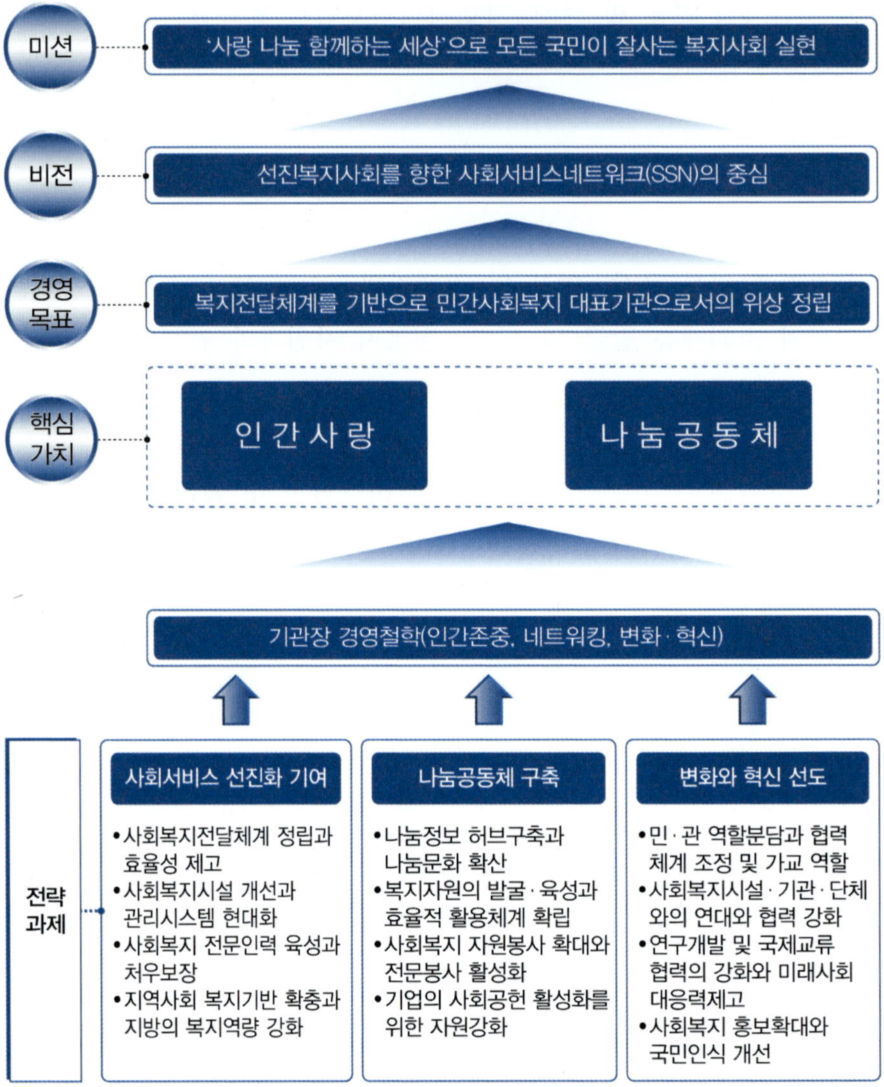

그림 12-1 한국 사회복지협의회의 업무 추진도

출처: 한국사회복지협의회(http://kncsw.bokji.net/).

6. 사회복지협의회의 발전방안

지역사회복지협의회의 중추적인 역할을 수행하기 위한 발전방안은 다음과 같다(오정수 외, 2009).

1) 주민참여 활성화

지역 주민의 복지에 대한 권리의식을 제고시키고 지역사회 문제해결에 적극적으로 참여할 수 있도록 조직화에 관심을 가져야 한다. 또한 지역 주민이 참여할 수 있는 민주적인 참여절차가 필요하며, 이에 대한 적극적인 홍보가 필요하다.

2) 사회복지관련 조직 간의 협의 · 조정 · 연계기능 강화

사회복지협의회는 회원단체 상호 간의 협의 · 조정에 대한 업무를 명시하고 있으나 실질적인 역할을 수행하지 못하고 있다. 사회중간집단으로서 협의회의 협의 · 조정기능을 강화해 나가야 하며, 주민들의 복지욕구를 파악 및 해결하기 위해서 지역의 사회복지관련 조직 간의 연계를 통해서 주민 요구에 기초한 프로그램의 개발과 보급, 사회복지서비스 수요자의 권익옹호 활동을 적극적으로 수행해야 한다.

3) 사회행동 참여

사회행동은 사회복지의 목적달성을 위해 행하는 합법적이고 조직적인 여론환기와 정치적 활동으로서의 입법조치 및 사회운동의 과정을 말한다. 사회행동기능은 전국적인 수준에서 또는 지역사회 차원에서 공히 강조되어야 할 것인데, 현재 협의회는 이 기능에 대해서 거의 아무런 활동도 보여주지 않고 있다. 지역사회복지가 주민의 상호부조활동에만 그치지 않고 공적 복지수준을 향상시키려면 사회행동기능이 필수적이다. 따라서 지역사회복지의 발전을 위한 정책건의, 입법조치 등을 위한 압력단체로서의 기능을 수행하기 위해 사회행동을 주도해 나가야 한다.

4) 교육 · 훈련기능의 강화

사회복지종사자들 및 자원봉사자들에 대한 교육 · 훈련 및 감독이 전문적이고 체계적으로 이루어져야 한다. 그래야만 시민들의 인적 · 물적 자원에 대한 사회복지기관의 책임을 잘 이행할 수 있을 것이다. 사회복지사들이 실천현장에서 지속적으로 새로운 지식과 기술을 배우고, 이미 배운 지식과 기술들은 재훈련을 통해서 강화해 나가도록 도와야 한다. 또한 지역 주민을 대상으로 복지사업에 관심을 갖게 하고, 사회복지법인이 서비스 경쟁시대를 맞아서 합리적 경영을 해 나가도록 회계, 노무관리 등에 대한 교육기회를 폭넓게 제공해야 한다.

5) 재정의 자립

사회복지협의회의 활성화와 전문적 기능의 확대는 자립적인 재정확보가 뒷받침될 때 가능하다. 협의회의 재정자립은 정부와 지방자치단체의 재원 및 외부 지원기금 등으로부터 초래될 수 있는 간섭과 비자율성을 탈피할 수 있다. 또한 지역사회단위로 자원개발 및 자원동원운동을 전개함으로써 사회복지에 대한 지역사회의 관심과 참여를 유도할 수도 있다. 이를 통해 사회복지협의회는 고유의 기능을 회복하여 민간복지의 조직화를 위한 핵심적 역할을 담당할 수 있어야 한다.

3 사회복지공동모금회

사회복지공동모금회는 '사랑의 열매'를 나눔의 상징으로 하고 있다. 공동모금회를 통해서 아동, 청소년, 장애인, 노인, 여성, 가족, 지역사회 등 도움이 필요한 곳을 지원해 행복공동체를 만들어 가는 전문모금 및 배분기관이다(http://www.chest.or.kr).

1. 공동모금회의 정의 및 필요성

1) 정의

공동모금제는 정부의 복지정책을 보완하는 대표적인 민간지원체계이다. 과학적이고 전략적인 모금활동을 전개해 개인의 삶의 질 향상과 지역사회 변화, 사회문제를 효과적으로 대응하기 위한 사회시스템으로서, 「사회복지사업법」 및 기타 사회복지활동의 지원에 필요한 재원을 조성하기 위해 전국 또는 지역을 단위로 기부금품을 모집하는 것을 말하며, 공동모금사업을 관장하기 위하여 사회복지공동모금회가 설립되었다.

사회복지공동모금의 정의로는, “사회복지사업이나 그 밖의 사회복지활동 지원에 필요한 재원을 조성하기 위하여 이 법에 따라 기부금품을 모집하는 것을 말한다(「사회복지공동모금회법」 제2조).” 따라서 사회복지공동모금회는 공동모금을 통하여 사회복지에 대한 국민의 이해와 참여를 촉진하고, 국민의 자발적인 성금으로 조성된 재원을 효율적이고 공정하게 관리, 운용함으로써 사회복지증진에 이바지함을 목적으로 설립되었다.

2) 설립취지와 필요성

(1) 설립취지

사회복지공동모금회의 설립취지는 다음과 같다.

첫째, 생활 속에서 이웃사랑을 실천하는 동반자이다.

이제 기부와 자원봉사는 일시적이고 동정적인 연민이 아니라 더불어 사는 공동체를 만들기 위한 권리요 의무이다. 사회복지공동모금회는 국민적 이해와 참여를 바탕으로 생활 속의 이웃사랑을 실천하는 동반자이다.

둘째, 민간복지 발전의 기틀을 다지는 기관이다.

투명하고 공정한 배분을 위한 전문위원들의 헌신과 효율성과 효과성을 더한 배분사업을 통해 찾아가는 복지, 함께하는 복지로 민간복지 발전의 기틀을 다져 간다.

셋째, 세계가 함께하는 과학적인 민간복지 지원체계이다.

'모두를 위한 한 번의 모금(one fundraising for all)'을 가치로 모금 및 배분의 효율성과 효과성을 추구하는 공동모금제도는 전 세계 45개국에서 함께하는 가장 과학적인 민간복지 지원체계이다.

(2) 필요성

사회복지공동모금회의 필요성은 다음과 같다(김범수, 2003).

첫째, 공동모금을 통하여 산발적인 자선모금활동을 줄이고 법이 보장하는 제도적인 틀 안에서 민간자원을 동원할 수 있는 방법으로 인정받고, 모금하는 측의 입장에서도 최소한의 노력과 비용으로 모금을 할 수 있는 반면, 기부자의 입장에서도 불필요한 모금의 중복을 피하고 하나의 창구를 통하여 한 곳에 금품을 기부하는 방법을 통해 기부한 돈이 효과적으로 쓰일 수 있게 되므로 경제적일 수 있다.

둘째, 공동모금은 지역사회 내에 공동체의식과 함께 나누는 삶을 증진시키고, 지역사회 내 문제를 주민 스스로 해결하는 데 크게 기여할 수 있다. 따라서 자원봉사활동을 크게 활성화할 수 있다.

셋째, 공동모금이 활성화되면 후원자 또는 지원봉사자들을 동원하고 재원을 동원할 수 있는 노하우가 없어서 모금을 하지 못하고 있는 기관들에게 복지재원 분배의 기회가 제공될 것이며, 사회복지계의 전반적인 서비스 수준 향상에 도움이 될 것이다.

넷째, 사회복지사업에 대한 국민일반 인식을 개선한다는 점이다. 모금사업의 주체인 공동모금회가 전 국민을 대상으로 다양한 홍보전략과 모금활동을 벌이는 가운데, 국민들에게 사회복지에 대한 올바른 이해를 도모하도록 하고 이웃사랑에 대한 많은 관심을 기울이게 유도한다.

다섯째, 사회복지발전을 위한 정부와 민간의 동반자 관계를 형성한다는 점이다. 정부의 일방적인 복지정책의 수립과 집행, 나아가 민간사회복지사업에 대한 통제 및 개입을 벗어나 일정 정도의 자율성을 지니고, 민간부문 스스로의 방향성과 재원을 통하여 궁극적으로 사회복지의 지평을 확대하여 정부와 민간부문이 상호보완적인 역할을 수행할 수 있다.

2. 발전과정

1951년에 「기부금품모집금지법」이 재정되었는데, 사회적 혼란과 궁핍 가운데 난립하던 기부금품의 강요로부터 국민을 보호하고 민생을 안정시키는 것이 목적이었다. 이때는 민간의 모금행위는 정부에 의해 엄격하게 통제되었다. 1970년에 「사회복지사업법」이 제정되면서 그 내용에 민간자원의 동원방법으로서 사회복지공동모금에 관한 조항이 포함되었으므로 1971년에 한국 사회복지공동모금회가 구성되었다. 그러나 1983년, 「사회복지사업법」 개정 시에 공동모금에 관한 조항이 삭제되었다. 그럼에도 불구하고 사회복지공동모금의 역사는 1970년대 초의 민간모금운동에 기원을 두고 있다.

1980년, 「사회복지사업기금법」 제정으로 사회복지사업을 수행하기 위한 자원 동원 방법으로 정부기관이 주도하는 경향이 나타났다. 정부주도의 사회복지사업기금운용은 민간의 자율성 저해와 공공부문이 담당해야 할 영역에 민간의 성금이 투입되는 문제점과 비민주적이고 불합리한 기금운용이라는 비판이 대두되면서, 1951년 제정된 「기부금품모집금지법」이 1996년 「기부금품모집규제법」으로 개정되었다.

개정이유는 「사회복지사업기금법」에 의한 이웃돕기 성금과정에서 공무원에 의한 성금의 불법사용 문제의 규제 및 민간의 모금허가를 새롭게 규제하기 위한 목적이 있었다. 이때 법에 의하지 않고는 기부금품모집이 불가능하며 모집의 허가는 행정자치부장관, 특별시장, 광역시장, 도지사의 허가를 받도록 하였다. 그러나 민간모금의 경우 실질적으로 법의 적용이 이루어지지 못했다.

1997년에 「사회복지공동모금법」이 제정되었으며, 「사회복지공동모금법」은 1999년 중앙의 사회복지공동모금회와 시 · 도별 사회복지공동모금을 관장하는 지회의 형태로 운영되는 「사회복지공동모금회법」으로 개정되었다. 이로 인해서 정부주도 모금의 폐지와 함께 민간의 자율성에 기초한 사회복지공동모금이 본격적으로 이루어졌다.

3. 법적 근거

1) 「사회복지공동모급회법」

사회복지공동모금회의 공동모금을 통하여 사회복지에 대한 국민의 이해와 참여를 제고함과 아울러 국민의 자발적인 성금으로 조성된 재원을 효율적이고 공정하게 관리 · 운용함으로써 사회복지 증진에 이바지함을 목적으로 한다.

2) 사회복지공동모금회 정관

「사회복지공동모금회법」에 따라 설립된 법인으로서 공동모급운동을 통하여 사회복지에 관한 국민의 이해와 참여를 촉진하고, 국민의 자발적인 성금으로 공동모금된 재원을 효율적이고 공정하게 관리 · 운영함으로써 사회복지 증진에 이바지함을 목적으로 한다.

4. 유형 및 운영원칙과 특성

1) 유형

공동모금회의 유형은 '중앙공동모금회'와 '지역 단위의 공동모금회'로 나누어진다. 전국 단위의 공동모금사업을 관장하기 위해 전국 공동모금회를 두고, 지역 단위의 공동모금사업을 관장하기 위하여 특별시 · 광역시 · 도에 지회가 있고, 기초단체의 경우는 없다.

공동모금회의 중앙과 지회의 관계는 중앙집중형으로 지회는 광역시 · 도별 조직으로 구성된다. 1997년 「사회복지공동모금법」이 제정될 때에는 중앙공동모금과 시 · 도별 공동모금이 독립법인으로 규정되어 있었으나, 1999년 「사회복지공동모금회법」으로 개정되면서 공동모금회 설립 초창기의 전국적인 통일성을 통한 이미지 구축과 대국민 신뢰도를 확보한다는 측면에서 중앙집중형으로 변경되었다.

2) 운영원칙과 특성

(1) 운영원칙

사회복지공동모금회 운영을 위한 기본원칙은 다음과 같다.

첫째, 기부하는 자의 의사에 반하여 기부금품을 모집하여서는 아니 된다.

둘째, 조성된 공동모금재원은 지역 단체 · 대상자 및 사업별로 복지수요가 공정하게 충족되도록 배분해야 하고, 목적 및 용도에 맞도록 공정하게 관리 · 운용하여야 한다.

셋째, 공동모금재원의 배분은 객관적인 기준에 따라 효율적으로 이루어지도록 하고, 그 결과를 공개하여야 한다(「사회복지공동모금회법」 제2조).

(2) 특성

사회복지공동모금회의 운영원칙을 준수하기 위한 공동모금회의 특성을 살펴보면 다음과 같다(www.chest.or.kr).

① 민간성: 상부상조와 연대의 정신을 기반으로 한 민간사회복지 활동이다.

② 공개성: 기탁된 기부금의 액수와 관리 등은 투명하고 공개적으로 진행되어야 한다.

③ 계획성: 사회복지의 수요를 파악하고, 지원단체의 지원을 받는 일로부터 지원계획을 세워야 하며, 이를 근거로 모금운동을 전개해야 한다. 이 모든 과정은 치밀하게 검토되고 계획되어야 한다.

④ 효율성: 십시일반(十匙一飯)으로 모금된 기부금품은 기부자의 의도대로, 또 효율적으로 지원되고 배분되어야 한다.

⑤ 나눔문화 확산: 더불어 살아가는 행복한 사회를 위해 일상 속에서 나눔의 의미를 되돌아보고 실천하는 나눔의 정신을 확산시킨다.

5. 사업내용과 모금방법

1) 사업내용

사회복지공동모금회는 생활 속에서 실천하는 기부방법을 개발하고, 도움이 필요한 곳을 지원하며, 나눔문화를 확산하고 있는데, 지원사업 분야로는 다음과 같다(사회복지공동모금회, 2013).

(1) 아동 · 청소년

① 교육 · 상담: 취약계층 및 위기가정 아동 · 청소년의 평등한 교육환경을 위한 기초학습과 장학금 지원, 교육 기자재 지원, 심리 · 정서적 안정과 지지체계 구축을 위한 자살예방프로그램 및 다양한 멘토링 프로그램을 지원

② 여가 · 문화: 문화 소외계층 아동 · 청소년을 위해 문화체험 프로그램과 스포츠관람 및 교육 등 체험 프로그램을 지원

③ 아동보호 · 양육: 어린이대상 범죄예방과 교육효과를 위해 방과후 교실, 야간보호센터, 전문위탁 서비스에 프로그램비와 차량지원, 가족역량강화 프로그램 지원

④ 소년성장 · 인식개선: 청소년위해환경 개선사업과 청소년보호에 대한 사회인식의 변화를 위한 인식개선 프로그램 및 멘토 · 멘티 프로그램 지원. 보호관찰 및 위기청소년의 사회적응과 성장 프로그램 및 시설퇴소 청소년의 자립지원, 진로개발, 사회성향상 프로그램 지원

⑤ 생계 · 영양 · 주거: 생계비와 주거환경 개선사업, 취약계층 및 위기가정 아동청소년의 건강한 성장을 위해 급식 및 급식시설 개보수비 지원
⑥ 의료 · 건강: 소아암, 희귀 · 난치병 환아 치료비 및 의료서비스 지원

(2) 장애인

① 사회적응 · 자활: 장애인의 사회적응과 자활 · 자립을 위한 전문 직업훈련과 창업지원 프로그램을 통해 일자리를 창출, 직업교육을 위한 기자재를 지원, 사회적 지지체계 개발 프로그램을 통해 지역사회 네트워크를 구축하고 장애인의 사회참여를 통해 자기효능감을 향상하는 프로그램 지원
② 교육 · 상담: 사회성향상 프로그램 및 장애 · 비장애아동 통합교육, 장애인 인권교육 지원, 장애어린이의 교육과 보호를 위한 방과후 교실 및 특수교육 프로그램, 점자도서 제작지원
③ 여가 · 문화: 장애스포츠단, 협주단, 합창단 활동과 공연지원, 장애인 축제, 나들이 프로그램과 장애아동 · 비장애아동 통합놀이터를 통해 지역사회 내 장애인에 대한 인식개선
④ 의료 · 건강: 장애인의 재활능력과 신체기능 향상을 위한 야외체육시설과 운동장비를 설치하여 비만예방 및 치료와 재활을 위한 재활장비 지원, 정신건강을 위한 치료 · 상담프로그램과 장애인을 위한 치과진료 지원
⑤ 생계 · 영양 · 주거: 취약계층 장애인의 기초생활비 지원과 장애정도에 맞는 주거공간 환경개선지원, 장애인 시설지원
⑥ 정보(이동)편의: 장애인 이동권보장을 위해 차량과 보조장비 지원, 장애인 교육과 취업을 위한 정보화기기 및 비품, 학습보조기구, 점자도서 제작지원

(3) 노인

① 심리 · 정서: 우울증 및 자살예방프로그램 지원, 사회적인 고립해소를 위한 독거노인결연, 세대통합 프로그램 지원

② 생계 · 영양 · 주거: 거동불편 노인을 위한 이동빨래방, 이동목욕차량 지원, 무료급식소, 밑반찬 및 도시락지원을 통해 균형잡힌 영양, 임대주택 마련, 생활시설 및 주거공간 환경개선사업 지원

③ 보호 · 상담: 지역사회네트워크 구축사업지원으로 사회적인 안전망 정비, 노인학대 예방, 노인 개별사례관리, 안전이동을 위한 차량지원

④ 여가 · 문화: 경로잔치, 동아리활동, 문화활동, 자원봉사, 경로당활성화사업 등 노년기의 여가, 문화사업 지원

⑤ 치료 · 건강관리: 위기대응을 위한 심장제세동기 등 응급 시 활용 가능한 의료기기 지원, 무료진료시설 개보수와 정신건강 증진사업, 치매예방사업 지원

⑥ 취업 · 교육: 노인의 역량을 강화를 위한 노인대학, 노인건강관리 봉사자 교육, 성교육, 문화교육, 정보화교육 지원

(4) 여성 · 다문화

① 상담 · 교육: 다문화교육 교재 및 기자재 지원, 다문화가정 역량강화지원 프로그램, 언어 · 문화교육 지원, 학업중단 미혼모 지원 및 직업교육 및 취업훈련을 통한 역량강화 지원, 모자가정의 자립과 성장을 위한 상담 · 치료 프로그램 지원

② 육아 · 취업: 취업모를 위한 보육시설과 교육, 상담 프로그램 지원, 미혼모 자립지원을 위한 출산, 취업, 교육 프로그램 지원, 외국인근로자 · 이주여성 전문교육과 일자리창출 지원 사업

③ 여가 · 문화: 모자가정 캠프, 상담 · 교육 프로그램, 놀토행사, 다문화축제 지원, 외국인근로자 문화센터, 여성장애인문화센터 지원

④ 배분사업생계 · 영양 · 주거: 여성의 출산과 육아를 위한 지역사회지원 시스템과 자녀양육, 가족관계 회복을 위한 프로그램 지원, 취약계층 및 여성가장 가족 생계비와 교육비, 난방비, 급식비 지원

⑤ 폭력 · 학대예방: 가정폭력피해 여성과 여성장애인을 위한 쉼터운영 및 치료프로그램 지원, 성폭력피해 여성을 위한 사례관리사업 지원, 요보호여성 의료비 지원과 무료진료기관에 대한 지원, 출산 및 와병 시 간병서비스 지원

(5) 지역사회

① 생계 · 영양 · 주거: 취약계층 생계비 및 생계물품지원, 저신용계층 소액대출, 무료급식, 밥차, 푸드마켓 및 푸드뱅크(food bank) 지원, 주거복지를 위해 주거환경개선, 난방비 지원

② 복지센터지원: 취약복지기관 지원과 직원역량강화 교육, 복지기관 차량 지원, 환경개선, 취약복지기관 운영비를 지원하여 지역사회복지서비스의 질적 향상도모

③ 지역사회변화: 사회안전망 확충과 지역사회의 다양한 문제해결을 위한 지역사회네트워크 구축지원, 복지사각지대인 농어촌 및 도서지역에 복지인프라 구축사업 지원

④ 상담 · 보호: 사회복지종사자의 역량강화를 통해 사회복지의 질적인 향상도모, 저소득가정의 가족기능 강화와 노숙인의 사회복귀 프로그램 지원으로 빈곤의 대물림을 감소시키려 함

⑤ 문화 · 예술: 지역 주민이 참여할 수 있는 캠프, 캠페인, 교육활동, 도서관사업을 지원, 문화소외계층을 위한 문화 · 예술체험을 확대 지원하여 문화적 차별을 감소시키고자 함

⑥ 의료서비스제공: 지역 주민의 신체 · 정신 · 심리사회적 건강을 위한 무료이동진료, HIV · AIDS검사 및 치료, 상담지원과 만성신부전 환자지원, 알코올중독자 재활시설 지원, 약물중독예방교육 지원

(6) 해외지원

① 기초생활 · 교육: 스리랑카 사회교육센터 지원, 미얀마 빈곤아동 영양개선 지원, 몽골 극빈가정 취학 전 아동의 주간보호 및 기초학습 지원 등

② 의료 · 보건 지원: 케냐 HIV · AIDS 수직감염 비율 감소를 위한 모자보건 사업, 연해주 고려인 취약계층 의료복지 지원 등

2) 배분사업의 종류

배분사업의 종류는 표 12-3과 같다.

표 12-3 배분사업의 종류

구분	사업내용
신청사업	사회복지 증진을 위해 자유주제 공모형태로 복지사업을 신청 받아 배분하는 사업
기획사업	모금회가 그 주제를 정하여 배분하는 사업 또는 배분대상자로부터 제안받은 내용 중에서 선정하여 배분하는 시범적이고 전문적인 사업
긴급지원사업	재난구호 및 긴급구호, 저소득층응급 지원 등 긴급히 지원해야 할 필요가 있는 경우에 배분하는 사업
지정기탁사업	사회복지 증진을 위하여 기부자가 기부금품의 배분지역 · 배분대상자 또는 사용용도를 지정한 경우 그 지정취지에 따라 배분하는 사업

3) 모금사업 방법

모금은 연말 집중모금과 연중 모금캠페인으로 나누어진다. 연말 이웃돕기 캠페인은 신문, 방송사, ARS 060-700-1212를 통해 집중모금을 실시하고, 연중 다양한 모금활동(방송모금, 사랑의 계좌, 한사랑 직장모금 캠페인, 사랑의 자투리캠페인) 등을 통하여 모금된다.

공동모금회는 사회복지사업의 지원을 위해 연중 기부금품을 모집 · 접수할 수 있는데, 모금사업의 세부내용은 다음과 같다.

(1) 개인모금

- 사랑의 자투리모금(월급자동공제: CMS 모금)
- 사랑나눔캠페인(2003년 12월 1일부터 소형 상점, 음식점, 퀵서비스, 병원, 미용실, 약국, 개인사무실 등과 같은 자영업자 및 소규모사업장을 대상으로 월정기부를 통한 나눔을 실천하는 '사랑나눔 ○○호점' 캠페인)
- 고속도로 톨게이트모금, 물품기부(의류, 컴퓨터, 공연입장권, 가구, 상품권 등)
- 이벤트모금(축구, 야구, 농구, 골프, 마사회 등 스포츠경기 입장료 일부 또는 득점과 승패에 따라 모금)
- 교통사고유자녀, 결식아동, 백혈병, 소아암 대상자를 위한 모금, 그리고 인터넷의 이웃사랑 기부전문 코너(www.moamoa.or.kr)
- 신용카드, 사랑의 아바타, 포인트 기부 등 인터넷 사용자들이 보다 쉽고 다양하게 이웃사랑을 실천할 수 있는 기부통로를 마련하고 있다.

(2) 이벤트, 캠페인모금

공동모금회의 모금사업은 연말 이웃돕기 모금캠페인이 큰 비중을 차지한다. 그 이유는 연말 및 연중 가정의 달 등 특정 시기의 캠페인과 이벤트는 모금뿐 아니라, 전 국민을 대상으로 한 사회복지와 이웃돕기의 홍보라는 점에서 큰 의미가 있다. 공동모금회는 매년 연말, 사랑의 열매 발대식, 캠페인 출범식, 방송모금, 각종 이벤트 및 콘서트 등을 통하여 전 국민을 대상으로 이웃돕기 캠페인을 실시한다.

(3) 기업모금

기업모금은 공동모금회 전체 모금의 약 70% 이상을 차지하고 있다. 기업의 사회복지분야에의 기부는 민간사회복지자원의 규모의 증대와 더불어, 기업의 Citizenship 증대를 통한 공동체의식의 확장이라는 면에서 중요한 의미를 가지고 있다. 이를 위해 공동모금회는 기업이 직원의 자발적 참여 및 기업 자체의 기부, 또한 상품과 연계된 기부를 통하여 보다 손쉽고 다양한 방법으로 사회공헌활동에 참여할 수 있도록 프로그램들을 개발하고 있다.

(4) 인터넷모금

현대사회에서 인터넷은 교육, 법률, 소비, 의료서비스, 오락, 인간관계 등 그동안 오프라인상에서 수행되어 왔던 많은 사람의 영역들을 포괄하여 당당히 삶의 한 부분으로 영향력을 확대해 왔다. 이러한 추세에 맞춰 차가운 정보화 사회를 극복하고자 이웃사랑과 기부도 온라인으로 확대, 인터넷 세상을 따뜻하게 만들어 가고 있다.

(5) 특별모금

인터넷자선복권사업과 온라인복권사업 등 복권사업으로 인한 수익금의 모금, 가두모금, 호별모금, 사랑의 봉투모금 등을 통하여 모금된다.

6. 발전방안

첫째, 지역공동모금회의 지역조직을 시 · 도뿐만 아니라 점차 시 · 군 · 구까지 확대 설치할 필요성이 있다. 왜냐하면 지역 주민은 해당 지역의 욕구와 문제에 더 많은 관심이 있고 따라서 해당지역의 공동모금회를 활성화하는 데 민감하기 때문이다. 시 · 군 · 구 사회복지협의회와 연계하여 공동모금 사무를 추진한다면 별도의 예산부담을 줄일 수 있다.

둘째, 전국 공동모금회와 지역공동모금회 간의 업무가 중복되어 갈등현상이 예상되므로 전국 공동모금회는 모금할 수 없도록 하는 법조항이 추가되어야 한다. 예로 서울 공동모금회는 중앙공동모금회가 모금을 전개할 경우 위축될 수 있다. 다만 중앙모금회는 지역공동모금회를 지원, 조정하고 지역 간의 모금 총액의 차이가 크게 날 경우 지역 간 균형을 갖도록 그 기능을 분명히 구분해야 한다.

셋째, 배분은 지역 · 단체 · 대상자 · 프로그램별로 복지수요가 공정하게 충족되도록 해야 하며, 모금, 관리, 운용의 모든 면에서 공개적이고 효율적인 운영체계가 이루어지고, 이를 감시할 수 있는 장치가 마련되어야 한다. 특히 전문적이고 합리적인 배분과정과 배분결과에 대한 공표를 통해 투명성, 공정성을 높이고, 중간평가와 결과에 대한 평가를 통해서 국민들의 성금에 의해 조성된 자원에 대한 책임성을 확보해 나가야 한다.

4 자원봉사센터

자원봉사활동은 역사발전 과정에서 다양한 형태로 실천되고 발전되어 왔다. 특히 21세기 인류 사회는 자원봉사활동을 개인적 차원의 인간성 실현이라는 의미를 확대하여 새로운 공동체를 가능하게 하는 미래사회의 대안으로서 사회적 의미를 부여하고, 나아가 국가적 경쟁력을 제고하는 중요한 사회자본으로서 그 가치를 인정하면서 21세기는 자원봉사의 시대, 제4의 물결시대로 표현하기도 한다.

1. 정의

자원봉사활동이라 함은 개인 · 단체가 지역사회 · 국가 및 인류사회를 위하여 대가 없이 자발적으로 시간과 노력을 제공하는 행위를 말한다. 그리고 자원봉사자라 함은 자원봉사활동을 행하는 자를 말하며, 자원봉사단체라 함은 자원봉사활동을 주된 사업으로 행하거나 이를 지원하기 위하여 설립된 비영리법인 또는 단체를 말한다. 자원봉사센터라 함은 자원봉사활동 개발 · 장려 · 연계 · 협력 등의 사업을 수행하기 위하여 법령과 조례 등에 의하여 설치된 기관 · 법인 · 단체 등을 말한다(「자원봉사활동 기본법」 제3조).

2. 발전과정

우리나라에서 사회봉사활동이 시작된 것은 근대화가 시작될 무렵 YMCA, YWCA, 적십자활동이 시작되었다. 광복 후 미군정시대, 6·25 이후에는 외원기관이 들어와 각종 모금활동을 전개하면서 자원봉사활동을 시작했으며, 60년대 들어서면서 대학생들의 농촌봉사활동이 전개되었다.

1978년, 한국 사회복지협의회에서 사회봉사센터를 부설로 설치하여 자원봉사모집, 교육 및 훈련하여 필요한 기관에 배치하는 사업을 실시하였다. 1979년 강남대학교 사회사업학과에 처음으로 '자원봉사론' 과목을 개설하였다. 1980년에 지방 16개의 사회복지협의회에서 자원봉사를 모집, 훈련, 배치기능을 전국적으로 확대하기 시작하였다. 1984~1992년 정무장관실에서는 여성개발원에 여성자원활동 인력은행을 개설·운영하였고, 1988년에는 88올림픽자원봉사자를 모집하여 활용하면서 전 국민에게 자원봉사라는 용어를 널리 홍보할 수 있는 계기가 되었다.

1994년, 한국자원봉사단체협의회가 설립되어 사회복지계 자원봉사관련 단체와 일반 자원봉사단체들이 연계하여 자원봉사활동에 대한 정보를 협의·조정하는 활동을 하고 있다. 1995년, 교육부에서 실시한 5.31교육개혁위원회에서 중고생자원봉사 활동을 의무화하였고 그 후 전국 시·도에 청소년자원봉사센터, 종합자원봉사센터가 설립 운영되고 있다. 1996년 한국대학사회봉사협의회가 창립되어 산발적으로 운영하던 자원봉사 프로그램을 상호 연계하여 정보교환을 할 수 있도록 조직화되었다.

1996년부터 행정자치부의 지침 및 시·군·구 조례에 의해 시·군·구에 자원봉사센터를 설치·운영해 오다가 2005년 6월 30일 「자원봉사활동기본법」이 재정되었다. 자원봉사센터는 「자원봉사활동기본법」 제19조에 의하여 중앙, 시·도, 시·군·구 단위에 설치·운영되고 있다. 2002년에 전국 248개 지방자치단체에 설치가 완료되었으며, 운영방식은 직영 또는 비영리법인에 위탁하거나 법인형태로 시·군·구 직영이 가능하다. 한편, 2011년부터는 전국중앙자원봉사센터에서 자원봉사통합 포털(www.1365.go.kr)을 개설하여 사회복지봉사활동인

증시스템(VMS: Volunteer Management System)을 비롯한 공공부문과 민간부문의 자원봉사활동을 연계하여 자원봉사실적 시간인증제를 실시하고 있다.

3. 법적 근거

1) 안전행정부지침

전국 248개 지방자치단체에 안전행정부 지침에 따라 1996년부터 2002년까지 설치되었으며, '2010자원봉사센터 역량강화 지침'을 수립해 범국민적인 자원봉사의 붐 조성과 자원봉사센터의 활성화를 위해 마련되었다.

2) 「자원봉사활동기본법」 제20조

「자원봉사활동기본법」 제19조(자원봉사센터의 설치 및 운영)

① 국가기관 및 지방자치단체는 자원봉사센터를 설치할 수 있다. 이 경우 자원봉사센터를 법인으로 하여 운영하거나 비영리 법인에게 위탁하여 운영하여야 한다.

② 자원봉사활동을 효율적으로 추진하기 위하여 필요하다고 인정할 때에는 국가기관 및 지방자치단체가 운영할 수 있다.

③ 국가는 자원봉사센터의 설치 · 운영이 활성화될 수 있도록 적극 노력해야 하며, 지방자치단체는 자원봉사센터의 운영에 필요한 경비를 지원할 수 있다.

④ 자원봉사센터 장의 자격요건과 자원봉사센터의 조직 및 운영 등에 관하여 필요한 사항은 대통령령으로 정한다.

4. 사업내용과 범위

지역센터 간 정보교류 협력사업, 자원봉사관련 정책개발사업, 지원봉사활동에 관한 조사연구사업, 자원봉사활동 계몽 및 홍보사업, 국제협력 및 교류사업, 자원봉사자 및 센터 종사자의 자질향상사업, 기타 목적달성에 필요한 사업 및 수익사업 등이다.

「자원봉사활동기본법」 제7조(자원봉사활동의 범위)의 법 적용을 받는 자원봉사활동의 범위는 다음과 같다.

- 사회복지 및 보건증진에 관한 활동
- 지역사회개발 · 발전에 관한 활동
- 환경보전 및 자연보호에 관한 활동
- 사회적 취약계층의 권익증진 및 청소년의 육성보호에 관한 활동
- 교육 및 상담에 관한 활동
- 인권옹호 및 평화구현에 관한 활동
- 범죄예방 및 선도에 관한 활동
- 교통 및 기초질서 계도에 관한 활동
- 재난관리 및 재해구호에 관한 활동
- 문화 · 관광 · 예술 및 체육진흥에 관한 활동
- 부패방지 및 소비자보호에 관한 활동
- 공명선거에 관한 활동
- 국제협력 및 해외봉사활동
- 공공행정 분야 사무지원에 관한 활동
- 그 밖에 공익사업의 수행 또는 주민복리의 증진에 필요한 활동

5. 자원봉사센터의 역할과 기능

1) 역할

(1) 중앙자원봉사센터

- 특별시 · 광역시 · 도 및 시 · 군 · 자치구 자원봉사센터에 대한 지원
- 특별시 · 광역시 · 도와 시 · 군 · 자치구의 자원봉사센터 관리자에 대한 교육훈련
- 지역 자원봉사와 관련한 프로그램의 개발, 보급 및 조사 · 연구
- 지역 자원봉사센터 및 자원봉사단체 등과 협력 및 정보교류
- 자원봉사 정책지원 및 협조
- 자원봉사 통합 포털시스템 홈페이지(www.1365.go.kr) 운영
- 그 밖에 국가의 자원봉사 진흥에 기여할 수 있는 사업

(2) 광역자원봉사센터의 역할(특별시 · 광역시 · 도)

- 특별시 · 광역시 · 도 지역의 기관 · 단체들과의 상시 협력체계 구축
- 자원봉사 관리자 및 지도자 교육훈련
- 자원봉사 프로그램의 개발 및 보급
- 자원봉사 조사 및 연구
- 자원봉사 정보자료실 운영
- 시 · 군 · 자치구 자원봉사센터 간의 정보 및 사업의 협력 · 조정 · 지원
- 그 밖의 특별시 · 광역시 · 도 지역의 자원봉사 진흥에 기여할 수 있는 사업

(3) 기초자원봉사센터의 역할(시 · 군 · 자치구)

- 시 · 군 · 자치구 지역의 기관 · 단체들과의 상시 협력체계 구축
- 자원봉사자의 모집 및 교육 · 홍보

- 자원봉사 수요기관 및 단체에 자원봉사자 배치
- 자원봉사 프로그램의 개발 · 보급 및 시범운영
- 자원봉사관련 정보수집 및 제공
- 그 밖에 시 · 군 · 자치구 지역의 자원봉사 진흥에 기여할 수 있는 사업

2) 기능

자원봉사센터는 지역사회 주민들로 하여금 자원봉사활동에 적극적으로 참여하도록 하는 곳으로 모집기능, 배치기능, 교육 · 훈련기능, 프로그램 개발기능, 홍보 및 정보제공기능, 인정과 보상기능, 기록 · 등록기능 등을 담당하며 세부적인 내용을 살펴보면 다음과 같다.

(1) 수급조정기능

자원봉사활동을 희망하는 사람, 단체 등에게 활동을 소개하고 또한 자원봉사자가 도와주었으면 하는 사람, 시설, 단체 등에게 자원봉사자를 소개하는 일이다.

(2) 기록 · 등록기능

원활한 수급조정을 위하여 자원봉사자나 자원봉사활동 집단의 희망이나 활동에 관한 내용 등을 파악하고 해결방법과 원조방법을 검토하는 기능이다.

(3) 지원기능

자원봉사활동 과정에서 생기는 고민의 상담, 기계나 자료의 대여, 정보제공 등의 다양한 지원을 하는 기능이다.

(4) 양성 · 연수기능

자원봉사자의 의식과 인간성을 높이고 기술을 연마할 수 있도록 하는 기능이다.

(5) 홍보 · 개발기능

자원봉사자의 활동을 확인 · 정리하고, 자원봉사활동의 방향성을 제시하고 보다 많은 사람들에게 자원봉사활동을 이해시키기 위한 기능이다.

(6) 네트워크화 기능

수급조정을 하는 가운데에서 파악한 욕구에 대하여 필요한 자원봉사활동을 선구적으로 만들어 내어 육성하고, 지역단위의 자원봉사활동을 네트워크화 해 가는 기능이다.

(7) 조사 · 연구기능

알려지지 않은 욕구나 자원봉사활동을 하려는 인재를 발굴하고, 활동내용을 발전시키는 기능이다.

6. 발전방향

첫째, 관 주도의 자원봉사센터 운영에서 탈피하여 민간이 주최로 자원봉사 운동을 확산해 나가야 한다. 지금 우리나라의 대표적인 자원봉사센터인 지역단위 자원봉사센터는 설립 주체가 정부인 '관립 자원봉사센터'이다. 다만 운영 방식이 직영과 민간위탁으로 나뉘어져 있을 뿐이므로, 이것이 현재도 문제인 동시에 미래의 자원봉사 문화 정착에 커다란 장애요소로 등장하게 될 것이다. 민간차원에서 다양한 자원봉사센터들이 설립되어 다원화되는 것이 민간 자주

정신에 입각하여 지역사회의 문제와 욕구에 대응하기 위해서 자발적인 참여를 유도할 수 있기 때문이다.

둘째, 현재 진행되고 있는 '민간위탁'의 문제가 개선되어야 한다. 민관파트너십을 매개해 나가야 할 자원봉사센터가 관의 과도한 관여로 주민들의 자원봉사의 자주성은 물론, 자원봉사의 가치를 훼손하고 있다. 즉, 정치적 중립 없이 지방자치단체장 선거만 끝나면 선거참모의 정실 인사 코스로 자원봉사센터에 배치하는 현실에서, 전문성 축적을 해치는 문제로 이것은 정부 정책과도 밀접한 관련이 있으므로 제도의 개선이 시급하다.

5 지역자활센터

1. 정의

자활센터는 저소득층의 자립자활을 지원하는 기관으로 국민기초생활보장제도에 의해 보건복지부가 지정하며, 생산과 협동, 나눔의 이념과 정신을 기반으로 인간의 가치가 우선하는 생산적이고 창의적인 사회를 만드는 것을 목적으로 한다. 이를 위해서 국민기초생활보장수급자 및 빈민지역의 주민들이 일정한 공간에서 공동으로 작업을 하여 소득을 얻거나 자영창업을 할 수 있도록 종합적으로 지원하는 사회적 인큐베이터(social incubator center) 역할을 하는 곳이다.

2. 발전과정

1990년대 초반부터 도시빈민 거주지역을 중심으로 종교단체가 중심이 되어 자활관련 활동이 시작되었고 1995년 3월에 한국보건사회연구원이 '저소득층의 실태변화와 정책과제'로 자활지원센터의 필요성을 제기하였으며, '국민복지

기획단' 이 주체가 되어 설치를 건의하였다. 추진 연혁을 살펴보면, 1996년 6월에 자활지원센터가 시범사업으로 출범(대구 북구 자활지원센터 등 시범 5개소)하였고, 1999년까지 자활후견센터가 총 18개소로 늘어났다. 2000년 10월에는 「국민기초생활보장법」에 근거하여 자활후견기관으로 명칭을 변경했으며, 2001년 4월에 사단법인 자활후견기관협회가 설립되었다. 2004년에는 전국적으로 총 234개소의 자활후견기관이 설립되었다. 2007년에는 '지역자활센터'로 명칭을 변경하였으며, 2012년 6월 기준으로 전국에 총 250개소의 지역자활센터가 운영 중이다.

3. 법적 근거

「국민기초생활보장법」 제7조의 급여의 종류 7항에 자활급여가 명시되어 있으며, 제15조에 자활급여는 수급자의 자활을 돕기 위한 급여에 대해서 다음과 같이 제시하고 있다.

- 자활에 필요한 금품의 지급 또는 대여
- 자활에 필요한 근로능력의 향상 및 기능습득의 지원
- 취업알선 등 정보의 제공
- 자활을 위한 근로기회의 제공
- 자활에 필요한 시설 및 장비의 대여
- 창업교육, 기능훈련 및 기술 · 경영지도 등 창업지원
- 자활에 필요한 자산형성 지원
- 그 밖에 대통령령으로 정하는 자활을 위한 각종 지원

자활급여는 관련 공공기관, 비영리법인 · 시설과 그 밖에 대통령령으로 정하는 기관에 위탁하여 실시할 수 있다. 이 경우 그에 드는 비용은 보장기관이 부담한다.

4. 기능과 역할

자활사업을 추진하는 추진체계에는 보건복지부, 시·도 및 시·군·구, 읍·면·동, 중앙·광역·지역자활센터, 노동부, 고용안정센터 등이 있는데, 자활사업 추진체계별 기능과 역할은 표 12-4와 같다.

표 12-4 자활사업 추진체계별 기능과 역할

구분	기능·역할	비고
보건복지부	• 국민기초생활보장제도 총괄 • 종합자활지원계획 수립(매년 12월) • 자활프로그램 개발·추진 • 지역자활센터 지정·관리	자활정책·사업 총괄관리
시·도, 시·군·구	• 지역자활지원계획수립(매년 1,2월) • 자활기금 설치·운영 • 급여실시 여부 및 내용결정, 지급 • 자활기관협의체 운영 • 조건부수급자 책정 및 생계급여중지여부 결정 • 참여자자활지원계획 수립·관리	자활사업 총괄시행
읍·면·동	• 조건부수급자 확인조사(자산조사 제외)	조건부수급자 관리
중앙·광역· 지역자활센터	• 중앙자활센터 - 자활지원을 위한 조사·연구·교육 및 홍보사업 - 자활지원을 위한 사업개발 및 평가 • 광역자활센터 - 광역단위의 저소득층에 대한 취업·창업지원 - 지역특성화 자활프로그램 개발·보급 • 지역자활센터 - 자활의욕 고취를 위한 교육, 참여자 사례관리 - 자활을 위한 정보제공·상담·직업교육 및 취업알선 - 기타 자활을 위한 각종 사업 등	자활사업 수행
고용노동부	• 종합취업지원계획 수립(매년 12월) • 취업지원프로그램 개발·추진	취업대상자 총괄관리
고용센터	• 개인별 취업지원계획 수립·관리 • 취업알선 등 취업지원프로그램 시행 • 취업대상자의 조건이행여부 확인	취업지원시행

출처: 사회복지교육연구센터(2013: 289).

5. 자활센터사업

자활센터의 사업내용은 다음과 같다(고수현, 2012: 335-337; 사회복지교육연구센터, 2013: 289-294).

자활사업은 2000년 10월부터 시행된 「국민기초생활보장법」상 근로능력이 있는 저소득층에게 자활할 수 있도록 일자리제공 및 자활능력을 배양하려는 사업이다. 즉, 절대빈곤층의 기초생활을 보장하는 한편 자립생활서비스를 제공하여 생산적 복지구현에 목적이 있다. 이 제도의 주요 목적은 근로능력이 있는 조건부 수급자들에게 자활사업에 참여하는 조건으로 생계비를 받도록 하는 데 있다.

자활사업은 「국민기초생활보장법」에 의거해서 운영되는 노동연계복지정책이므로 1차적인 참여 대상은 조건부수급자이다. 즉, 조건부수급자는 이미 취업상태에 있는 자와 가구여건 등으로 일할 수 없는 자를 제외하고는 의무적으로 자활사업에 참여해야 한다. 그리고 자활급여특례자와 일반수급자, 그리고 차상위 계층의 참여도 가능하다. 따라서 자활급여대상자는 조건부수급자, 자활급여특례자, 일반수급자, 차상위계층 등 4가지 유형이 있으며, 이 중에서 일반 수급자와 차상위계층 중에서 자활사업에 참여를 희망하는 자와 자활급여특례자는 희망 참여자에 해당한다. 특히 조건부수급자의 경우, 의무참여대상으로 자활사업에 참여하지 않으면 생계비 지급이 중단된다.

자활사업 참여 대상자를 좀 더 자세하게 살펴보면 다음과 같다.

① 조건부수급자: 근로능력이 있는 수급자 중 자활사업 참여를 조건으로 생계급여를 지급받는 수급자이며, 조건으로 제시된 자활사업에 참여하지 않으면 생계급여가 중지된다.

② 자활급여특례자: 수급자가 자활근로, 자활공동체, 자활취업촉진사업 등 자활사업에 참가하여 발생한 소득으로 소득인정액이 산정기준을 초과한 자

③ 일반수급자: 조건부수급자가 아닌 수급자

④ 차상위계층: 소득인정액이 최저생계비 120% 이하인 자

1) 자활사례관리

(1) 진입

자활사업 참여자의 욕구, 적성, 능력, 여건에 따라 개인별 맞춤형 자립계획 및 경로제공과 적절한 자활프로그램 연계로 효과적인 자립을 지원하는 경로설정 프로그램을 말한다.

(2) 자활사례관리

참여자에게 근로기회 제공, 취업알선 등 자활프로그램 지원을 비롯하여 참여자의 자활프로그램 수행 점검 및 사후평가 등 지역자활센터에서 자활참여자의 자립을 위해 수행하는 과정을 말한다.

2) 자활기업

수급자나 저소득층이 상호 협력하여 조합 또는 공동사업자 형태로 탈빈곤을 위한 자활사업을 운영하는 업체로, 「국민기초생활보장법」에 의한 자활기업 요건을 갖추고 보장기관으로부터 인정을 받은 인정자활기업을 말한다.

(1) 자활기업의 성립요건

자활기업 구성원 중 기초생활보장 수급자가 1/3 이상이어야 하지만, 기존 자활기업에 참여하던 수급자가 전·출입 등 변경요인에 의해 감소한 경우는 1/5까지 인정한다. 조합 또는 「부가가치세법」상 1인 이상의 사업자로도 설립이 가능하며, 1인이 창업한 경우는 개인창업으로 관리한다. 모든 구성원에 대해 월 70만 원 이상의 수익금 배분이 가능해야 하고, 자활근로사업단의 자활기업 전환 시 사업의 동일성을 유지해야 한다. 자활기업 근로일수가 조건이행 기준을 충족해야 하는데, 주당 평균 3일 이상(1일 6시간 이상 근로 시) 근로에 종사하거나 주당 평균 4일 이상의 기간 동안 22시간 이상의 근로에 종사해야 한다.

(2) 자활기업에 대한 지원

보장기관은 인정된 자활기업의 조속한 사업안정을 위해 필요한 지원을 할 수 있으며, 지역자활센터는 자활기업의 설립을 도와야 하며, 운영과 판로개척 등 자활기업 육성에 대하여 적극적으로 지원해야 한다. 지원내용으로는 자활기업 창업지원, 자활을 위한 사업자금 융자, 국·공유지 우선 임대, 국가 및 지방자치단체가 실시하는 사업의 우선 위탁, 국가 및 지방자치단체의 조달구매 시 자활기업 생산품의 우선구매, 기초생활수급자를 채용할 경우 인건비지원, 기타 수급자의 자활촉진을 위한 각종 사업을 지원해야 한다.

3) 자활근로사업

자활근로사업은 「국민기초생활보장법」에 의한 저소득층에게 자활을 위한 근로기회를 제공, 자활기반을 조성하는 사업으로 저소득층의 자활촉진과 자활기업 창업 등을 위한 기초능력 배양에 중점을 두고 있다.

5대 전국 표준화사업(간병, 집수리, 청소, 폐자원재활용·음식물재활용사업)을 중점사업으로 추진하되, 정부재정사업의 자활사업 연계 활성화 및 영농 도시락·세차·환경정비 등 지역실정에 맞는 특화된 사업을 적극 개발하여 추진한다. 자활참여자의 자활을 촉진하고, 자활근로사업에 안주하는 것을 방지하기 위해서 자활근로 연속 참여기간을 3년으로 제한한다. 단, 하위유형(사회서비스)에서 상위유형(시장진입형, 인턴·도우미)으로 전환할 경우 5년까지 참여 가능하며, 참여기간은 1월 1일부터 계산한다.

자활근로사업은 참여자의 자활능력과 사업유형에 따라 근로유지형, 사회서비스형, 인턴·도우미형, 시장진입형 자활근로사업으로 구분한다.

6. 자활사업 지원체계

「국민기초생활보장법」 제2장의 2 제15조의 2부터 제18조에는 자활사업 지원체계를 중앙자활센터, 광역자활센터, 지역자활센터로 구분하여 명시하고 있다.

1) 지역자활센터

(1) 목적

근로능력이 있는 저소득층에게 집중적·체계적인 자활지원서비스를 제공함으로써 자활의욕 고취 및 자립능력 향상을 지원하는 데 있으며, 기초생활수급자 및 차상위계층의 자활촉진에 필요한 사업을 수행하는 핵심 인프라로서 역할을 수행하는 데 있다.

(2) 주요사업

- 자활의욕 고취를 위한 교육
- 자활을 위한 정보제공, 상담, 직업교육 및 취업알선
- 생업을 위한 자금융자 알선
- 자영창업 지원 및 기술·경영지도
- 자활기업의 설립·운영 지원
- 그 밖에 자활을 위한 각종 사업

2) 광역자활센터

(1) 목적

기초단체에서 단편적으로 추진되고 있는 자활지원체계를 광역단위의 자활사

업 인프라를 구축하여 종합적 · 효율적으로 자활사업을 추진함으로써 자활사업 효과성 제고 및 활성화를 도모하는 데 있다. 또한 '중앙－광역－지역'으로 이루어지는 효율적인 자활지원 인프라를 통한 자활사업의 내실 및 자활지원 정책의 효과적인 전달체계를 형성한다.

(2) 주요사업

- 시 · 도 단위의 자활기업 창업지원
- 시 · 도 단위의 수급자 및 차상위자에 대한 취업 · 창업 지원 및 알선
- 지역자활센터 종사자 및 참여자에 대한 교육훈련 및 지원
- 지역특화형 자활프로그램 개발 · 보급 및 사업개발 지원
- 지역자활센터 및 자활기업에 대한 기술 · 경영지도
- 그 밖에 자활촉진에 필요한 사업으로서 보건복지부장관이 정하는 사업

3) 중앙자활센터

(1) 목적

자활지원을 위한 조사연구 및 프로그램 개발 · 평가, 민간자원 연계 등의 기능수행 및 자활관련 기관 간의 협력체계 구축 등의 지원업무를 전담하여 자활사업 지원체계의 전문성 및 효과성을 제고하는 데 있다.

(2) 주요사업

- 자활지원을 위한 조사 · 연구 · 교육 및 홍보사업
- 자활지원을 위한 사업의 개발 및 평가
- 광역자활센터, 지역자활센터 및 자활기업의 기술 · 경영지도 및 평가
- 자활관련 기관 간의 협력체계 및 정보네트워크 구축 · 운영
- 취업 · 창업을 위한 자활촉진 프로그램 개발 및 지원

- 전국 단위의 자활기업 창업지원
- 광역자활센터에 대한 사업 컨설팅 및 광역단위 자활기업 관리
- 그 밖에 자활촉진에 필요한 사업으로서 보건복지부장관이 정하는 사업

7. 발전방안

자활사업의 발전방향을 제시하면 다음과 같다.

첫째, 자활사업에 대한 지역사회 주민 및 정책당국자들의 인식이 개선되어야 한다. 즉, 자활사업을 단순히 저소득 빈곤층의 일자리 만들기 사업으로 보는 인식이 자활사업을 어렵게 만드는 요인 중에 하나라고 볼 수 있다.

둘째, 민간위탁 기능사업을 자활근로사업단과 자활공동체에 우선 위탁해 줘야 한다. 자활근로는 시장형 혹은 공익형을 불문하고 자활사업이 원활하게 추진되려면, 지방자치단체의 역할이 중요하다. 시장형의 경우, 사업 초기에 최소한의 수익구조를 확보하고 이를 토대로 시장을 개척하는 것이 사업의 원활한 발전에 중요하며, 공익형의 경우에도 지역에 유용한 사회적 서비스로서 검증을 받기 위해서는 일정 기간 동안 안정된 사업대상을 확보할 필요가 있다. 이와 관련하여 청소사업, 화장실관리사업, 도시락사업, 주차장관리사업, 재활용사업, 녹지공원관리사업 등 다양한 항목이 제시될 수 있는데, 이런 사업들은 지방자치단체의 의지와 협조가 있다면 자활사업으로 곧바로 시행이 가능하다.

셋째, 자활근로사업단 및 자활공동체에 대한 지원을 강화해야 한다. 자활사업에 필요한 경우 지방자치단체는 국·공유지의 무상임대, 국가 및 지방자치단체 실시사업의 우선위탁, 자활상품의 우선구매 등의 지원을 할 수 있다. 현재 자활사업이 초기 투자가 적은 단순용역사업으로 추진되는 경우가 많은 것도 이런 현실과 무관하지 않다. 따라서 사업계획이 좋은 경우에 이를 실현하는 데 필요한 지원이 이뤄지도록 자활후견기관 등 자활사업 시행 주체와 지방자치단체가 함께 긴밀하게 협력할 필요가 있다.

넷째, 다양한 경로에 따른 지원방안이 마련되어야 한다. 향후 자활공동체에 대한 지원에 있어서 규모화되고 사회적 기업을 지향하는 공동체, 소규모로 시

장을 지향하는 공동체, 기타의 새로운 경로를 지향하는 공동체 등으로 다양화하고 다양한 경로에 따라 특화된 지원방안을 마련해야 한다.

다섯째, 자활사업에 필요한 통합적인 사업기반이 구축되어야 한다. 근로능력이 있는 인력을 발굴하고 이들을 지원하기 위한 고용안전센터나 자활사업단, 혹은 자활공동체의 사무실과 매장, 보육을 지원하는 탁아방 등 복지서비스가 갖춰져야 여성 저소득층의 자활사업이 실효를 거둘 수 있다.

이외에도 수급자 중심의 자활프로그램 개발과 교육 · 문화사업 · 취업상담 · 직업안내 등을 위한 전문인력 배치와 종사자 인원의 현실화, 정부의 예산확보와 인프라의 구축, 지역사회의 공공 · 민간자원 확보를 위한 자활네트워크의 구축 등이 요구된다.

앞에서 다양한 지역사회복지 추진체계들에 관해서 살펴보았다. 결론적으로 사회복지추진체계의 활성화가 필요하다. 지방자치제 실시에 있어서 사회복지사업은 주로 정부의 역할에 크게 의존해 왔으며, 정부지원에 의한 위탁사업이 강했던 과거와는 달리 오늘날 사회복지사업에 있어서 민간의 역할이 매우 중요시되고 있다. 그러나 주민 스스로 자주적이고 조직적인 민간의 자원 동원과 역할 등은 거의 이루어지지 못하고 있는 실정이다. 따라서 민간 부분의 사회복지 효율성을 높이고 통합적이며, 전문적인 서비스가 제공될 수 있는 체계를 갖추어야 할 중요한 시점에 놓여 있다.

앞으로는 특히 민간 사회복지기관들의 연계 · 협력체계를 강화하여 민간부문 복지총량의 극대화를 이룸으로써 기존의 복지자원의 영세성으로 인한 한계성을 극복할 수 있어야 한다. 이를 위해 민간복지체계는 민간복지기관 및 시설, 자원봉사자, 민간복지 재정이 적극적으로 동원되고 상호보완되면서 활성화되어야 한다.

이를 위해서는 사회복지협의회를 중심으로 협의 · 조정기구를 강화하고, 자원봉사센터와 공동모금기구가 효과적으로 연계될 필요성이 있다. 그렇기 때문에 지방자치하에서 지역사회복지 기관들의 효과적인 서비스를 지원할 수 있도록 연락, 협의, 조정 및 자원을 개발하고 지역사회복지 활동에 주민의 참여를 촉진하여 우리나라 사회복지의 향상과 발전을 도모하는 중간집단인 사회복지 협의회의 역할은 매우 중요하다.

연습문제

1 지역사회복지 추진체계 각각의 현황분석 및 발전과제를 구체적으로 모색해 보자(5~7명씩 소집단으로 나눠 진행).

2 교재에서 다루지 못한 지역사회복지 추진체계를 선정하여 설립취지와 발전과정, 기능과 역할 및 발전방안 등을 살펴보자.
- 예: 재가복지센터, 방문요양센터, 사회복지사협회, 지방복지재단, 주민자치위원회 및 기타 사회복지활동과 관련된 민간복지단체 등.
- 지역 내의 시민들이 주축이 된 사회운동단체 가운데 한두 단체를 선정하여 주요 사업내용을 조사하고 지역사회 시민의식 향상이나 복지증진에 미치는 영향력을 알아보자.

CHAPTER 13

지역사회복지운동의 이해

지역사회복지운동은 지역 주민들의 주체성과 역량을 강화하고 지역사회의 변화를 주도하는 조직운동이다. 지역사회복지운동을 이해하기 위해서는 사회복지운동의 맥락에서, 사회복지운동은 사회운동의 맥락에서 살펴보아야 할 것이다. 1990년대 이후부터 정부 및 민간단체의 인식전환으로 지역사회복지운동이 활발히 전개되고 있는 추세이다. 이 장에서는 지역사회복지운동의 개념과 역사적인 흐름, 지역사회복지운동의 유형과 사례 및 과제에 대해서 살펴보고자 한다.

1 지역사회복지운동의 이해

사회복지운동은 '사회운동'의 한 부분이며, 지역사회복지운동은 '사회복지운동'의 추진 단위를 지역사회로 특정화한 개념이다. 따라서 지역사회복지운동을 다루기 위해서는 사회운동과 사회복지운동의 개념을 이해할 필요가 있다. 따라서 이 절에서는 먼저 사회운동과 사회복지운동의 개념을 다룬 다음에 지역사회복지운동에 관해서 살펴보고자 한다.

1. 사회운동 및 사회복지운동의 이해

1) 사회운동의 이해

Davis는 사회운동은 사회생활의 불만족스러운 조건에 대한 개인과 집단의 반응이라고 하였다. 사회에 정신적·사회적 분열을 일으키는 부적응이 존재한다면, 운동은 조화로운 상태를 만들기 위한 시도로서 발전한다고 하였다. 또한 사회운동은 사회나 어떤 집단의 변화를 가져오거나, 혹은 변화에 저항하기 위해 상당한 지속성을 갖고 비교적 조직적·체계적으로 이루어지는 다중(多衆)에 의한 운동이라고 하였다(조돈문, 1995: 10).

사회과학에서 말하는 사회운동의 개념은 사람들의 집합체가 자신들의 내적 역량을 갖출 경우, 그리고 자신들에게 불리하거나 불합리한 사회적 조건으로 제도·정책·구조 등이 존재할 때, 능동적·주체적으로, 또한 관련 집단이나 계층의 일부 또는 전체가 운동에 참여하여 사회운동을 전개하는 것으로 이해할 수 있다. 결국 사회운동은 사회생활의 불만족스러운 조건이나 문제에 대한 해결, 예방 등과 관련된 개인적·집단적 반응으로서의 활동이라고 할 수 있다.

국가가 사회복지의 생산과 전달에 점점 더 넓고 깊게 관여하면 할수록 그 제도와 기구 및 절차는 점점 더 중앙집권화되고 전문화·관료화된다. 이런 경향에 대응하여 오늘날의 사회운동은 반관료적이고 대중적이며, 소수집단의 이익을 대변하는 성격을 가진 운동으로 변화하고 있는데, 이런 사회운동의 경향을 '신사회운동(New Social Movement)' 또는 '새로운 사회운동'으로 부르고 있다. 구사회운동이 기존의 민중운동, 노동운동, 계급운동, 지역사회운동, 재야운동 등의 개념을 포괄하는 개념으로 사용된다면, 구사회운동과 신사회운동의 차이점은 표 13-1과 같다(감정기 외, 355-366).

표 13-1 구사회운동과 신사회운동 비교

구분	구사회운동	신사회운동
성 격	구조적 문제분석에서 출발	생활문제에서 출발
기 조	경제 · 사회 · 국가 · 군사적 안정	생활의 질, 평등, 개인적 자아실현, 참여, 인간적 권리에 기초
활동내용	경제적 불평등과 정치적 억압탈피를 위한 구조개혁과 근본적인 사회 전체의 민주화 추구, 민중의 정치세력화 시도	정치 목적보다 시민사회 내적 목표, 즉 부정부패 추방, 촌지 없애기, 의식개혁, 생활공동체운동 지향, 점진적 제도개선
영 역	생산영역(생산현장)	소비영역(생활현장)
계급성	계급운동	범(탈)계급적 운동
부 문	노동 · 농민운동	환경, 반핵, 인권, 소비자여성운동, 전문직업인 운동, 지역 주민운동, 청년운동
주 체	노동자 · 농민 · 빈민 등 경제적 이해관계와 관련된 직접적 피해당사자 중심	지식인 · 화이트칼라 · 자영업자 등 중간계층이나 학생, 주부, 노인 등의 노동시장, 주변층, 청년세대 중심
문제해결 방식	파업, 시위, 농성(급진적 운동방식)	캠페인, 국민홍보, 강연회 (온건하고 합법적 운동방식)

출처: 대구사회연구소(1995: 289).

서구사회에서 사회복지 변천의 역사는 자본주의 역사와 맥락을 같이하고 있으며, 우리나라의 경우에는 1990년대 초반부터 노동운동이 사회복지문제에 관심을 갖기 시작했다. 우리나라 사회복지의 발전은 '민중운동', 즉 시민운동, 노동운동, 농민운동, 여성운동, 빈민운동에 의해서 발전되고 강화되어 왔다. 따라서 우리나라의 사회복지운동은 민중운동, 노동운동과 같은 구사회운동의 성격을 지닌 운동부터 신사회운동의 형태를 띤 것에 이르기까지 다양한 성격과 스펙트럼을 지닌 운동으로 존재한다.

사회운동의 특징을 간략하게 정리하면 다음과 같다(권해수, 1992: 8).

첫째, 간접적 대표방식이 아닌 직접적 집합행동이다. 둘째, 일차적으로 억압적 반응을 회피하기 위해 폭력사용을 자제한다. 셋째, 표출적이다. 넷째, 다른 집단이나 정치적 엘리트, 혹은 국가의 이해관계에 부담지우는 주장을 내포한다. 다섯째, 비제도권적인 행동노선을 취하지만 목표나 전술 등을 전략적으로 선택한다.

2) 사회복지운동의 이해

사회복지운동이란 자본주의사회에서 사회변동으로 발생하는 각종의 사회문제 중에서 생활문제 혹은 인간다운 생활의 확보와 관련된 제반 문제를 해결하고 예방함은 물론, 그 근본적인 구조적·환경적 여건을 변화시키려는 노력과 활동이라 할 수 있다(현외성, 2006).

우리나라의 사회복지운동이 사회운동의 한 부문에 속한다고 볼 때, 사회복지운동은 사회복지의 발전을 목표로 하는 일종의 사회운동으로서 그 영역과 범주에 따라서 다양한 형태로 존재한다.

주체를 중심으로 보면, 시민운동, 노동운동, 주민운동, 도시빈민운동뿐만 아니라 사회복지종사자 운동이나 복지당사자들의 운동을 포괄한다. 다양한 주체에 의한 사회복지운동은 국가의 복지활동을 촉구하는 역할, 빈자(貧者)와 시민대중을 위한 대변자 역할, 정책과 행정에 대한 참여자, 감시자의 역할, 민간의 복지활동 영역을 확장하는 역할을 수행함으로써 궁극적으로 사회복지 증진에 기여할 수 있게 된다.

우리나라에서 사회복지운동이 갖는 특성은 다음과 같다(감정기 외, 2007: 359-363).

첫째, 1980년 후반 정치적 민주화와 함께 본격적으로 발전하기 시작하였으며, 1990년대의 지구화 진전 및 그로 인한 제반 사회모순들인 비정규직과 신빈곤 등의 증가와 더불어 성장하였다. 1997년 말 외환위기 발발은 복지운동의 증폭에 중요한 계기가 되었다.

둘째, 사회복지운동의 주체가 다양하게 발전하였다. 농민운동은 1980년대 후반 의료보험시정운동을 통해 사회복지운동 촉발에 기여했고, 민주노총을 중심으로 하는 노동운동은 1990년대를 지나면서 운동의 주력으로 부각되었다. 시민운동은 1990년대 중반 이후 중요한 역할을 담당하게 되었다. 참여연대와 같은 전국적 차원의 시민운동은 공공부조나 국민연금, 의료보험 등 전국적 차원의 제도개혁 이슈들을 다루면서 중심적 역할을 하였고, 지역운동 차원의 복지운동들도 활발하게 전개되고 있다. 1990년대 중반 이후 본격화된 시민운동과 노동운동의 결합은 사회복지 전문성과 대중적 운동역량의 결합을 통해 복지운동의 핵심동력을 형성한 것으로 평가할 수 있다.

셋째, 사회복지 분야별로 전개된 운동은 명확히 구분되는 것은 아니지만, 관심분야를 중심으로 전개되었다.

넷째, 운동의 전략과 전술이 다양하게 전개되었다. 제도개선을 위한 청원과 로비, 집회 · 시위 · 서명 등 다양한 사회행동 전술이 활용되고 있다. 특기할 만한 것은 공익소송과 같은 사법적 영역에서의 입법옹호활동이 전개되기 시작했다는 점이다. 운동 전략과 관련된 또 다른 발전은, 선거 국면을 활용하는 방식이 보편화되었다는 점을 들 수 있다. 2000년 총선시민연대의 낙천 · 낙선운동 성공 이후, 사회복지영역에서도 각 지역 및 분야별로 총선과 대선, 그리고 지방선거 등의 기회에 후보자 초청토론회, 공약발굴 및 채택운동 등이 조직적으로 전개되고 있다.

다섯째, 사회복지운동단체들이 정부와의 관계를 형성하는 방식이 다양하게 전개되고 있다. 노동운동과 일부 시민운동은 대결과 견제, 협상전략을 견지하고 있는데, 정부의 각종 위원회에 참여하는 등 협력관계를 유지하고 있지만, 보다 대등한 협상력을 개발할 필요가 있다.

여섯째, 운동단체들이 힘을 집결하기 위해 연대운동을 전개하는 것이 일반화되어 있다. 연대운동을 통해 사회적 공신력이 배가되는 등 여러 가지 효과를 기대할 수 있지만, 실제 수많은 단체들을 연결하고 효과적으로 동원하는 일은 쉬운 일이 아니어서 형식적 연대운동으로 전락하는 경우도 적지 않다.

일곱째, 그동안 복지운동의 주류를 형성한 것은 사회복지제도 도입 및 도입된 제도의 개혁을 위한 운동들이다. 이는 실용적 성격이 강한 사회복지분야의 운동에서 불가피한 현상이지만, 그 반대급부로 이념 지향적 운동이 빈곤하였다는 점을 지적하지 않을 수 없다. 즉, 사회복지운동이 어떠한 사회체계나 복지모형을 추구해야 하는 것인지를 고민하기보다는 당면한 제도적 문제의 해결에 급급해 왔다는 것이다.

2. 지역사회복지운동의 개념

지역사회복지운동은 사회구성원의 삶의 질을 높이기 위한 목적의식적이고 조직적인 집합적 활동이며, 사회복지 수요자뿐만 아니라 사회복지 실무자나 전문가, 넓게는 지역사회 주민들이 주체적인 참여와 행동을 통해서 사회복지의 목표 달성을 위해 의도적으로 추진해 가는 지역사회복지실천이라 할 수 있다.

지역사회복지운동에는 지역사회가 당면한 문제를 해결하거나 예방하려는 복지운동도 있으나 문제를 발생시키는 구조를 변화시키려는 노력 그리고 변화를 가져오기 위한 주민들의 인식 · 태도 · 지식을 증진시키기 위한 활동 등을 포함하는 개념이다.

사회복지운동이 지역사회를 준거로 해서 전개되는 데에는 사회복지와 관련하여 지역사회가 가진 몇 가지 특별한 의미를 가지고 있다는 전제에서 출발하는데, 그 내용은 다음과 같다(현외성, 2006: 305).

첫째, 지역사회는 시민들이 함께 살아가는 물리적 현장이면서 생활공동체로서 생활에 직접 · 간접적으로 영향을 미치는 실체이다.

둘째, 지역사회는 각종 사회복지 문제를 위시하여 다양한 생활문제가 실제로 발생하며 공동으로 그 해결과 예방을 위해 노력해야 하는 실체이다.

셋째, 정치 · 행정적으로 지방화의 진전과 주민들의 의식고양 및 민주주의 발달로 말미암아 지역사회를 구체적 단위로 하여 생활문제와 관련된 복지정책과 프로그램을 계획하고 실행하는 것이 일상화되고 있다.

바로 이러한 점에서 지역사회복지운동은 사회복지운동의 한 영역으로서 중요한 위치를 차지하고 있을 뿐만 아니라 향후 더욱 중요해질 것으로 전망된다.

3. 지역사회복지운동의 필요성

지역사회복지운동의 필요성은 다음과 같다(이영철, 2003: 110-112).

1) 사회복지정책 결정에의 영향

문제나 요구가 이슈화되어 국민들의 관심을 끌거나 정책입안자들의 관심을 끌게 되는 과정으로 사회복지운동 참여자, 즉 전문가 또는 운동가, 클라이언트들은 이러한 이슈화과정에 참여함으로써 새로운 문제를 정의하고 정책대안 형성에 영향을 미칠 수 있다.

2) 지역사회조직의 활성화

생활현장에 뿌리를 두고 있는 기존 조직들을 활용함으로써 지역사회조직을 활성화할 수 있다. 이는 지역 주민들을 동원하는 가장 빠른 방법들 중 하나이다.

3) 주민의 권리의식 제고

국가나 공공단체에 의한 개인의 권리에 대한 침해나 방해에는 강력하게 항의하고, 시민의 실질적인 권리를 확보하기 위해서는 개인 차원은 물론 집단차원의 노력이 필요하다. 이를 통해 지역 주민들에게 권리의식의 확산을 도모할 수 있다.

4. 지역사회복지운동의 의의

지역사회복지실천으로서 지역사회복지운동이 지닌 의의에 대해 살펴보면 다음과 같다(오정수, 2006: 302).

첫째, 지역사회복지운동은 지역사회의 문제해결 주체로서 지역사회의 역할을 강조하고 지역공동체성을 함양시킴으로써 지역사회의 역량을 강화시키는 데 있으며, 지역사회 주민의 의식화와 주체적인 참여확대 그리고 지역사회 주민 간 연대의식을 높이는 지역사회의 민주적 실천과정을 의미한다.

둘째, 지역사회복지운동은 주민참여의 활성화에 의해 복지권리의식과 시민의식을 배양하는 사회권 확립운동이다. 지역사회복지운동이 추구하는 목표는 지역사회주민의 복지권리를 확립하고 시민의식을 고취시킴으로써 지역사회 통합을 추진하는 데 있으며, 특히 사회적 약자의 생존권 보장에 초점을 두고 있어 사회권의 확립과 밀접히 관련되어 있다.

셋째, 지역사회복지운동의 주된 관심사가 지역사회 주민의 삶의 질과 관련된 생활영역에 두고 있기 때문에 지역사회복지의 확산과 발전을 위한 생활운동으로서 의미를 가지고 있다. 지역복지운동은 지역공동체운동으로서의 속성을 지닌 것이기 때문에 단순히 복지적 욕구뿐만 아니라 지역사회 전반의 삶의 질을 높이는 생활운동이며, 주민운동이라 할 수 있다.

넷째, 지역사회복지운동은 지역사회의 다양한 자원활용 및 관련조직 간의 유기적인 협력이 이루어지는 동원운동이다.

2 지역사회복지운동의 흐름

우리나라의 지역사회복지운동은 1970년대 이후 대도시의 대규모 재개발사업을 위한 강제철거에 맞선 철거민들의 주거복지운동에 뿌리를 두고 있다(이인재, 2005: 233). 도시지역의 빈민운동은 외환위기 이후 자활운동과 실업극복운동에 적극적으로 참여하면서 더욱 다양한 모습으로 확대되고 있다.

1990년대 들어 시민사회가 펼쳐지면서 각종 사회운동과 함께 사회복지운동도 점진적으로 확대, 발전되는 경향을 보이고 있다. 현재까지 사회복지운동의 이론적 경향을 보면, 주로 사례연구와 공익소송이 주류를 이루고 있고, 실천적 동향은 초기단계에는 지역단위에서 주민들의 생존권 박탈과 관련된 문제에 대해 직접적 문제해결중심의 운동에서 점차로 제도적 · 정책적 개선과 새로운 문제, 정책집행과 연관된 문제 등으로 이행하고 있다. 역사적으로 지역사회복지운동의 흐름을 살펴보면 다음과 같다.

1. 사회복지운동의 초기(1970~1980년대)

이 시기는 경제성장에 따른 과정에서 발생하는 제반 문제와 연관하여 사회복지운동이 전개되었다. 이때는 국가주도의 경제발전과 안보정책이 중시되었으므로 사회복지운동을 전개할 수 있는 상황이 되지 못하였으며, 엘리트 위주의 정책결정이 이루어졌으므로 시민과 사회복지의 대상자를 배제시켰다.

1970년대의 도시재개발사업에 따른 도시빈민들의 생존권 투쟁이나 도로 · 공단개발 · 주택단지 및 댐건설 등과 같이 농어촌지역에서 대규모개발사업과 관련하여 발생했던 주민운동, 그리고 경제발전정책을 수행하는 과정에서 부산물로 발생하는 환경보존이나 공해문제를 해결하기 위한 주민운동이 있었다. 탁아 혹은 육아문제, 아동문제가 사회복지운동의 관심으로 등장한 배경은 육아문제가 단순히 개인이나 가정문제라기보다는 지역사회 주민의 노동조건 및 생활수준과 관련된 사회문제의 일환이라는 시각에서 찾아졌다(최일섭 외, 1996: 460).

즉, 빈곤한 지역에서 육아문제는 그것 자체도 문제지만 더 나아가 빈곤가정의 노동과 경제 · 생활수준과 직결되는 문제이며, 이는 결국 사회 전체의 노동력 재생산과 삶의 질 문제와 연관된 문제로 인식되었다. 더욱이 성장 위주의 정책으로 인해서 근로자의 임금수준과 내용을 결정하는 과정은 근로자의 탁아문제에 대한 논의를 중요한 사회적 쟁점으로 부각시키기에 충분했다.

1980년대에 들어와서는 도시빈민운동이 활발하게 전개되었는데, 1970년대 이전까지는 산동네 판자촌 철거작업에 따른 자발적이고 일시적인 저항에 불과하였고 비조직적이었다. 그러나 1983년에서 1985년 사이에 목동공영개발에 따른 철거반대운동은 도시빈민의 최초의 조직적·계획적 생존권 투쟁으로서 가옥주와 세입자가 연합하는 형태를 보여 주었고, 이를 통해 최초의 철거세입자대책인 임대아파트 입주권이 등장하는 결과를 가져왔다. 이후 공영개발과 세입자대책이 결여된 합동재개발사업이 전개되면서, 빈민운동은 지역별 투쟁과 더불어 연대와 조직화를 모색하게 되었다. 1980년대 말, 철거민을 포함한 도시빈민운동과 연관된 지역사회 탁아소연합회의 활동은 「영유아보육법」의 제정과정에서 지속적으로 사회운동을 전개하였다.

2. 사회복지운동의 발전기(1990년대~현재)

1988년도에 제6공화국이 출범하면서 복지국가의 실현이라는 국정지표와 함께 성장정책에서 부산물로 나타났던 계층 간의 불평등으로 인하여 빈곤을 위시한 사회복지부문에 복지재정이 증대할 것으로 기대되었다. 그러나 기대와는 달리, 1991년에 차기연도의 당초 정부의 복지예산 확정과정에서 오히려 삭감안이 보도되어, 한국 사회복지대학협의회·한국 사회복지학회·한국 사회복지사협회 등의 연대로 대토론회를 개최하여, 공동선언문을 발표하고, 건의서를 제출하였다. 그리고 사회복지대학과 대학원생들도 1992년도 사회복지예산 삭감저지를 위한 공동대책위원회를 열어 토론회와 공청회 등을 개최하였다.

1994년 2월에는 서울 중림동에 사는 심창섭(88), 이금순(82) 두 노인이 한국사회복지정책학회와 이남진 변호사를 통하여 생활보호급여 수준을 중심으로 헌법재판소에 헌법소원심판청구를 제기하였다. 1994년도 당시 생계보호기준이 헌법상 보장된 행복추구권을 보장하기는커녕 인간다운 생활을 할 권리마저 침해하는 것으로서, 보건사회부의 보호급여처분이 헌법에 위배된다는 것이다. 이에 대하여 헌법재판소는 1997년 5월에 기각결정을 하였다(현외성, 2001: 504-505).

같은 해인 1994년에 대구지역에서 대구지하철 편의시설 설치를 위한 일종의 장애인복지운동이 장애인 관련단체. 사회복지학계, 학생, 장애아동학부모 모임 등이 연계하여 전개되었다. 성명서발표, 시민홍보캠페인, 시장과의 면담요청, 대중집회 등 다양한 운동을 전개하여 대구시로부터 지하철 내의 편의시설 확충 약속, 장애인에 대한 관심증대 등을 이끌어 내었다.

그리고 1995년에 대구장애인권익문제연구소 · 참길회 및 우리사회복지연구회 등이 중심이 되어, 관련 4개 단체를 합쳐 '복지연대회의'를 구성하여 1995년 지방선거에 적극적으로 관여하여 대구시장 후보들에게 정책방안을 제시하는 정책자료집 발간, 정책질의 등의 활동을 전개하였다(권대성, 1999).

한편 1995년 서울의 관악구에서도 1994년 이전에 동단위로 해 오던 빈민지역활동을 구 단위로 수렴하여 정치과정에 투입하려는 활동을 개시하였다. 과거에 빈민촌 철거문제를 해결하기 위해 노력해 오던 지역모임들이 동단위에서는 한계에 부딪힌 동시에, 그들의 문제가 구청으로 귀결되었던 한편 지방자치제도가 시행되는 과정에서 구청단위에 지방의회 의원선거와 맞물려 구청단위로 문제를 해결해야 한다는 인식을 갖게 되었다고 판단된다. 따라서 1995년 '관악주민연대'가 결성되었고, 첫 사업으로 각 동의 세입자대책위원들이 모여 관악구의회에 '재개발문제개선을 위한 주민청원'을 제출하였다. 그 후 '관악사회복지', '관악자활센터' 등이 설립되면서 지역복지운동이 활발하게 이루어지고 있다.

1996년에 대구지역에서 사회복지시설의 비리문제가 드러나 '사회복지개혁을 위한 시민연대'를 조직하여 복지시설의 열악한 근무조건, 정부지원의 비현실성 등 사회복지시설에 대한 개혁운동을 활발하게 벌였다.

지역사회를 중심으로 하는 지역복지운동은 1990년대 중반 이후에야 활성화되었다. 전국을 단위로 한 운동으로는 1994년 9월에 창립된 '참여민주사회와 인권을 위한 시민연대'(참여연대), 사회복지위원회, 경실련 사회복지위원회 등의 활동이 있고, 광역단체 운동은 경기도의 '경기복지시민연대'를 비롯하여 부산, 대구, 인천, 광주, 울산 등지에서 발견되며, 기초단위의 예로는 서울 관악구의 '관악사회복지', 그리고 경기 성남, 안산과 충남 천안, 부산, 전북 군산지역을 중심으로 한 지역별 사회복지운동단체들의 활동을 들 수 있다. 참여연대의 사회복지위원회처럼 포괄적 시민운동의 일환으로 사회복지운동을 전개하는 형태이면서 몇 개의 기초자치단체를 아우르는 독특한 예로, '마창진참여자치시민연대'(경남의 마산, 창원, 진해시의 첫 글자를 조합한 것임)의 사회복지위원회 활동도 있다(감정기 외, 2007: 367).

1990년대 이후 지역복지운동단체들의 설립배경은 지역 주민운동에서 생활영역의 중요성 인식에 있다. 즉, 지역운동의 문제의식 변화와 지역운동의 영역 확장 차원에서 발전했으며, 이는 지방자치제의 발전과 맥을 같이한다.

3 지역사회복지운동의 유형과 사례

지역사회복지운동의 유형은 학자들마다 다양하게 제시하고 있다. 오정수는 지역사회복지운동의 쟁점, 즉 사회복지문제 또는 주민의 욕구충족이라는 기준에 근거해서 지역사회를 중심으로 하는 사회복지운동, 지역사회주민 복지와 관련된 주민운동과 직접적인 지역성과 관련성이 약하더라도 사회적 이슈 차원에서 사회복지문제를 운동의 쟁점으로 설정하는 이슈중심의 지역사회복지운동으로 구분하여 제시하면서, 이러한 구분은 규범적이며, 운동이란 지속적으로 변모해 나가는 것이므로 실제로는 상호 결합된 형태로 나타날 수 있다고 하였다.

1. 지역사회복지운동의 유형

오정수가 제시한 지역사회복지운동의 유형을 살펴보면 다음과 같다(오정수 외, 2006: 310-313).

1) 주민참여와 지역사회복지운동

주민운동은 지역 내에서 생활근거를 갖는 주민들이 주체가 되어, 주민으로서의 일상생활의 요구와 이의 궁극적 해결을 위해 전개하는 대중운동으로 정의된다. 이러한 정의에서 몇 가지 중요한 요소를 발견할 수 있다.

첫째, 주민운동은 주민의 생활근거지로서 지역사회를 기반으로 하며, 둘째, 운동주체로서 주민을 설정하고 있으며, 셋째, 지역사회문제의 해결을 위해 목적 지향적이라는 점, 넷째, 주민운동은 사회운동의 일환이라는 것이다. 이를 통한 지역사회복지운동의 형태를 주민조직화라는 관점에서 크게 네 가지로 분류하면, 외부자극을 통한 조직화, 프로그램 중심의 일상활동, 공동체 형성과 마을만들기, 제도변화를 위한 노력이다. 주민조직화에 따른 지역사회복지 실천 형태의 장·단점에 대한 내용은 표 13-2와 같다(이호, 2001; 오정수 외, 2006: 311 재인용).

표 13-2 지역사회 주민조직화에 따른 지역사회복지실천의 형태 및 장단점

분류	형태	장점	단점
외부 자극을 통한 조직화	• 사안을 관철하기 위한 집단동원	• 대중적 정치력의 형성	• 일시적, 사안 종류 후 주민조직의 지속성 유지가 어려움
프로그램중심의 일상생활	• 주민대중과 함께 할 수 있는 다양한 프로그램 개발·운용	• 일상 활동 유지용이 • 다양한 주민교육 가능	• 지역현안에 대한 구성원의 대처 미흡 • 주민 주체의 세력화 미흡
공동체 형성과 마을 만들기	• 뜻이 맞는 이들 간에 모임 운영	• 주민공동체의 대안제시, 주민참여의 활성화 전제	• 고립성의 위험 • 대중적인 참여의 어려움 • 지역세력화 미흡
제도변화를 위한 노력	• 제도개선을 통해 지역사회 변화추구	• 효율적인 성과 달성 • 성과의 지속성	• 주민들의 소외와 전문가중심 활동 • 주민들의 참여와는 무관

출처: 이호(2001: 311).

(1) 외부자극을 통한 조직화

외부자극을 통한 조직화는 지역사회 주민들의 이익을 침해하는 정책 등에 대해 주민들이 권리를 주장하는 운동이다. 예를 들면, 빈민지역의 강제철거에 저항하는 철거민들의 조직화, 핵폐기장 설치 반대운동이나 쓰레기장 등 혐오시설의 입지를 반대하는 주민들의 조직화 등이 대표적이다. 이러한 경우 주민들이 자발적으로 주체가 되어 활동하며, 정치적인 영향력을 행사하기도 한다. 그러나 이런 유형의 활동에서는 주민들의 대중적인 참여가 이루어지고 정치적 영향력이 강하게 발휘되기도 하지만, 지역 주민들의 요구가 과연 공공성을 확보하고 있고, 지속적으로 지역사회의 발전에 기여할 수 있는가라는 점을 명확히 해야 한다.

(2) 프로그램 중심의 일상생활

이 유형의 활동으로는 저소득지역의 방치된 아동들을 대상으로 하는 프로그램, 주민도서실, 주부대상의 시민대학, 복지학교 등 다양하다. 이러한 활동방식은 대체로 주민들의 문화적·사회복지적 욕구를 충족시켜 주는 등의 활동을 주요한 내용으로 하고 있어 주민들을 큰 부담 없이 조직의 활동에 참여시킬 수 있으며, 지속가능한 프로그램의 운영과 발전을 도모할 수 있다는 장점이 있다. 그러나 지역의 각종 이슈들에 대해 주민들이 주체적으로 대응하기 어렵다는 단점이 있다.

(3) 일상적인 주민모임

작은 근린지역의 주민들이 모여 상호 간의 친목을 도모하고 이를 통해 복지실천을 수행하는 사례들이 이에 해당한다. 살기 좋은 아파트만들기 모임, 마을문고(文庫)만들기 모임 등과 같이 일상적인 주민모임을 통해 지역공동체를 형성해 나가거나, 나눔과 보살핌운동 등 지역복지실천 활동을 전개하면서 소집단 활동을 통해 자신들만의 이해를 추구하기보다는 지역사회 전체에 영향을 미칠 수 있는 프로그램을 의도적으로 계획하고 추구하고 있다.

(4) 제도변화를 위한 노력

주민들이 직접 참여하여 지역사회복지정책이나 제도의 변화를 위한 조직화 활동이다. 이러한 유형은 대안제시운동이라 할 수 있으며, 지역사회 주민들이 조례제정운동 등과 같은 제도변화 과정에 참여함으로써 지역사회의 정치행위에 영향력을 미칠 수 있는 제도적 기반을 확립할 수 있다.

2) 이슈중심의 지역사회복지운동

문제 또는 이슈중심의 사회복지운동은 지역사회를 근거로 하기보다는 특정 사회복지문제나 사회복지와 관련된 이슈를 중심으로 시민운동 차원에서 접근하는 사회복지운동이라 할 수 있다. 이런 유형의 사회복지운동은 1990년대 이후, 다양한 방향에서 발전하기 시작하였다.

사회복지운동의 특징을 보면, 무엇보다도 운동의 주체와 활동의 범위가 확대되었다. 예를 들어, 장애인, 노인, 산재노동자 등 부문별 복지대상자들의 주체적인 투쟁이 조직화되고 활동범위도 넓어졌으며, 경실련, 참여연대 등과 같은 시민운동단체들이 사회복지운동에 조직적으로 참여하기 시작하였다. 또 다른 특징은 운동의 내용이 사회복지 부문별 요구운동에서 복지예산 확대 등 정책지향의 근본적 개혁을 요구함과 동시에, 사회복지정책과 관련된 복지입법들을 개정하거나 복지입법들의 실현을 구체적으로 요구하고 있다는 점이다.

그리고 시민운동과 사회복지계의 협력형태를 띠면서 복지이슈 제기와 대안마련을 위한 다양한 연대활동으로 구체화되고 있고, 지역단위를 중심으로 직접적인 복지문제의 제기 및 대안마련, 관련 조례제정운동 등 지역사회복지운동단체들의 활동영역이 확장되고 있다.

2. 지역사회복지운동사례: 주민 주체의 '관악사회복지'[1)]

1) 관악사회복지 단체의 개요

사회복지운동과 관련해서 지역이 중심이 된 참여조직 중 지역정치와의 관계를 중심으로 활발한 활동을 보여주고 있는 사례는 서울특별시 관악구에서 사회운동을 펼치는 NGO단체인 '관악사회복지'의 활동이 매우 모범적이라 할 수 있다.

관악사회복지 단체는 '관악사회복지의 사명'에서 "우리는 '모든 생명은 자율적이고 평등하다'는 신념으로 자연과 인간이 조화로운 세상, 차별 없는 세상을 꿈꾼다. 사회적 약자의 삶의 자리에서 시작하는 참여, 실천 그리고 우리의 연대가 인권과 복지가 실현되는 공동체를 앞당기는 희망찬 길임을 믿는다"고 선언하여 인권과 복지가 실현되는 공동체를 위해서 주민 주체의 원리에 입각하여 다양한 활동들을 펼치고 있다.

관악주민연대모임이 결성된 배경을 살펴보면, 1995년 지방자치단체장 선거를 앞두고 당시 지역의 현안이던 빈민지역 재개발사업이 세입자들의 권리를 제대로 보장해주지 못하고 진행 중인 데 반해, 지역 주민들은 아무런 대처를 못하고 있었다. 이러한 현실에서, 관악구 빈민지역에서 활동 중이던 빈민지역 운동가들이 당면한 철거투쟁을 효율적으로 수행하며, 지방자치시대 지역 주민들의 정치력을 고양시키기 위하여 당시 동별로 조직되어 있던 도시빈민조직들을 구별로 재편하여 만든 조직이 관악주민연대이다.

관악주민연대의 결성은 당면한 철거투쟁이나 지방자치선거만을 고려한 것이 아니라 지역을 기반으로 하는 빈민운동의 장기적인 전망을 고려한 결과물이다. 즉, 재개발에 따른 도시빈민의 주거환경의 변화는 빈민운동조직 활동의 변화를 요구하고 있으며, 주민들의 주거욕구가 제대로 충족되기 위해서는 사회복지에 대한 전문적인 지식과 지역사회운동에 대한 전망이 결합될 필요가 있었던 것이다.

---

1) 한재랑의 "지역사회조직화 사례 소개 및 분석: 관악사회복지를 중심으로"를 인용함(출처: http://cafe.daum.net/knswcw08).

관악주민연대의 활동은 후에도 빈민운동의 전통을 이어받아 지역 주민 주체의 활동 전략을 지속적으로 전개해온 것으로 평가할 수 있다. 기본 사업으로는 푸드뱅크 사업, 해체가정 결연운동을 통한 서비스 제공과 정기적인 지역사회복지학교를 통해 지역 주민은 물론이고 사회복지 현장실무자들과의 정체성을 공유하고 있다. 지역 주민들의 권리보장을 위한 다양한 연대활동, 즉 보건의료 네트워크, 푸드뱅크 네트워크 등의 연대활동을 지속적으로 전개하고 있으며, 지역단체들과 함께 지방자치연대를 만들어 지방선거에 참여하였다. '관악사회복지'는 연대사업의 폭을 관악구에 한정하지 않고 전국의 풀뿌리 지역단체들의 활동정보를 공유하기 위해 홈페이지(http://www.kasw21.or.kr)를 운영하고 있으며, 복지의정 감시를 위해 복지정책 지원활동모임(복지지킴이)을 지원하고 있다.

관악주민연대 활동의 지향이 나타나는 것이 주민조직화사업이다. 활동의 초점을 이웃과 지역사회 문제에 관심을 가지고 지속적으로 참여하는 청소년, 여성, 직장인 대학생 모임들을 활성화하는 것, 그 모임이 자치력을 가지고 스스로 지역사회에서 자신의 목소리를 내고 개방적 실천을 전개할 수 있도록 지원하는 것에 맞추어져 있었다. 청소년 자원봉사활동을 계승한 자원활동모임 '햇살', 여성 모임 '해오름', 직장인 대학생 모임지원 '꿈꾼이' 등이 결성되어 활동하고 있다. 이 과정에서 지역사회 역량강화는 지역사회 주민 스스로의 문제해결에 있다고 보고, 주민들의 주체역량과 주민들 간의 공동체모임을 활성화하였다.

2002년부터는 지역사회 빈곤문제해결을 위해 지역 주민들을 일상적으로 만날 수 있는 지역의 복지센터로서 '이웃사랑방'을 열었다. 이웃사랑방에서는 중고생활용품을 교환하고 판매하는 환경매장, 지역 어르신들의 먹거리를 지원하는 푸드뱅크 나눔공간, 주민들의 건강문제를 중심으로 의료 및 복지상담활동을 전개하고 있다.

관악사회복지에서 그동안 지역사회복지운동의 일환으로 진행해온 활동내용들을 살펴보면 다음과 같다(관악사회복지 조직팀장으로 활동했던 한재랑 사회복지사의 글을 인용).

2) 관악사회복지의 지역사회복지운동 내용

(1) 복지정책 모니터 및 제안운동

정책이슈를 조직하고 운동화 한 활동들로 보건복지포럼, 주민생활기본선확보운동, 구립어린이집공대위와 공공시설위탁조례제정운동, 국기법네트워크 조직활동, 관악지방자치연대, 관악구 예산분석 모임, 빈곤가정 상담활동 등이다. 이 영역과 관련해서는 지역의 복지, 주민들의 목소리를 듣는 지역조사활동을 설립시기부터 지속적으로 해 왔으며, 특히 2002년부터 진행한 빈곤가정 상담활동의 경우는 조사과정이 상담과정이며, 주민교육훈련의 장이었다. 또한 조사결과를 통해 환경매장과 복지센터를 겸한 '이웃사랑방'을 주민들의 참여로 만들었고, '가난한 이들의 건강'과 관련한 '건강지원네트워크'를 조직해서 의사, 한의사 등 민간자원을 조직하고 차상위의 건강권확보를 위한 장기적 정책제안을 제시하기도 했다. 주민의 욕구와 지역의 정책, 그리고 운동화를 통해서 공공영역에서 발굴하지 못하는 지역복지 이슈를 개발하고 복지정책으로 만들어 가는 활동이다.

(2) 다양한 민간자원들의 참여를 이끌어 내는 네트워크 조직운동

푸드뱅크 활동과 건강지원네트워크 활동을 통해서 볼 수 있는데, 푸드뱅크의 경우에도 다른 지역과 달리 후원자, 수요자 간의 네트워크를 형성하고 코디네이터로 참여하는 활동으로 결식아동지원네트워크를 조직해 결식아동 급식비 지원대상을 확대하도록 제안하는 운동을 펼쳤다. 또 차상위계층의 건강지원을 위해 의사회, 한의사회를 조직함으로써 민간자원들의 참여구조를 형성하고 있다.

(3) 자원활동 중심으로 주민조직화와 주민지도력 형성운동

청소년, 여성, 직장인, 대학생 대상으로 복지교육과 소모임 조직활동을 지속적으로 해 왔다. 특히 교육 참여자에서 자원활동가로 계층을 대표하는 리더 및 준 활동가로서 역할 전환하는 과정을 겪고 있다. 또 공동체와 사회참여의식을 가진 주민 그룹을 조직하는 것, 이는 사회적 약자와 교류하고 연대하는 것, 지지그룹으로 성장하는 것에 집중하고 있으며, 향후 10년은 소모임의 주민들과 소통하고 공유하는 운동에 주목하고, 이들이 다른 공동체를 조직하는 주민리더로 성장하는 것을 지향한다.

(4) 자원활동을 중심으로 한 지역사회조직화 사례

① 여성모임 '해오름'

1998년 이후 6년간 지속적으로 여성복지교육 프로그램 '신나는 여성학교'를 진행하고 있는데 보통 10명의 참여하며, 일방적으로 듣는 방식이 아닌 공동작업(workshop)과 대화하는 집단상담 형식으로 진행된다. 교육내용은 사회복지, 인권, 여성학, 의사소통, 심성훈련, 현장방문, 자원활동 등에 관한 것으로 해오름 회원들이 직접 기획 · 진행 · 강의로 참여한다. 여성학교를 수료한 여성들은 '해오름'에 가입해 자원활동과 모임을 지속적으로 하고 있다.

② 청소년 소모임 '햇살'

청소년자원봉사학교는 고등학생모임인데, 주 1회 저소득가정 어린이들의 토요 방과 후 공부방 '햇살학교'를 운영하고 있고, 월 1회 교육모임을 정기적으로 진행한다. 특별사업으로 '햇살 찻집' '여름농촌봉사활동(2박3일)'과 '전체 회원의 날', '햇살캠프'를 진행한다. 고등학교를 졸업한 회원들은 '햇살 졸업생모임'으로 월 2회 모여서 의사소통훈련, 자아성찰을 통해 청년모임으로 새롭게 거듭나기 위해 리더십을 훈련하고 있으며, 선배들은 후배 기수들의 자원활동을 교육하고 관리하는 코디네이터로 활동하기도 한다.

③ 직장인 모임 꿈꾼이

자원활동가로 참여한 직장인들이 자원활동 종료 후, 직장인 자원활동 모임의 필요성을 인식해 조직한 모임으로 빈곤가정을 방문하고, 어려운 이웃의 건강과 삶의 문제를 관찰하고 필요한 자원을 연결하는 상담활동을 진행했으며, '어르신 문화건강활동 은빛교실'을 직접 운영하고 있다. 매주 토요일 지역에서 상담을 통해 만난 어르신들을 모시고 문화활동과 어르신들이 스스로 실천할 수 있는 침, 뜸, 건강체조등을 진행한다. 또 월 1회 밑반찬을 만들어 직접 배달하고 있다. 이런 활동의 과정 속에서 건강문제에 관심을 갖고, 도시생태농업이나 건강한 먹거리에 관심을 가져서 지속적으로 '농업', '바른 먹거리', '도시농업'과 관련된 세미나를 진행하고 있다.

(5) 자원활동가와 모임지원 원칙

① 모집방법

관악사회복지에서 자원활동가를 모집하는 방법은 '자원활동교육 프로그램'이다. 청소년자원봉사학교와 여성학교를 통해 회원이 확대된다. 자원봉사 · 사회복지 · 인권 · 지역사회 등에 관한 내용을 각 연령대의 특성에 맞게 조절하여 교육을 실시한다. 교육수료 후 참여자들의 자발적인 의사에 따라, 자원활동모임에 가입하여 지속적인 활동에 함께 한다.

② 비중 있는 교육

자원활동의 지속성을 위해서는 교육이 중요하다. 관악사회복지가 진행하는 교육의 성격은 다음과 같다.

첫째는 자원활동 기초교육으로 자원활동의 의미, 가치, 종류, 자원활동가의 역할과 자세 등에 관한 기본적인 내용을 다루는 오리엔테이션이다.

둘째는 자원활동에 직 · 간접적 도움을 주는 교육으로, 활동전문성 향상을 위한 교육 · 관점잡기 · 비전 찾기 등이 해당된다. 자원활동의 영역이 다양하고 사람들의 욕구도 세분화되므로, 활동의 전문성을 높이는 것은 자원활동가와 대상자 모두에게 필요하다. 활동기간이 길어지면 자원활동가가 대상자를 '일방적으로 돕는' 시혜적 형태가 되거나, 활동이 관성화될 우려도 있다. 때문에 활동원칙과 방향을 수시로 점검하는 일은 중요하다. 한편 우리가 하고 있는 활동의 가치가 명확해야 기대하는 바를 달성할 수 있으므로 비전에 대해 자주 논의한다.

셋째는 친목 및 구성원들의 욕구충족을 위한 교육이다. 모임의 재미와 성원들 간의 친목은 때때로 활동에 추진력을 가져오기도 한다. 구성원들의 친밀감을 높이기 위해 공동체프로그램 진행 및 구성원들의 욕구를 최대한 반영한 커리큘럼을 마련한다. 가능하면 교육커리큘럼을 모임 성원들이 주체가 되어 구상하게 함으로써 성원들에게 책임감을 갖게 한다.

③ 이기적 참여동기를 이타적 활동으로 전환

주민들이 지역활동에 참여하는 동기는 자신의 욕구에서 시작한다. 그러나 참여과정에서 이타적인 의식의 성장과 발전을 할 수 있도록 촉진해야 한다.

④ 구성원의 잠재적 자원활용과 능력계발

모임 구성원의 재능과 자원활동을 통해 습득한 경험을, 모임의 발전을 위해 활용할 수 있게 한다. 고등학교를 졸업한 햇살은 후배의 지지자 및 프로그램 도우미(coordinatior)로 활동하고, 실무자보다 가까운 사람으로서 모임에 활기를 불어넣는다. 또 개인과 모임이 가진 자원을 여러 프로그램을 통해 발현한다. 정기적 봉사활동 이외에 장애체험 · 일일찻집 · 수련회 등의 행사에 참여하는데, 이러한 모든 행사는 가능하면 해당 청소년들이 기획하고 진행하게 한다. 직접 준비하는 것이므로 성취감을 가질 수 있고, 참여도가 높다.

해오름은 후배양성과정인 여성학교의 과정을 기획하고 강의의 일부를 담당한다. 또 외부 교육의 강사로 참여해 특히 저소득 모자가정의 어머니와 청소년들을 돕는 활동을 통해 역량을 발휘하고 있다. 꿈꾼이는 신규자원봉사자가 오면 교육 및 활동배치에 참여하고, 관악구청 프로포절을 제출해 지원금을 받으며 은빛교실을 운영하고 있고 프로포절 기획과 회계, 평가를 회원들이 직접하고 있다.

자원활동 관련 업무는 가능하면 해당모임의 자원활동가들에게 맡기고 격려와 지지를 끊임없이 한다. 이 과정에서 각 자원활동가들이 지닌 능력이 강화되고 잠재력이 계발된다.

⑤ 토착 지도력 발굴과 순환적인 시스템

주민 안에서 지도자를 발굴하고, 조직 안에서 팀 지도력이 성장할 수 있도록 한다. 주민, 주민조직에서 지도자 · 지도력 발굴에 대한 관점은 초기 주민을 만나면서부터 시작된다. 주민의 문제, 지역의 문제는 주민들이 스스로 인식하고 해결해가야 하므로 주민지도력 또한 주민 안에서 발굴되어야 한다. 청소년 · 청년 · 여성모임 등의 지도력을 그 안에서 형성되어 조직을 이끌어 가고 다른 조직으로 확대하는 힘을 갖게 한다.

⑥ 스스로 찾고 만들어 가는 활동

기관에서 만들어진 프로그램에 자원활동가를 배치하는 활동이 아닌, 자원활동가와 각 소모임이 스스로 활동터전을 개발하고 만들어 가게 한다. 햇살은 지역의 빈곤가정 어린이들의 방과 후 교실을 직접 기획하고 운영하고 있으므로 지역빈곤아동의 문제에 직접적으로 참여하고 있으며, 장기적으로 도시에서의 빈곤문제와 대안교육에 대해 스스로 고민할 수 있는 장을 만들어 가고 있다. 해오름은 회원들 스스로 상담공부와 교육을 지속적으로 학습하고 지역상담가로서 빈곤모자가정의 여성들을 돕고, 부적응 청소년을 돕는 활동을 통해 빈곤여성의 문제, 한부모가정 문제, 청소년 문제에 직접 참여하고 있다.

⑦ 열림과 존중

한 개인이 변화하고 모임이 활발하게 운영되기까지는 오랜 시간이 필요하다. 실무자가 상정하는 자원활동가나 자원활동모임에 사람들을 억지로 끌어들여서는 안 된다. 다만 모임을 조직하기 위한 실무자의 지향이 있어야 하며, 이를 자원활동가들과 나눠야 한다. 실무자의 눈에 부족해 보일지라도 핵심원칙이나 윤리적 기준에 어긋나지 않는다면 자원활동가들의 판단을 존중한다.

⑧ 소통과 공감을 통한 연대

모임과 모임 간의 연대를 지속적으로 시도하고 있다. 2003년부터 관악사회복지 운영위원회를 대폭 개편해 각 소모임에서 대표성을 띤 회원이 운영위원으로 인준을 받고 참여하고 있다. 이는 관악사회복지의 전체적인 활동과 비전에 대해 소모임과 소통하고 있으며, 지역의 전체적인 변화와 참여활동에 대해 함께 나누고 결정하기 위함이다. 일방적으로 단체 행사에 회원들을 동원하거나 참여시키는 것이 아니라, 함께 논의하고 결정하며 운영위원들이 다시 소모임의 회원들과 소통하고 함께하는 과정이다.

4 지역사회복지운동의 과제

지역사회복지운동은 사회적 약자의 권리보장과 분배정의의 실현에 있으며, 지역사회 변화를 주도하고 지역사회 주민의 역량강화를 통해 지역공동체 형성을 목표로 하고 있다. 이를 위해서 지역복지 활동가는 사회복지학의 오랜 전통인 '환경 속의 개인'의 관점에서가 아니라 '개인이 활동하는 환경으로서의 지역사회'의 관점에서 지역사회문제에 개입해야 한다. 무엇보다 자신이 살아가는 지역사회, 활동하는 지역사회에 대한 깊은 이해를 지녀야 한다. 지역사회의 역사, 지역사회의 사회 · 경제 · 문화적 특성, 공공부문과 민간부문, 전문복지활동, 종교 등 비영리복지활동, 풀뿌리 운동조직, 지역사회의 인적 · 물적 자원 등에 대한 폭넓은 관심과 지식을 보유해야 한다(이인재, 2005: 243).

끝으로 지역사회복지운동의 과제를 살펴보면 다음과 같다.

첫째, 지역 주민의 주체적 · 적극적인 참여를 유도할 수 있는 다양한 프로그램과 전략개발을 통해서 지역 주민의 권리의식 향상 및 복지에 대한 인식전환과 대중적 지지기반을 확보해 나가야 하며, 지역사회활동가를 비롯한 사회복지전문가와 실무자의 결합과 협력이 필요하다.

둘째, 성공적인 지역사회복지운동의 정착 및 확대를 위해서는 지역복지 활동가들의 조직화와 동시에 지역운동단체들과의 연계와 협력을 통한 연대활동이 매우 중요하다. 사회복지전공 · 비전공을 고려하지 말고 복지활동을 수행하고 있는 다양한 실천주체들, 주민자조조직, 종교단체 등 비영리조직, 지역실업극복단체 등과 연대하여 지역사회 문제해결에 공동대처해야 한다. 지역사회에서 다양한 시민사회단체들과의 연대활동을 통한 지역복지실천활동은 '대구우리복지시민연합' 사례가 훌륭한 예가 된다(이인재, 2005: 248).

셋째, 지역사회복지운동이 지역에서 뿌리를 내리고 지역사회복지의 변화를 주도하기 위해서는 복지에 대한 지역사회주민의 인식전환과 대중적 지지기반을 확보해야 한다. 전반적인 사회개혁운동과의 상호연관성을 확보해 신뢰받고 지속적인 프로그램의 전개, 지역의 시민사회운동과의 결합은 대중적 기반 확충에 있어 필수적이다.

넷째, 지역사회복지 공동 의제개발과 지역사회복지 활동영역의 확대가 이루어져야 한다. 공동 의제로 지방자치단체 복지정책 분석 및 과제제시, 예산편성과정 추적 및 적극적 요구, 지방자치단체 사회복지 표준분석 및 평가틀 제시 등을 고려할 수 있다. 또 하나는 지방의회 의정감시활동 및 조례 제 · 개정 건의활동이다. 공동의제 개발과 동시에 현재 지역사회복지관중심의 단편적이고 미시적으로 이루어지고 있는 지역사회복지 활동의 지평을 넓혀나가야 한다. 지역자활활동, 지역빈곤퇴치운동, 지역실업극복운동, 사회적 기업 및 협동조합운동, 기타 지역운동 영역으로 지역사회복지 활동의 장을 확대해 나가야 한다. 지역복지활동 영역 확대에는 가상공간을 활용한 지역사회복지 활동 등 지역사회복지 벤처조직의 활동도 고려되어야 한다. 지역사회복지 활동의 지평을 확대하기 위해서는 무엇보다도 사회복지의 정의를 확대하여 전통적 의미의 좁은 범주를 넘어서서 지역사회 환경, 주택, 교육, 교통 등 지역사회 주민들의 삶의 질을 향상시킬 수 있는 다양한 영역을 넓은 의미의 사회복지 영역으로 보아야 할 것이다(감정기 외, 2007: 382).

다섯째, 지역사회복지운동의 전문역량을 강화해야 한다. 복지문제를 비롯한 지역사회 문제해결과정은 전문성과 결합될 때 보다 유효할 수 있다.

여섯째, 지역 주민 중심의 자조집단의 조직화와 조례제정운동 등과 같은 지역사회복지정책에 영향을 미칠 수 있는 제도적 여건을 마련하는 데 노력해야 한다.

일곱째, 지역사회복지운동이 사회운동의 범주 안에 있다고 할지라도 사회운동가들의 이념과 논리에 끌려가는 것이 아니라, 사회복지의 독자적 논리를 개발해 사회복지분야의 입장을 명확하게 제시할 수 있어야 한다. 따라서 사회복지를 전면으로 내세울 수 있는 독자적인 이데올로기를 개발하기 위해 노력해야 한다.

여덟째, 지역복지 교육·훈련과 연구 활동을 강화해 나가야 한다. 위에서 살펴본 다양한 활동이 가능하려면, 지역복지 교육 및 훈련강화가 필수적이며, 대학의 지역복지 교육의 근본적 개선이 필요하다. 즉, 실천현장에 근거한 지역복지교육이 이루어져야 한다. 지역사회활동가들의 정기적인 교류, 팀작업, '전문적인 실천가'를 목표로 현장에 뿌리를 둔 교육훈련프로그램을 마련해야 한다.

연습문제

1 다양한 지역사회복지운동 사례를 발굴하여 활동상황을 분석 및 비판해 보자.

2 지역사회복지실천과 관련된 운동단체들에는 무엇이 있는지 조사해 보고 대표적인 운동단체의 활동을 살펴보자.
• 참여연대, 환경운동연합, YMCA, YWCA, 한살림, 녹색 소비자연대 등

CHAPTER 14

지역사회복지실천의 특수 분야

최근 한국 사회의 복지수준은 예전에 비해서 매우 향상되었다고 볼 수 있다. 많은 복지제도가 구비되어 가고 있으며, 매년 정부의 복지재정 증가와 함께 사회복지전달체계도 수요자중심으로 바뀌어 가고 있다. 그러나 지역사회복지실천의 특수 분야인 농촌지역과 빈곤지역은 여전히 복지 사각지대로 남아 있는 상황이다. 또한 특수한 문제를 지닌 인구집단인 노인, 아동, 정신보건 분야는 아직도 개선되어야 할 근본적인 문제점들이 많다고 볼 수 있다. 이 장에서는 농촌지역과 빈곤지역 및 특수한 문제를 지닌 인구집단인 노인, 아동, 정신보건 분야를 다루고자 한다.

1 농촌지역사회에서의 실천

1. 농촌의 현실

우리나라의 농촌인구는 1980년 1,082만 명에서 2017년 242만 2천명으로 줄어들었고 농가 수는 1980년 215만 5천 가구에서 2017년 104만 2천 가구로 크게 감소했다. 농가인구의 감소와 함께 고령화 문제는 더 심각하다. 농가인구 중 65세 이상 인구가 차지하는 비율(농가 고령화율)은 42.5%를 차지하였다. 가구원수별 가구 비율은 1인 가구 18.1%, 2인 가구 53.7%이며 경영주 평균연령은 67.0세, 고령인구(65세 이상) 비율은 42.5%로 나타났다(통계청, 2017년 농림어업총조사 결과). 농가인구의 고령화와 소가족화가 급속하게 진행되면서 연소득이 1,000만 원에 못 미치는 농가는 전체의 64%였다. 이렇게 한국 사회는 농촌사회의 빈곤화와 붕괴를 대가로 산업화 · 고도성장 및 도시화가 이루어졌다.

농촌사회의 붕괴로 식량안보, 농촌지역사회의 유지발전, 국토 및 환경보전, 전통 및 문화의 계승, 인간 교육의 장, 도시민을 위한 휴양공간 등 농업 · 농촌의 다원적 가치가 위기에 처해 있다. 특히 국민의 먹을거리 기본권이 위협받고 있는 상황이다.

한국 농촌의 붕괴는 성장제일주의와 경제 제일주의 정책에 따라 추진된 수출주도의 불균형 공업화와 대기업 · 대도시 중심의 성장전략, 그리고 세계화와 시장개방, 경쟁력 지상주의 농정이라는 국가 프로젝트의 산물이다(박진도, 2010: 34-35). 이러한 농촌의 피폐한 현실을 타계하기 위해서는 다양한 개선책이 강구되어야 할 것이다.

2. 농촌복지의 개념

농촌복지는 "농업을 주요한 생산활동으로 하는 지역사회 주민을 대상으로 하여 농촌문제의 해결과 예방, 인간의 사회적 기능수행의 원활화, 생활의 질적 향상 등에 직접적으로 관심을 갖는 복지서비스나 과정을 포함하여 농어민 개인이나 가족을 위한 제도나 서비스뿐만 아니라 사회제도의 강화나 수정 및 변화를 위한 공동체적 노력"을 말한다(배충진, 2004: 12, 이용교, 2010: 91).

배충진은 농촌복지의 목적을 공생공간화와 삶의 질 향상에 두고, 농촌복지의 핵심요소를 농업, 농민, 농촌을 세 축으로 삼고, 세 축 사이에 개인과 가족, 지역사회, 공공기관과 복지시설 등을 배치하여 농촌복지의 개념도를 제시하고 있다. 이러한 개념도는 이론적 · 학문적으로 실증되어진 틀이 아니고, 농촌복지를 이해하고 실천하기 위한 요소(농업, 농민, 농촌)와 실천의 주요 주체에 있어서 지향점을 정리한 것으로 그림 14-1과 같다(배충진, 2004: 12; 이용교, 2010: 91).

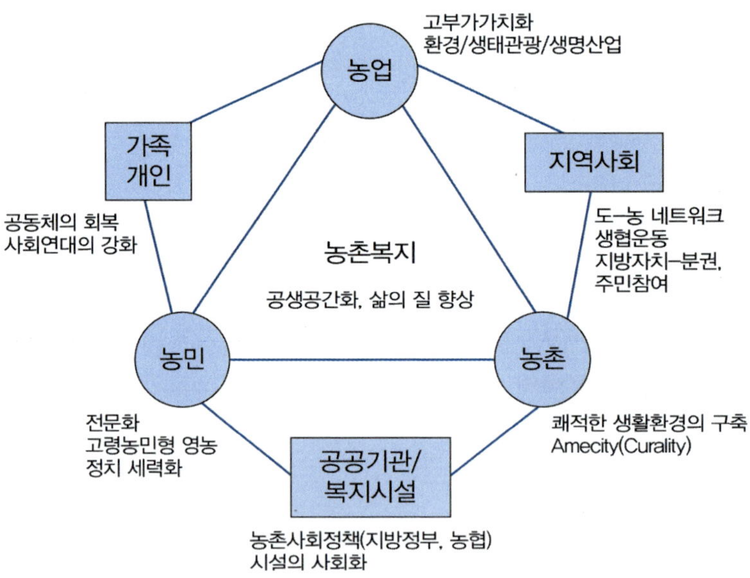

그림 14-1 농촌복지 개념도

출처: 배충진(2004: 12); 이용교(2010: 91) 재인용.

이러한 인식을 바탕으로 농촌복지를 구현할 주체와 인력, 농촌복지의 주된 대상과 사업, 재원 등을 새롭게 모색해야 할 것이다.

3. 농촌지역사회복지의 실천전략

고령화의 진전과 저출산, 농촌복지의 인적·물적 자원의 부족, 새롭게 파생된 사회문제의 증가라는 난관에 처해 있는 농촌의 복지향상을 위한 복지실천 전략에 대해서 배충진은 다음과 같이 제시하고 있다(배충진, 2010).

농촌지역사회의 문제를 해결하기 위한 복지서비스 제공은 표 14-1에서처럼 대인방어적인 수준보다는 지역방어적인 접근이 보다 적은 노력과 자원으로 대처할 수 있는 효과적인 방법이다.

표 14-1 농촌복지실천의 접근방법

구분	대인방어	지역방어
복지적 측면	• 문제를 지닌 개인에 사후처리 • 방문요양서비스 및 바우처제도 등 현행 복지전달체계 서비스의 효율성·효과성 문제 • 중복, 낭비의 위험성 • 지역사회의 복지력 약화의 문제	• 사람보다는 문제에 중점대응 • 문제에 대한 통합적 접근가능 • 지역기반 소규모 복지시설 • 복지대상자의 욕구에 정합성이 높음 • 복지사각지대의 해소

출처: 배충진(2010: 205).

문제가 발생한 후 개인에 대한 사후적인 접근은 지역사회의 노인, 장애인, 조손가정 아동 등의 클라이언트에게 여러 기관이 연계·조정이 되지 않은 상태에서 서비스를 제공하는 것은 자원이 많이 소요되고, 중복·누락의 위험성이 있기 때문에 지역단위의 문제에 주민의 참여를 통해 통합적으로 접근하는 것이 바람직하다.

4. 농촌복지의 대상과 사업

농촌주민은 영유아보육, 아동, 노인, 장애인, 여성복지서비스 등을 거의 받을 수 없다. 농촌지역도 병설유치원이나 어린이집이 있지만 이용하는 영유아는 만 5세 아동이고, 3세 미만의 아동이 이용할 수 있는 보육시설은 거의 없다. 도시에는 여러 개 있는 아동 · 노인 · 장애인복지시설도 농촌지역에는 거의 없거나 있어도 군청소재지에 있기에 면지역 주민은 사실상 이용할 수 없다. 농촌주민이 쉽게 이용할 수 있는 복지시설은 경로당밖에 없지만, 이곳에는 적절한 여가시설과 설비와 프로그램이 거의 없다.

이러한 상황에서 기존 방식으로 적절한 사회복지를 구현할 수는 없다. 따라서 농촌의 경우에는 재가복지를 중심으로 다양한 대상들에게 한 곳에서 집중적으로 서비스를 제공하고, 가급적 복지대상자들이 각자의 집이나 노인복지센터에서 서비스를 통합적으로 받도록 개발해야 한다. 노인과 장애인은 각기 다른 집단처럼 보이지만, 유사점이 많으므로 장애인에게 적합한 시설 · 설비는 노인에게 필요하고, 노인에게 적합한 시설 · 설비는 장애인에게도 적합한 경우가 많다.

농촌복지의 대상을 특정 인구집단에 한정하지 않고 모든 농촌주민으로 확대한다면, 농촌복지의 실천방법도 일방적으로 제공하거나 퍼주는 식의 복지에서 서로 돕는 복지로 개편해야 한다. 전통적인 도움양식인 품앗이나 계를 활용해 건강한 노인은 품앗이처럼 서로 도움을 주고, 건강한 노인이 건강하지 않는 노인을 돌보며, 도움을 받는 노인의 자녀가 건강한 노인에게 보상을 해주는 계(契)의 원리를 도입해야 한다. 품앗이와 계의 방식으로 자신과 자녀도 도움을 줄 수 없는 사람의 몫을 국가와 지방자치단체가 지원해준다면, 복지비의 낭비도 크게 줄일 수 있을 것이다.

품앗이형 복지를 할 때, 가장 절실한 서비스는 농촌노인의 반찬 준비, 식사 수발, 대형 빨래, 병원 통원, 주거개량 등이다. 그중 대형 빨래, 병원 통원, 주거 개량 등은 사회복지관, 자활센터 등에서 집중적으로 관리하고, 반찬 준비, 식사 수발, 작은 빨래 등은 마을단위, 혹은 일정한 가구단위로 유급 가정봉사원을 지정하여 재가서비스를 주며, 주간·단기보호를 필요로 하는 경우에는 노인복지센터에서 집중 관리하도록 한다.

농촌복지를 실천할 때, 중요한 것은 사회복지서비스만으로는 한계가 있고, 공공 보건의료서비스의 개혁, 교육·문화·환경의 개선, 행정기관과 교육기관의 연계협력 등이 매우 절실하다는 것이다. 예컨대, 농촌노인의 건강관리는 재가노인복지사업만으로는 일정한 한계가 있고, '보건소-보건지소-보건진료소'로 이루어지는 보건시스템을 '보건소-보건지소'로 통합관리하고, 치료의학에서 예방의학으로 서비스의 내용을 획기적으로 바꾸어야 한다. 대부분의 농촌노인은 성인병과 직업병인 농부병에 시달리고 있는데, 기존 약물 위주의 서비스보다는 평소 건강관리(식생활, 운동 등)와 약용식물을 반찬이나 음식물로 적절히 활용하는 방법을 체계적으로 안내하여 질병을 완화시키거나 관리하도록 하는 것이 중요하다.

농촌지역에 있는 초·중·고등학교도 읍·면 단위가 아닌 생활권단위로 통폐합하여 공교육기능을 보전하고, 초·중·고등학교가 학생을 위한 교육공간이면서 주민을 위한 교육·문화공간으로 활용할 수 있도록 학교의 기능을 바꿔 방과 후 학습지도와 보호를 통합적으로 수행하며, 주민들에게 개방하여 평생학습의 장으로 활용하며, 교사와 주민이 함께 교육문화 프로그램을 기획할 수 있도록 변화시켜야 한다(이용교, 2010).

5. 농촌지역사회복지실천 과제

기존 사회복지서비스는 아동, 노인, 장애인, 한부모가족 등 특정 인구집단을 중심으로 준비된 것이 많지만, 농어민에게 맞는 복지서비스는 노인을 중심으로 하면서도 아동, 청소년, 다문화가정 등 다양한 계층을 포괄할 수 있어야 한다. 또한 기초생활보장 수급자, 차상위계층을 포함하여 전체 주민을 위한 복지서비스로 구상되어야 할 것이다. 구체적으로 농촌지역사회복지실천 과제를 살펴보면 다음과 같다(이용교, 2010).

1) 농어촌 맞춤형 사회복지전달체계 마련

농어민에게 맞는 맞춤형 복지서비스를 제공하려면, 농어촌형 사회복지전달체계 구축과 농어촌 주민들의 사회복지서비스 접근성 개선, 사회복지인력 육성과 전문성 강화가 시급하다. 농어촌 맞춤형 사회복지전달체계 수립을 위해서는 읍·면사무소의 복지행정기능을 강화시켜서 복지전달체계의 센터로 구축하고, 보건지소·보건진료소의 만성질환자 방문관리를 보강하며, 경로당·마을회관의 활성화를 위해서 이장·반장, 새마을지도자, 농가주부모임의 회원을 '농어촌복지 활동가'로 계발해 나가야 할 것이다.

2) 생활권역별 통합 보건의료기관의 순회서비스 확대

농어촌에는 군 단위에 보건소, 읍·면 단위에 보건지소, 벽지에 보건진료소가 1개 군당 25개소 내외의 공공 보건의료기관이 있지만, 보건진료소에는 1명의 간호사만 있고, 보건지소에도 전문의가 없거나 소수에 불과하다. 이로 인해 의료서비스의 질이 낮아서 주민들이 공공 보건의료기관을 외면해 보건의료자원 낭비가 심한 편이다. 따라서 몇 개의 읍·면을 통합한 생활권역별로 공공의료기관을 통합하고, 진료차량을 활용하여 만성질환자들을 찾아가는 서비스를 개발해 서비스의 질 제고를 통해서 의료의 오남용을 줄일 필요가 있다.

3) 초·중학교의 평생교육기관화와 교통수단의 연계

농어촌에 있는 초·중학교의 학생 수 감소로 교실, 강당, 운동장 등에 여유가 있을 때, 학생교육에 지장을 주지 않고 오히려 학생들의 다양한 특별활동에 도움을 줄 수 있도록 학교 내에 노인교실(노인대학), 다문화교실, 작은 도서관, 생활박물관 등을 적극 설치하고, 이 시설을 이용하는 주민도 스쿨버스를 이용할 수 있도록 하여 활용도를 높이는 것이 좋을 것이다.

농어촌에 있는 초·중학교, 어린이집, 장애인이동차량, 농어촌버스 등 국가와 지방자치단체가 지원하는 각종 차량들이 상호 분리되어 운영되기에 학생, 장애인, 농어촌주민이 필요할 때 교통서비스를 활용하는 데 어려움이 있으므로 이를 상호 연계시켜서 시너지 효과를 키워야 한다. 즉, 통학시간대에는 통학용 버스가 학생뿐만 아니라 주민을 무료로 태워 주고, 통학시간대가 아닌 경우에는 농어촌버스가 학생을 무료로 태워주면 대중교통이 불편한 농어촌의 교통난 해소에 도움이 될 것이다(이용교, 2010).

4) 농어촌 다문화가족의 사회적응 지원

농어촌지역에 다문화가족이 증가하고 있는 추세이다. 이들은 일반 가족과는 달리 여러 가지 독특한 문제를 안고 있다. 의사소통 제한, 문화적 차이 등으로 인해 농어촌의 다문화가족은 부부관계, 자녀양육, 가족관계, 이웃 및 지역사회와의 관계 등에서 부적응 문제를 지닌 경우가 많다.

따라서 농어촌 다문화가족의 사회적응 지원방안이 필요한데, 단기 방안으로는,

첫째, 여성결혼이주자 대상의 영농교육을 개선해야 한다. 이를 위해서는 영농교육을 여성결혼이주자의 한국 적응단계 및 품목별로 세분화하여 맞춤형교육을 실시하며, 영농교육 시에는 영유아 보육서비스와 교통편을 제공해야 한다.

둘째, 한국어교육의 개선과 방과 후 교육 지원을 강화해야 한다. 저소득 다문화가족에게 학습지 및 인터넷 강의를 지원하여 농어촌 다문화가족 자녀들의 열악한 교육환경을 보완해야 한다.

다문화가족의 중장기적 지원방안은 다음과 같다.

첫째, 농어촌 다문화가족 관련 서비스 전달체계를 개선해야 한다. 현재 다문화가족 관련 서비스는 시·군청 소재지나 읍 지역 중심으로 이루어고 있어서 산재되어 있는 농어촌 다문화가족의 다양한 복지욕구에 부응하기 어려운 실정이다. 이를 개선하기 위해서는 먼저 교통편 또는 교통비 지원을 통해서 면단위 지역에 거주하는 다문화가족의 관련 기관에 대한 접근성을 개선해야 한다.

둘째, 농어촌 다문화가족의 농업기반 구축을 지원해야 한다. 농어촌 다문화가족은 대체로 농업기반이 취약하므로 농어촌공사의 도움을 받아서 유휴농지나 임대농지를 알선하도록 해야 한다.

셋째, 다문화가족을 위한 사회적 기업 네트워크를 활성화하고 중간지원조직을 육성해야 한다. 다문화가족을 위한 사회적 기업 네트워크 및 중간지원조직의 활성화를 통해서 다문화가족 관련 사회적 기업가를 육성, 농어촌 소재의 사회적 기업이 더 많이 등장할 수 있도록 촉진할 필요가 있다.

넷째, 사회보장의 차별해소와 사회서비스를 확대해야 한다. 이를 위해서는 먼저 각종 사회복지제도에서 여성결혼이주자들을 차별하지 않는 제도적 장치를 마련할 필요가 있다.

5) 농촌복지실천을 위한 전문인력 양성

농촌지역 복지향상을 위해서는 농촌복지에 관한 이론형성 및 전문적인 농촌복지실천방법과 전문인력을 양성해 나가야 한다. 이를 위해서 사회복지학과 교과과정에 '농촌복지론'이 개설되어야 하며, 학생들로 하여금 농촌현장을 경험할 수 있는 사회복지현장실습지를 개발해야 할 것이다.

2 빈곤지역사회에서의 실천

1. 한국 사회의 빈곤문제

IMF 경제위기를 거치면서 이전과는 질적으로 다른 새로운 빈곤문제가 대두되었는데, 노동능력이 있음에도 일자리가 없어서 실업상태에 있거나 일을 하고 있더라도 충분한 소득을 얻지 못해 빈곤으로 내몰리는 경우가 많다. 특히 계층 간 임금격차 및 소득격차가 확대되는 양상이 나타나고 있다. 이 과정에서 성장산업과 사양산업 간, 대규모 사업장과 영세사업장 간의 임금격차와 맞물려 발생하는 비정규직 저임금노동자, 소비침체로 사업에 어려움을 겪고 있는 영세 자영업자, 일자리에서 배제된 실업자들이 생존의 위협을 받고 있다.

또한 최근의 급격한 이혼율 증가와 독거노인 등 가족구조의 변화로 인해서 빈곤층이 변모하고 있다. 즉, 빈곤층의 절대다수가 여성화되는 빈곤의 여성화를 심화시키고 있는데, 이들을 신빈곤계층, 즉 근로빈곤층(working poor)이라고 칭한다.

빈부격차의 심화는 상대적 박탈감을 심화시키고 있으며, 기본 욕구를 충족시키기조차 어렵게 만들고 있다. 따라서 '노동하는 사람'의 빈곤문제는 사회통합을 위협하는 매우 중요한 사안이며, 이들에 대한 지원정책은 시급을 다투는 문제라고 말할 수 있다.

2. 근로빈곤층의 개념

근로빈곤층은 '빈곤가구에 속한 사람들 중 적어도 반년, 즉 1년 중 27주 동안 노동시장에서 일하거나 고용되어 있거나, 혹은 그 기간 동안 구직활동을 한 사람'이라 정의할 수 있다. 이렇게 정의할 경우, 노동능력이 있고 근로 의사가 있는 사람들을 포괄할 수 있고, 정규직 임금노동자뿐 아니라 비정규직 임금노동자, 영세자영업자 등 다양한 경제활동을 하고 있는 근로빈곤층을 포괄할 수 있으며, 불안정한 노동지위로 인해 고용상태가 자주 변화하는 근로빈곤층의 특성을 모두 반영할 수 있다는 점에서 근로빈곤층에 대한 정의 중 가장 적절한 것이다. 즉, 노동능력이 있음에도 실업상태에 있거나 일을 하고 있더라도 충분한 소득을 얻지 못해 빈곤으로 내몰리는 계층을 근로빈곤층이라 한다.

또한 근로빈곤층은 수입에서 소비와 저축 등으로 소비할 수 있는 가처분 소득이 중윗값의 50%를 밑도는 계층을 말하는데, 전체 근로 연령 가구원 가운데 11.0%가 여기에 해당한다.

3. 근로빈곤층의 증가원인

근로빈곤층은 거시적인 경제환경, 정부의 정책방향, 개인·가구의 특성 등이 복합적으로 작용하는 과정에서 발생하는데, 좀 더 구체적인 원인을 살펴보면 다음과 같다.

첫째, 근로빈곤층의 발생은 개인특성보다는 경제 및 산업구조 변화에 기인한다. 이러한 맥락에서 근로빈곤층이 발생하는 환경적 변화로는 산업구조 개편에 따른 고용감소와 노동시장 유연화로 인한 만성화된 고용불안 문제를 들 수 있다.

둘째, 근로빈곤층의 발생과 증가는 가구·인구학적 변화에 기인한다. 저임금 노동자가 2인 가구에서 4인 가구로 증가하면, 소득변화가 없거나 소폭 증가하더라도 빈곤가구로 변화할 수 있다. 이처럼 가구의 변화는 해당 가구의 빈곤 여부를 판정하는 데 매우 큰 영향을 미친다. 또한 근로빈곤층의 증가는 평균 가구원수 감소와 맞물려 1인 취업자 가구 또는 미취업자 가구를 중심으로 구성된 것으로 파악된다.

셋째, 개인의 특성도 근로빈곤층을 발생시키는 중요한 요인이라고 말할 수 있다. 근로빈곤층의 상당수는 저학력·비숙련·직업경험 등 공급측면에서 경쟁력이 취약하다. 하지만 이들이 성별·연령·공공부조수급 등에 따른 차별과 배제를 체험하는 것도 사실이기 때문이다. 한 예로 H. Boushey는 근로빈곤층이 노동시장에서 “마지막으로 채용되고, 최우선으로 해고되는” 계층이라고 말했다.

넷째, 근로빈곤층 문제가 심화되는 이유로는 국가의 정책적 조절기능이 취약하다는 점을 들 수 있다. 즉, 신자유주의 정책으로 인해서 대부분의 국가들은 노동시장에서 노동자를 보호하는 조치를 완화시켜 왔다. 최저임금을 무력화하고 노동의 유연화를 촉진하는 정책들이 그 대표적인 예라 말할 수 있다.

최근 우리 사회에서 근로빈곤층의 대두 원인은 환경적으로는 산업구조 개편과 노동시장 유연화, 고령화 등 사회·경제적 구조변화로 인해 노동과정에서는 임금부분의 비정규직 일자리의 증가와 영세자영부분의 증가, 청년실업자와 중장년실직자의 증가 등 노동(소득)양극화로 인해 취약한 자산형성, 취업자 수의 감소, 지출증가 등 가구소득 양극화과정을 통해 생산된다는 점을 보여주고 있다. 또한 시장을 통해 발생한 근로빈곤층은 사회보장체계의 취약성으로 인해 빈곤을 대물림하는 재생산구조로 이어진다는 점을 나타내고 있다.

4. 근로빈곤층의 규모와 특징

'근로빈곤층의 부채에 대한 질적 연구'(노대명 외, 2017)에 의하면, 2015년 기준 우리나라의 전체 가구 및 인구 중 빈곤가구율은 22.6%, 빈곤율은 16.3%로 추정된다. 그리고 중하층과 중상층에 속한 집단의 인구비율은 각각 32.8%와 25.3%로 추정된다. 이는 전체적으로 중하층에 40%의 인구가 분포하고 있음을 말해준다. 2015년 현재 근로빈곤가구율은 13.2%이며, 근로빈곤층 비율은 11.0%로 추정된다. 이는 전체 빈곤가구율이나 빈곤율에 비해 크게 낮은 수치임을 말해 준다. 하지만 이 수치가 일하고 있거나 일할 능력이 있는 사람이 존재하는 가구의 빈곤율이라는 점에서 결코 낮은 수치는 아니다. 근로빈곤층이란, 2인 이상 가구 중 도시에 살면서, 현재 일하고 있거나 일할 능력을 갖췄지만 월수입은 중위소득(우리나라 전체 가구 소득의 중간값)의 50%(2018년 기준 월 142만 원) 이하인 소득층을 말한다.

인구학적 특성으로는 실직자의 경우 남성의 비율이 높고, 비경제활동인구는 여성의 비율이 매우 높게 나타났으며, 연령분포는 중고령층이 상대적으로 높게 나타났고 학력은 고졸 이상 학력자의 비중이 높았다. 가구의 특성으로는 상대적으로 모/부자가구의 비율이 높고, 평균가구원 수는 일반가구와 유사하고 월세가구의 비율이 높았다. 빈곤가구의 비목별 지출을 보면 일반가구에 비해 주거비 부담이 높게 나타나 생계를 압박하고 있으며, 의료비와 교육비의 경우 일반가구보다 지출비중이 낮아 생계 및 자립에 필수적인 서비스를 받지 못하는 것으로 나타났다.

근로빈곤층의 가구 특성과 취업 특성을 살펴보면 다음과 같다. 근로연령층이 빈곤층으로 전락하는 과정에는 다양한 요인이 영향을 미치게 된다.

첫째, 각 개인의 성장과정에서 좋은 일자리로 진입할 수 있는 교육기회나 가정 여건이 충분하지 않은 경우이다. 이는 우리 사회의 만성적인 기회 불평등과 관련이 있다.

둘째, 근로연령층의 현재 일자리와 관련이 있다. 그것은 상대적으로 임금이 낮거나 고용이 불안정한 집단을 중심으로 근로빈곤층이 발생한다는 것을 의미한다. 참고로 사용직 근로자가 1인 이상 있는 가구의 빈곤 위험은 크게 낮아지게 된다.

셋째, 가족형성과 관련해서 가구 내 취업자 수와 그들의 일자리 질이 큰 영향을 미친다는 점이다. 2인 이상 취업자가 존재하는 가구의 빈곤 위험이 낮다는 점이 이를 말해 준다.

무엇보다도 심각한 것은 근로빈곤층은 사회보험 적용률이 낮아 기본적인 사회안전망의 보호를 받지 못하고 있다는 점이다. 근로빈곤층의 사회보험 가입 실태는 상시적 빈곤위험에 노출된 이들이 정작 사회보험에서 배제되어 있다는 점을 분명하게 보여주고 있다. 특히 노후소득보장 기능을 하게 될 국민연금이나 일시적 실업에 대비하는 고용보험에 가입하지 못하고 있다는 것은 이들이 빈곤에서 벗어날 수 있는 기회를 제한하고 있다는 점에서 시급하게 개선해야 할 문제라 할 수 있다.

5. 빈곤해결을 위한 복지제도

1) 근로장려세제(EITC: Earned Income Tax Credit)

근로장려세제는 일정 금액 이하의 저소득 근로자가구에 대하여 근로소득금액에 따라 산정된 근로장려금을 지급하여 근로의욕을 높여 주고, 실질소득을 지원하기 위한 근로연계형 소득지원제도를 말한다.

(1) 근로장려세제의 도입배경

경제환경 변화에 따른 경제 양극화로 일을 하고 있지만 빈곤에서 벗어나지 못하는 근로빈곤층이 증가하고 있으나, 사회안전망이 충분하지 못해서 노령·질병·실직 등 사회적 위험으로부터 보호받을 수 있는 사회보험 혜택에서도 소외되는 경우가 많은 서민층의 생활안정을 지원하며, 저소득 근로자의 근로를 유인하고 실질소득을 지원하기 위하여 근로장려세제를 도입하게 되었다.

(2) 근로장려금 지급대상

근로장려금을 받기 위해서는 자신이 속한 가구원의 구성에 따른 총소득요건에 충족하여야 한다. 2022년부터는 저소득 가구에 대한 지원을 강화하기 위해 신청자격과 자격 요건에 대한 제도가 개선되었다. 2022년부터는 근로장려금을 수령할 수 있는 총소득 기준금액이 2021년에 비해 약 200% 인상되었고 부모가 소유한 집에 거주하더라도 소득기준 요건이 충족되는 경우 근로장려금을 지급받을 수 있다. 근로장려금을 신청하기 위해서는 국세청에서 제시하는 ① 가구원 요건, ② 총소득 요건, ③ 재산 요건을 모두 충족해야 한다.

① 가구 요건

가구명칭	가구원 구성
단독가구	배우자[1)]와 부양자녀[2)], 70세 이상 직계존속[3)]이 모두 없는 가구
홑벌이가구	배우자 또는 부양자녀 또는 70세 이상 직계존속이 있는 가구(배우자가 있는 경우에는 신청인 또는 배우자의 총급여액 등이 3백만 원 미만이어야 함)
맞벌이가구	신청인과 배우자 각각의 총급여액 등이 3백만 원 이상인 가구

Chapter 14

※ 가구원 판단기준

1) 배우자 : 법률상 배우자(사실혼 제외)
   2020.12.31. 기준 가족관계등록부에 따름.
   2021.12.31.전에 사망한 배우자에 대해서는 사망일 전일의 가족관계등록부에 따름.
2) 18세 미만 부양자녀(2003.1.2. 이후 출생)
   입양자를 포함하며, 부모가 없거나 부모가 자녀를 부양할 수 없는 일정한 경우 손자녀·형제자매를 부양자녀 범위에 포함. 부양자녀의 연간 소득금액 합계액이 100만 원 이하여야 함.
3) 70세 이상의 직계존속(1951.12.31. 이전 출생)
   직계존속의 연간 소득금액 합계액이 100만 원 이하여야 함.
   주민등록표상의 동거가족으로 해당 거주자의 주소나 거소에서 현실적으로 생계를 같이 하여야 함.

부양자녀 및 직계존속 중 거주자와 동일한 주소 또는 거소에 거주하거나 질병 등으로 일시 퇴거한 중증장애인의 경우에만 연령제한을 적용받지 않음.

※ 가구유형에 따른 근로장려금 지급가능액

구분	단독가구	홑벌이가구	맞벌이가구
총소득 기준금액	2,200만 원 미만	3,200만 원 미만	3,800만 원 미만
최대지급액	150만 원	260만 원	300만 원

② 재산 요건

2022년 근로장려금을 받기 위해서는 2021년도 6월 1일 기준 가구원 모두가 소유한 재산합계액이 2억 원 미만의 기준을 갖춰야 한다. 재산합계액 1억 4천만 원 이상 2억 원 미만인 사람은 근로장려금과 자녀장려금 산정액의 50%만 지급받는다.

※ 2022년 변경된 점

부모님이 소유하고 있는 주택에 같이 거주하고 있는 경우에 2022년부터는 소득기준 조건이 충족된다면 장려금을 받을 수 있다.

③ 총소득 요건

가구원 구성에 따라 2021년 부부합산 총소득금액[1)]이 기준금액 미만이어야 하며, 총급여액 등[2)]에 의하여 장려금을 산정한다.

1) 총소득금액 : 신청인과 배우자의 다음의 소득을 모두 합한 금액.
① 근로(총급여액) ② 사업소득(사업수입금액×업종별 조정률) ③ 종교인소득(총수입금액) ④ 이자·배당·연금(총수입금액) ⑤ 기타소득(총수입금액-필요경비)
2) 총급여액 등(거주자+배우자):상기 ①, ②, ③만 합한 금액총소득기준금액 기준 : 가구원 구성, 단독가구, 홑벌이 가구, 맞벌이 가구 정보포함가구유형에 따른 자녀장려금 지급가능액 : 구분, 단독가구, 홑벌이가구, 맞벌이가구 포함

(3) 근로장려금 신청방법 (선택)

• 모바일 안내문을 받은 경우
카카오톡·문자메시지에 첨부된 안내문을 열람하여 '신청하기' 버튼 누름 → '손택스 신청화면' 연결 → 주민등록번호 뒤 7자리 입력 → 신청완료

• 서면 안내문을 받은 경우
*QR코드
서면안내문의 QR코드를 스캔 → '손택스 신청화면' 연결 → 주민등록번호 뒤 7자리 입력 → 신청완료
*인터넷 홈택스
인터넷홈택스 접속 → 신청/제출 메뉴 또는 복지이음 배너 '근로·자녀장려금' → '간편신청하기'를 통해 개별인증번호 입력 → 주민등록번호 뒤 7자리 입력 → 신청완료
*모바일 홈택스(손택스)
앱스토어 (구글 Play 스토어, 아이폰 앱스토어)에서 국세청 홈택스[손택스] 다운로드 설치 → 신청/제출 → 근로·자녀장려금 신청 → '신청하기'를 통해 개별인증번호·주민등록번호 뒤 7자리 입력 → 신청완료

• ARS (자동응답) 전화
1544-9944로 전화하여 음성안내에 따라 신청

• 모바일 또는 서면 안내문을 받지 않은 경우
*인터넷 홈택스
인터넷 홈택스 접속 → 로그인 → 신청/제출 메뉴 또는 복지이음 배너 '근로·자녀장려금' → '신청하기'·'일반신청하기' 인증서 로그인으로 '소득자료'를 불러올 수 있음
*전화 신청도움
장려금 상담센터(1566-3636)로 전화

2) 희망리본프로젝트

저소득 취업취약계층에게 일자리와 복지서비스를 제공하는 희망리본프로젝트는 "새롭게 태어날(Re-born) 당신을 응원합니다"라는 뜻을 가진 복지와 고용연계 사업으로 저소득층의 취·창업지원을 위하여 개인별 1:1 맞춤형 복지고용통합서비스를 제공하는 프로젝트로, 개인별 맞춤형사례관리를 통하여 스스로 근로의욕 고취, 취업능력 향상에 힘쓰고 궁극적으로 경제적으로 자립할 수

있도록 하는 데 목적이 있으며, 다양한 민간기관의 참여를 통하여 지역 내 관련 단체 간 연계협력 시스템을 강화해 나가고 있다. 자세한 내용을 확인하려면, 보건복지부 희망리본프로젝트(http://www.hoperibbon.or.kr)를 참조하라.

6. 근로빈곤층을 위한 지역사회복지실천 과제

근로빈곤층을 위한 지역사회복지실천 과제는 다음과 같다.

첫째, 근로빈곤층에 대한 지원대책은 반복 빈곤의 문제를 중심으로 재설계해야 한다. 취업을 촉진하고 빈곤 재진입을 억제하려면, 고용지원프로그램과 소득보장프로그램을 유기적으로 결합시킨 '근로연계복지정책'의 강화가 필요하다.

둘째, 근로빈곤층 취업자 중 비임금 근로자가 차지하는 비중이 상대적으로 매우 높다는 점을 감안하면, 지원프로그램을 설계하는 과정에서 임금근로자와 비임금근로자를 위한 정책의 비중을 조정하는 균형유지가 매우 중요하다.

셋째, 빈곤층 임금근로자 가운데 중장년 일용직의 비중이 압도적으로 높으므로, 이들에 대해서는 지자체단위에서 자활사업을 통해 안정적인 일자리로 취업연계나 지속적인 일거리를 연계하는 프로그램이 상대적으로 더 효과적이다.

넷째, 미취업 빈곤층은 취업 잠재력 측면에서 볼 때, 여성과 40세 이상 및 고졸 이상 학력자들이 높은 분포를 보이며, 이들은 직업경험이 거의 전무하여 자활지원제도는 반숙련 노동자의 취업을 촉진하기 위한 프로그램을 설계해야 한다.

다섯째, 근로빈곤층이 진입할 수 있는 새로운 일자리 창출이 필요하며, 이는 점진적으로 사회서비스 공급확대를 통한 '사회서비스 시장형성'의 흐름과 궤를 같이 할 필요가 있다. 이는 공공부문이 주도하는 일자리 창출방식이 갖는 저임금과 고용불안의 문제를 해결하기 위한 중요한 정책방향이 되어야 할 것이다.

3 특수한 문제를 지닌 인구집단

1. 노인분야에서의 실천

1) 지역사회 노인의 문제

2021년 65세 이상 고령인구는 역대 가장 많은 871만 명으로 집계됐다. 노인인구가 증가하면서 생산연령인구 100명당 부양해야 하는 고령인구도 1년 전과 비교해 1.3명가량 늘었다. 반면 유소년 인구는 해마다 급감하면서 지난해 역대 최소치를 찍었다(그림 14-2 참조).

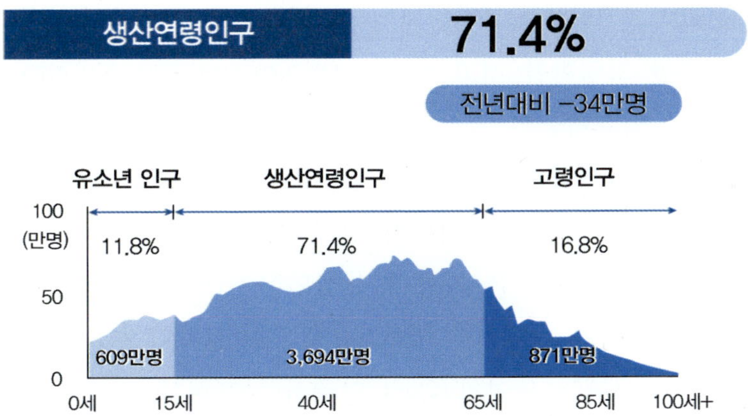

그림 14-2 2021년 연령별 인구

연령별로 보면 0~14세 유소년 인구의 감소가 두드러졌다. 유소년 인구는 1년 전보다 17만 명(-2.7%) 줄어든 609만 명으로 집계됐다. 17년 전인 2005년(899만 명)과 비교해보면 약 3분의 2 정도 줄어들었다. 미래 한국 경제를 떠받칠 유소년층 인구가 점차 감소하고 있는 것이다.

생산 활동을 할 수 있는 연령층을 뜻하는 생산연령인구 역시 감소했다. 15~

65세 생산연령인구는 전년 대비 34만 명(-0.9%) 감소한 3694만 명으로 나타났다. 반면 65세 이상 고령인구는 1년 전보다 42만 명(5.1%) 증가한 871만 명을 기록했다. 이는 역대 최대로 고령인구는 2005년(437만 명)과 비교하면 두 배 가까이 늘었다.

유소년 인구는 줄고 고령인구는 늘어나면서 노령화지수는 전년 대비 10.5 증가했다. 노령화지수는 유소년인구 100명당 고령인구를 나타낸 것인데 지난해 노령화지수는 143.0을 기록했다. 특히 전남의 노령화지수(210.0)가 가장 높았고 세종(49.9)은 모든 지역 가운데 가장 낮았다.

생산연령인구 100명당 부양해야 할 고령인구를 뜻하는 노년 부양비도 해마다 증가하고 있다. 최근 5년 동안 노년 부양비를 보면 2016년 18.1, 2017년 19.1, 2018년 19.8, 2019년 20.8, 2020년 22.2, 2021년 23.6이다. 지난해 기준으로 생산연령인구 100명이 부양해야 할 고령인구가 약 24명 된다는 뜻이다. 2025년에는 20%를 넘어 초고령사회에 진입할 것으로 전망되는 등 세계적으로 유례없이 급속한 고령화를 겪고 있다(통계청, 2021년 인구주택총조사 결과).

인구고령화는 의료기술의 발달, 생활환경 및 영양개선 등의 결과이다. 이에 따라 평균수명이 늘어나면서 노인의 절대수가 증가하였고, 이와 동시에 출생률 감소로 인한 노인의 인구구성비가 상대적으로 증가한 것도 고령화를 촉진시켰다. 현대사회에서 노인은 기능이 상실되어 가면서 생산성이 떨어지는 존재로 평가되며, 사회와 가정 내 역할축소로 가치절하되었다.

노인이 직면한 문제는 노인의 4苦로 압축하여 표현할 수 있는데, 빈곤, 질병, 고독, 무위(역할의 상실)이다. 특별히 수명연장으로 길어진 노후생활 지속에 필요한 경제적인 어려움은 노인들을 힘들게 한다.

우리나라 노인빈곤율은 2016년 중위소득 50% 기준 상대적 빈곤율이 43.7%로 높아 경제협력개발기구(OECD) 회원국 중 1위를 달린다. 2018년 1분기 가계동향조사 결과를 보면, 소득하위 1분위 중 70세 이상 노인가구가 43.2%, 전체 노인의 약 42%가 소득하위 1분위에 속하는 것으로 나타났다. 65세 이상 노인 가운데 기초생활보장 수급자도 2017년 12월말을 기준으로 총 노인인구 7,356,106명 중 430,549명(수급자 비율 28.9%)이며 전체 인구 중 수급자 비율이 5.9%로 나타났다(보건복지부, 국민기초생활보장수급자 현황, 2017). 노인들의 빈곤율이 높다보니 노인일자리사업 참여를 희망하는 노인이 119만 5천 명에 이르고 있다(한국노인인력개발원, 2018). 정부나 지자체에서는 저소득 노인, 특히 기초생활 수급을 받지 못하는 차상위계층 노인들에게 일자리는 생계 · 생존의 문제와 직결돼 있으며, 건강하고 품위 있는 노후생활을 보장하기 위해 공적연금을 내실화하는 한편, 노인일자리를 적극적으로 창출해야 할 것이다. 2010년부터 시작된 베이비부머 세대의 '은퇴 대란'까지 겹치면서 노인들의 빈곤 문제는 더욱 심화될 것으로 전망된다.

전통적으로 노인들은 자녀세대에 의존하여 노후를 보냈지만, 자녀세대의 가치관 변화 및 핵가족화로 부양능력이 약화되어 더욱 어려움을 겪고 있다. 또한 노인들은 경제적 불안정, 조기퇴직, 건강약화, 가족부양체계의 미흡, 정서적 고립아라는 상황 속에서 스스로 목숨을 끊는 극단적인 선택에까지 내몰리고 있는 현실이다.

최근 노년기가 길어지면서 노인집단이 다양해지고 있는데, 소득 · 교육기반 · 연령 등에 의해 다양한 욕구가 나타나고 있으므로 이에 대한 대비가 필요하다.

2) 노인복지의 개념

노인이란 고령화와 더불어 신체적 · 정신적 · 사회적 퇴화현상으로 인하여 사회기능 수행에 장애가 초래됨을 경험하는 사람으로 정의된다. 그리고 노인복지란, 노인의 인간다운 생활을 영위하면서 자기가 속한 가족과 사회에 적응하고 통합될 수 있도록 필요한 자원과 서비스를 제공하는 데 관련된 공적 · 사적 차원에서의 전문적 서비스 활동을 말한다.

3) 노인복지사업 현황

(1) 자치단체의 노인복지 현황

광역자치단체의 경우, 전체 예산 중 노인복지사업이 차지하는 예산 비율이 가장 낮고 중앙정부와 지방정부(광역 · 기초자치단체)의 예산분담비율은 지역별로 큰 차이가 있다. 또한 노인복지 예산은 도시지역에 비해 도 · 농 혼합지역과 농 · 어촌 지역의 예산비율이 낮게 나타나고 있다. 그리고 지역에서도 예산비율이 최대와 최소지역 간에 차이가 나타나고 있어 동일지역이라도 예산의 비율에는 격차를 보이고 있다.

(2) 지역적 불균형 심화

노인복지에 있어 지역별 노인복지 수준의 불균형이 매우 심각한 형태이며, 이는 지방자치가 지역의 자율성과 지역적 특성을 고려한 복지서비스의 제공을 지향하기보다는 지역 간 불균형을 초래하여 복지수준의 지역불균형을 초래할 위험성이 있다. 특히 지방분권에 대한 논의가 활성화되고 있고 급속한 고령화에 따른 적절한 정책적 대응이 요청되는 시점에서, 지방화라는 맥락에서 노인복지의 지역 간 불균형 해소를 위한 제도적 기반마련에 대한 논의는 지방분권화가 진정한 복지수준의 향상을 가져올 수 있는 토대를 마련해줄 것으로 기대된다.

따라서 노인복지 증진을 위해서는 중앙정부와 지방정부 간의 적절한 역할정립과 객관적이며 균형 잡힌 지역 노인복지계획의 수립, 지역성을 고려한 국조보조금 제도의 개선, 기본적인 노인복지수준 확보를 위한 농 · 어촌지역 특별지원, 지역적 특성에 따른 중점 추진과제의 선정, 공적 보건의료서비스의 노인에 대한 관심제고, 노인복지 전문인력 확보 및 전문성 제고 등이 요청된다고 하겠다.

4) 노인을 위한 지역사회복지실천 과제

노인을 위한 지역사회복지실천 과제를 살펴보면 다음과 같다.

첫째, 독거노인 보호를 위한 안전망이 통합적으로 구축되어야 한다. 독거노인 보호와 관련해서 현재 지역별로 시행되고 있는 서비스를 살펴보면 다음과 같다(김병 외, 2010: 267).

- 효심이 119서비스: 65세 이상의 독거노인 및 노인부부를 대상으로 노인의 자녀나 친인척 등 보호자가 전화 · 인터넷 · 휴대전화 문자를 통해 노인들이 위기상황에 대한 확인 요청이 들어오면 전화 또는 자원봉사자를 통해 확인하고, 위급상황이 확인되면 119구급 · 구조대가 현장에 출동하여 응급처치와 병원이송을 하는 서비스다.
- 독거노인 생활지도사 파견사업: 독거노인의 생활실태 및 욕구파악, 안전 확인 및 생활교육, 보건 · 복지서비스 연계활동 등으로 사회안전망 구축사업이다. 주기적 방문 및 안부전화, 무선페이징 등 안전 확인, 주거상태 점검, 건강 · 영양관리 및 신체기능 유지프로그램 등의 교육을 실시한다.
- 노인돌봄서비스사업: 보건복지부에서 혼자 힘으로 일상생활을 영위하기 어려운 노인과 독거노인에게 욕구에 따라 안전 확인, 생활교육, 서비스연계, 가사지원, 활동지원 등 맞춤형 복지서비스를 제공하는 서비스이다.
- 120 다산콜 안부전화센터: 서울에서 진행 중인 서비스로, 홀로 사는 65세 이상 노인들에게 주 2~3회 전화를 걸어 애로사항을 해결해주는 서비스다. 통화내용은 안부 묻기나 재미있는 이야기 등 말벗이 되어 주는 내용이 가장 많으며 보건소 진료일, 각종 수당 수령방법 등 생활정보를 알려준다.

그 외에도 독거노인의 안전과 삶의 질 증진을 위해서는 지역사회 보건 · 복지자원은 물론 주민들을 연계한 보다 생활밀착적인 서비스제공을 위한 사례관리가 이루어져야 한다.

둘째, 노인취업의 기회가 확대되어야 한다. 노동력이 있고 일하기를 원하는 노인을 위한 취업정책 개발이 필요하다. 노인에게 일은 경제적인 이득뿐만 아니라 생활리듬을 갖게 되어 건강증진에 도움이 되며, 사회관계 증진에도 도움이 될 수 있다.

셋째, 노인교육 및 생활밀착형 보호를 위해서 문화사업이 이루어져야 한다. 노인을 위한 교육·문화사업은 노인문화가 부재한 현실 속에서 삶의 연륜과 경험을 바탕으로 사회봉사를 하거나 활동토록 돕는 데 목적이 있다. 노인교육 프로그램은 노년기의 특성을 감안한 보편적인 프로그램과 지역적 특성을 고려한 특별 프로그램을 통하여 노년기의 삶의 의미와 즐거움을 제공할 수 있어야 한다. 노년기에는 문화적 정체감에 빠져 점차 소외·고립을 경험하게 된다는 사실을 인지하고, 지속적인 사회참여를 위해서 노인교육과정은 필수적인 과정이라는 점을 받아들일 수 있도록 의식전환이 필요하다.

넷째, 노인의 자원봉사활동을 활성화해 나가야 한다. 노인자원봉사활동은 노인층에게 새로운 역할을 부여함으로써 자연스러운 사회참여가 이루어진다. 자원봉사활동은 노인에게 창조적이고 성취하는 삶을 유지한다는 자긍심을 갖게 한다. 그리고 자원봉사활동을 통한 제교육과 동료 자원봉사자 및 이웃과의 유대관계 형성으로 세대간의 갈등을 줄일 수 있어 노인소외문제를 감소시킬 수 있다. 따라서 노인자원봉사활동의 활성화를 위한 지원체계가 정책적 보완과 함께 다양한 방법으로 마련되어야 할 것이다. 특별히 노인이 노인을 돕는 노-노(老-老)케어 프로그램은 노인들 간에 공감대 형성과 문제해결에 큰 도움이 될 것이다.

2. 아동분야에서의 실천

소가족화 및 부부 맞벌이 등 생활양식의 급격한 변화는 부모역할의 혼동과 부재, 가족유대감 약화로 인한 가족해체현상을 유발하고 있어, 이는 지역사회와 가정 내에서 부모의 돌봄을 통해서 자아정체감 형성 및 건강한 사회화가 필요한 아동들에게 지대한 영향을 미쳐 아동문제의 원인이 되고 있다. 전통적으로 가족이 담당해 온 아동보호와 양육, 교육기능의 위기가 초래되어 이에 따른 지역사회의 아동보호의 필요성이 증가하고 있다.

1) 아동복지의 개념

일반적으로 아동이란 18세 미만자(아동복지법)를 말하며, 아동복지는 단순히 빈곤, 질병, 장애를 지닌 아동이나 환경에 적응하지 못하는 비행아동들에게만 관심을 갖는 것이 아니라, 모든 아동들이 안전하고 행복하게 육성될 수 있도록 위험으로부터 보호하는 정부·민간의 모든 기관에서 실시하는 서비스 활동을 말한다. 아동복지는 아동의 권리에 입각한 생존, 발달, 보호, 참가 등 실질적인 향상이 이루어지도록 보장되어야 한다.

2) 아동문제의 원인

우리 사회는 해체가족의 증가, 여성의 사회진출 확대로 아동인구의 지속적인 감소, 아동양육 기능의 약화, 아동학대 및 방임이 증가하는 등 각종 문제가 증가하고 있으며, 이에 따라서 보편적인 복지서비스의 수요도 증가하고 있는 추세이다. 아동문제의 원인이 되는 환경은 아동인구의 감소, 가족환경의 변화, 사회환경의 변화 등에서 찾아 볼 수 있는데 그 내용은 다음과 같다(김병 외, 2010: 232-233).

첫째, 아동인구의 변화이다. 1980년 전체 인구의 41%를 차지하던 아동인구는 이후 지속적으로 감소하여 2011년 9,921,012명(20%), 2015년 8,961,805명(17%), 2021년 771만946명(14.9%)으로 대폭 감소했다. 아동인구의 감소현상은 장래 노동력 부족으로 이어져 사회전반에 심각한 영향을 미칠 것이며, 아동양육환경의 악화 원인으로 작용한다.

둘째, 가족환경의 약화이다. 아동의 생활과 성장 및 인격형성의 중요한 장으로서 가정, 학교, 지역사회를 들 수 있다. 그러나 도시화 및 핵가족화와 여성의 사회진출 등은 가족해체와 아동돌봄의 공백, 아동학대와 방임의 증가와 같은 문제를 야기하고 있고, 전통적인 양육기능과 보호기능의 부재를 가져왔으며, 가정교육기능의 저하를 초래하면서 사회적 보호에 대한 욕구를 증가시키는 원인이 되고 있다.

셋째, 사회환경의 변화이다. 경제성장 위주의 정책으로 단기간에 고도성장을 이루었으나 분배불균형으로 사회적 양극화가 심화되었으며, 빈부격차의 심화, 도덕규범과 가치관의 혼돈, 계층과 세대간 갈등과 단절은 물론이거니와 유해환경, 학교폭력, 성 착취, 비행 · 일탈 등 아동들의 정신적 · 정서적 건강에 유해한 각종 문제의 원인이 되고 있어 아동의 건전한 성장과 안전을 위협하고 있다.

3) 아동문제의 실태

아동문제의 실태를 살펴보면 다음과 같다.

첫째, 빈곤아동이 증가하고 있다. '빈곤아동'은 빈곤가정의 만 18세 미만의 아동을 말한다. 가정이 빈곤해지면 일차적 피해자가 아동이 된다. 빈곤가정의 아동들은 영양공급과 의료서비스 접근성 감소로 건강상의 문제를 유발하기 쉽고, 교육기회나 인지능력이 감소될 수 있다. 또한 가정의 교육투자가 적어 사회적응기술의 부족 등의 문제가 유발되며, 부모의 경제적 스트레스로 인한 방임 · 학대위험에 노출될 가능성이 높다. 빈곤가정 아동은 경제 · 사회심리 · 교육 · 정치 · 문화적 영역에서 다면적 박탈을 경험하며 성장한다. 또한 결핍된 환경에서 성장한 아동은 일반 아동에 비해 학업성취도나 기술습득에서도 불이익을 겪게 되어 저학력, 저임금노동의 사이클을 겪기 쉬우며, 성인기에 빈곤이 대물림되는 결과를 낳게 될 수 있다.

둘째, 아동복지시설에서 생활하는 아동의 문제이다. 아동복지시설에서 생활하는 아동의 문제이다. 2019년 12월 말 현재 전국의 아동복지시설 281개소에 총 11,665명의 요보호아동이 생활하고 있고(보건복지부, 2020년 아동복지시설현황), 소규모 가정형태의 아동생활시설인 공동생활가정(그룹홈)은 578개소로 2,949명의 아동을 보호하고 있다(보건복지부, 2020 아동공동생활가정 현황). 이들은 부모가 없거나 부모가 있더라도 양육을 포기한 상태로 최저생활 수준으로 보호를 받고 있으므로, 매우 열악한 환경에서 생활한다고 볼 수 있다. 시설 아동들은 만 18세가 되면 퇴소하여 자립을 해야 하는 데 어려움을 겪고 있다.

4) 지역사회 아동복지서비스

지역사회 내에서 아동복지관련 서비스기관 및 프로그램으로는 지역아동센터, 보육정보센터, 건강가정지원센터, 드림스타트, 아동발달지원계좌(디딤씨앗통장) 등이 있다. 그 내용을 자세히 살펴보면 다음과 같다.

(1) 지역아동센터

지역사회 내에서 빈곤가정 아동보호를 위해서 최일선에 위치하며, 다양한 복지서비스를 제공하는 기능을 하고 있는 지역아동센터의 기능은 다음과 같다.

- 아동의 심리 · 정서적 안정 및 건강한 신체발달 기능 강화
- 지역사회 안에서 아동의 권리보장과 안전한 보호
- 아동의 학습능력 재고, 학교 부적응 해소
- 일상생활, 학교생활의 유지 및 적응력 강화
- 빈곤, 위기가정 아동에게 가족기능과 보완 및 지원
- 지역사회 자원확보, 발굴 및 지지망 강화
- 지역사회 내 아동문제에 대한 사전 예방적 기능 및 사후연계

(2) 보육정보센터

지역사회의 보육욕구에 부응하면서 보육대상자인 아동뿐만 아니라 부모와 이들 가정이 속한 지역사회를 지원하기 위하여 「영유아보육법」(1991)에 근거하여 설치되었으며, 설립목적은 영유아의 심신보호와 건전한 교육을 통하여 건강한 사회성원으로 육성함과 아울러, 보호자의 경제적 · 사회적 활동을 원활하

게 함으로써 가정복지 증진에 기여하는 데 있다.

보육정보센터의 역할은 지역사회와의 연계 구축을 통한 육아지원에 있는데, 그 내용으로는 부모에 대한 육아지원, 보육시설 지원을 통한 육아지원, 행정지원을 통한 유아지원 등이다. 보육정보센터에 관해서 좀 더 알고 싶다면 중앙육아종합지원센터(http://central.childcare.go.kr)를 참조하라.

(3) 건강가정지원센터

최근의 출산율 저하에 따른 저출산 대책의 추진과 자녀양육의 국가적 책임을 강화하기 위한 「건강가정기본법령」이 제정, 시행되면서 자녀양육지원 프로그램을 지원하기 위해서 건강가정지원센터가 실시되었다. 「건강가정기본법」 제35조에 따른 역할과 사업내용을 살펴보면, 가정문제의 예방 · 상담 및 치료, 건강가정유지를 위한 프로그램 개발, 가족문화운동의 전개, 가정관련 정보 및 자료제공 등이 있다.

(4) 드림스타트

드림스타트(Dreamstart)는 모든 아동의 공평한 양육여건과 출발기회를 보장하기 위해 맞춤형 통합서비스를 제공하며, 빈곤의 대물림을 차단하고 아동의 전인적인 발달을 도모하여 건강한 사회구성원으로 성장할 수 있도록 0~12세 저소득 아동 및 가족을 집중 사례관리하고, 보건 · 복지 · 보육통합서비스를 지역자원과 연계하여 지원하는 사업이다. 2007년 16개 센터에서 시범적으로 실시 후, 전국적으로 실시되고 있다.

① 추진방향

- 빈곤아동과 그 가족에게 보건 · 복지 · 교육을 통합한 맞춤형 전문서비스를 제공하여 문제를 조기진단, 개입하는 예방적 서비스체계를 구축하여 시 · 군 · 구 드림스타트 전담팀을 구성하여 공적보호체계 중심으로 추진

- 빈곤가정 지원을 위한 지역사회 자원 간의 협력 파트너십을 구축하여 기존의 지역사회 가용자원을 최대한 활용하고 지원
- 미래사회 성장동력으로서의 아동에 대한 사회적 투자 확대

② 서비스 대상

- 0세(임신부) ~ 만 12세의 저소득 아동 및 가정

③ 사업별 추진방향

- 사회복지사와 간호사가 한 팀을 구성하여 산모와 영유아를 대상으로 가정방문 프로그램을 제공함으로써 건강기회의 형평성 보장
- 가정방문 영아교육 프로그램과 유아 학교준비 및 인지능력 개발 프로그램 제공으로 교육기회의 형평성 보장
- 빈곤계층 초등학생의 기초학력 제고, 학교적응력 향상, 정서문화체험 등 전인적 발달지원에 중점
- 사후 해결이나 치료보다는 문제발생을 사전에 방지하는 예방적 조기개입 서비스체계구축
- 아동의 전인적인 발달욕구에 맞는 보건 · 복지, 교육의 서비스 연계조정체계 구축
- 지역사회와 그 가족의 문제해결능력 강화에 중점을 둔 서비스체계 구축

5) 아동을 위한 지역사회복지실천 과제

아동을 위한 지역사회복지실천 과제를 살펴보면 다음과 같다.

첫째, 아동의 인권과 복지권에 근거한 아동복지서비스에 있어 새로운 인식전환이 필요하다. 특별히 모든 선택과 결정과정에서 아동의 자기결정권을 증진시켜 주어야 한다.

둘째, 아동의 욕구에 적합한 방향으로의 프로그램 개발과 발전이 이루어져

야 한다.

셋째, 전문가에 의한 사회복지방법론의 과학적 지식과 기술이 실천되어야 한다.

넷째, 아동복지를 위한 재원확보와 전문요원의 확충이 필요하다.

다섯째, 대규모의 아동보호시설보다는 그룹홈 등 소규모시설로의 전환이 필요하며, 일방적인 보호서비스를 탈피하여 시설아동의 자립심과 독립심을 길러 줄 수 있어야 한다.

여섯째, 아동의 인격존중, 아동복지시설의 개혁, 가정위탁보호, 보호시설에 있는 미성년아동을 돕는 후견인제도 강화, 보편적인 아동수당의 지급이 요청된다.

3. 정신건강 분야에서의 실천

1) 정신질환 이해

정신질환 또는 정신장애는 보통 뇌기능에 문제가 생겨 나타나는 질환을 말한다. 「장애인복지법」의 정의에 따르면, 정신장애인이란 지속적인 정신분열증, 분열형 정동장애, 양극성 정동장애 및 반복성 우울장애로 인한 기능 및 능력 장애로 일상생활 혹은 사회생활을 영위하기 위한 기능수행에 현저한 제한을 받아 도움이 필요한 사람을 말한다.

「정신보건법」에서는 정신장애를 정신병(기질적 정신병을 포함) · 인격장애 · 알코올 및 약물중독 기타 비정신병적 정신장애를 가진 자로 정의하고 있다.

즉, 정신장애란, 일반적으로 생각, 느낌, 행동이 병리학적으로 특징지어지는 상태를 의미하며(유수현, 1999), 어떤 조건에 의하여 영구적이거나 반영구적인 정신적 장애를 갖게 되거나 질병으로 인하여 이전의 정신적 기능으로 되돌아가기 힘든 상태를 말한다. 정신장애는 질병 자체의 활발한 진행 이외에 질병으로 인한 기타 사회적 기능까지 손상되어, 증상이 사라진 후에도 질병 이전의 상태로 복귀하는 데 어려움을 겪게 된다. 그러나 정신질환자의 장애는 객관화시키기 곤란하며, 정확한 장애판정에 어려움이 있다.

2) 정신질환 현황

급속히 진행된 산업화·도시화로 인한 인구과밀화, 높은 실업률과 빈곤문제로 인해서 정신질환자가 점차 증가하고 있는 추세인데, 2021년 '정신건강실태조사(보건복지부, 2021)결과에 의하면, 국민의 정신질환 1년 유병률은 18세 이상 64세 이하 인구의 9.1%(남 9.7%, 여 8.4%)로, 지난 1년간 정신건강문제를 경험한 사람은 355만 명으로 추산된다.

이 중 기분장애의 대표 질환인 주요우울장애(우울증) 1년 유병률은 1.7%(남 1.1%, 여 2.4%)로, 61만 명으로 추산되며. 불안장애 1년 유병률 3.1%(남 1.6%, 여 4.7%)로, 224만 명으로 추산된다.

조현병 스펙트럼장애(망상이나 환각, 현실에 대한 판단력 저하로 사회적, 직업적 또는 학업적 영역에서 적응에 상당한 문제를 겪는 상태) 1년 유병률은 0.2%(남 0.2%, 여 0.2%)로, 지역사회에서 일 년간 조현병 스펙트럼장애를 경험한 적이 있는 사람은 6만 3천 명, 입원·입소해 있는 조현병 스펙트럼장애 환자 수는 5만 명으로, 총 11만 3천 명으로 추산된다. 또한 평생 한 번이라도 조현병 증상(환청·환시·조정망상·피해망상 등)을 경험한 적이 있는 사람은 약 1.8%로 나타났으며, 그 수는 71만 명으로 추정된다. 알코올 사용장애 1년 유병률은 3.5%(남 5.0%, 여 2.1%)로, 추정환자는 139만 명이다. 니코틴 사용장애 1년 유병률은 2.5%(남 4.5%, 여 0.6%)로, 남성이 여성에 비해 약 7배 이상 높았고 지난 1년 간 니코틴 사용장애 추정환자는 100만 명이다. 자살 생각 및 시도로는 지난 1 년 간 성인의 2.9%가 한 번 이상 심각하게 자살을 생각하고, 0.4%가 자살을 계획하며, 0.1%가 자살을 시도한 것으로 나타났다. 또한 자살 생각자의 50.1%, 자살 계획자의 68.7%, 자살 시도자의 75.1%가 평생 한번 이상 정신장애를 경험한 것으로 나타났다(보건복지부 보도자료, 2017).

그러나 지역사회의 사회통합력이 와해되면서 정신질환자들에 대한 사회적 지지가 감소하고 있으며, 여성의 경제활동 증가는 가족 내 정신질환자에 대한 돌봄 기능을 약화시키고 있으므로 국민의 정신건강증진과 정신질환자 보호 및 치료, 재활을 위한 국가의 정신보건서비스가 강화되어야 하겠다.

3) 정신장애인 사회안전망제도 현황 및 문제점

경제협력개발기구(OECD)는 우리나라의 정신건강 수준을 끌어올리기 위해 현재 병원중심으로 이뤄진 정신질환 진료체계를 지역사회중심으로 개편하고, 정신보건서비스에 대한 접근성을 높여야 한다고 권고하였다.

2011년, 보건복지부가 개최한 '한·중·일 정신건강 정책 포럼'에서 OECD 정신보건 자문관인 Susan O'Connor는 'OECD의 대한민국 정신건강시스템 분석 결과보고'를 발표하면서 지역사회정신보건사업 활성화, 국민 정신건강 증진, 정부역할 강화 등 세 가지 권고사항을 제시하였다.

OECD는 우리나라 정신질환의 치료체계를 정신병원 입원 위주에서 지역사회 중심으로 개편할 것을 제안하고, 정신보건센터와 사회복귀시설 등 지역사회인프라 확충을 위한 적극적인 투자 확대를 강조했다. 오코너 자문관은 "다른 국가들은 환자의 목소리를 적극적으로 반영해 지역사회중심 건강서비스를 제공하고, 필요한 경우 시설에서 단기간 치료를 받게 한 뒤 사회에 복귀토록 하고 있지만, 한국은 전반적인 치료가 병원중심으로 돼 있고 비자발적인 입원으로 장기간 시설에서 치료를 받도록 하고 있다"고 지적하고 있다.

그는 이어 "정신보건시설과 정신요양원에 장기수용하는 것이 치료에 반드시 효과적이지는 않고 사회복귀에도 도움이 되지 않는다"며, 건강보험적용 확대와 사회보장제도 개혁, 대대적인 투자를 통해 현재의 입원중심 진료체계를 지역사회중심으로 바꾸려는 노력을 기울여야 한다고 강조하였다. 이를 위해서 전 국민을 대상으로 한 정신건강증진 대책 마련과 경증 정신질환 치료에 대한 1차 의료의 역할 확대 및 심리치료 프로그램 도입 등을 제안했다.

OECD는 한국 사회에는 높은 자살율과 알코올 문제, 도박중독, 인터넷 중독, 학교폭력 등 높은 수준의 정신적 고통이 있다는 것을 시사하는 지표들이 많으므로 이런 지표는 한국에서 정신과 진찰이나 치료를 받지 못하는 정신적 고통이 많다는 것을 의미한다고 보았다. “정신건강 관련 지표들과 정신적 고통, 우울감 등의 관련성에 대한 올바른 이해와 정신질환에 대한 편견해소, 적절한 서비스에 대한 접근성을 향상하는 단계적 방안이 필요하다”고 강조했는데, 이에 대해 복지부 관계자는 “정신건강 문제는 삶의 질을 저하시키고 국가경쟁력을 저해하는 중요한 요소로 작용할 수 있으므로 복지부는 자살, 중독 등 늘어나는 정신건강 수요에 대응하기 위해 정신건강 인프라를 확충하고, 체계적 정신건강서비스 제공 및 인력 양성을 위해 2014년 말 국립정신건강연구원을 설립할 예정”이라고 하였다. 또 지역사회 기반 정신건강증진사업을 확대해 중증 정신질환자 사회복귀 및 가벼운 정신질환에 대한 조기치료를 지원할 예정이다. 정신질환 조기치료, 중독 예방관리 및 정신질환자 편견 해소를 위한 제도적 기반 강화를 위해서 정신보건법을 정신건강증진 및 정신질환자 복지서비스 지원에 관한 법률(2018.6.12)을 개정하였다.

4) 지역사회중심 정신장애인 재활서비스

지역사회중심 정신장애인의 재활촉진을 위한 이용시설로는 정신보건센터와 알코올상담센터, 정신질환자지역사회복귀시설 등이 운영되고 있는데, 그 내용을 살펴보면 다음과 같다.

(1) 정신보건센터

① 정신보건센터의 설립목적과 운영 내용

정신보건센터의 설립 목적은 지역사회중심의 통합적인 정신질환자 관리체계를 구축함으로써 정신질환의 예방, 정신질환자의 조기발견 · 상담 · 치료 · 재활 및 사회복귀를 도모하는 데 있다(「정신보건법」 제13조).

정신보건센터의 운영 내용을 살펴보면 다음과 같다.

첫째, 중증정신질환 관리를 맡고 있다. 광역차원에서는 정신의료기관과 지역사회의 분절성 해소를 위한 시·도 차원의 전달체계를 구축지원 및 초기 정신질환관리를 위한 모델 및 프로그램 개발, 24시간 정신질환 위기관리 체계운영을 하고 있으며, 시·군·구 차원에서는 방문보건팀, 지역 주민센터, 지역사회복지관, 의료급여사례관리사 등과 신규발견 및 등록체계를 활성화하며, 지역 내 의료기관과의 상호 협력적 의뢰연계 체계 개발로 신규발견체계 활성화 및 전문적 사례관리서비스를 제공하고 있고, 위기상황에 대한 일차적 책임성 구현을 위해 광역센터와 협력체계를 구축하고 있다.

둘째, 긴급지원 대상자 발굴을 하고 있다. 센터 이용대상자가 생계곤란 등의 위기상황에 처한 경우, 시·군·구 민생안정추진TF에 신고하여 긴급지원 등 복지서비스를 받을 수 있도록 조치하고 있다.

② 주요 사업과 제공서비스

정신보건센터의 주요 사업 내용은 표 14-2와 같다.

표 14-2 정신보건센터의 주요 사업 내용

영 역	광역형	표준형
기 획	• 지역사회 진단 및 연구조사 • 서비스 평가체계 구축	• 지역사회 진단 • 기획 및 자원조정
중증정신 질환관리	• 편견해소사업, 24시간 위기관리 지원 • 초발정신질환관리체계 구축 • 탈원화 진단체계 구축, 프로그램 개발 및 지원, 노숙정신질환관리	• 신규발견체계 구축, 사례관리서비스, 위기관리서비스, 사회재활프로그램*, 직업재활프로그램, 주거서비스 네트워크 구축
정신건강 증진사업	• 인식개선사업, 24시간 상담 및 지원 • 자살위기개입 체계운영 • 프로그램 개발 및 지원 • 고위험군 조기검진 지원 • 교육프로그램 개발 및 교육지원	• 홍보 및 교육사업, 1577-0199 상담전화, 고위험군 조기발견과 치료연계사업: 어린이, 청소년, 성인 우울증, 스트레스 노인 우울증 및 치매, 알코올중독
정신보건 환경조성	• 사회안전망 구축지원 • 언론네트워크 구축 및 지원	• 보건복지네트워크 구축 • 자원봉사운영체계 구축 • 지역 언론 협력체계 구축 • 경찰 및 구조구급네트워크

*사회재활·직업재활프로그램은 상황에 따라 직접 또는 네트워크 구축을 통해 제공할 수 있음.
*지역 여건에 따라 아동청소년사업, 자살예방시범사업 등을 적극 추진
*기타 지역 특성에 따른 특화사업(예: 새터민, 결혼이민자) 수행기능

출처: 보건복지부(2012).

(2) 알코올상담센터

① 알코올상담센터의 설립목적과 운영내용

알코올중독자, 예비중독자 및 그 가족 등 지역 주민에게 알코올중독에 대한 예방, 홍보, 교육과 체계적이고 전문적인 치료, 재활서비스를 제공함으로써 알코올중독자의 사회복귀를 촉진하는 것을 목적으로 한다.

알코올상담센터의 운영내용은 다음과 같다.

- 알코올남용 및 의존자 발견·등록사업 및 음주문제 조기발견 검진도구를 활용하여 문제 음주자 조기발견 및 상담연계
- 알코올의존자 및 가족전화·내방상담·교육 및 알코올의존자 재활프로그램 개발 및 시행과 사례관리
- 학생, 직장인, 지역 주민 대상 알코올문제 예방홍보, 교육·자문과 프로그램 진행
- 음주운전자 및 음주범죄자 보호관찰 프로그램
- 소식지 발간, 사이버상담, 직업재활 준비 및 타 기관 재활 프로그램 연계 등

② 주요 사업과 제공서비스

알코올상담센터가 제공하는 주요 사업과 서비스 내용은 다음과 같다.

- 알코올중독자관리사업: 신규발견 및 이용체계 구축, 사례관리서비스, 위기관리서비스, 재활프로그램, 직업재활서비스 제공
- 알코올중독자 가족지원서사업: 신규가족 발견 및 이용체계 구축, 사례관리서비스, 가족교육 및 프로그램, 위기관리서비스, 가족모임지원서비스
- 음주폐해예방 및 교육사업: 고위험군 조기발견 및 개입서비스, 아동·청소년 예방교육사업, 직장인 음주폐해 예방지원사업, 지역 주민예방교육사업, 인식개선 및 홍보사업

- 지역사회안전망 조성사업: 보건복지부네트워크 구축, 지역법무연계 · 협력체계 구축, 자원 봉사관리 · 운영체계 구축, 경찰 및 응급지원 네트워크 구축, 지역인프라 구축 등

5) 정신건강 분야의 지역사회복지실천 과제

치열한 경쟁, 빠른 속도로 변화하는 환경 속에서 우울증 등 정신질환의 증가는 세계적인 추세이며, 우리나라 질병구조도 선진국화되면서 정신보건 수요가 급증하고 있다. 이러한 현실을 감안해서 정신질환자들에 대한 사회적 차별을 최소화하고, 질환을 조기 발견해 치료하기 위해서 국가적으로 종합대책 마련이 매우 시급하다. 지역사회 정신건강 증진을 위한 과제는 다음과 같다.

첫째, 정신질환자들이 불합리한 차별을 받지 않도록 용어개선이 이루어져야 한다. 현재 지역사회 바우처서비스명이 '정신질환자 토탈케어'라는 용어를 사용하고 있는데, 보다 순화되고 긍정적인 용어로 전환할 필요가 있다. 또한 대부분의 정신질환이 18~20세 전후에 최초 발견되는 경우가 많은 만큼, 증상의 조기발견과 적극적 치료개입을 통해서 만성질환으로 발전하지 않도록 생애주기에 따른 정신건강검진체계가 도입되어야 한다.

둘째, 정신질환자들이 대규모 정신의료시설에 수용되어 약물치료를 받으며 입 · 퇴원을 반복하는 과정에서 불필요한 건강보험 재정을 낭비하고 있고, 오히려 만성질환으로 진전되는 양상을 보이고 있으며, 오랜 시간 지역사회와 분리된 환경에서 생활하므로 지역사회 적응력이 떨어지고 있다. 이를 해소하기 위해서 급성기 치료는 정신의료시설에서 맡되, 가능한 지역사회 안에서 생활하며 이용시설서비스를 이용하도록 조치하는 것이 정신질환을 앓고 있는 사람들의 재활에 도움이 될 것이다.

셋째, 정신보건관련 전문인력 양성과 배치가 이루어져야 한다. 지역사회 현장에 정신보건 전문인력이 부족해 정신장애인에 대한 양질의 서비스가 이루어지지 못하고 있는 실정이다. 특별히 정신장애인 바우처사업 분야의 경우에는 사례관리자의 전문성이 떨어지므로, 정신병리와 재활에 대한 전문적인 보수교

육이 지속적으로 이루어져야 할 것이다.

넷째, 정신장애인의 가족기능 강화를 위한 다양한 서비스프로그램이 개발되어야 한다. 정신장애인의 지역사회 복귀와 적응을 촉진하기 위해서 해결해야 할 문제는 보호자로 하여금 정신장애의 증상 및 병식이해, 증상조절, 사회생활 기능습득의 중요성을 인지시켜 주어야 하며, 사회적 편견과 낙인으로 인해서 소외되지 않도록 배려해야 할 것이다.

다섯째, 정신장애인의 직업재활을 강화시켜 나가야 할 것이다. 정신장애인의 직업재활과 유지를 위한 지속적인 프로그램이나 적절한 지원이 없다면, 대인관계나 작업능률상의 어려움으로 인해 중도에 실패할 가능성이 높다. 따라서 개인별 사례관리를 통해서 건강한 사회적응을 촉진하므로 재입원이 반복되지 않도록 하여 삶의 질을 높여 나가야 하겠다.

연습문제 ?

1 특수한 문제를 지닌 인구집단 가운데 교재에서 다루지 못한 장애인, 결혼이주여성 및 이주노동자, 만성질환자 및 호스피스대상자, 학교부적응 청소년, 재소자를 위한 복지실천에 대해서 조사해 보자.

2 특수한 문제를 지닌 인구집단의 문제를 다룬 영화를 감상한 후에 토론해 보자.
• 예: 장애인문제(말아톤, 오아시스), 이주여성 · 노동자(방가?방가!, 완득이)

CHAPTER 15

지역사회복지실천의 쟁점과 과제

지역사회복지실천 현장은 중앙정부의 정책이나 법, 제도의 변화나 경기변동은 물론 지역이 직면하고 있는 문제상황 등 다양한 변수에 따라서 영향을 받게 된다. 이 장에서는 지역사회복지에 영향을 미치는 거시적인 환경의 변화요인으로 세계화, 지방화, 정보화, 다문화 사회로의 변화 등을 살펴볼 것이다. 그리고 지역사회복지의 새로운 변화요인으로 정보통신기술 발달로 인한 새로운 개념의 지역사회 등장, 지역사회복지실천 이념의 다양화, 지역사회복지실천의 변화에 대해서 다룰 것이다. 또한 지역사회복지실천의 쟁점으로는 지방자치단체의 사회복지재정 확보문제, 사회복지계의 정치세력화, 지역복지활동 영역의 확대와 연대활동에 대해서 알아보고, 마지막으로 한국 지역사회복지실천의 과제를 제시하고자 한다.

1 환경변화와 지역사회복지의 쟁점

21세기에 접어들어 사회환경은 그 어느 때보다도 엄청난 변화의 소용돌이에 직면해 있다고 할 수 있다. 세계의 변화를 주도하는 거대한 흐름의 두 가지 형태는 세계화와 지방화이다. 이 두 가지 방향의 흐름은 다소 모순되는 현상 같으면서도 동시성을 갖고 진행되고 있다. 이 외에도 전자통신 테크놀로지의 발전에 기초한 정보화와 세계화의 영향으로 인한 다문화사회로의 변화라고 할 수 있을 것이다. 이러한 흐름들은 사회 각 부문과 관련되어 있지만, 특히 사회복지분야의 이목을 끄는 것은 그것이 사회복지조직의 목표, 방향 및 활동내용과도 긴밀하게 상호 관련되어 있는 사회변동의 요인이라는 점이다.

우리나라 지역사회복지의 성격과 내용을 규정할 만한 환경의 변화인 세계화, 지방화, 정보화, 다문화화에 관해서 좀 더 구체적으로 살펴보자면 다음과 같다.

1. 지역사회복지에 영향을 미치는 환경의 변화

1) 세계화

세계화(globalization)란 각 국가경제의 세계경제로의 통합을 의미하며, 국가적 경제를 허무는 것이다. 즉, 세계화는 국가 및 지역 간에 존재하던 상품, 서비스, 자본, 노동, 정보 등에 대한 인위적 장벽이 제거되어 세계가 일종의 거대한 단일 시장으로 통합되어 나가는 추세를 말한다.

세계화의 특징을 살펴보면, 첫째, 지리적 경계의 중요성 약화, 둘째, 정치·경제, 사회, 문화 등 각 영역 상호 간의 기능적 연계 및 통합, 셋째, 지구적·국가적·국지적 수준의 상황과 삶에 일어나는 질적인 변화 등을 포괄하는 다차원적인 현상을 말한다.

세계화의 긍정적인 측면은 국가 간, 지역 간, 기업 간, 계층 간의 경쟁을 통해 효율의 극대화를 초래하며, 경쟁, 특화 등을 통해 자본, 노동 등 자원의 최적 배분을 초래시키는 역할을 한다는 점이다. 또한 세계화는 세계시장의 단일적 통합과 시장광역화를 통해 규모의 경제이익을 발생시키기도 하며, 무역장벽을 소멸시키고 자유무역의 이점을 가져다주는 역할을 하기도 한다.

그러나 세계화가 문제가 되는 것은 강대국들의 신자유주의적 가치에 기반을 두어, 세계를 시장으로 보고 무한경쟁체제를 구축하여 국가나 계층 간에 불평등과 양극화를 심화시키고 있다는 점이다.

이러한 신자유주의적 세계화 현상은 각국의 농민들에게 피해를 입히는 것과 같이 특정 지역이나 계급에 부정적인 영향을 미치고 있다. 예를 들면, 세계적인 투기자본의 힘이 강해지면서 특정 국가의 재정위기와 국가부도사태를 낳기까지 할 정도이다.

신자유주의적 세계화 현상이 사회복지정책에 미치는 영향은 매우 심각한데, 그것은 사회복지는 의료, 교육, 노동, 환경, 문화 등 구성원들의 기본적이고 평균적으로 보상받아야 한다는 보편주의 복지이념을 외면한 능력과 기여에 따른 보상이라는 시장원리를 강화시키고, 복지서비스마저 시장 기능에 맡기고 있다는 점이다.

또한 국가 기간산업의 민영화는 물론 복지시장에 민간부문의 참여를 강조하고, 국가는 제도적으로 진입장벽을 제거해줄 뿐만 아니라 혜택까지 부여하고 있는 현실이다. 복지시장에 참여한 기업 등 민간부문은 자신들의 이익 실현을 목표로 하므로 사회복지의 보편주의 정신을 더욱 퇴색시키고 있고, 사회적 약자들에 대한 차별을 강화하는 악순환이 반복되고 있다. 최근에 강대국 및 거대자본 위주의 신자유주위적 세계화의 움직임 속에서 살아남기 위해서 나라들 간 블록구축이나 협정, 강대국 거대자본의 세계화에 저항하는 세계의 농민단체들과 비정부 시민단체(NGO)들이 연대하여 자본의 힘에 휘둘리지 않고 인간다운 삶을 실현하기 위한 움직임과 같은 새로운 형태의 지역공동체 활동들이 활력을 띠고 있는데, 이러한 면들이 지역사회복지를 주목하게 만든 배경으로 작용하고 있다.

2) 지방화

지방화(localization)란 각 지역사회 공동체가 중앙중심의 정치경제적 · 사회문화적 질서에서 벗어나 각 지방의 자율성을 회복 및 증대해 나가기 위해서 상대적 자립을 확보하여 자주적인 발전을 추구하는 것으로, 중앙집권 국가의 통제 획일주의 중앙문화에 대항해서 지방분권, 시민자치, 지역적 개성, 지역문화를 우선시 한다는 의미를 내포한다.

그동안 각 지역의 특수한 상황과 자원, 지역 주민들의 욕구를 고려하지 않고 중앙정부 중심의 복지정책을 추구해 왔으나 1990년대 초반, 지방자치제도의 부활 및 1995년 6월 27일, 4대 지방선거를 통해 본격적인 지방자치 시대가 열렸으며, 참여정부 이후 지방분권화로 인해서 지역의 특성에 맞는 지역사회복지제도가 자리 잡게 되었다. 이로서 중앙정부에 집중된 행정력이 지방자치단체로 분산, 이관되면서 지방자치단체의 재량권과 자율권이 확대되고 있다. 국가와 중앙정부의 규제완화로 지방자치단체는 재정적 독립과 각종 지역사회계획 수립의 주체이자 시행자가 되는 경우가 많아지고 있으며, 타 지역과 다른 독자적인 제도도입과 실천에 나서고 있는 상황이다.

지방화가 사회복지 분야에 미친 영향은 지역 특성에 맞는 지역사회복지행정을 요구하며, 이것은 공공부조와 사회복지서비스 분야에 큰 영향을 미치고 있다. 4년마다 실시하는 지역사회복지계획 수립과 실천은 지역 주민들의 욕구를 중요하게 반영하고 있으므로, 지방의 지역사회복지의 특성화와 발전에 큰 진전이라고 할 수 있다.

그러나 사회복지 재정조달의 책임이 중앙정부에서 지방정부로 이양되면서 많은 문제점들이 드러나고 있는데, 지방재정 자립도가 취약할 뿐만 아니라, 지역 이기주의 작용과 지방재정 능력의 차이에 따라서 지역 간 불균형이 심화될 수 있다는 점이다.

지방화는 지역사회의 실정과 형편에 맞게 이루어져야 한다. 이를 위해서 중앙정부가 절차적 권한이양과 지방자치단체의 자율권 확대와 함께 복지예산을 적극적으로 지원해야 한다.

지방자치제 실시로 인해 지역의 환경문제, 지역 주민의 생활향상 문제 등과 관련하여 지방자치단체의 권한과 능력 수준이 쟁점화되어 왔으며, 시민단체, 전문가단체와 같은 비정부단체(NGO)가 새로운 정치세력으로 등장하고 있다.

3) 정보화

정보화(informatization)란 정보통신기술을 사회생활의 각 부문에 응용하는 과정으로서, 정보가 우리의 일상적 삶의 모든 영역에서 막대한 영향력을 행사하게 되는 현상을 말한다. 컴퓨터의 등장과 인터넷과 같은 통신기술의 발달로 오늘날 전 세계를 실시간으로 연결할 수 있는 정보통신망 체계가 구축되어, 생산·유통·소비의 방식을 포함한 경제활동은 물론 정치, 경제, 사회문화, 개인생활 등 사회 전반에 걸쳐 정보기술과 정보가치가 중심적인 모습을 띠게 되었다.

전개양상에 따라서 이와 같은 정보화가 기득권층의 지배를 더욱 공고히 하는 방편이 될 수도 있고, 반면에 지배구조를 획기적으로 변환시킬 수 있는 수단이 될 수도 있다. 마찬가지로 개별 사회구성원 차원에서도 정보접근의 가능성과 정보이용 능력의 차이 여하에 따라 정보화가 사회적 지위상승의 기회로 작용할 수도 있고, 반대로 부적응과 소외, 혹은 배제를 안겨 주는 장벽이 될 수도 있다(감정기 외, 2007: 424).

정보화가 사회복지 부문에 미치는 영향으로는 사회복지 전산망의 구축이며, 지역사회 차원의 공공과 민간사회복지 부문 정보화 체계의 구축이 복지서비스 이용자들의 접근성을 용이하게 만들 수 있을 것이다.

정보화의 발달로 사회복지분야의 전국단위 전산망구축은 기회비용 소모를 줄였을 뿐만 아니라, 사회복지시설들을 체계적으로 관리할 수 있게 된 점이다. 보건복지부에서 운영하고 있는 사회복지국가정보시스템(www.w4c.go.kr)이나 노인장기요양보험(http://www.longtermcare.or.kr)사이트는 사회복지시설들의 행정과 재정관리체계를 일원화함으로써 편리성과 투명성을 높이게 되었다. 또한 보건복지행정시스템 개발과 지역의료전산개발, 원격의료사업 등의 실시로 수급자들의 편리성을 증진시키게 되었다. 이로서 인터넷 '사이버공간'이 사회복지분야의 커뮤니티가 될 수 있음을 보여주고 있으며, 사회복지에 대한 정보교환과 수급자와 공급자 간 이해도 증진에도 크게 기여하게 되었다. 향후 국가나 지방정부 차원의 사회복지 전산망이 사회단체 및 민간부문과 연계된 통합망 구축이 과제라고 하겠다(김광희, 2010).

4) 다문화사회로의 변화

오늘날 가장 중대한 도전 중 하나는 사회의 급속한 인구학적 변화에 따른 클라이언트 집단의 문화적 다양성이다. 세계화의 물결에 따른 국가 간, 지역 간 인구이동이 한층 자유로워지면서 취업이민, 결혼이민, 외국인 근로자, 난민 등의 형태로 외국인들의 유입이 증가하고 있다. 한국 사회에도 예외 없이 적용되고 있는 인구의 혼성적 증가는 정부로 하여금 다문화주의를 지향하도록 만들고 있다.

다문화주의(multiculturalism)란 한 사회 내에 존재하는 다양한 인종이나 민족 집단들의 문화를 지배적인 하나의 문화에 동화시키지 않고, 서로 인정하고 존중하면서 공존하게 하는 데 목적이 있는 이념체계를 말한다. 법무부 외국인정책 통계연보를 보면, 국내 체류 외국인은 2013년 157만 6천34명에서 2017년 218만 498명으로 4년 만에 60만 4천464명(38.4%) 늘었다. 외국인 고용허가제가 도입(2004년 8월)된 직후인 2005년에 74만 7천 명 수준이었으니까 12년 만에 약 세 배나 증가하였다. 2016년 한 해 동안 다문화 혼인건수는 21,709건이며 다문화 출생아는 19,431명이였고, 초 · 중 · 고에 재학중인 다문화학생은 10만 9천 명으로 나타났다(통계청 보도자료, 2016년 다문화 인구동태 통계, 2017.11.16.).

국내 불법체류자는 2013년 18만 3천106명에서 2017년 25만 1천41명으로 37.1% 늘었다. 외국인 유입이 증가하면서 인구 대비 체류 외국인 비율은 2013년 3.1%에서 2017년 4.2%로 상승한 상태다. 국제이주기구(IOM) 이민정책연구원 보고서 '국내 이민자의 경제활동과 경제 기여효과'(강동관, 2016)에 따르면, 외국인 체류자는 2027년 대한민국 인구의 약 10%선인 500만 명을 넘을 것으로 추정된다.

다양한 배경을 지닌 사회 주체가 존재하는 다문화사회에서는 각 부문에서 다양한 주체들이 함께 참여하고 활동할 수 있는 기반을 형성하는 것이 무엇보다도 중요하다. 그러나 우리 사회는 이주민들을 사회 주체로 인정하는 경향이 현저히 제한되어 있다. 따라서 다양한 배경을 지닌 다양한 주체들이 함께 참여하여 생산적인 사회질서를 구현해 나가기 위해서는 정부정책이나 이주민의 사회적 위상을 정립하는 것이 무엇보다도 중요하다. 다문화사회의 궁극적 지향은 일상을 살아가는 시민들이 생활 속에서 대면하는 다양한 민족적 · 문화적 배경의 주체들과 소통하면서 생산적 시너지를 구현해 가는 데 있다.

정부와 지방자치단체에서는 건강가정지원센터나 다문화가정지원센터 등의 운영을 통해서 결혼이주여성들을 대상으로 한국어교육이나 생활상담 및 다문화가정 자녀들의 학습을 지원하고 있지만, 지역사회 주민 차원에서 다문화가정에 대한 배려가 부족한 실정이므로 체계적인 다문화교육이 필요할 때이다.

지역사회복지 활동가들은 문화적 다양성에 대한 관심과 기본적 지향, 지식, 다양한 배경의 주체들과 대면하고 소통할 수 있는 실천적 역량을 지녀야 하며, 지역사회에 살고 있는 이주민들에 대한 편견을 불식시키고 사회통합을 도모하기 위한 다양한 서비스를 제공하기 위해 노력해야 한다(김용환 외, 2011: 282).

지역사회복지에 영향을 미치는 거시적 환경변화로는 이상과 같은 세계화, 지방화, 정보화, 다문화화 외에도 주요한 의미를 갖는 것들이 적지 않다. 그 가운데 몇 가지만 들면, 인구구성의 고령화와 출산율 저하로 인한 부양부담 증가, 탈산업화와 탈근대화에 따른 생산방식과 생활양식의 변화 및 욕구의 다양화, 세계경제의 장기적 침체현상 등을 들 수 있다. 이러한 변화, 혹은 시대적 특성들도 지역사회복지의 전개에 직접적인 기회 혹은 위협 요인으로 작용할 수 있다.

2. 지역사회복지의 새로운 변화

지역사회복지는 지역사회의 사회복지기관과 사회적 상황이 상호작용하는 과정의 산물이다. 21세기 지역사회복지에 대한 도전은 새로운 사회변화와 함께 나타나는데, 그 내용은 다음과 같다(오정수 외, 2006: 325-327).

1) 정보통신기술 발달로 인한 새로운 개념의 지역사회 등장

사이버공간에서 새로운 공동체로서 가상공동체, 네트워크공동체, 사이버 동호회 모임 등이 증가하고 있다. 이러한 정보통신기술의 발전에 기반해서 새로운 개념의 지역사회 또는 공동체는 지역사회복지실천에 있어서도 새로운 도전과 변화를 요구하고 있다. 특별히 사이버복지관을 운영한다면 많은 장점이 있을 것이다. 일찍이 가상복지관운동을 펼친 한덕연이 제시한 내용을 살펴보면 다음과 같다(http://www.welfare.or.kr).

사이버복지관은 일명 '가상복지관'이라고도 하는데, 자체 건물을 두지 않으나 실제 조직과 사업이 있는 사실상의 기관으로서, 정보시스템(인터넷과 컴퓨터)을 의사소통과 기록 및 지식관리의 기반으로 하는 복지관으로서 상담과 각종 서비스는 이러한 새로운 변화의 사례로 나타나고 있다. 건물에 기초한 기존의 복지관은 건축에만 수십억 원이 소요되며, 시설의 유지관리에 너무 많은 비용이 소모되지만, 정작 전문적인 서비스관리나 임상연구 및 실습은 명목적인 수준에 그치고 있는 경우가 많다. 가상복지관은 가상기업과 마찬가지로, 클라이언트에게 필요한 서비스를, 시간·공간적 제약을 덜 받으며, 비용효과적인 방법으로 신속하고 광범위하게 제공할 수 있는 형태의 서비스 조직을 꾸려 갈 수 있다.

물리적 시설을 갖추지 않고, 전문 서비스조직 중심의 가상복지관을 지향하는 이유는 다음과 같다.

- 비용을 획기적으로 줄일 수 있다.
- 전문적 조직환경을 유지할 가능성이 더 크다.
- 지역 주민에게 좀 더 가까이 다가갈 수 있다.
- 지역사회 자체의 변화에 우선한다.
- 스티그마의 완화, 혹은 해결에 도움이 된다.

사이버복지관은 서비스이용자들이 언제든지 접근하여 필요한 정보를 얻을 수 있다는 장점이 있는데, 그 예로 인천지적장애인 사이버복지관(www.iaidd.or.kr)의 활동을 들 수 있다. 사회복지분야에서는 다양한 복지전산망의 확충이 이루어지고 있다. 따라서 지역사회복지실천에서는 정보화사회에 요구되는 새로운 개입과 실천기술, 실천윤리 등의 개발과 대응이 요구된다.

2) 지역사회복지실천 이념의 다양화

우리나라의 현대사에서 지역사회복지의 두 흐름은 제도화된 사회복지활동과 진보적인 운동으로서의 복지실천으로 구분할 수 있다. 제도권의 지역복지활동은 외원기관, 새마을운동, 사회복지시설 · 기관, 사회복지협의회, 사회복지공동모금회 등의 활동을 들 수 있다. 반면 진보적인 복지운동으로는 도시빈민운동, 노동운동, 농민운동, 참여연대나 경실련과 같은 NGO운동 등을 들 수 있다.

우리나라의 지역사회복지실천은 1980년대에 이르기까지는 주로 제도화된 사회복지기관 · 시설을 중심으로 이루어져 왔다. 제도권의 민간사회복지는 정부의 지원과 동시에 관리 · 감독을 받고 있기 때문에 자율적인 발전을 기대하기에는 한계가 있었다. 이러한 정부의 영향력으로부터 벗어나기 위해서는 독자적인 재정동원 능력이 선행되어야 하지만, 현재까지의 상황에서는 민간재원동원 능력이 부족한 실정이다. 이러한 상황에서 시민사회단체, 종교단체의 사회복지 참여가 확대되고 있다. 이러한 단체들은 열악한 재정적 환경하에서 자생적인 생존능력을 갖고 꾸준하게 지역복지활동에 기여하여 왔다.

시민사회단체와 종교단체의 지역복지실천은 사회적 약자 옹호와 사회개혁에 앞장섬으로써 제도권 사회복지조직에 자극과 도전이 되고 있다. 그러나 이들 단체들의 활동은 전문성의 부족과 열악한 처우로 사회복지 근무환경을 더욱 악화시키는 부정적인 측면도 지적되고 있다.

시민사회활동이 강화되는 21세기의 사회변화의 흐름에 비추어 이들 단체들의 활동은 더욱 활발해질 것으로 보인다. 따라서 이들 시민사회단체의 사회복지 참여와 제도권 민간사회복지와의 역동적인 상호작용이 긍정적인 결실을 가져올 수 있도록 상호 간의 협력과 조화가 요청되고 있다. 지역사회복지 활동의 역사에 대한 이해에 있어서도 이와 같은 이념적 다양화를 포괄할 수 있는 구도로 재해석되어야 할 것이다.

3) 지역사회복지실천의 변화

지역사회복지실천에 있어서도 전통적인 지역사회조직의 방법을 넘어 새로운 다양한 모델들이 개발되고 있다. 지역사회복지의 목표로서 지역사회의 역량강화가 새로운 실천의 목표로 강조되고 있다. 그리고 지역사회의 실정과 주민의 욕구를 반영한 지역복지계획 수립과 실천, 통합적 지역복지서비스의 실천, 전문적인 프로그램의 개발과 평가, 자원동원 전략의 중요성 등도 새롭게 강조되고 있다.

2 한국 지역사회복지실천의 쟁점과 과제

급격한 환경변화에 따른 지역사회복지실천의 쟁점과 과제에 대해서 살펴보자면 다음과 같다.

1. 지역사회복지실천의 쟁점

1) 지방자치단체 사회복지재정 확보 문제

정부가 관장하는 사회복지재정의 상당부분은 교부금이나 보조금 등의 이전재원 형식으로 지자체에 지원되며, 지자체는 자신이 확보한 자금과 중앙정부 지원재원을 사회복지재원으로 사용한다. 중앙정부가 복지정책을 확대하게 되면, 지방정부가 부담해야 하는 매칭펀드(matching fund) 또한 늘어나게 되어 지자체가 더 많은 비중의 재정지출을 복지에 사용하게 된다. 따라서 지방자치단체는 사회복지예산과 관련해서 어려움을 겪게 된다. 높은 사회복지예산비율로 인한 재정압박은 물론, 수평적 재정불균등 현상이 발생할 수 있다.

(1) 지방자치단체 사회복지재정의 문제점

지자체가 사회복지재정을 결정할 때, 복지수요 등 여러 가지 변수들을 고려하지 못하고 전년도 사회복지예산을 답습하는 예산의 점증주의적 성격을 벗어나지 못하고 있으며, 지방선거가 있는 해는 정치적인 영향으로 사회복지예산이 증가하는 것으로 나타났다.

따라서 지방자치단체 사회복지재정 문제해결을 위해서는 첫째, 복지재정의 정책결정에 지역적 특수성을 고려해야 한다. 복지정책은 지방자치단체가 가지는 인구사회학적 요인, 정치경제학적 요인 등을 고려하여 이루어지며, 사회복지재정은 이러한 정책을 바탕을 전제로 결정될 수 있도록 해야 한다. 둘째, 사회복지재정은 복지정책을 바탕으로 마련되어야 하는데, 이러한 정책은 복지수요를 기반으로 형성될 수 있다. 그러나 기초생활수급자 비율이나 노령인구 비율과 같은 복지수요가 정책이나 예산편성에 영향을 미치지 않고 있다. 향후 지자체의 복지수요에 맞는 정책결정과 예산편성이 이루어질 수 있는 시스템 마련이 필요하다. 셋째, 지방자치단체가 전년도 사회복지예산을 답습하여 편성하는 구조에서 벗어나, 실질적인 지역사회 복지수요에 맞게 사회복지예산을 결정할 수 있는 구조의 마련이 필요하다.

(2) 사회복지재정분권의 영향과 문제점

사회복지사업의 지방이양에 대한 문제점들은 두 가지 측면에서 제기되고 있다.

첫째, 재정분권 방식으로서 분권교부세에 대한 문제이다. 이는 주로 분권교부세 자체의 내재적인 한계와 분권교부세율이 과거의 국고보조금액을 기준으로 낮게 산정됨으로써 문제가 발생한다는 것이다. 이런 문제제기는 노령화, 핵가족화에 따른 사회복지수요의 폭증과 사회복지서비스 인프라 구축이 미흡한 현실, 지역 간 인프라 격차가 큰 현실, 지방정부의 재정력 격차가 큰 현실이 낮은 교부세율로 결정된 분권교부세 방식의 재정분권과 결합하여 사회복지서비스 발전을 지체시키고, 지역 간 서비스 격차를 확대시킨다는 것이다.

둘째, 재정분권의 방식이 개선되어 지방정부의 서비스관련 재정문제가 해결 가능하다고 해도, 지방정부 수준에서 공공부문과 민간부문의 사회복지서비스 기획 능력과 집행능력이 뒷받침되지 않는다면 서비스발전을 가져오기 어렵다는 문제이다. 이런 문제의 이면에는 충분한 복지재정 확보를 전제로 복지재정 및 복지서비스의 기획과 집행은 지방정부 수준에서 이루어지는 것이 바람직하다는 전제를 깔고 있다.

분권교부세제도의 문제점을 살펴보자면 다음과 같다.

첫째, 복지수요 폭증에 대비한 예산확보의 구조적 한계가 있다. 분권교부세율은 2009년을 기점으로 지난 5년간의 국고보조금사업 예산 평균을 기준으로 확정하였다. 이는 사회복지수요가 급증하고 있는 현실여건을 고려하지 못하고 있어, 내국세 증가율에 연동된 고정된 분권교부세율로는 폭증하는 사회복지수요를 충족시킬 수 없다는 내재적인 한계가 존재한다. 또 분권교부세율 산정기준 시점 이후 새롭게 시작되는 사업수요를 전혀 반영할 수 없으며, 기존 사업을 확대하여 운영할 경우에도 예산이 추가 반영이 되지 않는다.

둘째, 중앙정부 부담은 감소하고 지방자치단체, 특히 시 · 군의 부담은 증가하고 있다는 점이다.

이런 상황에서 분권교부세제도와 지방정부의 현실이 맞물려 발생하는 문제를 살펴보면 다음과 같다.

첫째, 재정력의 격차가 지역 간 복지예산, 복지수준의 격차로 연결될 가능성이 높다. 따라서 재정자립도가 높은 곳보다 낮은 곳이 일반적으로 사회복지 수요가 많기에 더 큰 문제점이 유발될 수 있다. 즉, 재정자립도가 낮은 자치단체일수록 개발 등의 수요가 많기 때문에 앞으로 예산을 복지분야에 계속하여 지출할 수 있을지 의문이다.

둘째, 사회복지서비스가 지방정부의 정책 우선순위에서 밀려나거나 왜곡될 가능성이 높다. 지방정부는 경제성장을 최고의 목표로 중시하는 속성을 지니고 있어, 사회복지예산 수립과 집행의 자율성이 확대될 경우 복지정책이 우선순위에서 밀려날 가능성이 크다.

셋째, 취약계층에 대한 사회복지시설 신축이나 운영 등 사업추진이 더욱 어려워질 수 있다.

넷째, 지방비로 추진하는 자체사업이 어려워질 수 있다. 지자체는 중앙정부로부터 이양된 67개 사업 외에도 자체적으로 추진하고 있는 사업들이 있다. 큰 틀의 복지정책은 국비사업으로 추진하고 있고, 지역실정에 맞는 소규모 사업들은 지방비의 부담으로 수행하고 있는데, 지방이양사업으로 추가 지방비의 부담이 가중되면서 지방이양사업과 기존의 자체사업을 동시에 유지하는 데 어려움이 따를 것이다.

이상의 문제점들을 해결하기 위해서는 분권교부세율을 더 인상하고 기타의 분권교부세제도 운영의 개선 방안을 정책믹스로 활용해야 할 것이며, 사회복지서비스 공급(전달)책임을 분권화하는 사무분권은 실시하되 재정책임은 중앙정부가 분담하는 방식을 채택해야 한다. 전국적으로 각 시 · 군 · 구별로 기본적인 사회복지 수요를 충족할 수 있는 인프라가 확충되고, 사회복지서비스가 성숙

단계에 진입하는 단계까지는 중앙정부가 포괄보조금방식으로 복지재정을 지원하고 공급(전달)책임은 분권화하여, 지방자치단체와 지역공동체가 함께 지역 거버넌스(governance)를 구축하여 지역특성에 부합하는 서비스를 공급하도록 하는 방안을 채택하는 것이 필요하며, 사회복지교부세 제도의 도입이 이루어져야 할 것이다.

복지재정 분권화와 동시에 추구되어야 할 중요한 연계 과제를 살펴보면 다음과 같다.

첫째, 지방자치단체의 사회복지서비스 기획 및 관리능력 부족 문제를 발전적으로 극복해야 한다. 중앙정부의 정책과제로는 사회복지서비스를 기획·관리할 수 있는 행정체계를 지방정부가 갖추도록 지원할 필요가 있고, 이를 위해 사회복지서비스 전담공무원의 채용과 배치 등을 국가가 지원하는 사업으로 지속하여야 한다.

둘째, 복지분야의 지방분권 취지를 충분히 살릴 수 있는 적절한 관리체계를 구축해야 한다. 이를 위해 지역사회복지협의체 구성·운영 내실화, 지자체가 지역계획을 체계적으로 수립·집행할 수 있는 매뉴얼 개발 및 지자체 공무원 교육내실화 등이 필요하다. 모니터링을 통해 지자체를 평가하고, 차등적으로 인센티브를 제공하는 시스템을 도입할 필요가 있다. 특히 지방자치단체 예산편성 과정에서는 지방자치단체의 역할뿐만 아니라, 이를 견제하고 점검할 수 있는 시민사회의 역할, 제도적 기반을 마련할 수 있는 중앙정부의 역할이 필수적이다. 또한 정부가 추진하고 있는 '참여예산제'를 적극적으로 시행해야 하고, 시민단체의 견제, 감시, 참여가 활성화될 필요가 있다.

셋째, 지방정부의 복지예산 축소나 왜곡 가능성에 대한 대비책이 마련되어야 한다. 이를 위해 「사회복지사업법」 및 각종 개별 사회복지서비스 법에서 사회복지서비스나 급여의 임의적 선언 규정을 의무적 강행 규정 및 지출 규정으로 재정비할 필요가 있다. 특히 포괄보조금제도의 운영에 있어서 성과계약과 인센티브 운용을 점진적으로 도입함으로써 지방 간의 서비스 경쟁을 통해서 서비스의 질을 높여야 한다.

2) 사회복지계의 정치세력화

현대사회에서 시민의 일상생활에 중요한 영향을 미치는 사안들이 정치적으로 결정되고 있는 현상에 대해서, Habermas는 자본과 권력이 현대인들의 일상을 '식민화'하고 있다고 지적하고 있다. 특별히 시민의 삶에 중요한 영향을 미치는 복지정책들은 수요자의 욕구보다는 정치인들의 가치에 따라 좌우되고 있다. 따라서 사회적 약자계층을 돌보는 사회복지계의 정치참여가 요구되고 있다.

사회복지사의 정치참여에 대한 논의가 그동안 개인차원의 정치참여에서 구조화된 형태의 조직적인 논의로 발전되어 가고 있다. 사회적 불평등과 제도, 구조의 문제를 가장 잘 인식하고 있는 사회복지사 집단이 정치적으로는 그 역량을 발현하지 못하는 이유는 사회복지사들이 정치적 중립을 강요받으면서 세속정치와 일정한 거리를 유지해야 한다는 의식 때문일 것이다. 그러나 최근 사회복지사의 정치세력화 논의는 시대적 상황을 반영한 것이라 할 수 있는데, 우리 사회의 정치사회적 이슈가 성장과 분배의 논리로 집약되는 추세에서 복지확대, 복지국가 지향 등이 핵심인 정치사회적 환경과 무관하지 않으므로 사회복지사의 적극적인 정치참여가 요구되고 있다.

사회복지사의 정치참여란 사회복지사 개인의 정치적 참여를 포함한 사회복지영역의 정치적 역할과 위상강화를 통한 복지국가 실현이라는 목적 달성의 실천행위로서 사회복지사 또는 사회복지사 집단의 정치행위를 의미한다.

사회복지사의 정치참여는 복지관련 정책을 의제화하여 정책에 반영토록 하는 행위와 직접 선거에 출마하여 정치인으로서 사회복지정책을 집행하는 역할로 구분할 수 있는데, 일반적으로 복지정책을 생산, 의제화하는 정치행위는 선거 시 정당 또는 후보와의 정책적 연대를 통하여 이루어지고 있다. 이는 사회복지사의 정치적 성향보다는 정책내용의 선호에 따라 유동적이어서 정치적 입지를 구축하는 데 한계가 있다. 특히 우리나라 사회복지사는 복지예산의 편성, 집행권자의 통제하에 있기 때문에 정치적 소신을 표현하기 어렵다.

정치참여는 구체적인 정치행위자로서 사회복지사가 정치권에 진입하여 사회복지의 철학과 가치를 유지하며, 주도적인 정책입안과 집행행위 역할을 수행할 수 있는 정치인을 배출하고자 하는 활동을 의미한다.

사회복지사들의 정치참여를 위해서는 범 사회복지계 차원의 정치참여 관련 연대기구가 필요하다. 이 조직에서 각종 선거 시 후보자 모집, 검증, 선발(추천), 선거운동지원, 정책개발 등의 역할을 담당해야 한다. 사회복지사들의 정치세력화를 위한 방안은 다음과 같다.[1)]

첫째, 일선 현장 사회복지사들이 정치적 논의구조에 참여할 수 있도록 '정치역량 강화 프로그램'을 장기적인 차원에서 추진해야 한다.

둘째, 지속적인 모니터링과 정책생산을 위한 구조적 장치가 마련되어야 하며, 나아가 각종 사회복지관련 단체들을 중심으로 '사회복지사 정치학교' 등과 같은 학습·훈련조직과 '행정 모니터링 모임' 등과 같은 전문화된 건강한 조직을 구성하여 활동해야 한다.

셋째, 사회복지사의 '사회복지 운동적 성향'을 강화하고 학습하는 구조를 위하여 각 대학 사회복지학과와 연대하여 교과과정에 '사회복지운동' 관련 과목을 개설토록 독려하고 각 협회는 종사자 보수교육 프로그램으로 '사회복지 정치 활동가' 양성에 주력해야 한다.

넷째, 사회복지사 정치 세력화를 위하여 열린 자세로 우리 사회의 신망도가 높은 저명인사를 친 사회복지계인사로 섭외하여 로비스트로 활용하고, 시민단체들과 적극적인 연대를 통한 상호 신뢰구축, 역할분담 등 다차원적 정치행위를 병행해야 한다.

3) 지역복지활동 영역의 확대와 연대활동

지역사회복지관 중심의 단편적이고 미시적으로 이루어지고 있는 지역복지활동의 영역을 지역운동 영역으로 확대해 나가야 한다. 지역사회 내에는 주민들

1) 사회복지사의 정치세력화 관련 내용은 신용규(한국 사회복지관협회 사무총장/서울복지시민연대 대표)가 서울시사회복지사협회(http://sasw.or.kr/zbxe/issue)에 기고한 글을 인용하였다.

의 환경개선과 다양한 문제해결을 위해서 적극적으로 활동하고 있는 지역빈곤 해소운동, 지역실업극복운동, 협동조합운동, 한살림운동, 사회적 기업들, 지역화폐운동 등 건전한 시민사회단체들이 많이 있는데, 이들 단체와 연대하여 지역운동 영역으로 지역복지활동의 장을 넓혀 나가야 한다. 지역복지활동 영역 확대에는 가상공간을 활용한 지역복지활동 등 지역복지 벤처조직의 활동도 고려되어야 한다.

복지의 정의나 영역도 확대하여 전통적 의미의 좁은 범주를 넘어서 지역사회 환경, 문화예술, 교육, 주택, 교통 등 지역 주민들의 삶의 질을 향상시킬 수 있는 모든 영역에 관심을 두어야 한다. 또한 성공적인 지역복지활동을 위해서는 지역운동단체들과의 연대활동이 필요하다. 사회복지 전문영역만을 고집하지 말고 지역사회 내에서 복지활동을 수행하고 있는 다양한 실천주체들, 주민자치조직, 종교기관 등 비영리조직 등과 연대하여 지역사회 문제를 해결해 나가야 한다.

지역사회 내의 사회복지기관과 시설들은 정부의 재정지원에 전적으로 의존하고 있기 때문에, 지역사회의 현안문제에 적극적으로 개입하지 못하고 있는 상황에서 기존의 사회단체들이 오히려 지역사회 문제해결의 주체 역할을 담당하고 있으므로, 이들과 지역문제에 대한 정보를 공유하면서 연대하여 지역사회를 변화시켜 나가기 위해서 노력해야 한다. 이때 지역복지 활동가들의 일차적인 관심은 일자리 창출, 적절한 의료서비스 등 전통적 의미의 지역복지욕구를 제공해야 하며, 더 나아가서 지역사회가 직면하고 있는 문제의 현장에 뛰어들어 활동의 역역을 확대해 나가야 한다. 이때 지역사회에서 활동하는 사회복지사는 조직가, 조정역할, 리더의 역할수행을 할 수 있어야 한다.

2. 지역사회복지실천의 과제

지역사회복지실천의 향후 과제를 제시하면 다음과 같다.

1) 공공 지역사회복지전달체계의 확립

급격한 인구고령화, 가족구조의 변화와 독거가정 증가 추세, 빈부양극화로 인한 신빈곤층의 증가와 고용 없는 성장으로 인한 장기적 실업상태에 놓여 있는 인구층이 증가하고 있는 추세이다. 특별히 일을 해도 빈곤한 생활을 할 수 밖에 없는 근로빈곤층이 지속적으로 증가하고 있다. 이런 위기상황에서 정부에서 아무리 좋은 복지정책과 서비스계획을 수립하더라도, 공공전달체계를 통해서 서비스가 필요한 사람들에게 잘 전달되지 못한다면 주민들의 복지서비스에 대한 체감은 떨어질 것이다.

현재 우리사회는 복지욕구를 지닌 수요층에 비해 사회복지서비스 전달체계가 잘 정비되어 있지 못하고 서비스인력 또한 부족한 편이다. 따라서 점차 증가하고 있는 취약계층 주민들의 복지수용에 대응하고, 수요자들이 체감할 수 있는 복지서비스를 제공할 수 있는 지역사회 중심의 공공복지 전달체계를 재정비, 구축하여 사회안전망 역할을 강화해 나가야 한다.

이를 위해서 사회복지전달체계의 재정비가 필요한데, 사회복지전달체계의 재정비와 관련해서 중앙정부와 지방자치단체의 전달체계 재정비 방향에 대해서 살펴보면 다음과 같다(김필두, 2008: 249-252).

(1) 중앙정부의 전달체계 재정비 방향

사회복지서비스와 관련된 중앙정부 조직으로는 보건복지부, 여성가족부, 문화체육관광부, 교육부, 고용노동부 등이 있다. 이들 중앙정부부처에서 제공하는 서비스는 각각의 다른 전달체계를 통하여 주민들에게 전달되는 형태이므로 동일한 대상에 대한 유사서비스가 중복으로 제공되어 재원과 인력의 낭비를 가져오게 된다.

2006년 7월부터 주민생활지원서비스 전달체계 혁신을 추진하고 있는데, 이는 각각의 중앙정부기관에서 공급자의 편의에 따라서 제공되는 서비스를 수요자의 입장을 고려해 통합하여 전달할 수 있는 시스템을 구축하는 데 있다. 또한 가정해체가 사회문제로 대두되면서 가족중심의 복지서비스에 대한 중요성이 강조되고 있다. 가정 혹은 가족의 구성원은 청소년, 여성, 노인 등이 모두 해당되므로 가족서비스를 효율적으로 전달하기 위해서는 이들 서비스와 관련된 보건복지부, 여성가족부, 고용노동부, 국가청소년위원회 등 중앙부처의 유기적인 협력을 통한 통합서비스 전달체계의 구축이 필요하다.

그러나 중앙부처 간의 이기주의에 빠져서 자신의 영역을 고집하고, 통합전달체계를 구축하더라도 통합전달체계 내에서 자기 부서의 입지와 영향력을 강화하기에 여념이 없어서 부처 간 협력이 잘 이루어지지 않고 있다.

저출산·고령화사회로 진입하면서 가족중심의 복지서비스 제공이 중요한 이슈로 등장하고 있기 때문에 다수의 중앙부처 간의 협력체제 구축이 필수적이다. 특히 잔여적 수준의 사회복지정책에서 제도적 수준의 사회복지정책으로 전환되면서 휴먼서비스 이념이 강조되고 있어서 여성, 노인, 영·유아, 청소년 등과 관련된 서비스는 상호 밀접한 연관성을 가지고 있으므로 관련 중앙부처 간의 서비스 연계를 위한 시스템 구축이 필요하다.

(2) 지방자치단체의 전달체계 재정비 방향

시·군·구 등 기초자치단체를 중심으로 한 사회복지서비스의 통합 전달을 위해서 실시한 보건복지사무소(1995) 시범사업은 5년 만에 실패로 막을 내리고, 2004년도에 사회복지사무소를 설치해 다시 통합전달시스템 구축을 시도했으나 시범사업 실시 2년이 경과된 2006년에 주민생활지원국(과) 조직으로 다시 전환되었다.

지방화시대를 맞이하여 주민과 직접적인 대면관계에 있는 기초자치단체 중심의 사회복지서비스 전달체계 구축은 수용자 중심의 서비스 전달을 위해서 필요한 조치이다. 문제는 사회복지서비스 통합을 위한 노력들이 지방자치단체에서 자치적으로 추진된 것이 아니라, 중앙정부 차원에서 획일적으로 기획되고 추진된다는 점이다. 따라서 환경여건과 역량이 다른 지방자치단체가 준비도 없이 중앙정부에서 제시하는 기준에 따라서 수동적으로 정책을 추진하다

보니 많은 시행착오를 겪게 되고 말았다.

또 다른 문제점은 중앙정부에서 일관성 없이 너무 자주 중요한 정책방향을 바꾸고 있다는 점이다. 이런 발상 역시 지방자치의 근본정신과 배치되는 중앙집권적 사고에 근거를 둔 것이라 할 수 있다. 따라서 큰 틀에서의 기본적인 계획은 중앙정부에서 수립하더라도, 구체적인 추진계획은 지방자치단체의 자율에 맡기는 것이 바람직할 것이다.

지방자치단체의 사회복지전달체계 통합을 위해서 먼저 해결해야 할 것은 보건서비스와 복지서비스 전달체계의 통합이다. 양자의 서비스가 일부 중복되거나 상호보완적인 관계에 있기 때문에, 서로 다른 전달체계를 활용하는 것보다 단일한 전달체계를 활용하는 것이 보다 효율적일 것이다.

(3) 중앙정부와 지방자치단체 간의 명확한 역할분담

사회문제가 복잡하고 다양하게 전개됨에 따라서 사회복지 수요도 대폭적으로 증가하고 있다. 한정된 재원과 인력으로 다변화, 보편화되어 가는 사회복지 수요에 효율적으로 대처하기 위해서는 사회복지정책의 담당 주체인 중앙정부와 지방자치단체의 역할분담이 매우 중요하다. 지방자치단체는 지리적 여건, 경제여건, 인구특성 등이 서로 다르기 때문에 중앙정부인 보건복지부가 제공하는 각종 프로그램을 획일적으로 적용하기가 어렵다.

따라서 중앙정부의 사회복지 프로그램과 지방자치단체의 사회복지 프로그램은 양자의 기능과 역할을 고려하여 차별화해야 할 것이다. 그리고 중앙정부, 지방자치단체, 민간기업, 시민단체, 종교단체, 민간복지단체 등 사회복지서비스의 공급 주체가 다원화됨에 따라서 사회복지서비스가 중복되어 재원과 인력 낭비가 초래되거나 서비스의 손길이 미치지 못하는 사각지대가 발생하기도 하므로 서비스 주체들 간에 기능과 역할에 대한 명확한 구분이 필요하다.

중앙과 지방 간의 관계를 설정할 때, 고려해야 할 사항은 다음과 같다(강해규, 2006; 김필두, 2008: 255-257).

첫째, 사회복지영역과 관련된 중앙정부와 지방자치단체 간의 역할분담은 사회복지 수요에 대응하는 적절한 서비스를 효율적으로 제공하는 것이 가능해야 한다. 지역사회를 중심으로 재편될 사회복지 공급체계의 재구조화 과정에서 중앙정부와 지방자치단체는 각각 어떤 역할을 담당할 것인가를 논의할 때는 집권과 분권, 통제와 자치가 갖는 각각의 순기능과 역기능 등을 신중하게 검토하여 서비스를 보다 효율적으로 제공할 수 있는 실현가능한 대안을 선택해야 할 것이다.

둘째, 사회복지관련 제도의 성숙도를 고려해야 한다. 제도의 역사가 깊을수록 관리기술과 제도운영이 체계화되고 시설, 인력과 자원이 적절하게 확보될 수 있다. 우리나라의 경우, 사회복지서비스의 역사는 짧으며, 대부분의 지방자치단체의 경우, 관련된 인프라, 인력과 재원의 확보가 취약하고 지역 간의 격차가 심하기 때문에 이를 감안하여 중앙과 지방 간의 역할을 적정하게 분담해야 한다.

셋째, 중앙정부와 지방자치단체를 연결하는 전달체계에 대한 고려가 필요하다. 사회복지서비스의 집행은 사회복지업무를 지속적 · 전문적으로 기획 · 집행할 수 있는 역량의 축적이 용이하지 않은 지방자치단체에서 담당하고 있으므로 개별사업의 특성을 고려하지 않고 지방사무로 조정하는 것은 무리가 따를 수 있으므로, 그 대상의 특성에 따라 중앙정부의 탄력적 지원이 요청된다.

넷째, 지방자치단체의 자치역량, 지자체 간의 자치역량의 차이가 고려되어야 한다. 근본적으로 산업별로 규모의 경제가 가능한 적정 시행단위를 선택하여 책임의 소재와 권한을 부여하며, 사회복지서비스 수준의 지역 간 형평성을 보정할 수 있는 제도적 장치가 마련되어야 한다.

2) 실천지향적인 지역복지 교육훈련의 강화

지역복지실천 현장은 매우 광범위하고 지역사회를 배경으로 활동하는 사회복지사들이 다루어야 할 문제들도 매우 다양하다. 따라서 지역복지 교육과 훈련이 강화되어야 한다. 지역복지 교육은 실천성과 전문성의 조화를 통해서 실천적 전문가를 배출할 수 있어야 한다. 사회복지사는 복지기관·시설의 범주 내에서 수동적으로 역할을 수행하는 것이 아니라, 지역사회복지 활동에 적극적으로 참여해야 한다.

지역사회복지는 자선조직협회의 전통인 개인의 변화 우선추구와 인보관운동의 사회환경의 변화에 관심을 둔 전통을 동시에 가지지만, 지역복지활동의 특성은 지역사회 환경변화를 추구하는 거시적 실천에 있으므로 지역복지활동가들은 사회복지의 전문적 가치지향을 지역사회 변화에 반영시키는 실천활동을 중요시해야 한다.

지역사회에서 활동하는 사회복지사들은 사회개혁적이고 평등지향적인 가치와 전문가로서, 전문가 집단의 이해 사이에서 갈등하는 단계에서 공공복지조직과 자신이 속한 기관의 입장을 고수하기보다는 전문성과 지역사회조직화의 특성이 조화를 이룰 수 있는 방안으로 온갖 문제가 상존하는 지역사회 활동에 적극적으로 참여할 수 있어야 할 것이다.

따라서 지역사회복지론 교육은 지역사회의 변화하는 욕구를 반영할 수 있어야 한다. 이를 위해 대학의 지역복지 교과과정에 지역사회 기반 실천영역들이 반영되어야 하며, 교과과정 편성은 물론 교육과정에 지역사회 실천현장 이해당사자들의 실질적인 참여가 필요하므로 서비스이용자 위주의 교육이 실시되어야 한다. 지역사회 내의 지도력 개발 프로그램은 교육생들인 지도자들의 적극적 참여에 의해 만들어져야 하며, 권한의 공유, 토론식 강의를 통한 참여문화 활성화, 집단 내의 연대감과 평등의식 개발 등이 고려되어야 한다.

Marglois는 지역사회와의 파트너십에 의한 전문 교육프로그램의 틀을 제시하고 있는데, 즉 지역사회 능력배양의 중요성 이해, 취약계층 주민들의 참여역할 판단, 지역사회 자원동원기술개발 등을 프로그램 배경으로 지역사회의 능력 향상을 추진하고 있다. 또한 Rothman은 지역사회실천 교육내용 구성에 있어서 개인, 가족을 대상으로 한 미시적 실천에서 지역사회기반의 거시적 실천으로 전환시키는 데서 출발하며, 이를 위해 정규수업 외에 교육기회 제공이 확대되어야 한다고 강조하고 있다.

Rothman은 사회복지교육과 관련하여 네 가지 제안을 하고 있는데, 그 내용은 다음과 같다.

첫째, 거시적인 실천을 지향하는 전공 학생들의 경우 실천관점을 '환경 속의 개인'에서 '개인을 둘러싼 환경'으로 전환시켜 지역사회에 대한 관심을 제고시켜야 한다.

둘째, 지역사회 활동가들의 활동의 장을 확대해야 한다.

셋째, 단일지역, 특히 빈민지역에 일정 학생들을 배치해야 한다.

넷째, 초기에 정규수업 외에 지역사회실천관련 교육기회 확대가 이루어져야 한다.

그리고 지역사회복지실천과 관련해서 다양한 실천모형 · 전략 · 전술 · 활동가의 역할 연구가 이루어져야 한다.

지역복지활동의 기본모형으로 Rothman의 세 가지 모형, 사회행동, 지역사회개발 등 다양한 모형을 다룰 필요가 있다. 모형의 구분기준은 조직가의 역할 및 과업과 서비스이용자의 정책결정 과정에의 참여정도에 따라서 결정된다. Hardina는 비판적 사고의 필요, 불평등과 차별에 대한 경험 공유, 대립전술, 옹호전술의 사용과 집단토론 등의 교육방식이 대립전술을 배우는 데 도움이 된다고 강조하고 있다.

연습문제

1 최근 사회복지사의 처우개선과 권익증진은 물론 사회복지 예산확보 등 우리사회의 복지 수준 향상을 위해서는 사회복지사들이 적극적으로 정치에 참여해야 한다는 주장이 강하게 대두되고 있다. 사회복지계의 정치세력화에 대해서 어떤 입장인가? 사회복지사들은 정치적인 중립을 지켜야 하는가, 아니면 적극적으로 정치참여를 해야 하는가에 대해서 토론해 보자.

2 세계화와 이주노동자 문제를 다룬 영화인 켄 로치감독의 '자유로운 세계'(It's a Free World, 2007)를 감상하고 토론해 보자.

참고문헌 Reference

감사원(2013), **복지전달체계 운영실태 감사결과보고서**.

감정기 · 백종만 · 김찬우(2005), **지역사회복지론**, 서울: 나남.

감정기 · 최원규 · 진재문(2002), **사회복지의 역사**, 서울: 나남.

강동관(2016), 국내 이민자의 경제활동과 경제 기여효과, 국제이주기구(IOM) 이민정책연구원 보고서.

강준렬(1997), **지역사회복지와 사회복지관**, 서울: 동인.

강철희 · 정무성(2006), **지역사회복지실천론**, 서울: 나남.

강혜규·김보영·주은수·채현탁·이지영·김태은·이정은·김진희(2018), **지역사회보장계획의 이해-지자체의 제4기 계획수립·실행 지원 연구**. 한국보건사회연구원.

고수현(2006), **사회복지정책 이행과정**, 경기: 교육과학사.

______(2012), **지역사회복지론**, 경기: 양서원.

______(2010), **사회복지사업현장론**, 경기: 양서원.

국가법령정보센터(http://www.law.go.kr)

김경우 · 박영국 · 배은영 · 이규태(2009), **지역사회복지론**, 서울: 나눔의집.

김기태 · 박병현 · 최송식(2009), **사회복지의 이해**, 서울: 박영사.

김범수(2000), 기초자치단체 지역사회복지협의회의 이념과 구조, **지역사회복지운동**, 제8집, 한국지역사회복지학회.

______(2003), **지역사회복지의 이해**, 경기: 현학사.

김병준(1995), **한국의 지방자치론**, 경기: 법문사.

김영모(1969), **농촌지역사회조직론**, 서울: 민조사.

______(1995), **지역사회복지론**, 한국복지정책연구소출판부.

______(2001), **지역사회복지론**, 서울: 고헌출판사.

김융일(1995), **사회사업실천론**, 서울: 나남.

김익균 · 고순철(1997), **한국지역사회복지론**, 서울: 대학출판사.
김종일(2004), **지역사회복지론**, 경기: 현학사.
김종해(1995), “도시지역 지역사회행동의 주민참여요인에 대한 연구”, 서울대학교 대학원 석사학위논문.
노대명 · 박창균 · 박상금 · 한솔희 · 김솔휘(2017), 근로빈곤층의 부채에 대한 질적 연구. 한국보건사회연구원.
대구사회연구소(1995), **대구 · 경북사회의 이해**, 서울: 한울아카데미.
드림스타트(http://www.dreamstart.go.kr).
박태영(2008), **지역사회복지론**, 경기: 학현사.
방아골종합사회복지관 연구기획팀(2007), **신명나는 지역복지 만들기**, 서울: 인간과복지.
백종만(2005), “지방분권의 의의와 사회복지과제”, **전북지역 정책연찬회자료집**, 한국보건복지인력개발원.
보건복지부 보도자료, “성인 4명 중 1명, 평생 1번 이상 정신질환 겪어”, 2017.4.11
보건복지부(2009), **지역사회복지계획 수립 매뉴얼**.
__________(2013), **자활사업안내**.
__________(2013), **사회복지관 현황**.
__________(http://www.mw.go.kr)
__________(2016), 정신질환실태 역학조사.
__________(2017), 국민기초생활보장수급자 현황.
__________(2018), 아동공동생활가정 현황.
보건복지부 지역복지과(2022), **제5기(2023~2026) 지역사회보장계획 수립 안내**. 한국보건사회연구원 지역사회보장균형발전지원센터.
사회복지공동모금회(2010), **사회복지자원총량연구조사**.
________________(http://www.chest.or.kr).
사회복지교육연구센터 편저(2013), **지역사회복지론**, 서울: 나눔의집.
사회복지정보원(http://www.welfare.or.kr).
서울복지재단(2005), **지역사회조직화 실천방법**, 사회복지 프로그램 매뉴얼 개발연구 보고서.
서울시사회복지사협회(http://sasw.or.kr/zbxe/issue).
송정부(1985), “지방화시대에 있어 지방사회복지의 활성화 방안” **사회복지**, 봄호,

한국 사회복지협의회.

시민과 함께 꿈꾸는 복지공동체(http://cafe.daum.net/ewelfare).

신중섭 외 역(1995), **일본현대복지학총람**, 서울: 대학출판사.

심재호 · 윤혜란(2000), "충남 천안 '복지세상을 열어가는 시민모임", **참여연대 사회복지위원회**, 《복지동향》 16호. 서울: 나남.

양정하(2004), **사회복지발달사**, 경기: 학현사.

양정하 · 황인욱 · 김정희 · 배의식(2008), **지역사회복지론**, 경기: 공동체.

永田幹夫, 김현훈 · 유승호 · 최재향 역(2000), **지역복지론**, 서울: 동인.

오정수 · 류진석(2006), **지역사회복지론**, 서울: 학지사.

____________(2009), **지역사회복지론**, 서울: 학지사.

이영철(2009), **지역사회복지론**, 경기: 양서원.

이영환(2005), **한국의 사회복지운동**, 서울: 인간과복지.

이인재(1996), "지방화시대 중앙정부와 지방정부의 사회복지재정에 관한 연구", **한신사회복지연구**, 제4호, 한신대 사회복지정책연구소.

______(1997), "지방자치와 사회복지운동", **사회복지연구**, 9, 서울대학교 사회과학대학 사회복지연구소.

______(2004), **지역사회복지실천론**, 서울: 나눔의집.

이재완(2004), 지역사회복지 참여와 전달체계, 한국지역사회복지학회 편, **한국의 지역사회복지실천**, 경기: 현학사.

이택룡 · 노무지(2004), **지역사회복지론**, 경기: 양서원.

이현주(2003), 지역사회복지협의체에 관한 연구, **2003년 춘계학술대회자료집**, 비판사회복지학회.

자치법규정보시스템(http://www.elis.go.kr).

전해황 · 이성윤 · 송낙길 · 정주석(2009), **지역사회복지론**, 경기: 양서원.

정지웅 · 김지자(1973), **지역사회개발: 그 이론과 실제**, 서울: 배영사.

정현태 · 김치영(2009), **지역사회복지론**, 경기: 파워북.

조돈문 편저(1995), **노동운동과 신사회운동의 연대 I**, 한국노총중앙연구원.

지역복지운동단체 네트워크(2010), **지역복지단체 네트워크 규약집**.

짐 아이프, 류혜정 역(2005), **지역사회개발**, 서울: 인간과복지.

참여연대 사회복지위원회편(2008), **전환기의 한국복지 패러다임**, 인간과복지.

최옥채(2004), 좋은 지역사회만들기, 경기: 학현사.
______(2005), 사회복지사를 위한 조직화기술, 경기: 학현사.
______(2006), 지역사회실천론, 서울: 푸른북.
최일섭(1985), 지역사회조직론, 서울: 서울대학교출판부.
최일섭 · 이현주(2004), 지역사회복지론, 서울: 서울대학교출판부.
최창호(1988), 지방자치제도론, 서울: 삼영사.
통계청 보도자료, "2016년 다문화 인구동태 통계", 2017. 11. 16.
통계청, 2017 농림어업총조사 결과.
통계청, 2017 인구주택총조사.
표갑수(2003), 지역사회복지론, 서울: 나남.
한국노인인력개발원(2018), 2017년 노인실태조사 결과.
한국지역사회복지연구소편(2008), 지역사회복지계획론, 경기: 양서원.
한동우(2001), 주요국 공동모금조직의 모금 및 배분활동 연구, 사회복지공동모금회.
한재랑, "지역사회조직화 사례 소개 및 분석: 관악사회복지를 중심으로"를 인용함 (출처: http://cafe.daum.net/knswcw08).
현외성(2006), 사회복지운동론, 집문당.

Dillick, Sidney.(1959). *The Functions of Neighborhood Organization*. In Ernest B. Harper and Arthur Dunham(eds.). Community Organization in Action, New York: Association Press.
Dunham, A.(1957). *Community(*http://www.newsis.com, 2012.11.8) *Welfare Organization*, Thomas Y. Crowell Co., N. Y.
Dunham, A.(1957). *The New Community Organization*. New York: Thomas Y. Crowell Company.
Dunham, A.(1970). *The New Community Organization*. New York: Thomas Y. Crowell Company.
Gilbert, N., & Specht, H.(1974). *Dimension of Social Welfare Policy*. Englewood Cliffs, New Jersey: Prentice-Hall.
Gurin, A.(1972). Social Planning & Community Organization, Encyclopedia of Social Work. Inc., New York.

Hardina, D.(2002), *Analytical Skills for Community Organization Practice*, New York: Columbia University Press.

Johns, R., & Demarche, D. F.(1951). *Community Organization and Agency Responsibility*. N. Y.: Association Press.

Kirst-Ashman, Karen K., & Hull Jr., Graftin H.(2001), *Generalist Practice with Organizations and Communities*(2nd ed.), Brooks/Cole.

Lindeman, E. C.(1921). *The Community*. N. Y.: Association Press.

McNeil, C. F.(1928). *Community: A Social Study*, London: Macmillan & Co.

McNeil, C. F.(1954). *Community Organization for Social Welfare*. Social Work Year Book. Responsibility. New York: Association Press.

Netting, E., Kettner, P., & McMurty, S.(1993), *Social Work Macro Practice*, New York: Longman.

Popple, K.(1996). Community Work: British Models, *Journal of Community Practice*, Vols. No.3.

Ross, M. G.(1967). Community Welfare *Organization*. Harper & Row, N. Y.

Rothman, J., & Tropman, J. E.(1987). *Models of Community Organization and Macro Practive Perspectives,* in F. M. Cox, et al,(eds.), Strategies of Community Organization: Macro Practice, 3th ed., F. E, Peacock Publishing, Inc.

Rothman, J.(1991). A Model of case Management: Toward Empirically Based Practice, Social Work, silver Spring, MD: Nation Association of Social Worker, Inc.

Rubin, H., & Rubin, I.(2001). *Community Organization: Therapy, principle and Practices*. N. Y.: Harper & Row.

Warren, R, L.(1962). *Community Development and Social Work Practice,* NASW.

Warren, R, L.(1963). *The Community in America,* Chicago; Rand McNally & Co.

Warren, R, L.(1983). *The good Community: what would it be?* In Warren & L. Lyon, eds., New perspectives on the American Community, Homewood: Dorsey Press.

Weil, M.(1996). Model Development in Community Practice: An Historical Perspective. *Journal of Community Practice, 3.*

Reference

찾아보기

Index

저자소개

김용환

대구가톨릭대학교 사회복지학과(박사수료)
경남복지정책연구원 원장
현 대구가톨릭대학교 사회복지대학원 외래교수
저서 장애인복지론, 사회복지사례관리론,
영성과 사회복지 외 다수

박선태

대구가톨릭대학교 사회복지학과 사회복지학 박사
현 수성대학교 보건복지경영과 학과장
사회복지법인 인권지킴이 단원
지역사회보장협의체 대표위원
영천시 의료급여심의위원
저서 노인복지론, 인간행동과 사회환경,
사회복지법제와 실천, 가족복지론 외 다수

신미애

대진대학교 행정학박사
일반직공무원 경력경쟁채용 면접시험 평가위원
포천시 주요업무 평가위원
포천시 성과관리위원회위원
보훈학회 이사
재무위원 및 대외협력위원
현 대진대학교 공공인재대학 미래평생학습부 교수

이덕희

신라대학교 사회복지학 박사
현 동의과학대학교 미래융합학부 사회복지
요양서비스과 교수
한국사회복지상담학회 이사
법무부 소년보호위원협의회 소년보호위원
사회복지법인 효림원 운영위원
사회복지법인 황전 이사
양산시 보육정책위원회 위원
양산시 아동위원
자원봉사단체 엄마사랑 회장
전 성운대학교 미래휴먼사회복지학부 교수
저서 지역사회복지론, 사회복지조사론,
사회복지개론, 사회복지법제론,
사회복지행정론, 사회복지실천기술론,
노인복지론 외 다수

오승환

동국대학교 석사 졸업
동국대학교 박사 졸업
동국대학교 평생교육원 책임교수,
사회보장정보원 서비스품질현장평가위원(2015~)
현 성운대학교 스마트평생융합학부장
저서 사회복지프로그램개발과 평가 외 다수

지역사회복지론 개정판

초　판 1쇄 발행 / 2019년 2월 20일
초　판 3쇄 발행 / 2022년 2월 10일
개정판 1쇄 발행 / 2022년 8월 30일
개정판 3쇄 발행 / 2025년 3월 20일

공저자 / 김용환 · 박선태 · 신미애
이덕희 · 오승환
발행인 / 이 중 수
발행처 / **동 문 사**

서울특별시 서대문구 홍제원 1길 12
(홍제동 137-8)
Tel: 02)736-3718(대), 736-3710, 3720
Fax: 02)736-3719
등록번호: 1974.04.27. 제9-17호
가격: 25,000원

ISBN: 979-11-6328-464-2(93330)
www.dongmunsa.com
E-mail: dong736@naver.com